NICOLAS II,
LE DERNIER TSAR

DU MÊME AUTEUR
EN LANGUE FRANÇAISE

Raspoutine. L'Ultime Vérité, Paris, Jean-Claude Lattès, 2000.

EDVARD RADZINSKY

NICOLAS II, LE DERNIER TSAR

Traduit du russe par Anne Coldefy-Faucard

COLLECTION
« DOCUMENTS »

le cherche midi

Crédits photographiques : éditions Vagrius

23, rue du Cherche-Midi, 75006 Paris
Vous pouvez consulter notre catalogue général et l'annonce
de nos prochaines parutions sur notre site Internet :
cherche-midi.com

« Nous, par la grâce de Dieu, Nicolas Alexandrovitch
Souverain, Empereur et Autocrate de toutes les Russies,
Grande, Petite et Blanche,
Tsar de Moscou, Kiev, Vladimir, Novgorod, Kazan, Astrakhan,
Tsar de Pologne, Sibérie, Chersonèse de Tauride,
Tsar de Géorgie,
Souverain de Pskov,
Grand-duc de Smolensk, de Lituanie, de Volhynie,
de Podolie et de Finlande,
Prince d'Estonie, de Livonie, de Courlande, de Bialistok,
de Carélie, de Tver, de Perm, de Viatka et d'autres pays,
Souverain et grand-prince de Nijni-Novgorod, de Tchernigov,
de Riazan, de Polotsk, de Rostov, de Iaroslav, de Bieloozero,
de Vitebsk et de toute la région du Nord,
Souverain de Kabardine et des provinces d'Arménie,
Souverain des princes circassiens et des princes de la Montagne,
Souverain du Turkestan,
Héritier de Norvège,
Duc de Schleswig-Holstein,
Duc d'Oldenbourg
et Souverain de beaucoup d'autres lieux... »

« Alors beaucoup succomberont,
ce ne seront que trahisons et haines intestines.
De faux prophètes surgiront en nombre
et abuseront bien des hommes.
L'iniquité ira croissant
et l'amour se refroidira pour la multitude.
Mais celui qui aura tenu bon,
celui-là sera sauvé. »

(MATTHIEU, 24, 10-13)

Prologue

Le XXe siècle était proche. Deux jeunes gens rayonnants, Alix et Nicky, qui s'aimaient, qui avaient eu la chance de se marier et qui étaient les maîtres d'un sixième des terres émergées du Globe, escomptaient un bonheur plus grand encore quand adviendrait l'ère nouvelle. Et le jour de leur couronnement semblait être le prologue de cette vie radieuse qui les attendait.

14 mai 1896, Moscou. Les cloches des cathédrales du Kremlin sonnent à toute volée. Le jeune Nicolas et la blonde et belle tsarine pénètrent dans la cathédrale de l'Assomption. Les cloches se taisent soudain, de même que l'antique place noyée de monde.

Le grand moment est venu : le Souverain reçoit la couronne des mains du métropolite et en ceint son front.

Le métropolite : « Pieux et Grand Autocrate, Empereur Souverain de Toutes les Russies ! Par cette couronne matérielle et visible qui ceint ton front, le Christ, dans Sa glorieuse Majesté, te donne Sa miséricordieuse bénédiction, à toi, chef du peuple de Russie, et Il affirme ton pouvoir souverain et suprême sur Son peuple. »

18 juillet 1918, Ekaterinbourg :

« Les cadavres furent entassés dans une fosse, les visages et les corps aspergés d'acide sulfurique, afin qu'on ne pût les identifier et que la puanteur de la décomposition fût évitée... La fosse fut recouverte de terre et de branchages, on posa par-dessus des madriers, on aplanit soigneusement, et il ne resta plus trace de la fosse. » (Extrait des Carnets de I. Iourovski, responsable de l'exécution de la Famille impériale, dans la nuit du 16 au 17 juillet 1918.)

Jusqu'à la fin de ses jours, le tsar Nicolas II conserva un cahier : une histoire de Russie, due à la plume de l'un de ses grands ancêtres, le tsar réformateur Alexandre II.

Le cahier était orgueilleusement intitulé : *Les Romanov.*

« Les Romanov », ce sont trois siècles entiers d'histoire de Russie.

L'ancêtre de la lignée Romanov a pour nom André Ivanovitch Kobyla. Originaire des terres germaniques, il est venu en Russie avec son frère Théodore, au XIVe siècle. Tous deux auront une nombreuse descendance, à l'origine de mainte prestigieuse lignée.

L'arrière arrière-petite-fille d'André Kobyla, Anastasia, devient tsarine en épousant Ivan le Terrible. Son frère, Nikita Romanovitch, est particulièrement proche du tsar. Mais Ivan le Terrible meurt, laissant à Nikita Romanovitch le soin de conseiller son fils, le nouveau tsar Fiodor. La lutte pour le pouvoir commence.

Par la volonté du tout-puissant Boris Godounov, beau-père du tsar Fiodor, le fils aîné de Nikita Romanovitch est contraint de prendre la tonsure sous le nom de Philarète.

Le tsar Fiodor meurt, et avec lui s'éteint l'antique dynastie des Rurik. Viennent alors des années de ténèbres pour la Russie, le « Temps des Troubles ». Boris Godounov est choisi pour régner : il est soupçonné d'avoir assassiné l'héritier du trône, le jeune Dimitri ; puis ce sont la famine et les épidémies ; la mort de Godounov ; l'invasion des Polonais et le faux Dimitri usurpant le trône ; et partout sur la Terre russe, la misère, l'anthropophagie, la guerre...

Alors, aux jours de Troubles et de Fureur, Philarète Romanov est rappelé de son exil et devient métropolite.

Les Polonais sont chassés de Moscou, l'usurpateur périt et, en 1613, la Grande Assemblée, le Zemski Sobor, met fin à cette effroyable période de guerres intestines.

Le fils du métropolite Philarète, Michel Romanov, qui se trouve au monastère Ipatiev de Kostroma, est unanimement élu tsar. Ainsi, le 21 février 1613, s'ouvre, pour trois siècles, l'histoire de la Maison Romanov.

Mystères de l'Histoire : le monastère où l'on vient chercher le premier Romanov pour ceindre la couronne a pour nom Ipatiev. La maison où le dernier des Romanov, Nicolas II, perdra la vie, est appelée la maison Ipatiev, du nom de son propriétaire, un ingénieur.

Michel est le prénom du premier tsar Romanov, et de celui en faveur duquel Nicolas II abdiquera en vain.

PREMIÈRE PARTIE

EN FEUILLETANT LE JOURNAL DU TSAR

« "Tu aurais beau t'élever dans les nues comme un aigle
et bâtir ton nid au milieu des étoiles,
je te renverserais", dit le Seigneur. »

(ABDIAS, 1, 4)

1

« Le Fonds sanglant »

Dans les années 1960 vivait à Moscou une étrange vieille femme : son visage ridé était recouvert d'une effroyable couche de maquillage, sa silhouette voûtée vacillait sur de hauts talons... Elle se mouvait presque à tâtons mais n'eût pour rien au monde porté des lunettes. Elle refusait catégoriquement son âge ! Pourtant, à en croire *l'Encyclopédie du Théâtre*, elle avait alors plus de quatre-vingts ans.

Cette femme n'était autre que Vera Leonidovna I., étoile du théâtre russe au début du XXe siècle, si adulée au temps jadis qu'à la fin des spectacles dans lesquels elle jouait, ses jeunes admirateurs s'attelaient à sa voiture, à la place des chevaux, pour la reconduire chez elle.

Dotée d'une pension de misère, l'ancienne femme fatale finissait à présent ses jours dans un appartement communautaire. Et elle me sous-louait à moi, étudiant fauché de l'Institut d'Histoire et des Archives, une de ses deux pièces.

Le soir, il m'arrivait souvent de bavarder avec elle dans la cuisine commune... Les cabinets particuliers des restaurants pétersbourgeois, le mystérieux Yacht-Club et les grands-ducs, les palais, les nuits blanches... tout ce monde qui avait sombré, Vera Leonidovna l'avait plaisamment surnommé : « l'Atlantide ». Au fil de ses récits, elle semait les noms à foison : « Ania » – en toute simplicité – n'était autre qu'Anna Vyroubova*[1], la funeste amie de l'impératrice.

Ainsi commença notre périple vespéral à travers « l'Atlantide » engloutie. Je notais avidement ses récits et, aujourd'hui encore, alors que j'ai lu quantité de souvenirs laissés par les acteurs de ces tumultueux événements, les jugements de Vera Leonidovna gardent pour moi un charme tout particulier. Précisément parce qu'elle n'avait pas pris une *part directe* à l'action.

Le point de vue de Vera Leonidovna est très subjectif et je comprends maintenant, *a contrario*, le dicton : « Il ment comme s'il était de la partie. » Vera Leonidovna ne fut que contemporaine des événements, une contemporaine demeurée à l'écart mais pleine de curiosité.

L'un de ses récits était consacré à la fin de « l'Atlantide » :

« Après la révolution, j'épousai Mikhaïl K. "Encore une victoire des bolcheviks", titra un journal de l'émigration à propos de notre union. (K. était un journaliste connu dans les années vingt et trente, il devait être exécuté dans les années de la Grande Terreur.)

À l'hôtel *Métropole* vivaient alors des leaders bolcheviks parmi les plus connus. Pour se distraire, ils invitaient souvent des écrivains et journalistes qui servaient le nouveau pouvoir. K. s'y rendait fréquemment. Un jour, il y rencontra deux hommes. L'un était le chef des bolcheviks d'Ekaterinbourg au moment de l'assassinat de la Famille impériale, l'autre avait dirigé les opérations. Et ils lui racontèrent comment cela s'était passé. Ils buvaient tranquillement leur thé, grignotaient leurs morceaux de sucre et rapportaient comment *les balles, au lieu de s'enfoncer dans le corps des jeunes grandes-duchesses, rebondissaient et volaient à travers la pièce.* La peur s'était alors emparée d'eux, ils n'arrivaient pas à achever le tsarévitch qui rampait sur le sol, essayant de la main de se protéger de leurs tirs. Ils n'avaient compris qu'ensuite : les grandes-duchesses portaient des ceintures à l'intérieur desquelles étaient cousus des diamants. K. prétendit ensuite que toute cette horreur avait dû être photogra-

1. Tous les noms marqués d'un astérisque figurent dans les notices en fin de volume.

phiée : “Ils étaient si fiers d’avoir liquidé le dernier tsar, qu’ils n’avaient certes pas pu résister au plaisir de se faire tirer le portrait devant les morts, d’autant que le principal assassin avait, dans le passé, été photographe.” Et K. passait son temps à rechercher ces documents. »

Les assassins prenant le thé... Les balles rebondissant sur les grandes-duchesses, l’enfant rampant sur le sol, la photographie... Tout cela me hantait. Plus tard, dans mon Institut, j’entendis parler d’un « Carnet secret », tenu par l’ancien photographe devenu chef des opérations. Ce dernier avait pour nom Iakov Iourovski* et il semblait que tout fût rapporté dans son carnet. Pour mon stage pratique, je me retrouvai aux Archives centrales de la révolution d’Octobre. Et, naïvement, je posai la question du carnet.

– Iourovski n’a jamais laissé de carnet, me répondit sèchement la responsable du service, en me faisant sentir toute l’incongruité de ma question.

On me montra cependant le « Fonds Romanov ». J’en fus stupéfait : alors que tout relevait des archives secrètes, il était possible de consulter ces documents.

Je découvris d’abord les albums de photographies des Romanov. La responsable du service ne cessait d’en apporter de nouveaux, de gigantesques albums en cuir, certains portant les emblèmes tsaristes. Elle ne me laissait pas un seul instant seul avec les photos. Froide et indifférente au début, puis de plus en plus passionnée, oubliant toute précaution, elle entreprit de me les commenter tour à tour. On eût dit qu’elle me faisait l’article de cette vie fabuleuse, aujourd’hui disparue. Les images pâlies, fanées, semblaient une petite fenêtre lui permettant de s’évader de son existence ennuyeuse et médiocre.

– Ils photographiaient tout, m’expliqua-t-elle non sans fierté. Tous les membres de la famille avaient des appareils. Les filles, le tsar lui-même, la tsarine, faisaient des photos.

Les photos... Une beauté grande et racée et un charmant jeune homme : c’est le temps de leurs fiançailles.

Le premier enfant, une fillette qui a l'air peu solide sur ses jambes. Ici, les quatre filles sur un divan de cuir... Là, un petit garçon a fait son apparition, l'héritier tant attendu. Le voici en compagnie d'un chien ou sur un vélocipède doté d'une énorme roue. Mais, le plus souvent, il est alité, avec à son chevet l'impératrice. Elle a beaucoup changé. Elle fixe l'objectif... Un pli amer encadre sa bouche, c'est une femme vieillie et triste.

Et voici Nicolas en compagnie de l'héritier du Royaume-Uni, George. Ils se regardent et leur ressemblance est frappante, presque comique (il est vrai que leurs mères sont sœurs). La photo d'une chasse impériale : un énorme cerf aux bois gigantesques gît sur la neige... Moment de détente : Nicolas se baigne, il a plongé et nage complètement nu, on voit de dos son corps vigoureux.

Ensuite, j'entrepris de lire son Journal.

Juillet 1918. Le corps expéditionnaire tchèque et des unités cosaques sont aux portes d'Ekaterinbourg. Les bolcheviks sont contraints d'abandonner la ville. Iakov Iourovski est dans le dernier train en partance. Dans ses malles en cuir, le « courrier secret » (c'est ainsi qu'il est officiellement nommé dans les documents), un précieux chargement : les archives familiales des Romanov qui viennent d'être massacrés.

Au cours du voyage, il feuillette les albums de photos. Il y a là de quoi susciter l'intérêt d'un ancien photographe. Mais surtout, il lit le Journal du tsar auquel, désormais, son nom sera lié pour toujours. Qu'éprouve-t-il durant ces heures passées à se représenter la vie d'un monde disparu dont il a sous les yeux quelques vestiges ?

C'est ainsi que le « Fonds Romanov » fut conservé aux Archives centrales de la révolution d'Octobre. Je l'appelle le « Fonds sanglant ».

Nicolas tint son Journal durant trente-six ans. Il le commença à l'âge de quatorze ans, en 1882, au palais de Gattchina [2] et y inscri-

2. Gattchina : petite ville résidentielle au sud-ouest de Saint-Pétersbourg, où se trouvent le palais et le parc de Paul Ier, le fils de Catherine II. (Toutes les notes de bas de page sont du traducteur.)

vit ses derniers mots à Ekaterinbourg, alors cinquantenaire et en état d'arrestation.

Cinquante cahiers couverts, de bout en bout, de son écriture soignée. Mais le dernier de tous, le cinquante et unième n'est qu'à moitié rempli : la vie de son auteur s'est brusquement rompue, des pages sont restées vierges, d'une blancheur étincelante, minutieusement et vainement numérotées à l'avance. Il n'y a pas de réflexions dans ce Journal et les jugements y sont rares. Y sont consignés les principaux événements de la journée, sans plus. Mais la voix de l'auteur y retentit encore.

C'est un homme taciturne, renfermé, qui raconte. Il guidera lui-même le lecteur à travers sa vie. Il est *l'auteur.*

Je feuillette son Journal et retrouve une sensation fréquente, banale, pour qui travaille sur des archives : le contact d'*autres* mains, par-delà les siècles.

2

Début du Journal

L'auteur du Journal naît le 6 mai 1868.

Une vieille photographie : un enfant à l'air angélique, aux longues boucles, vêtu d'une chemise à dentelles, tente de jeter un coup d'œil dans le livre que tient sa mère. Nicolas a un an.

Une autre photographie : celle d'un adolescent coiffé à la mode de l'époque.

En 1882, Nicolas reçoit en cadeau de sa mère un « Livre des heures » doré sur tranche, recouvert d'un bois précieux avec incrustations.

Ce livre luxueux deviendra le premier cahier de son Journal. À compter de 1882, Nicolas ne cesse d'en noircir les pages, suite aux événements du 1er mars 1881, date fatidique dans l'histoire de Russie.

La veille de ce 1er mars, la lumière brille toute la nuit dans un appartement de Saint-Pétersbourg. Depuis le matin, c'est un défilé de jeunes gens à l'air affairé. Toutefois, à partir de huit heures du soir, ils ne sont plus que six, quatre hommes et deux femmes. L'une d'elles n'est autre que Vera Figner*, la célèbre meneuse de l'organisation terroriste la « Volonté du Peuple » [1]. Plus tard, dans son autobiographie, elle décrira cette journée.

---

1. Organisation terroriste créée en 1879. Le couronnement de son action est l'assassinat d'Alexandre II en 1881.

La seconde, Sofia Perovskaïa*, n'est pas moins célèbre. Elle doit, au matin du 1er mars, prendre une part directe à *l'action*, aussi ses compagnons la persuadent-ils de dormir un peu.

Vera Figner et les quatre hommes travaillent toute la nuit. Au matin, ils ont empli de fulminate de mercure des bidons de pétrole d'éclairage, obtenant ainsi quatre bombes artisanales.

L'action prévue pour ce 1er mars consiste, ni plus ni moins, à assassiner le tsar Alexandre II*, l'un des grands réformateurs de l'histoire russe. En ces jours de printemps, il s'apprête à donner à la Russie la Constitution qu'elle appelle de ses vœux et qui doit mettre fin à des siècles de despotisme féodal. Or, les jeunes gens redoutent que l'opinion ne s'en contente trop vite et que la Russie se voie ainsi détournée de la révolution qu'ils jugent imminente. Les réformes engagées par le tsar leur semblent trop lentes. Les jeunes gens sont pressés.

À cette époque, les terroristes révolutionnaires ont déjà essayé à sept reprises d'assassiner le tsar. Vaines tentatives qui se sont soldées par vingt-et-une condamnations à mort et exécutions dans leur camp. Et les voici qui redescendent dans la rue pour tuer le Souverain.

Ce jour-là, dans les casernes du régiment Paul Ier* qui donnent sur la Moïka et le Champ-de-Mars, un jeune soldat, Alexandre Volkov, monte la garde. Du côté du canal Catherine, il entend soudain deux fortes explosions et aperçoit une fumée qui lentement se dissipe. Puis le traîneau du chef de la police passe en flèche devant lui.

Trois cosaques de l'escorte impériale soutiennent le tsar agonisant : deux sont postés de chaque côté des patins du traîneau, le troisième est à l'avant. Sa tcherkesska[2] est noire du sang d'Alexandre qui a les jambes déchiquetées. Le traîneau se dirige vers le Palais d'Hiver. « C'est là que je veux mourir », ne cesse de répéter le tsar. Alexandre II a été mortellement blessé par une des

2. Veste étroite et longue, serrée à la taille et supportant des « cartouches de poitrine » ; caractéristique de l'habillement de nombreux peuples caucasiens et des cosaques du Kouban et du Terek.

bombes fabriquées dans le fameux appartement. Une bombe déguisée en gâteau de Pâques. Joli cadeau de fête ! Les jeunes terroristes ont un sens particulier de l'humour.

Volkov voit ensuite passer en direction du palais un carrosse accompagné d'une escorte. Un colosse au crâne dégarni et un enfant de treize ans s'y tiennent : le nouveau tsar Alexandre III* et son fils Nicolas qui, ce jour-là, devient l'héritier du trône.

Toute la vie du soldat Alexandre Volkov sera désormais liée à ce jeune garçon, mais il ne le sait pas encore. Toute sa vie passera comme un jour, entre deux régicides.

Cependant, Vera Figner a été informée des blessures mortelles d'Alexandre II. La nouvelle transporte littéralement de joie la jeune femme : « J'étais si émue que je ne parvenais pas même à dire que le tsar était mort. Je pleurais : l'affreux cauchemar qui, depuis des dizaines d'années, étouffait la jeune Russie, avait pris fin. Le sang du tsar, que nous avions versé, rachetait tout. » Ils s'en étreignaient de bonheur, ces jeunes gens qui avaient assassiné le tsar réformateur.

« Le révolutionnaire est un homme *voué à périr...* » Cette phrase est tirée du célèbre *Catéchisme du révolutionnaire* de Bakounine*. Le *Catéchisme* exige que le révolutionnaire rompe avec les lois et conventions du monde « civilisé », qu'il renonce à toute vie personnelle et oublie tous les liens du sang, au nom de la révolution. Il doit mépriser la société, se montrer impitoyable envers elle, ne pas attendre la moindre clémence pour lui-même et se tenir prêt à mourir. Il lui faut en outre aggraver par tous les moyens les malheurs du peuple, afin de le pousser à la révolution. Et ne jamais oublier que la fin – la révolution – justifie tous les moyens...

Le tsar Alexandre II s'éteint au palais, dans d'atroces souffrances. Jamais la vision de son grand-père ensanglanté ne quittera Nicolas.

Ce sang versé est donc à l'origine de son Journal. Désormais, la vie de Nicolas appartient à l'Histoire.

La famille de l'auteur du Journal

Les historiens n'ont pas manqué de le noter : à la fin du XIXe siècle, suite à d'innombrables mariages dynastiques, les Romanov n'ont plus guère de sang russe.

Mais être un « tsar russe » est déjà, en soi, une nationalité. La princesse allemande demeurée dans l'histoire sous le nom de Catherine la Grande* se sentait d'ailleurs authentiquement *russe.* À tel point, même, qu'apprenant un jour le projet de son frère de séjourner en Russie, elle s'exclama, indignée : « Pour quoi faire ? Il y a déjà bien assez d'Allemands sans lui en Russie ! » Quant au père de Nicolas, Alexandre III, il avait toute l'apparence, et les façons, du hobereau russe n'aimant que ce qui est russe. Bref, l'orgueilleuse formule « Autocratie, Orthodoxie, Sentiment national »[3] joue un rôle aussi essentiel pour les tsars russes que leurs origines allemandes.

Nicolas a pour mère la princesse danoise Dagmar, et pour grand-mère la reine du Danemark. Cette dernière est surnommée la « belle-mère de l'Europe », car ses innombrables fils, filles et petits-enfants sont alliés avec presque toutes les maisons royales européennes, réunissant ainsi tout le continent, de l'Angleterre à la Grèce.

La princesse Dagmar est d'abord fiancée au fils aîné d'Alexandre II, Nicolas. Mais Nicolas meurt de la phtisie à Nice et son cadet, Alexandre, devient l'héritier du trône. En même temps que le titre, Alexandre récupère la fiancée de son défunt frère. En mourant, Nicolas lui en a fait la prière. C'est ainsi que la princesse Dagmar devient Son Altesse Impériale Marie Fiodorovna.

3. « Autocratie, Orthodoxie, Sentiment national », les fondements du règne de Nicolas Ier (1825-1855).

C'est un ménage heureux, avec beaucoup d'enfants. Alexandre n'aime rien tant que la famille. Préserver les fondements de la famille et de l'État constitue son grand credo.

La marque d'Alexandre III sera la constance. Le règne de son père, Alexandre II, est au contraire placé sous le signe des réformes et du changement. Ce goût de la nouveauté se reflète également dans les innombrables passions amoureuses du tsar. Sa vie est une succession de conquêtes, jusqu'à ce qu'il fasse la connaissance de la belle princesse Dolgorouki. À la stupéfaction générale, Alexandre II est fidèle à son amante. Celle-ci lui donne des enfants. Ainsi se constitue peu à peu une seconde famille impériale au sein de laquelle Alexandre II passe presque tout son temps. C'est d'ailleurs dans son deuxième foyer que ses ministres viennent lui faire rapport. Et quand la révolution se met à lui donner la chasse, Alexandre II prend une mesure extravagante : pour plus de tranquillité, il installe ses deux familles au Palais d'Hiver.

En 1880 s'éteint la grand-mère du futur Nicolas II, l'épouse officielle d'Alexandre II, l'impératrice Marie Alexandrovna. Alexandre épouse alors son amante. Cette dernière, au demeurant intelligente et scrupuleuse, se hâte de déclarer que son fils ne prétend nullement au trône. Chacun comprend toutefois que ce qui est impossible aujourd'hui peut arriver demain... Alexandre II a soixante-deux ans, mais il est au mieux de sa forme. Le père du futur Nicolas II se voit rejeté au second plan. Et soudain, quelques mois après le « honteux mariage », la bombe explose sur les bords du canal Catherine. Le jeune Nicolas entend, bien sûr, les commentaires qui vont bon train à la Cour : « Le châtiment divin s'est abattu sur le tsar pécheur. »

En couverture du Journal

À l'automne 1882, Nicolas entend et chante une chanson qui le frappe tellement qu'il la note au dos de la couverture de son Journal.

« La chanson que nous chantions en jouant à cache-cache :

Tout au long de la rivière,
De la Kazanka tout au long,
Vogue le beau canard gris.
Tout au bord de la rivière,
Sur la berge tout au long,
Marche le héros joli.
À ses cheveux blonds et fournis
Il adresse ces propos :
Qui donc de sa blanche main
Vous démêlera demain ?
Las ! Ses cheveux blonds et fournis
N'ont trouvé pour les coiffer
Qu'une vieille main ridée.
Qu'elle coiffe ou qu'elle lisse,
Qu'elle peigne ou aplatisse,
La main ne fait qu'arracher. »

Cette chanson populaire, dans laquelle la mort démêle les boucles du jeune héros tombé au combat, ouvre donc le Journal de Nicolas II.

Les années d'adolescence

«Je commençai à tenir mon Journal le 1er janvier 1882... Au matin, je bus du chocolat, puis je revêtis l'uniforme de réserve de la Garde impériale... Nous allâmes au jardin avec papa [4]. Après avoir coupé et scié du bois, nous fîmes un grand feu. Nous allâmes nous coucher vers neuf heures et demie.

Papa, maman et moi, avons reçu deux députations. On m'a fait présent d'une assiette en bois, merveilleusement ouvragée, portant l'inscription : "Les paysans de Voronej au tsarévitch." Le tout avec le pain et le sel et une serviette brodée [5]. »

Les jeux à Gattchina, les visites de ses cousins les grands-ducs... La grande Famille Romanov.

4. En français dans le texte.
5. Marques traditionnelles d'hospitalité en Russie.

« Ce matin, nous avons transporté les canaris dans de petites cages de bois... Sandro, Serge... Patin à glace et ballon. Quand papa est parti, nous avons fait une bataille de boules de neige... »

Des gamins qui jouent... La vie est une fête. Serge et Sandro (Alexandre) sont les fils du grand-duc Michel, le propre frère d'Alexandre II.

Nicolas (ou Nicky, comme tous l'appellent) est particulièrement lié aux Mikhaïlovitch (les enfants de Michel). Serge, Sandro et Georges sont les grands héros du Journal, les camarades de jeux, les amis de jeunesse.

L'aîné des Mikhaïlovitch s'appelle également Nicolas et deviendra un historien connu, plutôt libéral. Il les regarde s'amuser : il aura toujours une attitude un peu ironique envers l'empereur Nicky.

Mais par la suite, toute cette joyeuse compagnie...

Par la suite, Nicolas et Georges Mikhaïlovitch seront fusillés dans la cour de la Forteresse Pierre-et-Paul. Quant à Serge Mikhaïlovitch, il finira dans un puits de mine, la tête criblée de balles.

« Jardinage. Avons dégagé trois arbres effondrés. Avons ensuite allumé un feu gigantesque. Maman est venue l'admirer, tant il était beau... »

Il brûle, brûle, ce gigantesque feu dans les ténèbres nocturnes... Bien des années plus tard, l'adolescent aux yeux gris en allumera un autre qui sera la fin de l'Empire.

La vie de tous les jours

Tout cela a pour cadre Gattchina où, depuis l'assassinat de son père, Alexandre III vit reclus avec sa famille. Le tsar n'est à Saint-Pétersbourg qu'entre le Nouvel An et le Grand Carême. C'est alors qu'ont lieu les bals à la Cour dont le luxe proprement oriental fascine les ambassadeurs étrangers. Mais ce n'est qu'une vitrine. La vraie vie se déroule à Gattchina. La famille impériale y occupe un magnifique palais, dont les plus belles salles restent néanmoins vides. Alexandre III et les siens se cantonnent dans les entresols, jadis réservés aux domestiques. La très nombreuse famille du tsar est installée dans de petites pièces exiguës, où l'on a eu toutes les peines du monde à loger le piano.

L'ombre du père assassiné poursuit Alexandre III. Un cordon de sentinelles entoure le palais, des gardes sont postés en permanence dans le parc... Déjà, la vie du jeune Nicolas a quelque chose d'une prison.

Cependant, Alexandre Volkov commence à faire carrière ; il est intégré dans la garde du Palais. Sur le lac, après minuit, il regarde l'empereur pêcher à la ligne.

Nuit de lune dans le parc de Gattchina. Volkov est posté, solitaire, au bord du lac : il faut laisser croire que la garde est peu nombreuse. Mais dans les buissons alentour, ils sont trente hommes à veiller. Quant à la barque du tsar, elle est immanquablement suivie d'une seconde transportant l'escorte.

Dans la barque impériale, un chasseur éclaire l'eau à l'aide d'une lanterne. Le poisson apparaît à la surface et le Souverain, doué d'une force colossale, l'assomme à la volée, d'un coup de harpon.

Les parties de pêche et de chasse rejettent parfois à l'arrière-plan les affaires de l'État. « L'Europe attendra, le tsar russe est à la pêche. » L'auteur de cet aphorisme n'est autre que le monarque, maître d'un sixième des terres émergées du Globe. Il sera repris par tous les journaux du monde.

Il arrive que Nicolas participe à ces distractions, mais, d'ordinaire, on lui préfère Michel, son plus jeune frère. Plein de santé, facétieux, Michel est le chouchou des parents.

Le tsar et ses hôtes prennent le thé sur la terrasse. Au-dessous, Micha est en train de jouer. Un jeu pour costauds qui n'ont pas froid aux yeux : son père prend un arrosoir et, d'en haut, le déverse sur l'enfant. Michel est content. Il rit à gorge déployée, son père aussi et les invités ne veulent pas être en reste.

Vient alors une réplique inattendue : « À votre tour, maintenant, papa. » L'empereur présente docilement son crâne nu et Michel arrose son père de la tête aux pieds...

La volonté de fer d'Alexandre finira toutefois par briser l'indépendance de Michel. Nicolas et lui deviendront en grandissant de braves garçons, doux et timides.

À cette époque, Nicolas fait l'expérience d'une situation pénible pour un enfant : c'est son frère qu'on aime, pas lui ! Il n'en conçoit aucune aigreur, non, et n'en est pas plus morose ou moins obéissant pour autant. Simplement, il a tendance à se renfermer sur lui-même.

Comme il voudrait être aimé ! Celle qui deviendra sa femme le sentira d'instinct. « Toute femme éprouve aussi des sentiments maternels pour l'homme qu'elle aime, telle est sa nature, et celle-ci s'exprime dès lors qu'elle aime vraiment », écrira dans une lettre l'impératrice Alexandra Fiodorovna.

Alexandre III avait donné pour précepteur à Nicolas le Haut Procureur du Saint-Synode, K. Pobedonostsev*. Le tsar monte sur le trône, armé d'une logique imparable : son père avait entrepris des réformes qui se sont soldées par son assassinat. Il convie donc Pobedonostsev à prendre la tête du gouvernement. Vieillard desséché aux oreilles en éventail, Pobedonostsev a le souffle poussif d'un grand inquisiteur exténué par les jeûnes.

Dans le discours qu'il prononce lors de sa prise de fonctions, Pobedonostsev explique : la Russie est un pays à part ; les réformes, la liberté de la presse y tournent inéluctablement à la dépravation et au soulèvement.

« Pareil au grand froid, il stoppe le pourrissement, mais il empêche aussi la croissance », écrira-t-on de lui. Toutefois, cet « homme de glace » a perçu la menace de l'incendie révolutionnaire qui plane sur la Russie. Qui l'arrêtera ? Ce tendre gamin qui n'a pas du tout l'étoffe d'un tsar ? Pobedonostsev respecte Nicolas, le futur monarque, mais il n'éprouve pas d'affection pour lui.

En place d'amour, Nicolas trouve... l'armée !

Alexandre III a été surnommé le « Pacificateur ». Il sait éviter les conflits, ce qui n'empêche pas l'armée d'être plus forte que jamais en Russie. « La Russie doit sa puissance, non pas à ses lois ni à sa civilisation, mais à son armée », écrira le comte Witte*. « La Russie est un État, non point commerçant ni paysan, mais militaire, sa vocation est d'être une menace pour le monde », lit-on dans le manuel en usage au corps des cadets. L'armée cela veut dire avant tout la discipline et l'obéissance. Ces deux qualités, l'armée les développera chez le jeune homme timide – qui les possédait déjà naturellement – au point qu'elles lui seront fatales...

L'héritier du trône sert dans la Garde. C'est la coutume, depuis le XVIIIe siècle, dans les meilleures, les plus riches familles de Russie. Beuveries, bamboches, duels, telle est la panoplie de base des officiers de la Garde impériale. En Russie, ce sont eux qui font toutes les révolutions de palais. Ils ont mis sur le trône Elisabeth Petrovna* et Catherine II, tué les empereurs Pierre III* et Paul Ier. Mais la Garde n'a pas fait que cela. Elle a toujours été en première ligne dans toutes les grandes batailles.

Nicolas sert d'abord dans une compagnie de marche. L'héritier commande la première demi-compagnie, la seconde est sous les ordres d'Alexandre Volkov, désormais sous-officier. À la datcha impériale « Alexandrie », Volkov enseigne à l'héritier l'art de la marche.

Nicolas adore les exercices physiques, il est infatigable. Georges, son frère cadet, l'observe. Georges est constamment malade. Honteux de sa faiblesse, il se cache pour admirer son aîné.

« Vingt ans. Me voilà un vieillard... »

6 mai 1888. « Vingt ans. Me voilà un vieillard... »

7 mai. « Ce bal costumé m'a beaucoup plu. Toutes les dames étaient en robes blanches et les hommes vêtus de rouge... Dansé la mazurka et le cotillon. »

Les bals, le régiment... La vie est toujours une fête, mais...

Le 17 octobre 1888, Nicolas échappe par miracle à la mort. Le train impérial déraille non loin de Kharkov. Désormais, le chiffre 17 est pour lui lié au malheur.

« Une journée terrible pour tous. Nous aurions pu être tués, par bonheur Dieu en a décidé autrement. Tandis que nous prenions le petit déjeuner, le train a déraillé. La salle à manger et tout le wagon sont en miettes, mais nous en sommes sortis indemnes. Il y a toutefois vingt morts et seize blessés... Un service religieux a été célébré à la station de Lozovaïa. »

Puis la fête reprend.

1889. « Suis rentré du bal à une heure et demie. Ai séché la première leçon : je ne me suis pas réveillé... »

« Me suis amusé comme un fou à admirer une Tsigane. Rentré à deux heures... »

« Ai été surpris de me réveiller à Gattchina. La vision de ma chambre baignée de soleil. Après le thé, escrime chez maman... »

« Impossible de me retenir : je fume, désormais. Je me dis que c'est permis... »

« Parti à minuit avec papa à la chasse au coq de bruyère. Affût dans une hutte. Un endroit remarquable. Dormi jusqu'à dix heures... »

« 6 mai... Suis membre du Conseil d'État et du Conseil des ministres... »

Incroyable est l'enthousiasme avec lequel le tendre, le timide Nicolas se jette à corps perdu dans la vie débridée de la Garde ! Le commandant de son régiment n'est autre que son oncle, le grand-duc Serge Alexandrovitch. Jusqu'à la fin de ses jours, ce dernier, quels que soient ses défauts, restera pour Nicolas un *chef*. Sorte de colosse lui aussi, commandant d'une rigueur sans faille, Serge Alexandrovitch est le plus malheureux des hommes. Profondément croyant, il souffre infiniment de ses tendances à la pédérastie et à l'ivrognerie, encore encouragées par le monde viril et clos de la Garde.

Les traditions de beuveries de la Garde ! Mis en musique, les vers du poète hussard Denis Davydov*, héros et bambocheur fameux, sont régulièrement chantés dans les casernes :

> Buvant à perdre haleine, gradés, je vous revois
> Et je revois aussi le rouge de vos trognes,
> Tandis que vous restiez autour d'un feu de bois.
> Pas un de vous ne parle, pas un de vous ne grogne,
> Pas la moitié d'un mot, tous boivent, tous s'ivrognent,
> Puis inclinant leur front, tous aussitôt sommeillent,

Mais dès le point du jour les sabres sont pointés.
Et, l'ennemi défait, le combat terminé,
Les hommes s'en reviennent à la dive bouteille.

Journal de Nicolas, au temps où il fait ses classes à Krasnoïé Selo :

« Hier, avons vidé 125 bouteilles de champ[agne]. J'étais de gar[de] à la division. À une heure, j'étais sur le terrain avec mon escadron. À cinq heures, revue des cadets sous une pluie battante... »

Mais quand tombe la nuit, « les hommes s'en reviennent à la dive bouteille... »

« Me suis réveillé avec l'impression d'avoir eu toute la nuit un escadron dans la bouche. »

On boit en suivant scrupuleusement les préceptes de Denis Davydov : « au coude » (on aligne des verres sur la longueur d'un coude et on les vide d'un coup) ; « à l'escalier » (on les dispose sur toute la hauteur d'un escalier que l'on monte en buvant à chaque marche ; certains tombent avant d'arriver en haut) ; « au loup » (on se déshabille complètement, on sort alors qu'il gèle à pierre fendre, le cantinier tend à ces messieurs de la Garde un seau de champagne qu'ils vident tous en chœur, en hurlant comme des loups). On raconte que cette étrange pratique est une invention du grand-duc Serge Alexandrovitch lui-même.

Extrait du Journal de Nicolas :

« De ma vie n'ai vu autant de Tsiganes. Quatre chœurs étaient rassemblés [6]. Avons dîné, comme l'autre fois, avec des dames. Suis resté dans les vapeurs de l'ivresse jusqu'à six heures du matin... »

Pourtant, dans ces bruyantes distractions un peu étranges, Nicolas réussit à garder l'âme sensible, à rester vierge et... solitaire.

Il attend l'amour, un amour idéal.

« Je ne sais comment l'expliquer, mais j'ai été plongé dans un curieux état : une alternance de tristesse et de joie. C'est à peu près passé. Ai bu du thé et lu. »

Cette solitude, *elle* était la seule à pouvoir la briser.

---

6. Un chœur tsigane pouvait compter jusqu'à deux cents personnes, chanteurs, musiciens et danseurs.

Un jeune officier de taille moyenne marche d'un pas vif au milieu de la foule de la Perspective Nevski.

Au même moment, la voiture du maire de Saint-Pétersbourg roule lentement dans l'avenue, cependant que le maire dévisage les promeneurs. Il remarque enfin le jeune officier. Il fait arrêter sa voiture, descend et, révérencieux mais ferme, transmet au jeune homme l'ordre de son père de rentrer au palais.

Récit de Vera Leonidovna :

« Il adorait se promener... On racontait qu'au cours d'une de ces escapades, il avait rencontré une jeune beauté juive et qu'ils avaient eu une liaison. On ne parlait que de cela à Saint-Pétersbourg. Mais son père, comme toujours, avait pris des mesures radicales : la jeune Juive avait été expulsée de la ville, avec toute sa famille. L'expulsion avait eu lieu alors que Nicolas se trouvait chez la jeune femme. "Il faudra me passer sur le corps", avait-il déclaré au maire. Les choses n'allèrent pas jusque-là. C'était un fils docile, on finit par briser sa résistance, on le mena à son père, au palais Anitchkov, et la jeune Juive disparut de la capitale. »

« Alix H. »

(Journal d'un jeune homme)

Alix H. Ainsi l'appelait-il alors dans son Journal.

Devant moi, aux Archives, un monceau de papiers. Tout ce qui reste de la vie d'Alix H. Ces papiers l'ont accompagnée jusqu'au bout, on y retrouve la poussière de l'effroyable maison Ipatiev [7].

D'interminables lettres de Nicolas, des centaines de lettres... Son Journal à elle, ou plutôt ce qu'il en reste : elle en a brûlé la plus grande partie au début de mars 1917, quand l'Empire a sombré. Ne demeurent que de courtes notes de 1917 et 1918, les deux dernières années de sa vie. Des citations de théologiens et de philosophes, des vers de ses poètes préférés, recopiés de sa main

7. La maison d'Ekaterinbourg où eut lieu le massacre de la Famille impériale.

par carnets entiers : Maïkov*, Fet*, Lermontov*, Pouchkine, le grand-duc Constantin Romanov qui, au début du siècle, signait ses poèmes « C. R. », Branitskaïa, et de nouveau Pouchkine, Fet, de nouveau C. R.

Mais il est aussi un cahier *à part*, recueil de citations d'un philosophe inattendu, dont l'emprise sur l'esprit et le cœur d'Alix H., au demeurant fort instruite et cultivée, fut immense : le moujik à demi illettré Grigori Raspoutine.

Fille du grand-duc de Hesse-Darmstadt Ernst Ludwig IV et d'Alice d'Angleterre, Alix H. naît à Darmstadt en 1872.

Des collines boisées descendent vers la brumeuse vallée du Rhin : les lieux que Goethe affectionnait entre tous. C'est là que se niche Darmstadt, minuscule capitale d'un minuscule État allemand, le grand-duché de Hesse. La ville est alors noyée sous les fleurs et le musée du palais s'enorgueillit de la tendre *Vierge* de Holbein.

Le père d'Alix a épousé la fille de la reine Victoria. Nature exaltée, Alice d'Angleterre est connue pour la passion fanatique qu'elle nourrit à l'égard du philosophe et théologien allemand David Strauss. Une adoration qui semble une préfiguration de celle que sa fille vouera plus tard à Grigori Raspoutine. La nervosité, les migraines effroyables qui conduiront prématurément Alice d'Angleterre à la tombe, feront aussi partie de l'héritage qu'elle laissera à sa fille. À cette exaltation familiale s'ajoute la mémoire des siècles : dans les veines d'Alix H. coule le sang de Marie Stuart.

La mère d'Alix meurt à l'âge de trente-cinq ans, laissant derrière elle une grande famille. Alix est la plus jeune. Son aînée, Victoria, ainsi prénommée en l'honneur de sa grand-mère, a épousé le prince de Battenberg, commandant suprême de la Flotte d'Angleterre. La seconde des filles, Ella, se prépare à convoler en justes noces avec le grand-duc Serge Alexandrovitch. Quant à la troisième, elle s'est mariée avec le prince Henri, le propre frère de l'empereur Guillaume d'Allemagne. Les princesses de Hesse réuniront ainsi par les liens du mariage les maisons impériales de Russie, d'Angleterre et d'Allemagne.

Après la mort de sa mère, Alix est recueillie par sa grand-mère. Elle est la préférée de la reine. C'est une ravissante enfant blonde, si heureuse de vivre qu'à la Cour d'Angleterre, on l'appelle « le rayon de soleil ». Chez son père, on l'avait surnommée, pour son espièglerie et son indocilité, *Spitzbube* (l'espiègle, la batailleuse). Est-elle vraiment, cette petite orpheline qui vit loin de ses sœurs, de son frère et de son père, si légère et si gaie ? Ou est-ce ainsi que veut la voir sa grand-mère Victoria ? Avec la malice des enfants, Alix se prête-t-elle à son jeu ?

Elle a tout néanmoins d'une *Spitzbube.*

La reine Victoria n'aime guère les princes allemands, et en particulier l'empereur Guillaume. Alix, qui parle anglais et pense en anglais, doit, avec le sourire, entendre les piques de la vieille reine... Se peut-il qu'elle ne connaisse pas d'instants de cafard, que son père, sa famille ne lui manquent pas ? Cette grande famille brutalement brisée quand elle avait six ans. Une fois mariée, elle fera tout pour se la recréer.

La fillette solitaire voyage de palais en palais, à travers l'Europe. En 1884, à douze ans, elle se trouve en Russie.

L'empereur Guillaume observe attentivement les réactions à la visite de la jolie et blonde Alix à la Cour de Russie. Le mariage de Serge Alexandrovitch, le frère du tsar, avec une princesse allemande pourrait être suivi d'un autre. L'héritier du trône a déjà seize ans. Et la maison Hesse occupe une place à part dans l'histoire des Romanov. La première femme de Paul Ier, morte en couches, et l'impératrice Marie Alexandrovna, la grand-mère de Nicolas, étaient aussi princesses de Hesse.

C'est ainsi qu'a lieu la première rencontre d'Alix et de Nicky.

Pour lui, c'est le coup de foudre. Un jour, ils se retrouvent tous deux à Peterhof, à la petite datcha impériale « Alexandrie ».

Plus tard, pour leur premier anniversaire de mariage, ils reviendront dans cette datcha. Et Nicolas écrira dans son Journal : « Il a plu à verse toute la journée ; après le café, sommes montés au premier... avons revu la fenêtre où nous avions gravé nos noms en 1884. » (Elle aimait, avec le diamant de sa bague, laisser sa marque sur le verre. Sur les vitres splendides du Palais d'Hiver, on peut ainsi voir nombre de ses autographes.)

Toujours, ils resteront attachés à la vieille « Alexandrie », où ils retrouveront tant de souvenirs chers.

Tous deux, donc, à la fenêtre, en ce jour de 1884. Le début d'un destin.

Aussitôt après, Nicolas s'entretient avec sa sœur Xenia, la seule qui ait eu l'heur de plaire à la princesse de Hesse, dans l'ensemble peu communicative. Et Xenia prodigue ses conseils à son frère.

Nicolas demande à sa mère une broche de diamants qu'il offre à Alix H. Il est heureux mais il connaît peu la jeune fille. Elle a été éduquée dans le puritanisme de la Cour d'Angleterre : rigidité, hauteur, austérité affichée, telles doivent être les qualités d'une princesse anglaise. Alix estime qu'elle s'est conduite de façon inconvenante. Le lendemain, à la soirée enfantine donnée au palais Anitchkov, en dansant elle lui fourre brutalement la broche dans la main. Sans un mot.

Sans un mot, Nicolas rend la broche à Xenia. Il la reprendra dix ans plus tard.

Il faut attendre cinq ans pour qu'Alix, âgée cette fois de dix-sept ans, reparaisse à la Cour de Russie. Elle rend alors visite à sa sœur Ella. Durant ces cinq années, Nicolas n'a pas oublié la jolie princesse.

« Sans charme, d'une raideur de bois, des yeux froids, on croirait qu'elle a avalé un manche à balai. » Tel est l'aimable jugement de la Cour. C'est quasi officiel : la princesse ne plaît pas à l'impératrice. Or la voix de l'impératrice mère retentit toujours lorsque son impérial époux ne tient pas à faire entendre la sienne.

Tout s'explique aisément : la première visée politique d'Alexandre est l'alliance franco-russe. Et la fille du comte de Paris, princesse d'Orléans, représente un excellent parti pour le tsarévitch.

Nul, en Russie, ne se risque à contrarier l'empereur. Nicky, moins que les autres, lui qui a les conflits en horreur. À Peterhof, le père et le fils ont une explication décisive, au terme de laquelle Nicky se résigne à ne plus parler de mariage avec Alix. Cependant, il rejette catégoriquement l'idée d'épouser la princesse d'Orléans. Il choisit une troisième voie : attendre, sans un mot, sans protestation ni espoir. Attendre que Dieu l'unisse à Alix. C'est pour lui la seule conduite possible. En d'autres termes, il regimbe, mais en douceur, en feignant la docilité.

Son Journal de 1889 s'ouvre sur une photographie d'Alix, placée là juste après le départ de la jeune fille. L'attente commence.

Alix, néanmoins, a subi un affront. Sa sœur Ella (devenue, après sa conversion à l'orthodoxie, la grande-duchesse Elisabeth Fiodorovna) l'aide à sauver la face : il n'a jamais été question de mariage et il ne saurait en être question, Alix n'a pas l'intention de changer de religion.

Alix regagne l'Angleterre. Un peu soulagée, aussi étonnant que cela paraisse. Sa sœur a raison : comment pourrait-elle se convertir ? La foi tient une trop grande place dans sa vie.

Un an plus tard, la princesse blonde revient en Russie, mais on ne permet pas au malheureux Nicolas de la revoir. Elle séjourne alors chez sa sœur, à Ilinskoïé, aux environs de Moscou.

« 20 août 1890. Mon Dieu ! Comme j'ai envie d'aller à Ilinskoïé... Sans cela, je ne la verrai pas cette fois, il me faudra encore attendre toute une année, c'est trop dur !!! » (Trois points d'exclamation désespérés.)

Alix passe plusieurs semaines dans la propriété d'Ilinskoïé, à observer. Elle va de surprise en surprise... Les liens sont trop étroits entre Darmstadt, Londres et Saint-Pétersbourg pour que l'on puisse ignorer que le mariage d'Ella est fictif, compte tenu des tendances de son mari, et que celle-ci est condamnée à ne jamais avoir d'enfant. Cela n'empêche pas Serge Alexandrovitch d'imposer à sa femme force ripailles et scènes de jalousie sans fondement.

Cependant, au comble de l'étonnement, Alix le constate : sa sœur est heureuse, elle a les yeux qui brillent. Ella, en effet, aime son époux, suivant en cela le commandement de Dieu.

L'église d'Ilinskoïé existe encore à ce jour. En ce temps-là, elle étincelait de la flamme des cierges, le chœur y résonnait et les deux sœurs y faisaient leurs dévotions.

Nicolas poursuit sa discrète révolte. Il s'est plié aux ordres de son père, mais... Car si l'on peut lui interdire de la voir, comment l'empêcher de l'attendre ?

Extrait du Journal :

« 21 décembre 1890. Ce soir, discussion, chez maman, sur la jeunesse de la bonne société et la vie familiale. Une conversation qui a, malgré tout, touché en moi une corde sensible ; le rêve et l'espoir, en effet, me font vivre chaque jour. Il s'est écoulé un an et demi depuis que nous avons parlé, papa et moi, à Peterhof, et rien n'a changé, ni en bien ni en mal. Je rêve d'épouser un jour Alix H. Il y a longtemps que je l'aime et cet amour est plus fort et plus profond depuis l'hiver 1889 où elle a passé six semaines à Saint-Pétersbourg. J'ai longuement résisté à ce sentiment, m'efforçant d'admettre l'impossibilité de réaliser mon rêve... Or, le seul obstacle, ou plutôt l'abîme entre elle et moi, est la question religieuse. Il n'en est point d'autre, je suis presque certain que mon amour est partagé. Je m'en remets à Dieu, j'espère en Sa miséricorde et envisage l'avenir, soumis et serein. »

On le fait voyager pour le distraire.

La Méditerranée, l'Adriatique, Venise. La vie est une fête ! Un bal permanent !

« Sommes descendus de la gondole, avons visité le palais, la basilique Saint-Marc, l'Académie, puis avons repris le canal. Cette ville laisse une impression étrange. Avons bu le café sur la place. »

Lorsqu'il rentre à Saint-Pétersbourg, son père comprend que rien n'a changé. Il est urgent d'agir.

Peu après apparaît, dans le Journal de Nicolas, un nouveau personnage qui jouera un rôle de premier plan : la « Petite K. »

« Je suis tombé amoureux fou... de la Petite K. »

Un soir de mars à Saint-Pétersbourg, il y a bien longtemps. Un attelage arrive au fameux Yacht-Club. (Brillants officiers de la Garde, Suite impériale, membres de la Famille, tels en sont les habitués.) C'est alors, en mars 1890, que retentit pour la première fois le nom de la Petite K.

Tous les membres du Club sont amateurs de ballets. La rue où se trouve l'école de danse de Saint-Pétersbourg est, tout au long du siècle, la promenade favorite des élégants de la capitale. Avoir une danseuse pour maîtresse est une vieille tradition de l'aristocratie.

Le ballet est donc, au même titre que la Garde, étroitement lié au Palais. Plusieurs grands-ducs s'amourachent d'une étoile, vivent ouvertement avec elle, l'installent et lui font des enfants. La liste est longue de ces « scandales ». Le directeur des théâtres impériaux doit avoir des talents de diplomate et de stratège, et se tenir informé du réseau compliqué des relations entre ses pupilles et les membres de la Famille impériale. Aux spectacles de ballet, le public s'intéresse avant tout à la présence de Leurs Altesses. L'identité de celui qui occupe la loge impériale en dit souvent plus long qu'un discours sur la position d'une danseuse.

Récit de Vera Leonidovna :

« Elle n'était pas jolie, avait la jambe courte. Mais ses yeux ! Des yeux immenses, insondables... Elle fascinait, cette petite séductrice. Elle avait fait ses classes chez les Italiens et avait une technique admirable. Elle effectua un jour trente-deux fouettés et, lorsque les applaudissements se déchaînèrent, elle le répéta gentiment. Quelqu'un devait dire à son propos : "Elle aimait le ballet en général, et la vie en particulier." Il me semble que c'est le contraire : elle aimait le ballet en particulier, et la vie en général. Sa vie durant, elle fit en sorte de devenir une grande étoile. Mais elle n'y parvint pas... Elle était généreuse pour tout ce qui pouvait lui apporter le succès (et fort avare au quotidien). Au théâtre, elle voulait plaire à tout le monde, multipliait les cadeaux, était adorable avec les techniciens, les maquilleuses. Pourtant, elle n'était guère aimée. Il était en outre de bon ton, dans la société, de se montrer frondeur. Aimée du futur empereur, elle était condamnée à l'inimitié du public. Une de mes amies danseuses voulut la siffler. Cela ne lui échappa pas. Et, à l'un de ses spectacles, mon amie reçut une gigantesque corbeille de fleurs, avec ce billet : "Mathilde Kchessinskaïa vous remercie." Elle savait être magnifique. On l'avait surnommée "la Fée du Parc aux Cerfs", par allusion au parc où Louis XV avait son harem. »

Une famille vouée à la danse. Le père, Félix Kchessinski, est polonais. Tout Saint-Pétersbourg apprend la mazurka chez lui. Il monte des ballets et danse avec toutes les étoiles du temps. Au siècle finissant, ses enfants lui succèdent sur la scène impériale : Iossif et Ioulia (la « Première Kchessinskaïa », comme on l'appellera lorsque sa cadette sera au firmament).

Extrait du Journal :

« 23 mars 1890. Allé en landau dans une écurie de l'île Elaguine. Rentré avec une troïka de chevaux fringants. Collation à huit heures, puis départ pour le spectacle à l'école de danse. Quelques courtes pièces et un ballet. Fort bien soupé avec les élèves. »

Derrière cette phrase maladroite, le début d'une histoire d'amour.

Mathilde Kchessinskaïa est née en 1872. Elle mourra à Paris en 1971. À un an près, elle eût été centenaire. À Paris, elle écrira ses Mémoires, touchante histoire de la passion d'une jeune ballerine pour l'héritier du trône. Elle y évoquera cette soirée du 23 mars 1890.

Après le bal de fin d'année auquel assistent l'empereur et le tsarévitch, des tables sont dressées. *À la surprise générale*, tous deux restent souper. On les fait asseoir à une table à part, et soudain le tsar demande : « Où est donc la Kchessinskaïa-bis ? »

On conduit la jeune danseuse à la table impériale. Le Souverain la complimente et ajoute qu'il connaît son père. L'empereur installe *lui-même* la jeune fille à côté de son fils en disant gaiement : « Mais, je vous en prie, ne flirtez pas trop. » À la stupéfaction de la ballerine, Nicolas reste auprès d'elle sans mot dire, toute la soirée.

Récit de Vera Leonidovna :

« Cela se faisait couramment. Quand les jeunes gens grandissaient dans les familles aisées, on prenait à domicile une servante, jolie et, surtout, saine. C'est qu'il fallait faire attention, à l'époque. »

La syphilis emporte alors des milliers de jeunes vies, l'ivrognerie et les bordels font partie intégrante de la vie de la Garde. De la santé de l'héritier dépend le destin du pays. L'histoire avec la jeune Juive a été un signal d'alarme et, en bon père de famille – et de la Russie –, Alexandre III décide de « s'occuper » de son fils. La Kchessinskaïa est la candidate idéale : une liaison avec une étoile ne peut qu'agrémenter la biographie du prince héritier. Toutefois, l'essentiel est encore de lui faire oublier la princesse de Hesse.

La jeune danseuse comprend-elle la règle du jeu ? Ou tout cela se nimbe-t-il pour elle de romantisme ? Dans le second cas de figure, ce sont les adultes qui mènent la partie. Quoi qu'il en soit, il ne s'agit que d'un *jeu.*

La petite fille aux grands yeux doit attendre l'été pour continuer à vivre son roman. En juillet 1890, Mathilde Kchessinskaïa entre dans la troupe du Théâtre impérial Marie. La Garde est alors à l'exercice à Krasnoïé Selo. Nicolas s'y trouve aussi, de même que le ballet impérial qui y danse toute la saison.

Elle le sait : tout se passera à l'entracte. Les grands-ducs aiment venir dans les coulisses. Il sera avec eux. Elle sait qu'il en meurt d'envie.

Et il vient. Il ne lui tient que des propos insignifiants. Elle attend... Il revient le lendemain. Il ne se passe rien. Un jour, elle est retenue pendant l'entracte. Lorsqu'elle se précipite sur la scène, les yeux brûlants de passion, tremblante à l'idée de manquer son timide adorateur, Nicolas est prêt à partir. Quand il la voit, il lance avec une rage impuissante : « Je suis sûr que vous étiez occupée à flirter ! » Et soudain, plein de confusion, il gagne la sortie presque en courant. Voilà toute sa déclaration d'amour !

I. Vsevolojski est alors directeur des Théâtres impériaux. Il vit en seigneur mais, à la stupéfaction générale, il ne court pas après les danseuses. Il a d'autres passions : il aime la bonne chère, a un cuisinier français, goûte la comédie française et l'opéra italien. Alexandre III, toutefois, est un patriote, et la scène impériale est bientôt entièrement dominée par des œuvres russes. L'infortuné Vsevolojski doit donc se passionner pour l'opéra national et les pièces d'Ostrovski*. Il s'y plie volontiers, souhaitant en toutes choses satisfaire le tsar. Et, dans le même esprit, il remarque aussitôt la nouvelle ballerine.

La Famille impériale occupe la première loge à gauche. Elle se trouve presque sur la scène et, en dansant, la Kchessinskaïa dévore de ses grands yeux l'héritier assis aux côtés de son père. Le plus étonnant est que le terrible empereur n'a pas l'air d'en concevoir du déplaisir. Vsevolojski ne tarde pas à comprendre et, dès lors, il a soin d'assurer à la jeune ballerine des rôles de premier plan. En un temps record, elle devient ainsi l'étoile des ballets impériaux.

« 17 juin. Manœuvres de notre détachement... La Kchessinskaïa me plaît décidément. »

« 30 juin. Krasnoïé Selo. Les manœuvres ont été chaudes... Été au théâtre, bavardé avec la Petite K. à la fenêtre [de sa loge]. »

À Paris, elle l'évoquera, debout à la fenêtre de la loge, ou devant elle, tandis qu'elle dansait sur la scène.

Mais, de nouveau, l'aimable badinage tourne court. Peu après, il lui fait ses adieux : il part pour un tour du monde.

« 31 juillet. Été une dernière fois dans ce charmant théâtre de Krasnoïé Selo dire adieu à K. Souper chez maman jusqu'à une heure. »

La Petite K. ne comprend pas. C'est pourtant simple : il attend Alix H. et lui reste fidèle.

La Petite K. lit à présent chaque jour les journaux, elle suit tous ses déplacements. C'est ainsi que lui parvient la nouvelle qui plonge Saint-Pétersbourg dans la stupeur : un policier a agressé l'héritier dans une petite ville du Japon et l'a grièvement blessé à la tête d'un coup de sabre. Nicolas n'a survécu que par miracle.

Les rumeurs vont bon train dans la capitale impériale. On colporte la fantastique rumeur d'une histoire d'amour qui aurait mal tourné pour le trop entreprenant Nicolas (connaissant le caractère de son soupirant, la Petite K. n'en croit pas un traître mot). Pour finir, on déclare que l'agresseur est un fou.

« 27 avril 1891. Sommes arrivés à Kyoto. On ne sait plus où donner de la tête tant il y a de merveilles. Avons vu du tir à l'arc ainsi que des cavalcades en costumes traditionnels... À neuf heures, sommes allés, avec Georgie [le prince Georges de Grèce, qui l'accompagne] dans une maison de thé. Georgie a dansé, les geishas en glapissaient de rire. »

« 29 avril. Au réveil une merveilleuse journée s'annonce dont je n'aurais pas vu la fin sans l'intervention de la miséricorde divine.

Avons quitté Kyoto en pousse-pousse pour gagner la petite ville d'Otsu...

Là, visite au gouverneur, un petit homme tout rond. Dans sa maison, entièrement aménagée à l'européenne, un bazar était organisé où chacun d'entre nous s'est ruiné pour quelque babiole. C'est là que Georgie a acheté la canne de bambou qui, une heure plus tard, allait me rendre un fameux service. Après la collation, avons pris le chemin du retour, heureux tous deux à l'idée que nous pourrions nous reposer à Kyoto avant le soir. Sommes repartis en pousse-pousse, avons pris sur la gauche une rue étroite, avec la foule de part et d'autre. C'est alors que j'ai reçu un coup brutal du côté droit de la tête au-dessus de l'oreille. Je me suis retourné et j'ai vu la trogne immonde d'un policier qui voulait abattre sur moi son sabre, pour la seconde fois. Je n'ai pu que crier : "Hein, quoi ?" J'ai sauté sur la chaussée. Voyant que le monstre marchait sur moi et que nul ne faisait rien pour l'arrêter, je me suis mis à courir dans la rue, une main plaquée sur la plaie d'où le sang jaillissait. Je voulais disparaître dans la foule, mais je ne le pouvais car les Japonais, terrorisés eux aussi, fuyaient de tous côtés... Me retournant à nouveau sans cesser de courir, j'aperçus Georgie pourchassant mon persécuteur... Enfin, au bout d'une soixantaine de pas, je m'arrêtai à l'angle d'une ruelle et jetai un coup d'œil en arrière. Là, grâce à Dieu, tout fut bientôt terminé. D'un seul coup de sa canne, Georgie, mon sauveur, renversa le gredin et, lorsque je m'approchai de lui, nos pousse-pousse ainsi que quelques policiers le traînaient par les pieds. L'un d'eux le frappa de son sabre au cou. Je n'arrivais pas à comprendre comment Georgie et ce fanatique s'étaient retrouvés seuls au milieu de la rue, et que personne, dans la foule, ne fût venu à ma rescousse... Dans la Suite, manifestement, nul n'avait pu m'aider, car nous allions alors en longue procession et le prince Ari Sugawa lui-même, qui était le troisième, ne s'était aperçu de rien. Il me fallut apaiser tout le monde, ce qui m'obligea à rester plus longtemps sur pied. Rambach (le docteur) m'a prodigué les premiers soins, surtout, il a stoppé l'hémorragie. Dans les rues, la foule m'a touché : la plupart des gens se mettaient à genoux et levaient les bras en signe de compassion. Quant à moi, j'étais plus que tout tourmenté par l'inquiétude de mes chers papa et maman, et je me demandais comment leur relater l'incident. »

On est frappé par l'exclamation de Nicolas en cette minute terrible, exclamation qu'il rapporte lui-même : « Hein, quoi ? »

Vingt-sept ans plus tard, en un autre instant terrible, elle jaillira à nouveau de sa bouche, dans le sous-sol d'Ekaterinbourg, et son assassin, Iourovski, la consignera.

Ainsi, en 1891, pour la deuxième fois de sa vie, Nicolas échappe de justesse à la mort. Dès lors, il se sent sous la protection du Très-Haut. Doit-il en déduire qu'une autre destinée l'attend ?

« 1er mai. Tokyo. Je n'en veux nullement à ces braves Japonais pour l'acte répugnant d'un fanatique isolé. Je suis aussi séduit qu'avant par l'ordre et la propreté exemplaires qui règnent ici et, je le confesse, je continue à admirer les belles... que j'aperçois de loin dans les rues. Audience chez le mikado à onze heures... »

Son père lui enjoint de rentrer à Saint-Pétersbourg. De nouveau, la vie est une fête, une succession de bals. À Vladivostok, il inaugure le chantier du Transsibérien. Suit un voyage des plus plaisants au long des fleuves sibériens, durant lequel on joue aux cartes en buvant plus que de raison. Comment ne pas profiter de la vie, quand on a failli la perdre pour la seconde fois ?

« 10 juillet 1891. Sommes arrivés à Tobolsk à sept heures, par un temps gris, couvert ; avons été accueillis, comme toujours, au débarcadère par le maire et des citoyens de la ville de Tioumen, la société des artisans ; mets choisis et garde d'honneur... Ai pris un landau et suis monté jusqu'à la collégiale, sur la colline ; de façon très originale, les rues sont protégées d'un revêtement de bois. Après la collégiale, visite de la sacristie où sont conservés la plupart des objets en rapport avec la conquête de la Sibérie. Tour au musée, où j'ai surtout été intéressé par la cloche exilée d'Ouglitch parce qu'elle y avait sonné le tocsin le jour de la mort du tsarévitch Dimitri [8]... »

Plus tard, il sera, lui aussi, exilé à Tobolsk. En cette année 1918, encore lointaine alors, il tentera d'apercevoir, par-delà sa prison, les rues et la ville qu'il avait admirées au temps de sa jeunesse.

De retour, il ne fait pas même une halte à Saint-Pétersbourg et se rend directement chez ses parents, à Krasnoïé Selo.

« 7 août 1891. Étrange de ne pas devoir voyager, de ne pas avoir la perspective d'arriver quelque part à une heure tardive, pour la nuit, et de repartir au matin. »

La vie ordinaire, régulière, reprend ses droits.

« 7 décembre. Magnifiquement dormi... Après le café, promenade en traîneau... J'ai apprécié ma pelisse sibérienne... »

« 15 décembre. Ce matin, réception d'une charretée de papiers du Conseil d'État et du Conseil des ministres. Je n'arrive pas à comprendre comment on peut, en une semaine, lire une telle masse de documents. Pour ma part, je me limite toujours à un ou deux dossiers, les plus intéressants ; le reste va directement au feu. »

---

8. À la fin du XVIe siècle, le jeune fils d'Ivan le Terrible, le tsarévitch Dimitri, meurt à Ouglitch dans des circonstances qui n'ont jamais été élucidées. Il s'ensuit une crise dynastique très grave, au terme de laquelle le trône sera occupé, jusqu'en 1917, par la dynastie Romanov (*cf.* Prologue, en début de volume).

« 31 décembre. Je ne puis dire que je regrette que cette année prenne fin. Elle fut positivement fatale pour toute notre famille : mort de la tante Olga [la mère de ses amis Mikhaïlovitch]... maladie de Georges [son frère] et longue séparation, mon accident à Otsu, tout cela s'est enchaîné à une vitesse étonnante. Sans parler de la famine qui est venue s'ajouter à ces pénibles malheurs. Je prie Dieu que la nouvelle année ne ressemble pas à celle-ci... »

Et revient le printemps.

« 5 mars 1892. Maman dit qu'elle ne me voit presque pas, que je suis toujours en vadrouille. Je ne suis pas de cet avis. Il me semble qu'à mon âge, c'est ainsi qu'il convient de vivre. »

« 8 mars. Ai failli manquer la messe. Impossible de me réveiller. Je dors tellement que cela me désespère. »

Ainsi va la vie, futile. Alix est loin, c'est un mythe, un rêve ; et à côté, il y a cette gamine énamourée qui lui plaît tant, ainsi qu'à Serge et à toute la charmante compagnie...

« 25 mars. Rentré au palais Anitchkov sous la neige qui tombait à gros flocons. Et cela s'appelle le printemps ! Déjeuné chez moi avec Serge, puis visite aux Kchessinski, chez lesquels j'ai passé une heure et demie des plus agréables... »

Ce jour-là, Nicolas ose. Sans doute en a-t-il pris la décision au cours de ce déjeuner dont il parle. Un effet du vin et de la conversation avec son ami d'enfance, le grand-duc Serge Mikhaïlovitch qui ne cache pas son enthousiasme pour la jeune ballerine... On se représente sans peine de quoi ils ont parlé : cela fait deux ans, en ce mois de mars, que Nicolas a fait la connaissance de Mathilde. Et l'on imagine aisément ce que lui a conseillé, narquois, le grand-duc Serge, don juan et superbe dandy de la capitale.

Alors, Nicolas ose.

La Kchessinskaïa évoque dans ses Mémoires ce jour de mars à Saint-Pétersbourg. Elle est seule chez elle, malade, un œil masqué par un bandeau. La romantique Petite K. souffre très prosaïquement d'un furoncle. La servante lui annonce qu'un officier de la Garde, un monsieur Volkov, veut la voir. La ballerine s'étonne : elle ne connaît pas cet homme, mais elle prie de le faire attendre dans le salon. Quand elle y entre à son tour, elle découvre Nicolas.

Pour la première fois, ils sont seuls tous les deux. Il lui fait sa déclaration et cela s'arrête là. Après « une heure et demie des plus agréables », il s'en va, laissant la Petite K. figée de stupeur.

Le lendemain, elle reçoit un billet : « Depuis que je vous ai rencontrée, je suis comme dans un brouillard. J'espère revenir vous voir bientôt. Nicky. »

Désormais, pour elle, il sera Nicky. Commence alors un badinage charmant et, plus étonnant compte tenu des mœurs de l'époque, absolument *innocent.* L'amoureux de la Petite K. est désormais comme chez lui dans l'appartement de Félix Kchessinski. Étrangement, toutefois, à chacune de ses visites, Mathilde est seule à la maison.

Quand il ne vient pas, il multiplie les billets. Il la surnomme à présent sa « petite princesse polonaise ». Mais la Petite K. est une princesse d'opérette. La vraie princesse, celle qui règne sans partage sur le cœur de Nicolas, c'est Alix H.

« 31 mars. Sommes passés chez oncle Micha... Il nous a montré les appartements de sa défunte femme : tout y est resté en l'état. » Là, c'est à Alix H. qu'il pense. Le touchant amour des parents de ses amis Mikhaïlovitch, l'amour conjugal, pour lui c'est Alix H.

« Suis rentré à Gattchina. Ne me sens pas du tout d'humeur à faire carême. Encore heureux que je vive à Gattchina, à 49 verstes[9] de la capitale. » Cette fois, c'est Mathilde qui occupe ses pensées.

« 1er avril. Je note en moi un étrange phénomène : je n'avais jamais songé que deux sentiments identiques, deux amours, vivaient simultanément dans mon cœur. Cela fait à présent plus de trois ans que j'aime Alix H. et caresse l'idée, si Dieu le veut, de l'épouser un jour... Mais depuis les manœuvres de 1890 et jusqu'à ce jour, j'aime passionnément (platoniquement) la Petite K. Curieuse chose que le cœur. Car, dans le même temps, je ne cesse de penser à Alix. Vrai, on pourrait croire que j'ai un cœur d'artichaut. Dans une certaine mesure, c'est vrai ! Néanmoins, je dois ajouter qu'au

9. Ancienne mesure de distance (1,06 km).

fond de moi, je suis un juge sévère et que je suis difficile. Voilà pourquoi je disais hier que je n'étais pas d'humeur à faire carême. »

Une joyeuse société se réunit presque chaque soir chez la Petite K. Nicolas est là, avec ses amis Mikhaïlovitch, Serge, Sandro et Georges. Trois grands-ducs et l'héritier de la couronne dans le modeste appartement d'un maître de ballet en vogue. Et Nicky n'est jamais aussi drôle que lorsqu'il imite Mathilde dans la danse du cygne.

Nicky accompagne l'empereur au Danemark d'où il envoie à Mathilde des lettres passionnées. Ce qui ne l'empêche pas de continuer de parler d'Alix à son père.

L'empereur est inquiet : le jeu qu'il a imaginé ne marche pas. Est-ce pour cela que la « petite princesse polonaise » passe brusquement à l'offensive ?

« Je ne songeais alors qu'aux étreintes », se souviendra-t-elle à Paris. « J'adorais le tsarévitch et ne voulais qu'une chose : être heureuse, fût-ce pour peu de temps. »

Elle parvient enfin à obliger Nicolas à prendre une décision. Quai aux Anglais, un « charmant hôtel » est loué où sera mis un terme à leur amour platonique. L'hôtel appartenait naguère au grand-duc Constantin Nikolaïevitch et avait été acheté pour la Kouznetsova (une autre ballerine). La Petite K. quitte la maison paternelle et devient ouvertement la maîtresse de l'héritier.

« Mon père était effondré. Il me demanda si je me rendais compte que je ne pourrais l'épouser, que notre idylle serait de courte durée... Je répondis que je le comprenais mais que cela m'était égal. Je voulais éprouver tout le bonheur que le destin me réservait. »

Tels sont, des années plus tard, les propos de la Kchessinskaïa. Plus prosaïquement, son père se contentait peut-être de l'informer des conditions posées par Alexandre III : toutes relations cesseraient inéluctablement entre la Petite K. et le tsarévitch, au mariage de ce dernier.

Dans ce jeu aussi, l'empereur demeure un bon père de famille.

Elle triomphe. Mais c'est le début de la fin.

« Nous pendîmes la crémaillère... Le tsarévitch m'offrit un service à vodka : huit gobelets d'or, incrustés de pierres précieuses... »

« Il me faisait souvent des cadeaux. Je les refusais mais cela le rendait si triste que... je n'avais d'autre choix que d'accepter. »

Elle a cessé d'être un rêve. Il se languit de plus en plus de sa princesse lointaine. La Petite K. disparaît de son Journal.

Une autre année s'achève.

« 31 décembre. Le charmant palais Anitchkov brillait des feux de l'électricité. À sept heures et demie, sommes allés au service religieux. À minuit, tous trois, papa, maman et moi, avons fêté la nouvelle année. Dieu veuille qu'elle soit comme la précédente. »

La Petite K. danse alors rôle sur rôle. Comment pourrait-il en être autrement ? Le premier parti de Russie doit avoir pour amante la première ballerine.

Quand le maître de ballet Marius Petipa lui propose de danser Esmeralda, il s'enquiert :

– Tu es amoureuse ?

– Oui.

– Tu souffres ?

– Certes non ! répond joyeusement la Petite K.

Et Petipa de lui expliquer que seule une artiste capable de souffrir peut prétendre à ce rôle.

« Je le compris par la suite », se souvient tristement Mathilde. « Alors, Esmeralda devint mon meilleur rôle. »

Désormais, elle voit Nicolas de plus en plus rarement. Mais elle s'accroche à ses anciennes relations et c'est chez elle qu'on fête les fiançailles du meilleur ami de Nicky, Sandro, avec la sœur de Nicky, Xenia...

Ils boivent du champagne, assis à même le plancher de sa chambre. Pour la dernière fois...

Nicolas se rend à Cobourg, au mariage d'Ernie, le frère d'Alix. Peu après, les journaux évoquent les fiançailles de l'héritier et d'Alix de Hesse-Darmstadt. Rentré en Russie, Nicolas ne retournera jamais chez la Petite K.

Ils s'écrivent. Elle lui demande la permission de faire appel à lui en cas de nécessité. C'est une femme prévoyante. Il répond : les jours qu'il a passés avec elle seront à jamais les plus beaux souvenirs de sa jeunesse. Elle pourra toujours compter sur lui.

Il prie Mathilde de lui fixer un ultime rendez-vous. Ils se retrouvent sur la route de Saint-Pétersbourg à Krasnoïé Selo. Elle vient de la ville, en équipage, lui des manœuvres, à cheval. « Comme toujours en pareil cas, il était difficile de dire quelque chose, les sanglots nous étouffaient, impossible de trouver les mots. » Elle ne le quitte pas des yeux tandis qu'il s'éloigne, et lui ne cesse de se retourner.

C'est ainsi qu'elle décrit leur séparation.

Coda

En réalité, la Petite K. tente bravement de continuer : « Je n'étais pas seule dans mon chagrin. Le grand-duc Serge Mikhaïlovitch demeurait à mes côtés, pour me protéger et m'aider. Jamais je n'éprouvai pour lui les sentiments que je nourrissais à l'égard du tsarévitch, mais son attachement, ses manières finirent par conquérir mon cœur. »

Là encore, ces touchants souvenirs peuvent être interprétés plus prosaïquement : elle se laisse séduire par l'homme susceptible de lui garder sa position au sein du ballet impérial. Sa vie durant, elle ne sera fidèle qu'à la danse !

Le grand-duc Serge Mikhaïlovitch dirige la Société théâtrale et les ballets. (Par malheur, il a également la haute main sur l'artillerie russe. « Au bout du compte, diront, acides, les beaux esprits, nous disposions d'un excellent ballet, mais, hélas, nous n'avions pas d'artillerie. »)

De nouveau elle hante les marches du palais. Chaque fois que Nicky voit son vieil ami Serge, force est pour lui de se souvenir... Au demeurant, elle ne manque pas une occasion de lui rappeler sa promesse : *« Vous pourrez toujours compter sur moi. »*

En mai 1896, au jour du couronnement à Moscou, on donne un magnifique concert de gala. Sur la scène, il y a tout ce que l'art russe compte de mieux. Et la partie du ballet doit être assurée par la première ballerine de Russie.

Chacun comprend toutefois que Mathilde ne dansera pas. Tel est le souhait de l'impératrice Marie, mère omnipotente du nouveau tsar. Le ministre de la Cour et le directeur des Théâtres impériaux ont biffé le nom scandaleux du programme.

Le spectacle du couronnement se tient au Bolchoï. On y donne *La Perle*, dans une chorégraphie de Petipa. Et quand le public découvre le programme, il y trouve, effaré, le nom de Mathilde Kchessinskaïa ! Elle danse le rôle principal. Ils avaient pourtant tout fait, l'impératrice mère et le ministre de la Cour, pour persuader Nicky de ne pas tolérer pareil scandale. En vain... La Petite K. connaît trop bien son ancien amant.

Elle est allée trouver le frère préféré de feu Alexandre III, le grand-duc Vladimir. Quelle arme a-t-elle utilisée, allez savoir ! Toujours est-il que ce don juan vieillissant intercède en sa faveur auprès de Nicolas. Par ailleurs, l'ami d'enfance, Serge, la soutient également. Finalement, Nicolas prend des dispositions pour que le nom de la Petite K. soit inclus dans le programme.

La Petite K. fait ainsi publiquement la preuve qu'elle garde toute sa puissance. Elle s'y entend à manier les Romanov ! Sa vie durant, le grand-duc Vladimir Alexandrovitch la servira, tout comme, d'ailleurs, Nicolas et Serge. Il n'osera pas même s'opposer à sa liaison avec André, son propre fils, et acceptera d'être le parrain de leur enfant, nommé Vladimir en son honneur.

Elle ne se fait pas oublier, même après son coup d'éclat. Quand le tsar est attendu au théâtre Michel, elle occupe souvent la loge en face de la sienne.

Lui ne l'oubliera pas. Jamais il n'a eu ni n'aura d'autre maîtresse.

Lorsque le 13 février 1911 elle fait ses adieux à la scène, il décide d'assister au spectacle et de lui remettre personnellement le traditionnel cadeau. La veille, le théâtre évoque une forteresse assiégée. On annonce que la mère du Souverain viendra avec lui. Tous comprennent que l'impératrice mère ne veut pas laisser Nicolas seul à seule avec « cette femme », tant celle-ci paraît redoutable.

Le ministre de la Cour convoque le directeur des Théâtres impériaux :

– Le Souverain ne doit pas faire venir « cette femme » dans sa loge. Si cela se produit, l'impératrice mère ne vous le pardonnera pas.

Quand arrive le grand jour, on apporte un cadeau de la part du tsar : un pendentif en diamants représentant un aigle. « Ce présent, le Souverain entend le remettre personnellement à la Kchessinskaïa », dit-on au directeur, épouvanté. Mais lorsque Nicolas arrive avec sa mère, le rusé directeur demande soudain à voix haute :

– Votre Majesté souhaite-t-elle remettre dès à présent le cadeau à Mme Kchessinskaïa, ou faut-il attendre l'hommage public ?

Oh ! Le regard que l'impératrice lance au malheureux Nicolas !

– Bien sûr, bien sûr... On peut le faire tout de suite, marmonne le tsar, impuissant.

Triomphant, le directeur va trouver Mathilde et lui remet lui-même le présent...

Ses adieux à la scène ! Combien de fois les fera-t-elle ! Car jusqu'en 1917, malgré son âge avancé, elle continuera à danser. Et à retenir près d'elle, par tous les moyens, les membres de la Famille Romanov.

« Des légendes couraient sur sa maison de Strelna [10] », raconte Vera Leonidovna. « Tant de jeunes danseuses débutantes sont passées par ce palais ! On les réunissait dans l'immense salle... On éteignait les chandelles, des portes s'ouvraient dans l'obscurité et une foule de jeunes grands-ducs, fringants étalons, faisait irruption dans la pièce. Cela s'appelait "L'Enlèvement des Sabines". Les "tableaux vivants" se prolongeaient jusqu'au matin dans les innombrables chambres où s'isolaient agresseurs et victimes. »

Durant la Première Guerre mondiale, Serge Mikhaïlovitch et la Kchessinskaïa sont accusés d'avoir touché de fantastiques pots-de-vin contre des livraisons de canons et d'obus. À Strelna se déroule

10. Lieu de villégiature huppé aux environs de Saint-Pétersbourg.

un incroyable jeu de cartes, on distribue les concessions, on brasse des millions.

« Serge sera-t-il bientôt démis de ses fonctions ? Il a tout le monde contre lui. La K. est encore mêlée à l'affaire », écrit alors, menaçante, Alix à Nicolas.

Mais jamais Nicolas ne trahira la Petite K., même pour l'amour d'Alix.

Durant toutes ces années, Serge Mikhaïlovitch est aux côtés de la Petite K. Toutefois lorsque, à l'aube du XXe siècle, le futile grand-duc s'engage dans une relation solide, la Petite K. se met aussitôt en quête d'un autre Romanov. Un nouvel habitué fait son apparition dans le « charmant hôtel ». Il a les yeux bleus, il est timide... Lors de leur première rencontre, il renverse du vin sur sa robe et elle a définitivement l'impression que Nicky lui revient par le truchement du jeune homme. C'est ainsi que le grand-duc André Vladimirovitch entre dans sa vie... Ils vont ensemble à Venise, en Provence où il lui achète une maison au bord de la mer : c'est la troisième demeure offerte à Mathilde par un Romanov. Quand ils rentrent à Saint-Pétersbourg, Serge Mikhaïlovitch est à nouveau près d'elle. Puis c'est la naissance de son fils, Vladimir. Qui est le père ? Le sait-elle vraiment ? Oui : un Romanov !

En février 1917, elle donne ce qui sera sa dernière réception. Le lendemain matin, tandis que son économe vérifie la vaisselle et l'argenterie, elle voit par la fenêtre une gigantesque foule traverser le pont pour se rendre là-bas, vers le palais où *il* se trouve. Bref coup de téléphone du chef de la police de Petrograd [11] : « La situation est critique, sauvez tout ce que vous pourrez. »

Récit de Vera Leonidovna :

« En ces jours de février 1917, je me trouvais chez le célèbre acteur Iouriev... Là aussi, Mathilde tenta de sauver ce qui pouvait encore l'être. Elle vint, vêtue d'un manteau minable, emmitouflée d'un châle, avec son enfant, son chien et un minuscule réticule.

11. Avec le début de la guerre, en 1914, on rebaptise Saint-Pétersbourg, nom d'origine allemande, en Petrograd.

Il contenait tout ce qui lui restait de ses palais et de ses fabuleuses richesses... »

Et Vera Leonidovna de montrer, de ses vieilles mains tremblantes, comment la Kchessinskaïa tenait son réticule.

Après la révolution de Février, le « palais de la Kchessinskaïa » est occupé par les bolcheviks. Les pièces de l'étage sont envahies par la fumée de gros gris, dans les escaliers c'est un va-et-vient incessant, des matelots montent la garde. La grande salle, sa préférée, celle avec l'immense miroir au-dessus de la cheminée et le jardin d'hiver, sert de cadre, en avril 1917, à la conférence des bolcheviks. On trouve parmi eux Philippe Golochtchekine, chargé de commander les bolcheviks de l'Oural. C'est lui qui décidera du sort de deux hommes proches de la Kchessinskaïa : Nicolas et Serge.

Elle ne croit pas le Gouvernement Provisoire capable de reprendre les choses en main. Elle quitte Petrograd avec son fils.

Serge Mikhaïlovitch les accompagne à la gare. Le train part. Il reste figé dans son grand manteau, son chapeau sur la tête, spectre d'un monde englouti.

André l'accueille à Kislovodsk. C'est là qu'elle reçoit une dernière lettre de Serge Mikhaïlovitch. Celle-ci lui parvient avec beaucoup de retard. Lorsqu'elle la lit, le brillant dandy de Saint-Pétersbourg et l'impérial amant ont déjà été assassinés.

À Paris, le rêve de la Petite K. se réalise enfin : le grand-duc André Vladimirovitch l'épouse. Son frère Cyrille est empereur en exil. Elle lui est donc légitimement apparentée...

Là-bas, à la fenêtre du château de Cobourg

(Journal de Jeunesse. Suite)

Au début de 1894, il ne fait aucun doute qu'Alexandre III n'a plus guère de temps à vivre. Sans doute est-ce la conséquence de l'accident de train survenu quelques années plus tôt : l'empereur avait été contusionné et cela avait dégénéré en une maladie mortelle des reins. Il faut donc d'urgence marier l'héritier.

L'état de santé du tsar met définitivement un terme au jeu qu'il a initié par le biais de la Petite K.

La diplomatie entre en action, c'est un échange ininterrompu de correspondance entre Saint-Pétersbourg et Darmstadt.

En avril a lieu à Cobourg le mariage du frère d'Alix, Ernie, avec la princesse Victoria-Melitta de Saxe-Cobourg (surnommée Duckie dans sa famille). L'empereur Guillaume II, la reine d'Angleterre, une multitude de princes convergent vers Cobourg. À la veille du XXe siècle, on assiste ainsi à l'une des dernières fêtes splendides de l'Europe couronnée.

La Russie est représentée par un bataillon de grands-ducs. Un prêtre est là aussi, le père Johann Ianychev, directeur spirituel de la Famille impériale. Sa présence en dit assez sur les intentions des hôtes russes. Vient également à Cobourg Ekaterina Schneider, qui a enseigné le russe à Ella, la sœur d'Alix. Pour le cas où les choses prendraient une tournure favorable, elle devra apprendre le russe à la princesse de Hesse. Ella, bien sûr, est de la fête.

Nul ne l'ignore, le mariage d'Ernie doit être l'occasion d'organiser les fiançailles d'Alix.

Extrait du Journal de Nicolas :

« 5 avril. Elle est devenue très jolie mais a l'air affreusement triste. On nous a laissés tous les deux et nous avons eu cette conversation que je désirais si ardemment depuis longtemps et que... je redoutais. Nous avons parlé jusqu'à midi, en vain : elle persiste à ne pas vouloir se convertir. La pauvre a beaucoup pleuré. Elle était un peu plus calme quand nous nous sommes quittés... »

Tout, alentour, est noyé sous les lilas. Un beau printemps un peu froid. Malgré le refus d'Alix, Nicolas est plein d'une sérénité heureuse, il sait que leurs familles sont favorables à cette union. Il sait, surtout, qu'elle l'aime. Depuis ses deux accidents qui ont bien failli lui être fatals, il a pris comme règle de s'en remettre en tout à la volonté de Dieu. Il n'y dérogera jamais. Pourtant, en ces jours passés à Cobourg, il l'enfreint presque et se montre incroyablement insistant. Il comprend ce que représente une conversion pour Alix. Il la plaint et ses scrupules la lui rendent plus chère encore. Il promet d'assumer la responsabilité de sa décision.

Par la suite, elle évoquera souvent cette période pénible. Ses ancêtres, pourtant, princesses de Hesse, ont changé de religion en partant pour la lointaine Russie. Sa sœur Ella s'est également convertie à l'orthodoxie. Faut-il donc trouver une autre explication aux larmes d'Alix en ces jours ? Nature exaltée, nerveuse, a-t-elle le pressentiment de ce qui surviendra des années plus tard ?

« 7 avril. Noces de Duckie et Ernie. J'ai commencé par arriver en retard à la collation et j'ai eu l'air d'un idiot aux yeux de la foule massée sur la place. À midi, tous se sont rassemblés en haut et, après le mariage civil, nous sommes allés à l'église. Ernie et Duckie forment un couple parfait. Le pasteur a fait un beau prêche dont le contenu s'accordait pleinement à la question qui me tracasse aujourd'hui. J'ai eu terriblement envie, à cet instant, de lire dans le cœur d'Alix. Après le mariage, déjeuner de famille... Les jeunes mariés sont partis pour Darmstadt. Sommes allés nous promener, oncle Vladimir et moi, avons enfin grimpé jusqu'au château... Avons visité en détail le musée des armures. Déjeuner chez tante Mary, en uniforme, car l'empereur ne porte jamais de vêtements civils. Puis nous sommes partis, ou plutôt nous avons couru au théâtre, sous une pluie battante. »

Il est heureux, fou ! Il sait que tout se décidera le lendemain, que tout ira pour le mieux. Il aime tout le monde : le cher Ernie, la chère Duckie, le cher Willy, si ridicule dans sa folie des uniformes, le cher oncle Vladimir.

« 8 avril [souligné trois fois]. Jour merveilleux, inoubliable ! Jour de mes fiançailles avec ma bien-aimée, mon incomparable Alix. Avons échangé nos promesses... Quel bonheur de faire ainsi la joie de mes parents bien-aimés... J'ai passé la journée dans une sorte de brouillard, inconscient, à vrai dire, de ce qui m'arrivait... Ensuite, il y a eu le bal. Je n'avais pas la tête à danser, je suis resté dans le jardin avec ma fiancée. Je ne parviens pas y croire : j'ai une fiancée ! »

Dans une lettre à sa mère, il décrit en détail l'étrange désespoir et les larmes d'Alix :

« Elle ne cessait de pleurer et murmurait seulement, de temps à autre : "Non, je ne puis..." Je continuai toutefois d'insister et de répéter mes arguments, mais cette conversation eut beau durer deux heures, il n'en sortit rien... Je lui remis votre lettre. [La princesse de Danemark s'était, elle aussi, convertie.] Après cela, elle ne pouvait plus protester... Elle vint nous retrouver au salon où je me tenais en compagnie d'Ella et de Guillaume [Dieu que l'empereur espérait ce mariage !]. Là, ses premiers mots furent pour dire qu'elle acceptait. Dieu seul sait ce qui m'arriva alors. Je pleurai comme un enfant. Elle aussi. Non, ma très chère maman, je ne puis exprimer mon bonheur. Le monde entier s'est soudain transformé à mes yeux : la nature, les hommes, tout me semble empreint de bonté, charmant, heureux. Je ne parviens pas même à écrire, tant mes mains tremblent... Elle est complètement transfigurée, gaie, drôle, volubile. »

Il lui offre une bague ornée d'un rubis et lui redonne la broche naguère offerte au bal. Elle porte la bague à son cou, avec sa croix. Quant à la broche, elle ne s'en séparera jamais.

Extrait d'une lettre d'Alix pour le vingt et unième anniversaire de leurs fiançailles :

« 8 avril 1915. Mes prières t'accompagnent en ce jour anniversaire. Tu sais, j'ai gardé... la robe que je portais ce matin-là. Et je porterai, ce jour, ta broche bien-aimée. »

Pour le vingt-deuxième anniversaire : « 8 avril 1916. Je voudrais te serrer dans mes bras et revivre les jours bénis de nos fiançailles. Je mettrai aujourd'hui ta chère broche... Je sens encore le parfum du costume gris que tu portais alors, là-bas, à la fenêtre du château de Cobourg... »

Parmi les cendres du foyer où seront brûlés leurs vêtements, au matin du 17 juillet 1918, on trouvera un diamant de douze carats. C'est tout ce qui restera de la broche qu'elle aura gardée jusqu'au bout.

Mais comme il est heureux, alors ! Elle aussi veut être heureuse. Pourtant, elle continue de pleurer. Son entourage ne comprend pas et une demoiselle de compagnie tire naïvement, dans son Journal, la conclusion qui s'impose : Alix n'aime pas son futur époux. Au demeurant, elle-même ne comprend pas la raison de ses larmes.

« Ces doux baisers dont je rêvais et m'étais languie si longtemps, désespérant de les connaître... Quand je prends une décision, c'est pour toujours. Il en est ainsi de mon amour et de mes attachements. J'ai un trop grand cœur, il me dévore... » (Lettre du 8 avril 1916.)

Lui, est absolument heureux. Sa vie durant, il évoquera le souvenir de l'orchestre du château de Cobourg, la cérémonie de mariage au cours de laquelle l'oncle Alfred (duc d'Édimbourg), fatigué par le déjeuner, s'endort et fait tomber sa canne avec fracas... Quelle foi il a alors en l'avenir ! Et tous les oncles et tantes (la reine, l'empereur, les ducs et les princes) qui décident encore du destin des peuples et se pressent dans les salles du château de Cobourg y croient aussi. S'ils pouvaient seulement voir cet avenir !

Les jeunes mariés, ce « couple parfait », ne tarderont pas à se séparer. Ella, la sœur d'Alix, finira au fond d'une mine. L'oncle Willy, qui aime tant les uniformes et espère une alliance militaire avec la Russie, lui déclarera la guerre. Quant à l'oncle Paul, qui danse à présent la mazurka, il mourra, le cœur criblé de balles. Pour ne rien dire de Nicky...

Le 9 avril, Alexandre Volkov est envoyé par le grand-duc Paul porter un cadeau à l'occasion des fiançailles. Il trouve Nicolas et Alexandra dans le salon. Ils sont assis sur le divan, se tiennent par la main. Ils sont si pleins d'eux-mêmes que Nicolas ne remarque pas tout de suite le visiteur.

– Ah ! C'est toi, mon cher Volkov !

Son cher Volkov... Tous sont *chers* à Nicolas (c'est son mot favori).

Déjà, Ekaterina Schneider enseigne le russe à Alix. Elles étudient les verbes qu'Alix note soigneusement dans son cahier. Elle aime apprendre.

Je feuillette ses cahiers. Alix a appris le russe en conjuguant trois verbes : « oublier », « chanter », « croire ».

Ekaterina Schneider sera la lectrice attitrée du Palais impérial. En 1917, elle sera volontaire pour accompagner son ancienne élève dans sa prison sibérienne. En 1918, à mille kilomètres de Saint-Pétersbourg, elle sera fusillée.

Le temps heureux des fiançailles. Une idylle poétique dans le style de Goethe : ils vont avec Alix dans la campagne en char à banc, cueillent des fleurs...

Pâques est proche. Le Samedi Saint, un chœur, venu de Saint-Pétersbourg, révèle à la princesse la solennelle grâce de la liturgie orthodoxe. Un courrier accompagne les chanteurs, il apporte des présents, des lettres du tsar et de la tsarine et une décoration pour Alix !

Douze jours passent. « 20 avril. J'ai accompagné Alix à la gare où je lui ai fait mes adieux. Que la maison m'a paru vide quand je suis rentré... Ainsi, nous allons être séparés un mois et demi. J'ai erré en ces lieux devenus pour moi familiers et chers. J'ai cueilli ses fleurs préférées que je lui ai adressées, le soir, dans une lettre... »

« 21 avril. Collation... Près de mon couvert se trouve la carte d'Alix, ornée des roses familières... »

Alix est en Angleterre, à Windsor, auprès de la reine Victoria. Mais, un mois et demi plus tard, le yacht l'*Étoile polaire* arrive en vue des côtes anglaises. C'est le yacht préféré de Nicolas, il deviendra aussi le préféré d'Alix et des enfants. Le yacht emprunte la Tamise.

« Nous passions des journées entières ensemble, à faire de la barque, à pique-niquer au bord de l'eau, une véritable idylle... Nous dûmes cependant prendre le chemin de Windsor. Au demeurant, je ne puis me plaindre : la grand-mère [Victoria] se montra fort aimable, nous autorisant à sortir sans chaperon... J'avoue que je n'attendais vraiment pas cela d'elle... »

Durant tout ce temps, Alix note dans le Journal de Nicolas ses maximes préférées : « Ils partagent ensemble bonheur et vicissitudes, du premier baiser au dernier soupir leur vie n'est qu'un chant d'amour ! » « Toujours fidèle et aimante, dévouée et pure, forte comme la mort. »

C'est ainsi que le mot de « mort », écrit de la main d'Alix, apparaît dans le Journal de Nicolas.

« 11 juillet. Triste jour des adieux, de la séparation, après plus d'un mois paradisiaque. J'ai reçu sur l'*Étoile polaire* une lettre d'Alix. Je suis très fatigué et triste. »

En se quittant, ils ont convenu de s'écrire. Un vrai conte de fées : le yacht qui va s'éloignant, les tours du château, la princesse et le tsarévitch...

En 1918, après le massacre, on trouvera dans les toilettes de la maison Ipatiev un petit carnet, avec un code et cette dédicace :

« Pour mon Nicky bien-aimé, cela lui sera utile lorsqu'il sera éloigné de sa *Spitzbube*. Avec tout l'amour d'Alix. Osborne, juillet 1894. »

C'est le code qu'ils ont fixé pour leur correspondance (Alix raffole du mystère).

Nicky et Alix, un « couple parfait ». Séparés, ils s'écrivent presque chaque jour.

Leurs lettres : de minces feuillets ornés de petites couronnes. Il lui écrit du château de Spala en Pologne, où il chasse ; du train impérial qui le conduit à Livadia[12] où son père est à l'agonie... Des centaines de lettres. Et autant de réponses.

Au début d'octobre, Alix est à Darmstadt où elle reçoit un télégramme l'appelant d'urgence en Crimée : Alexandre III se meurt. À Berlin, l'empereur Guillaume l'accompagne à la gare. Il sait le caractère bien trempé, inébranlable de la charmante Alix et

12. Sur les bords de la mer Noire.

l'indécision du cher Nicky. Il n'en doute pas un instant : c'est elle qui dirigera cette union. Et il veut croire qu'elle n'oubliera pas son pays.

C'est mal connaître la princesse de Hesse.

« Ton peuple est devenu mien, ton Dieu est devenu mien. » C'est ce qu'ont appris, dans le passé, les princesses de Hesse parties en pays lointain.

L'empereur est au plus mal. Le docteur Zakharine, une sommité, gagne lentement la chambre impériale. Le docteur souffre d'asthme, il est obligé de s'asseoir au bout de quelques pas. Aussi la grande salle qui mène à la chambre a-t-elle été semée de fauteuils.

Dans la chambre impériale se trouvent le père Jean de Cronstadt et le père Ianychev. Les médecins, aussi. Tous au chevet du mourant. La médecine impuissante et l'omnipotente prière qui allège les derniers instants du tsar.

Tout est fini. Les portes de la chambre s'ouvrent. Le corps de l'empereur défunt semble disparaître dans le gigantesque Voltaire. L'impératrice le serre dans ses bras. À quelques pas de là, blême, se tient Nicky. L'empereur s'est éteint dans son fauteuil.

3

« Cela donne le vertige, on se refuse à le croire... »

(Journal d'un jeune tsar)

« 20 octobre 1894. Mon Dieu ! Mon Dieu ! Quelle journée ! Dieu a rappelé à lui notre père adoré, que nous aimions ardemment. Cela donne le vertige, on se refuse à le croire, tant cela semble invraisemblable. C'est l'affreuse réalité ! Nous avons passé la matinée près de lui. Vers deux heures et demie, il a reçu les sacrements. Ô Seigneur ! Je suis resté plus d'une heure à son chevet, à lui tenir la tête. Il est mort en saint... »

« 21 octobre. Au plus profond de la peine, le Seigneur nous accorde une joie radieuse et douce. À neuf heures, mon Alix a reçu l'onction. Un service funèbre a eu lieu, puis un autre... Papa a un visage étonnant, on jurerait qu'il va rire. Il a fait froid et la mer était déchaînée.

Effervescence : où célébrer mon mariage ? Maman et moi estimons que ce serait mieux ici, tant que notre père bien-aimé est sous notre toit, mais tous les oncles sont contre, ils disent que je dois le faire à Piter[1]. »

Les oncles ont le dernier mot. Dès la mort d'Alexandre, ils donnent de la voix.

---

1. Nom familier et affectueux, traditionnellement donné à Saint-Pétersbourg.

Inévitablement, des rumeurs accompagnent l'avènement du nouveau tsar. L'une d'elles veut que l'impératrice mère souhaite remplacer Nicolas par son fils préféré, Michel, et qu'elle tente d'obliger Nicolas à renoncer au trône.

Mais ce n'est qu'une rumeur. S. Witte*, célèbre ministre de son mari, puis de son fils, évoque dans ses Mémoires une conversation qu'il a eue avec l'impératrice, à propos de Nicolas :

« Vous voulez dire que le Souverain n'a pas l'étoffe d'un empereur ?

– C'est juste, répond Marie Fiodorovna, mais en cas de nécessité, il sera remplacé par Micha, qui a encore moins de volonté et de caractère. »

De sorte qu'il convient peut-être d'attacher plus d'importance à une autre rumeur, elle aussi venue du Palais. À sa mort, Alexandre III n'a pas cinquante ans. Ce colosse semblait éternel et, quand Nicolas apprend que son père est condamné, il prend peur. Son ami Sandro rapporte dans ses Mémoires ses exclamations affolées... Nicolas supplie qu'on le laisse abdiquer. Mais Alexandre est inébranlable : la loi de succession doit être respectée. Nicolas n'a d'autre choix que d'assumer la couronne. Et c'est en réponse à sa docile acceptation qu'on lui permet de prendre pour épouse la princesse de Hesse.

Saint-Pétersbourg. Une journée maussade d'automne. Le convoi funèbre arrive à la gare avec Nicolas. Parmi ceux qui accueillent la dépouille impériale, S. Witte.

« Le nouvel empereur est arrivé à Saint-Pétersbourg avec sa fiancée, la future impératrice, dont il est, dit-on, amoureux », note-t-il.

Les funestes pressentiments d'Alix commencent à se réaliser : elle fait son entrée à Saint-Pétersbourg derrière un cercueil.

Les funérailles sont interminables. Quand le tour vient du long prêche du métropolite, l'impératrice mère n'en peut plus. Elle a une crise d'hystérie, elle hurle : « Assez ! Assez ! Assez ! »

L'empereur est inhumé à la cathédrale de la Forteresse Pierre-et-Paul. Un deuil d'un an est déclaré dans le pays. Mais le mariage doit avoir lieu une semaine plus tard, pour l'anniversaire de la mère de Nicolas. Jusqu'aux noces, ils vivent séparément : Alix est chez sa sœur Ella, au palais du grand-duc Serge Alexandrovitch, Nicolas est avec sa mère, dans ce « cher palais Anitchkov ».

« Mon mariage fut le prolongement des funérailles ; simplement, on me vêtit de blanc », confiera plus tard Alix à son amie Vyroubova.

« 13 novembre 1894. Palais Anitchkov. À onze heures, sommes allés assister à la messe dans notre chère église. Triste et pénible d'être là... en sachant qu'une place demeurera vide à jamais. Les mots sont impuissants à décrire combien tout cela est dur, combien notre mère bien-aimée fait pitié !... Au thé, j'ai vu ma chère Alix. Je l'ai quittée à huit heures. Impossible de se voir plus jusqu'au mariage ! J'ai constamment l'impression qu'il s'agit des noces d'un autre. Étrange, dans ces circonstances, de se dire qu'on se marie... »

Mais pourquoi cette hâte ? Pourquoi ne pas attendre, ainsi qu'il est d'usage, les quarante jours après la mort de l'empereur ?

Le 14 novembre est le dernier jour avant le carême. Ce dernier durera jusqu'au début de janvier. Cela repousserait trop les épousailles...

« 14 novembre. Jour de mon mariage. Après avoir pris le café avec tout le monde, suis allé m'habiller. J'ai revêtu l'uniforme des hussards et, à onze heures et demie, je me suis rendu au Palais d'Hiver en compagnie de Micha. Des troupes tout le long de la Nevski. Maman et Alix. Tandis qu'on procédait à sa toilette dans la salle de malachite, nous attendions... »

Enfin, elle paraît : une robe argent et une parure de diamants, une mantille d'or et de brocart, doublée d'hermine, et une longue traîne. Son front est ceint d'une couronne qui étincelle de mille feux. La nouvelle impératrice.

« À midi dix, nous partons pour la Grande Église dont je ressors marié... On nous apporte un gigantesque cygne d'argent, cadeau de la famille. Alix, qui s'est changée, monte avec moi dans le carrosse et nous gagnons la cathédrale Notre-Dame de Kazan. Les rues sont noires de monde... À notre arrivée au palais Anitchkov, une garde d'honneur dans la cour. C'est la Garde impériale des uhlans. Maman nous accueille avec le pain et le sel... Avons passé la soirée à répondre aux télégrammes... N'avons pas traîné à nous mettre dans les toiles, parce qu'elle avait mal à la tête. »

Cette expression assez rustaude : « se mettre dans les toiles », très dans le registre de la Garde, n'est là que pour masquer son trouble. Mais elle ? Ce n'est pas par hasard qu'il fait allusion à sa migraine. Sa demoiselle de compagnie déclare : « Elle est pâle et triste... » Durant sa nuit de noces, Alix décide d'évoquer son bonheur dans le Journal de Nicolas. Toutefois, des mots étranges naissent sous sa plume : « ... Quand cette vie finira, nous nous retrouverons tous deux dans un autre monde et demeurerons ensemble pour l'éternité... » On la sent toujours torturée par la mélancolie et l'effroi.

« Tout n'est que paix et joie... »

(Journal d'un jeune époux)

L'impératrice mère tente de les garder auprès d'elle le plus longtemps possible. Les premiers temps, ils vivent au palais Anitchkov.

« 15 novembre. Ainsi, je suis un homme marié... »

« 16 novembre. De toute la matinée, je n'ai vu ma chère Alix qu'une heure. Avons décidé de faire une promenade... Étrange d'être avec elle en voiture à Piter. »

« 17 novembre. Mon bonheur avec Alix est inconcevable. Dommage seulement que mes occupations me prennent un temps si précieux que j'aimerais passer exclusivement avec elle... »

Elle a honte de son mauvais russe. Sans compter qu'il se passe des choses pénibles pour sa nature énergique : elle doit observer sans réagir la façon dont l'impératrice mère et les ministres manipulent son Nicky. Dans le Journal de Nicolas, toutefois, la voix d'Alix résonne de plus en plus souvent. Elle y note des commandements : « En premier lieu ton devoir, ensuite le loisir et le repos... » « Ne redoute pas le danger, le Seigneur est près de toi, qui te protège. » L'harmonie de leur union repose sur sa douceur à lui et sa fermeté à elle.

Un deuil d'un an, cela veut dire : ni bals ni réjouissances. Ils sont livrés à eux-mêmes : elle, toute la journée ; lui, après ses occupations qui lui prennent « un temps si précieux ». À trois heures, lorsqu'il en a fini avec les rapports des ministres et la conduite des affaires de l'État, ils quittent tous deux le palais Anitchkov pour une promenade sur la Nevski. Ils gagnent ensuite le Palais d'Hiver où l'on aménage leurs appartements. Puis ils rentrent au palais Anitchkov. Le soir, il lui fait la lecture, comme le faisait naguère son père. Quand tombe la première neige, ils vont pour la première fois passer une semaine à Tsarskoïé Selo [2].

Au dernier jour de l'année, tous deux écrivent dans le Journal de Nicolas.

Lui : « Outre un irréparable chagrin, Dieu m'a donné, avec Alix, un bonheur dont je n'aurais osé rêvé. »

Elle : « Dernier jour de l'année. Quel bonheur de le passer ensemble ! Mon amour est devenu si profond, si fort et si pur, qu'il ne connaît pas de limites. Le Seigneur te bénisse et te protège. » Suivent des vers de Lermontov* : « Transparence du crépuscule, lueur d'une veilleuse / les icônes, la croix, des symboles sacrés. / Tout n'est que paix et joie... »

Lorsqu'il monte sur le trône, il incarne tellement d'espoirs ! Éternelle attente de la Russie, dès qu'apparaît un nouveau tsar... On s'est fait une image de lui : l'héritier tente-t-il de s'esquiver du Palais pour une promenade paisible ? C'est qu'il a soif de liberté ! Est-il amoureux d'une jeune Juive ? C'est qu'il empêchera l'oppression des minorités. Met-il le chef de la police aux arrêts pour

2. Résidence impériale aux environs de Saint-Pétersbourg.

vingt-quatre heures ? C'est qu'il veut faire cesser l'arbitraire policier... Autant d'espoirs engendrés par les incessantes requêtes des zemstvos[3], avides de réformes en tous genres. Pobedonostsev décide que le temps est venu pour Nicolas de leur rabattre le caquet. Il doit pour cela prononcer un discours écrit, naturellement, par le même Pobedonostsev.

Le 17 janvier (encore un 17 !) 1895, le jeune empereur et la nouvelle impératrice (baptisée à la cathédrale Saint-Théodore, elle est devenue Alexandra Fiodorovna) se présentent pour la première fois au pays.

Des représentants des zemstvos, des villes et des cosaques sont réunis dans ce « cher palais Anitchkov ». À la vue de cette foule, repaire – prétend Pobedonostsev – de la sédition, devant laquelle il doit affirmer son pouvoir, Nicolas s'affole. Le texte de son discours est dissimulé dans sa toque d'astrakan.

Il commence à le lire, trop fort, la voix lui manque parfois.

« Ces derniers temps se sont élevées, dans certaines assemblées de zemstvos, des voix d'individus animés de rêves insensés... »

Dans son trouble, il hurle presque cette dernière phrase, en fixant droit dans les yeux un vieillard, représentant de la noblesse de Tver. Saisi d'effroi, celui-ci en laisse échapper le plateau d'or supportant le pain et le sel, que, selon la tradition, les membres des zemstvos doivent offrir au nouveau Souverain.

Le plateau roule avec fracas sur le sol, le pain tombe et la salière d'or suit le même chemin. D'une parfaite éducation, le tsar fait ce que doit faire tout jeune homme, lorsqu'un aîné laisse échapper quelque chose : il veut ramasser le plateau, ce qui achève de désorienter l'assemblée. Le ministre de la Cour, le vieux Vorontsov-Dachkov se précipite à la rescousse. On ramasse le plateau.

Beaucoup y voient un mauvais présage pour la suite.

Le comte Lamsdorf, futur ministre des Affaires étrangères, note dans son Journal :

« 19 janvier 1895. On commence de par la ville à critiquer vertement le discours prononcé avant-hier par l'empereur, qui a produit

3. Assemblées d'autogestion locale, créées en 1864.

le plus fâcheux effet... On reproche également à la jeune impératrice d'être demeurée raide comme un manche à balai et de n'avoir pas salué les députations. »

Alix est aussi timide que son époux. Ses airs majestueux ne sont qu'une défense.

« La petite fille que Dieu nous a envoyée... »

(Journal d'un jeune père)

Pour l'été, ils se rendent dans le Sud, en Crimée, au palais de Livadia qui a vu, peu auparavant, la mort d'Alexandre III. Il y a là la mère de Nicolas, son frère Micha, Sandro, son ami d'enfance, et l'épouse de celui-ci, Xenia, la sœur de Nicky. Xenia est enceinte.

« 31 juillet 1895. Je travaillais après le thé, quand j'appris soudain que notre Xenia bien-aimée avait donné naissance à une fille, Irène. Aussitôt, Alix et moi, nous nous sommes précipités. Avons vu Xenia et notre petite nièce. Grâce à Dieu, tout s'est bien passé... »

La petite Irène épousera plus tard Félix Ioussoupov, principal meurtrier de Raspoutine.

Alix aussi attend un enfant.

À l'automne, retour à Saint-Pétersbourg et à Tsarskoïé Selo. À compter de cette année et jusqu'à la fin du règne, Tsarskoïé Selo est la résidence principale de la famille. Dans le parc, parmi les petits lacs artificiels, non loin du luxueux palais Catherine, se trouve, à demi dissimulé par les arbres, le petit palais Alexandre, tout blanc. C'est là qu'ils habitent. C'est là que, dans la nuit du 2 au 3 novembre, l'impératrice mère est appelée d'urgence de Gattchina.

« 3 novembre, vendredi. Jour mémorable durant lequel j'aurai connu bien des tourments ! Dès une heure du matin, la chère Alix a ressenti les premières douleurs, qui l'ont empêchée de dormir. Elle a passé toute la journée suivante au lit, souffrant atrocement, la pauvre. Je ne pouvais supporter de la voir ainsi. Vers deux heures du matin, notre mère bien-aimée est arrivée de Gattchina. Aidée d'Ella, elle n'a pas laissé Alix un seul instant. À neuf heures précises, un vagissement d'enfant a retenti et nous avons tous poussé un soupir de soulagement ! Nous avons appelé Olga la petite fille que Dieu nous a envoyée. »

« 6 novembre. Ai admiré ce matin notre charmante petite fille. Jamais on ne dirait qu'elle vient seulement de naître, tant elle est grande et tant elle a de cheveux. »

Pour la nounou russe qui seconde la nurse anglaise, ces cheveux sont gage de chance pour l'enfant.

Elle en aura de la chance, en 1918, lorsqu'elle sera dans le sous-sol avec sa mère, à essayer en vain de se protéger des tirs !

La fillette grandit. Une photographie, prise par Nicolas : Alix et à ses côtés, sur ses petites jambes encore vacillantes, la minuscule Olga. Le Souverain ne cesse, de façon un peu infantile, de comparer sa fille à celle de sa sœur : « 21 mars 1896. À la messe, avons emmené nos filles à la Sainte Communion. La nôtre était parfaitement tranquille, Irène a un peu pleuré. »

« 1er avril. Xenia a amené Irène assister au bain de notre petite. Elles font le même poids, vingt livres [4], mais notre fille est plus solide. »

La naissance de l'enfant coïncide avec la fin du deuil. Un grand bal est donné au Palais d'Hiver. Il y a des milliers d'invités, l'orchestre joue une polonaise, le maître des cérémonies frappe trois coups, des négrillons coiffés de turbans blancs ouvrent grand les portes. Tous se prosternent : le couple impérial paraît.

Alix parle toujours mal le russe et elle n'aime pas le monde. C'est chez elle qu'elle règne, à Tsarskoïé Selo.

Le pays est aux mains de l'impératrice mère et de ses gens. D'aucuns prétendent qu'avide de pouvoir mais écrasée par un mari à la volonté de fer, l'impératrice mère relève enfin la tête. La réalité est plus tragique et plus simple. La vieille impératrice (tante Minnie, comme on l'appelle dans la Famille Romanov) connaît bien

4. Ancienne mesure de poids (409,5 g).

son fils. Elle le sait fort bon et craint qu'on ne tente de l'influencer. Pas Alix (pour l'impératrice, elle n'entre pas en ligne de compte), mais le grand-duc Serge Alexandrovitch, rétrograde invétéré, ou Vladimir, autre frère du défunt tsar, aussi charmant que stupide. Ou encore, le troisième frère d'Alexandre, le superficiel Paul. Que l'un d'eux jouisse d'une quelconque influence, et c'en est fini de l'Empire. Mais l'impératrice mère est une femme décidée, qui a foi en ses propres forces. Elle a beaucoup appris auprès d'Alexandre III.

Le Journal de Witte contient une remarque éloquente : « Demandez à maman ! » C'est la réponse de Nicolas à son ministre, à propos d'une nomination. Ou encore, pour une question épineuse : « Je demanderai à maman. »

Marie Fiodorovna voit clair. Elle place un homme à elle auprès de Nicky : Sergueï Witte, ministre des Finances de son défunt mari. Witte, c'est toute une époque : il est partisan des réformes, libéral, ou plus exactement libéral modéré, comme il est normal de l'être après le coup de froid du règne d'Alexandre III. Witte le sait : il ne convient pas que la température change trop brusquement en Russie. Mais c'est l'impératrice mère qui est la grande conseillère de Nicolas.

Les premiers temps, Marie Fiodorovna fait en sorte d'apparaître partout aux côtés de son fils.

Récit de Vera Leonidovna :

« À cette époque, l'impératrice mère rajeunit soudain d'étonnante façon. Tout Saint-Pétersbourg se perdait en conjectures. On racontait que cette femme sidérante s'était résolue à se faire opérer à Paris. Elle avait entendu parler de ces opérations par la princesse Alexandra, future reine d'Angleterre. Ou plutôt, elle en avait vu les effets. En dépit de son âge, la princesse conservait un visage extraordinairement jeune. Une monstrueuse opération : on retirait tout l'épiderme à l'aide d'une spatule tranchante, le visage n'était plus qu'une plaie. Puis tout était remis en place et le visage était couvert d'une laque translucide. Il fallait ensuite faire très attention, pour ne pas abîmer la laque. Ce n'est pas tout : on implanta à l'impératrice mère des cils interminables. Supporter l'ensemble de l'opération confinait à l'héroïsme. »

La pauvre femme s'y résout pourtant : un jeune empereur doit avoir à ses côtés une jeune mère.

Elle se tient auprès de lui au début de son règne, intelligente, impérieuse. Puis lui échoit ce qu'il peut y avoir de pire pour une mère : la mort de tous ses fils, de son petit-fils et de ses petites-filles, la fin de l'empire auquel son époux avait consacré sa vie entière. Elle finira ses jours à Copenhague, unique survivante, dernier vestige après le naufrage.

« Tout ce qui se passe... semble un rêve »

C'est à la cathédrale de l'Assomption, à Moscou que sont couronnés les souverains russes.

Le 6 mai, le train impérial part pour Moscou, transportant toute l'immense Famille Romanov.

« 6 mai 1896. Pour la première fois depuis notre mariage, nous avons dû faire chambre à part. Quel ennui... Me suis levé à neuf heures. Après le café, ai répondu aux télégrammes. Ils ne vous laissent jamais de répit, même en chemin de fer. À Kline, oncle Serge [son ancien commandant, le grand-duc Serge Alexandrovitch, devenu général gouverneur de Moscou] nous attendait. Sommes arrivés à Moscou à cinq heures, par un temps effroyable : pluie, vent et froid... »

La coutume veut qu'avant d'effectuer leur entrée solennelle dans Moscou pour le couronnement, le Souverain et la Souveraine logent dans le vieux palais de Pierre le Grand, situé avant la barrière de Tver, à une verste, alors, de Moscou. Là, dans ce château construit par Catherine la Grande en mémoire de la victoire sur les Turcs, avec ses fenêtres en ogives et ses tours romantiques, ils passent trois jours.

« 7 mai. Au réveil, le même temps déprimant... Avons reçu l'énorme suite d'Henri [frère de Guillaume II], les princes de Bade, du Wurtemberg et du Japon... »

L'Europe couronnée et le reste du monde sont venus assister au triomphe de l'autocrate russe.

Et c'est le jour de l'entrée solennelle dans Moscou. Le soleil fait une première apparition et les bulbes des innombrables églises moscovites se mettent à scintiller.

De bon matin, la jeune impératrice, ses cheveux d'or tombant jusqu'à la taille, se tient à une fenêtre, admirant les tours du château de Pierre le Grand. Le conte de fées continue. Mais il est temps de monter dans le carrosse.

À présent, c'est le serviteur du grand-duc Paul, Alexandre Volkov, qui regarde par la fenêtre du château. Il racontera par la suite : l'escorte vêtue de tcherkesskas, le tsar à cheval et, dans les carrosses, deux femmes : la mère et l'épouse de l'empereur. Tout autour, les uniformes impériaux. Toute cette rutilante procession s'ébranle en direction du Kremlin.

« 9 mai. Première rude journée pour nous : celle de l'entrée à Moscou. À midi, réunion de toute l'armée des princes, en compagnie desquels nous déjeunons. À deux heures et demie, le cortège s'ébranle. Je monte Norma. Maman est dans le premier carrosse d'or, Alix dans le second, seule également. »

C'est en ces jours que survient un étrange événement. Le couple visite le haut lieu de la spiritualité russe, la Laure de la Trinité Saint-Serge. Là, nul ne vient accueillir les visiteurs. On ne commence à réagir qu'au moment où le tsar se trouve déjà dans l'enceinte de la Laure. La faute en revient aux organisateurs des fêtes du couronnement. Néanmoins, là encore, on y voit un mauvais présage : saint Serge de Radonège* rejette le nouveau tsar.

« 13 mai. Sommes installés au Kremlin… Il a fallu recevoir toute une armée de suites de princes venus pour les célébrations. Que Dieu nous aide, dans sa miséricorde, qu'il nous fortifie demain et bénisse la vie laborieuse et paisible ! »

Trois points d'exclamation et une croix ponctuent cette dernière remarque. C'est un très grand jour dans la vie de Nicolas.

14 mai 1896. Le cortège se dirige vers la cathédrale de l'Assomption. Entre l'impératrice mère, la tête ceinte d'une petite couronne de diamants, quatre généraux portant la pourpre. Puis les hourras retentissent et Nicolas et Alexandra pénètrent dans la cathédrale.

« Journée grandiose, solennelle mais rude moralement pour Alix, maman et moi.

Dès huit heures, nous sommes debout. Par bonheur, il fait un temps magnifique. Le perron d'honneur étincelle. Tout ce qui se passe ensuite à la cathédrale de l'Assomption semble un rêve, mais c'est le genre de souvenir qu'on garde sa vie entière. »

Les cierges... Un chœur séraphique... Nicolas reçoit la grande couronne des mains du métropolite et en ceint le front d'Alexandra. Elle s'agenouille devant lui. Il retire sa propre couronne et en effleure la tête d'Alix. La couronne reprend sa place. Sur les cheveux dorés de l'impératrice, étincelle à présent la petite couronne de diamants. Quatre demoiselles de compagnie la fixent à l'aide d'épingles d'or. Tous deux montent sur le trône dans l'antique cathédrale et l'impératrice mère embrasse Nicky. Puis ses lèvres effleurent la joue d'Alix.

Par trois fois, depuis le perron d'honneur, ils se prosternent devant le peuple.

« À trois heures, départ pour le Palais à Facettes et la collation... Déjeuner chez maman qui a magnifiquement supporté cette épreuve. À neuf heures, montons sur la terrasse d'où Alix allume les illuminations du clocher d'Ivan le Grand. Ensuite, s'illuminent successivement les tours et les murailles du Kremlin. »

La princesse de Hesse contemple la coupole d'or de la grande cathédrale. La capitale de la moitié du monde, l'antique capitale de l'Europe et de l'Asie, brille de tous ses feux.

L'impératrice mère a en effet bien supporté l'épreuve. Il lui faudra montrer la même endurance le lendemain.

« 17 mai. Pendant une heure et quart, nous eûmes les compliments des dames. Cela commença par les grandes-duchesses, puis vinrent les demoiselles de compagnie, les dames de la ville... On avait un peu mal aux jambes...

Sommes allés au Bolchoï, assister au spectacle du couronnement. On donnait, selon la tradition, le premier et le dernier acte de *La Vie pour le Tsar* et un nouveau ballet fort réussi, *La Perle.* »

Ce ballet où, à la stupéfaction générale, la Kchessinskaïa tient le premier rôle. Ce soir-là, l'impératrice mère comprend combien son Nicky est influençable. Pourtant, le lendemain, 18 mai, elle ne songe plus au ballet maudit et au triomphe de Mathilde. Ce 18 mai sera l'un des jours les plus terribles du règne de son fils.

La coutume veut qu'une fête populaire ait lieu après le couronnement, avec distribution de victuailles, de friandises, de pains d'épices... Il a été décidé que la fête se tiendrait hors de la ville, à la Khodynka.

L'immense champ de la Khodynka est planté de tentes chamarrées, regorgeant de douceurs. On a aussi prévu de distribuer, gratuitement là encore, les verres du couronnement aux armes de l'Empire. Mais entre les tentes et la foule qui se masse dans la nuit du 16 au 17 (encore un 17 !), se trouvent des fossés dont les autorités, dans leur négligence habituelle, ont oublié l'existence. Il y a là au moins un demi-million de personnes, au coude à coude. Tous attendent la distribution. Des cris s'élèvent : certains commencent à suffoquer. Mais d'autres croient que c'est le signal des cadeaux. Et de pousser, de pousser ! La masse s'ébranle, des gens tombent dans les fossés, on marche sur des têtes, des corps...

À l'aube, on enlève sur des télègues[5] les corps piétinés. Vingt-deux ans plus tard, leurs corps seront aussi, à l'aube, chargés sur des télègues.

Lorsque, dans la journée, le ministre Witte monte dans sa voiture pour la suite des célébrations, il sait déjà que le nombre des victimes de la Khodynka s'élève à deux mille. Mais quand les brillants équipages arrivent sur les lieux, tout a été soigneusement nettoyé, il ne reste plus trace de la catastrophe. Le soleil

5. Voitures de charge à quatre roues.

brille, dans le pavillon est rassemblée la fine fleur de l'aristocratie européenne et un gigantesque orchestre joue en l'honneur du couronnement. Le public élégant est nombreux. Le tsar est là, lui aussi. Le grand-duc Serge Alexandrovitch, organisateur des célébrations, ne le quitte pas d'une semelle.

Nicolas semble accablé. Cela, chacun le remarque.

« 18 mai 1896. Tout marchait jusqu'à présent comme sur des roulettes, mais aujourd'hui un grand péché a été commis : la foule, qui avait passé la nuit à la Khodynka, en attendant la distribution des victuailles et des verres, a fait pression sur les installations de fortune, une effroyable bousculade s'en est suivie et je dois préciser, avec horreur, que près de 1300 personnes ont été piétinées. J'en fus informé à dix heures et demie. Cette nouvelle m'a laissé une affreuse impression. À midi et demi, nous avons pris une collation, puis nous sommes partis pour la Khodynka, assister à cette "triste fête populaire"...

Nous avons regardé les pavillons, la foule entourant l'estrade, cependant que la musique ne cessait de jouer l'hymne et le *Combien glorieux est notre Dieu.*

Sommes retournés au château de Pierre le Grand où j'ai reçu, aux portes, plusieurs députations... Il a fallu faire un discours. Avons déjeuné chez maman. Ensuite, bal chez Montebello [l'ambassadeur de France]. »

L'impératrice mère a parfaitement saisi les raisons de la catastrophe survenue à la Khodynka. Elle a magnifiquement assimilé les principes de gouvernement de son défunt époux. Pour elle comme pour lui, l'autocratie ne fonctionne que par la peur. Or cette peur a disparu avec Alexandre III.

L'impératrice mère décide alors que la peur doit revenir. Le châtiment pour la Khodynka doit être sans pitié. Le responsable n'est autre que le grand-duc Serge Alexandrovitch, le propre frère de son mari ? Tant mieux ! Il servira d'exemple. Et la peur reviendra.

Elle exige la création immédiate d'une commission d'enquête et le châtiment des coupables. Nicolas accepte. Elle ordonne ensuite la suppression de toutes les réjouissances et l'annulation, le soir même, du bal chez l'ambassadeur de France.

Voilà ce qui se cache derrière l'innocente phrase : « Avons déjeuné chez maman. »

Mais, pour la première fois, Alix s'élève contre la volonté de l'impératrice mère. Elle ne laissera pas mettre en pièces l'époux de sa sœur bien-aimée. Elle ne tolérera pas que l'on annule les réjouissances. Serge Alexandrovitch a raison : il faut faire comme si rien ne s'était passé. Un couronnement, cela n'arrive qu'une fois dans une vie... Et, de nouveau, Nicolas accepte.

Pour la plus grande horreur des amis du nouvel empereur, Nicolas et Alix vont danser à ce bal.

De nouveau, le grand-duc Serge Alexandrovitch, que Moscou a déjà surnommé le « prince de la Khodynka », ne quitte pas le tsar d'une semelle.

En revanche, les jours suivants...

« 19 mai. À deux heures, sommes allés, Alix et moi, à l'ancien hôpital Catherine, où nous avons fait le tour des baraquements et des tentes abritant les malheureuses victimes d'hier... »

« 20 mai. À trois heures, sommes allés, Alix et moi, à l'hôpital Marie où nous avons rendu visite au deuxième groupe de blessés le plus important par le nombre... »

Il se montre très généreux avec les victimes. Mais le pays ne remarque qu'une chose : « Ils sont allés au bal de l'ambassadeur de France. » L'impératrice mère avait vu juste.

Nicolas n'a pas l'étoffe d'un tsar. « Pitoyable et mou », « Une paralysie de la volonté », voilà ce que certains disent de lui. D'autres, au contraire, le jugent perfide. En réalité, il est entêté... C'est là son drame : bien que têtu, il est incapable de dire « non » directement à ceux qui viennent lui demander quelque chose. Il est trop délicat et bien élevé pour se montrer brutalement déterminé. Plutôt que de refuser, il préfère se taire. Et les solliciteurs, en règle générale, prennent son silence pour une acceptation. Nicolas, en fait, attend seulement que quelqu'un soit de son avis. Alors, il se décide aussitôt. Pour finir, le premier solliciteur, qui a cru à un consentement du Souverain, maudit sa perfidie. Ainsi en va-t-il pour la Kchessinskaïa. Et pour la Khodynka. Comprenant l'état d'esprit d'Alix, il prend la décision de poursuivre les festivités. Mais il n'ose pas attaquer sa mère de front. Ensuite, il semble céder aux exigences de Serge Alexandrovitch. Quoi qu'il en soit, on lui fait la réputation de manquer de volonté. Et celle-ci l'accompagnera sa vie durant. D'emblée, il apparaît véritablement comme n'ayant pas l'étoffe d'un Souverain.

Il nomme la commission d'enquête qu'il place sous la conduite du comte Pahlen, protégé de l'impératrice mère.

Le contrecoup ne tarde pas. Vladimir et Paul, les oncles du tsar, déclarent qu'ils quitteront immédiatement la Cour, si Serge Alexandrovitch doit pâtir de l'enquête.

Un ultimatum sans risque pour eux : ils savent qu'ils n'auront pas à en venir là. Alix veille.

Le délicat Nicky, cependant, multiplie les courbettes, voulant réconcilier tout le monde. Le rapport de Pahlen disparaît dans les profondeurs des archives. En revanche, le chef de la police de Moscou, un homme du grand-duc Serge Alexandrovitch, est limogé. Dans le même temps, au grand dam de sa mère, Nicolas, aussitôt après la catastrophe, se rend au domaine du « prince de la Khodynka », à Ilinskoïé.

Il ne veut pas régner ni chagriner sa mère ; il ne veut pas que des gens meurent ni qu'Alix soit triste... Or tout cela arrive.

Célébration des innocents

(Journal d'un jeune tsar. Suite)

Elle existe encore aujourd'hui, la vaste allée aux arbres centenaires qui mène au célèbre domaine d'Ilinskoïé. Il reste les tilleuls séculaires du parc et la vieille église.

« 3 juin. Anniversaire de mariage d'oncle Serge et d'Ella. »

Un anniversaire que l'on fête bruyamment à Ilinskoïé... Des

enfants courent à travers le domaine : la nouvelle génération Romanov.

Le XIXe siècle s'achève, le décor de l'ère nouvelle est planté peu à peu, imperceptiblement, les acteurs entrent en scène...

L'un des Romanov du XXe siècle est un garçonnet de cinq ans en culottes de velours. C'est Dimitri, le fils du frère puîné d'Alexandre III, le grand-duc Paul. Il est né ici, à Ilinskoïé, et sa mère en est morte. Cela s'est passé avant le mariage de Nicolas et d'Alix.

Aujourd'hui encore, un sentier descend du sommet de la colline vers la Moscova. Sur le fleuve, on voit une passerelle à demi effondrée. C'est vers elle que, par une chaude journée de l'été 1891, courait une jeune femme, profitant du soleil et de l'heure matinale, la reine de Grèce, Alexandra, épouse du grand-duc Paul.

À peine fut-elle montée dans une barque que ses couches commencèrent prématurément. Peu après, son corps reposait, inerte, au domaine. Mais l'enfant était né et il survécut.

Étrange sera le destin de tous ceux réunis, ce jour-là, à Ilinskoïé.

Le père de Dimitri, le grand-duc Paul, ne tardera pas à être exilé de Russie. Depuis la mort d'Alexandra, il a une scandaleuse liaison avec la femme de l'aide de camp du grand-duc Vladimir. Il décide de l'épouser. L'impératrice mère se montre inflexible et les deux frères de Paul, Serge et Vladimir, n'ont d'autre choix que de la soutenir. C'est le premier scandale de la Famille Romanov auquel le pauvre Nicolas devra mettre fin. Nicky se voit contraint d'expulser du pays le « cher oncle Paul ».

Dimitri, lui, restera en Russie et sera élevé, avec sa sœur, par Serge Alexandrovitch et Ella.

Aux jours de la révolution de 1905, le SR[6] Kaliaïev surgit, armé d'une bombe, aux portes du Bolchoï. Tout a été calculé : voici qu'apparaissent dans la tempête de neige les lanternes de la voiture du grand-duc. Kaliaïev se précipite. Il voit, accompagnant Serge Alexandrovitch, Ella et les enfants. Et il n'ose pas lancer son projectile. Mais une autre fois, Serge Alexandrovitch sera seul et Kaliaïev ne manquera pas son coup.

6. Abréviation courante pour Socialiste Révolutionnaire.

Après l'assassinat de son mari, Ella consacrera sa vie à construire un monastère. Dès lors, Dimitri vivra chez son autre oncle, le tsar Nicolas II. Nicky et Alix deviendront alors pour lui « papa et maman ». Dimitri sera même fiancé à la fille aînée de Nicolas, Olga. Le tsar s'attachera à ce séduisant dandy : il a toutes les qualités qui ont toujours fait défaut à Nicky ; c'est un véritable officier de la Garde, batailleur, bourreau des cœurs et noceur. Nicolas ne lui accordera pas la main d'Olga, mais il lui restera très attaché. Dans sa prison de Tobolsk, le tsar déchu emportera avec lui les lettres de son neveu préféré : « Cher oncle, je te suis terriblement, terriblement reconnaissant de ton aimable lettre. J'ai été si heureux de la recevoir que je me suis levé pour la lire. Tout le temps de la lecture, je suis resté debout, plié en deux. Je me réjouis terriblement de votre venue. J'ai très envie de vous voir... J'imagine déjà le chapeau que ma cousine [Olga] vissera sur sa tête racée... Encore merci pour ta lettre. Elle m'a fait beaucoup rire mais, par respect, je me suis contenté d'émettre des « hi-hi-hi », et non de gros « ha-ha-ha »... Sur ce, je t'embrasse fort, je couvre de voluptueux baisers les mains de ma tante et la prie de ne pas oublier son "fils"... »

Six ans plus tard, ce « fils » prendra part à l'assassinat de l'homme le plus cher aux yeux de « maman Alix », Grigori Raspoutine. « Il tue sa mère pour la seconde fois », dira de lui l'impératrice.

Pour l'instant, en 1896, l'enfant court dans la prairie et joue avec deux autres petits garçons. Ils ont été amenés par le grand-duc Constantin Konstantinovitch que toute la Russie cultivée connaît comme poète sous le pseudonyme de « C. R. ».

Au palais de Marbre, la résidence favorite de C. R., ce dernier reçoit plus d'une fois l'écrivain Dostoïevski, qui compte parmi ses relations. À ce propos, C. R. note un jour dans son Journal : « Il y a en lui [Dostoïevski] un mystère, il a compris quelque chose que nous ignorons. Il fut condamné à mort et bien peu ont eu à connaître de pareils instants. Il avait déjà dit adieu à la vie, or voici qu'inopinément, elle lui a souri de nouveau... Dostoïevski est allé assister à l'exécution de Mlodetski [I. Mlodetski fut exécuté en 1880 pour avoir attenté à la vie de M. Loris-Melikov, l'un des dignitaires les plus brillants du règne d'Alexandre III]... J'eusse répugné à être le témoin d'un acte aussi inhumain... Peut-être souhaitait-il revivre par la pensée ses propres impressions ? Mlodestki regardait de toutes parts et semblait indifférent. Fiodor Mikhaïlovitch l'explique par le fait qu'en de pareils instants, l'homme fait en sorte de repousser la pensée de la mort, il se représente des images essentiellement heureuses, se transporte mentalement dans une vie paradisiaque, où tout n'est que soleil et printemps. Mais plus la fin est proche, plus insistante et douloureuse devient l'idée de la mort inéluctable... Les propos de Fiodor Mikhaïlovitch m'ont attristé et ont fait renaître en moi le désir de vivre ces derniers instants avant l'exécution et d'être gracié... J'aimerais connaître ces souffrances ; elles doivent élever l'âme, rendre plus humble le jugement... »

C. R. n'aura pas l'occasion d'éprouver par lui-même ces derniers instants avant l'exécution. Il en sera tout autrement pour ses enfants qui gambadent à présent dans la prairie...

Le poète C. R. a dédié une berceuse à Johann, l'aîné de ses fils.

« Dors, dans ton joli berceau,
Dans la soie et la dentelle,
Dors, mon petit si beau,
Bien au chaud dans ta corbeille... »

On y trouve d'étranges phrases :

« Dans le silence de la nuit
Sur l'icône, pleins de tristesse
Les yeux de la Vierge Marie,
Sur toi veilleront sans cesse...
Quelle affliction dans le regard
De ces yeux chagrins, c'est à croire
Que déjà ils voient *le malheur*
Qui te frappera à son heure. »

Ou encore :

« Dors, le temps n'est pas encore venu
Du trouble et des grandes tempêtes ! »

C. R. mourra en 1915. L'enfant qui dort « dans son joli berceau », le petit Johann, ses frères Constantin et Igor mourront, à l'heure « du trouble et des grandes tempêtes » au fond d'une mine où ils seront jetés vivants, après avoir été atrocement battus. À leurs côtés agonisera la maîtresse du domaine, tante Ella.

Ella ! L'une des femmes les plus séduisantes de cette époque disparue. L'ambassadeur de France en Russie, Maurice Paléologue, écrit, visiblement charmé :

« Je me rappelle avoir déjeuné avec elle à Paris... vers 1891. Je la revois telle qu'elle était alors : grande, altière, des yeux clairs, profonds et naïfs, une bouche tendre, un visage aux traits doux, un nez droit... une démarche et des gestes au rythme envoûtant. On percevait dans sa conversation un charmant esprit féminin, naturel, sérieux et empreint de bonté discrète. »

La légende veut qu'au fond de la mine, Ella enveloppera d'un mouchoir la tête fracassée du petit Johann, l'enfant qui dormait « dans la soie et la dentelle » au palais de Marbre.

On s'amuse beaucoup à Ilinskoïé. Sur les genoux du grand-duc Paul, une autre future victime écarquille les yeux : Igor, le dernier né de C. R. Au demeurant l'oncle Paul, lui aussi, sera fusillé.

Ils regardent les enfants qui polissonnent : Nicky, avec bienveillance, Alix, avidement. Elle voudrait tant un fils !

La vie continue d'être une fête. Ils voyagent.

L'Autriche : visite au très vieil empereur François-Joseph ; puis à la grand-mère et au grand-père de Nicky (la reine et le roi de Danemark) ; de là, ils partent pour l'Angleterre voir la grand-mère d'Alix. Cette tournée des cours européennes s'achève par un voyage dans une république : la France.

La Khodynka qui sera tant de fois reprochée à Nicolas en Russie ne semble pas avoir impressionné l'Europe. La France réserve au couple impérial un accueil enthousiaste. C'est la première visite d'un tsar à Paris, depuis le funeste voyage du grand-père de Nicolas, Alexandre II, au cours duquel le Polonais Berezowski avait tiré sur lui, pour venger la Pologne opprimée[7].

Personne ne tire à présent. Au contraire, sur le passage du couple impérial et de leur charmante fillette, ce ne sont que foules en délire, ovations... Seule une république libre peut se montrer aussi enthousiaste envers un monarque. Nicolas pose même la première pierre d'un pont en l'honneur de son père.

« Le 25 septembre, la première pierre d'un pont portant le nom de papa a été posée. Nous étions sous une grande tente... Sommes allés tous trois à Versailles. Tout le long du chemin depuis Paris, le peuple était venu nous acclamer. J'avais presque des crampes, à force de saluer [il est en uniforme et salue militairement].

Nous y fûmes à quatre heures et demie et nous nous promenâmes dans le magnifique parc, en admirant les jets d'eau... Il y a en effet une ressemblance avec Peterhof. Les salles et les chambres du palais sont intéressantes du point de vue historique. »

Il est frappé par la ressemblance avec Peterhof, elle par « le point de vue historique »...

Elle se tient sur le balcon où, aux jours de la Révolution, la foule, faisant irruption, avait contraint le couple royal à se montrer.

À Paris, on parle à Alix de la fosse où, jadis, on jetait les guillotinés. Elle les imagine gisant, pêle-mêle : Danton... Robespierre... Les Girondins... Ils avaient osé exécuter leur roi, Dieu les a châtiés. Ils ont perdu la raison et se sont entre-tués...

L'année 1896 touche à sa fin. Alix est enceinte, elle est sûre que ce sera un fils. Mais...

Extrait du Journal :

« 29 mai 1897. Deuxième jour béni de notre vie familiale... À dix heures du matin, le Seigneur nous a envoyé une petite fille, Tatiana. Elle pèse 8 livres et demie, mesure 54 centimètres. Ai lu et rédigé des télégrammes... »

Encore une future victime.

---

7. La Pologne faisait alors partie de l'Empire de Russie.

Les rêves ne se réalisent jamais

(Journal d'un jeune tsar. Suite)

Il jouit encore de la puissance de son père défunt, mais, déjà, un volcan invisible s'allume : des troubles dans l'armée (dont on ne parle pas, l'armée étant censée rester éternellement loyale) et la terrible famine de 1898 (dont on parlera beaucoup).

La joyeuse fête de la vie se poursuit. Durant toutes ces années, il chasse beaucoup.

Extrait du Journal :

« 20 septembre. Tableau de chasse : 100 cerfs, 56 chevreuils, 50 sangliers, 10 renards, 27 lièvres. 253 pièces en onze jours. »

Cependant, une autre chasse, à l'homme cette fois, commence dans le pays. Et le tableau final est impressionnant.

En février 1901, le ministre de l'Instruction publique est assassiné par un ancien étudiant qui explique que l'université de Moscou en avait assez des idées réactionnaires de la victime. Un an plus tard, vient le tour du ministre de l'Intérieur, Sipiaguine. Puis c'est le général gouverneur de Finlande, ensuite le nouveau ministre de l'Intérieur, Plehwe*. L'organisation terroriste des socialistes révolutionnaires est entrée en action.

Le jeune tsar a un comportement étrange. Il ne semble pas chagriné, à croire qu'il oublie aussitôt ses ministres assassinés.

On en trouve l'explication dans son Journal : « Il faut supporter humblement et avec fermeté les épreuves que Dieu nous envoie pour notre bien », écrit-il après l'assassinat de Sipiaguine.

« Telle la volonté de Dieu. » (Suite à l'assassinat de Plehwe.)

Cette soumission pleine et entière aux desseins du Très-Haut l'aide à accepter l'impossibilité de mener à bien la moindre de ses entreprises. Il le sent : quoi qu'il fasse ou décide, aussi bonnes que soient ses intentions premières, tout se transforme en son contraire ou se délite.

Respectant la volonté de son père, dès son accession au trône il promulgue une loi contre l'ivrognerie, le « fléau russe », comme on dit en Europe. La loi est bonne, mais l'ivrognerie ne disparaît pas pour autant. Les gens se contentent de payer plus cher la vodka. Ils continuent de boire et se ruinent. La loi suivante est suggérée par l'infatigable Witte, qui convertit le rouble en or. La devise russe doit rejoindre (et elle y parvient) les devises européennes. En Europe, désormais, les millionnaires russes font fureur. Des fortunes sont dépensées, des domaines sont engloutis dans les restaurants parisiens. Mais, au bout du compte, les plus nobles familles se voient ruinées. Et les pièces d'or où figure le profil de Nicolas règnent de plus en plus en maîtres sur le pays.

Aller au peuple

À cette époque, Alix et lui commencent à se méfier des riches. À l'aube du nouveau siècle, une idée se fait jour : « Le peuple et le tsar, entre les deux : personne. »

Au cours d'une conversation avec un des grands-ducs, le tsar apprend l'existence d'un conseiller titulaire [8] répondant au nom comique de Klopov [9]. Ce Klopov ne cesse de lui adresser des lettres, dans lesquelles il décrit fort éloquemment comment les minotiers volent le Trésor. Ces lettres, naturellement, ne parviennent pas à Nicolas, mais l'inlassable justicier continue d'écrire. Nicolas rapporte la chose à Alix. Ensemble, ils lisent alors les lettres de Klopov, s'étonnant de l'honnêteté de cet homme simple dont ils ignorent tout. Et s'ils l'avaient trouvé, leur représentant du peuple ? S'il était de lui-même venu vers eux ?

On présente au tsar le conseiller titulaire. Le doux, le timide, le petit Klopov, avec ses yeux tendres, ressemble fort à celui qui le reçoit dans son cabinet.

Nicolas confie à Klopov une mission secrète pour laquelle il lui donne d'importants pouvoirs : Klopov partira inspecter la Russie. Il devra élucider la cause des mauvaises récoltes, révéler au grand

8. Un des grades les plus modestes de l'administration impériale.
9 Formé sur « klop », la punaise.

jour les malversations des fonctionnaires et rapporter la vérité au tsar. Pas celle des gouverneurs ni des bureaucrates, la vraie vérité du peuple, que l'on veut cacher au Souverain.

« En Russie tout est secret, mais rien n'est un mystère. » Bientôt, le pays tout entier a vent de l'existence de l'énigmatique Klopov. Des foules assiègent l'envoyé du tsar, avec des requêtes.

Or, Klopov n'est qu'un modeste conseiller titulaire qui ne connaît que les minoteries. Les plus hauts fonctionnaires s'entretiennent aimablement avec lui, ils promettent de remédier à tous les problèmes qui se posent dans le domaine qui l'intéresse. Touché aux larmes, Klopov rapporte à celui qui l'a mandaté cette « vérité » : « Le ministre de l'Intérieur Plehwe et son ministère sont animés des meilleures intentions. »

Voilà le résultat de cette quête de la vérité initiée par Nicolas qui se convainc, une fois de plus, que les rêves ne se réalisent jamais.

Et il en est ainsi pour tout. Alexandre III avait reçu le nom de « Pacificateur », parce qu'il avait su éviter les conflits. Nicolas monte sur le trône, en espérant faire aussi bien. À l'aube du nouveau siècle, il lit un essai d'un certain I. Bloch. Entrepreneur et philosophe, Bloch estime impossible une guerre locale dans la nouvelle Europe. La guerre du XXe siècle, si elle éclate, sera mondiale. « Les vainqueurs ne pourront éviter de terribles destructions, aussi tout gouvernement qui se prépare aujourd'hui à la guerre, doit-il se préparer aussi à un cataclysme social. » Bloch prédit également que la guerre pourrait être le fossoyeur des grandes monarchies européennes. Nicolas reçoit Bloch et l'entretien qu'il a avec lui l'impressionne.

C'est alors qu'avec le concours de Witte naît la « Note à l'intention des Puissances ». Nicolas propose à l'Europe la paix universelle.

Witte évoque dans ses Mémoires la grande idée de la « Note ». « Les pays européens ne dépenseront plus des sommes insensées à rivaliser entre eux, l'Europe ne sera plus le camp militaire qu'elle est aujourd'hui... L'Europe périclite, minée par la haine et les guerres... et bientôt les autres nations, l'Amérique et le Japon, la considéreront avec le respect... que l'on voue aux beautés vieillissantes. »

La brillante idée de la paix universelle se soldera pour la Russie... par une guerre contre le Japon.

En 1899, le couple a une troisième fille, Marie. Toujours pas d'héritier. En cette même année 1899, le frère de Nicolas, Georges, meurt de la tuberculose. L'héritier potentiel est donc à présent le benjamin du tsar, Michel.

À l'automne 1900, en Crimée, Nicolas tombe gravement malade. Il a contracté le typhus.

Il se meurt. Déjà se pose la question de la succession. Pas pour Alix : leur fille aînée, Olga, lui semble toute désignée. Ce sera comme en Angleterre. Et puis, la Russie a connu tant d'impératrices au cours de son histoire ! Mais Witte explique : Michel doit régner, comme le veut la loi de succession au trône, en vigueur depuis Paul Ier. Toute la haine de Paul envers sa mère, l'impératrice Catherine II, est contenue dans cette loi : une femme ne peut occuper le trône. Mais Alix est enceinte. Cette fois, elle en est sûre, ce sera un fils. Au regard de la loi, c'est indifférent : doit régner le successeur désigné au moment de la mort du monarque.

Witte est à présent quotidiennement reçu au palais de Livadia. Les ministres, eux, sont à l'hôtel, à Yalta. Ils font la navette entre Yalta et Livadia, et Alix les voit pareils à des charognards guettant leur proie.

Nicolas se rétablit pourtant. Pour la troisième fois, il échappe au trépas. Après cette alerte, Alix, de tout son être, rêve d'un fils. Apparaissent alors les Monténégrines.

Les filles du prince de Monténégro ont fait leurs études en Russie, au célèbre Institut Smolny[10].

Elles s'appellent Militsa et Stana, mais à la Cour, on les nomme fielleusement « Monténégrine 1 » et « Monténégrine 2 ». Toutes

10. Institut d'études supérieures pour les jeunes filles nobles, à Saint-Pétersbourg. En octobre 1917, le Smolny deviendra l'état-major des bolcheviks.

deux ont épousé des grands-ducs, côté Nikolaïevitch : Militsa, le poitrinaire Pierre Nikolaïevitch, et Stana, son frère, Nicolas Nikolaïevitch, Nikolacha pour la famille, Nicolas le Long pour l'armée et la Cour (pour les uns ironiquement, pour les autres avec enthousiasme). Gigantesque, doté d'une voix de stentor, c'est le favori de l'armée.

En présence des Monténégrines, Alix se sent véritablement tsarine. En place de la froideur polie de la Cour, elle trouve auprès d'elles dévotion et adoration. Les Monténégrines l'entourent d'une habile servilité. Lorsqu'elle s'alite pour des problèmes d'estomac, elles la soignent mieux que ne l'eût fait la plus humble servante.

Les Monténégrines ont apporté de leur mystérieux pays une foi inébranlable dans le surnaturel. Là, les hautes montagnes couvertes de forêts sauvages ont été de tous temps peuplées de sorcières et de mages, de gens qui ont le don de commercer avec les défunts et de prédire le destin des vivants. Voilà qui est nouveau pour la pupille de la sceptique Victoria ! L'univers du surnaturel l'ensorcelle aussitôt. Et, surtout, les Monténégrines lui promettent la réalisation de son vœu le plus cher : Alix rêve de donner un fils à la Russie ? Quoi de plus simple ? Il suffit de trouver celui qui détient des *pouvoirs*. Exaltée, romantique, Alix se laisse entraîner dans ce nouveau jeu.

Cela commence par un étranger, un certain M. Philippe, natif de Lyon. Les miracles de M. Philippe ont fait sa réputation en France (les Monténégrines ont entendu parler de lui à Paris, par l'attaché militaire de l'ambassade de Russie).

L'Église russe condamne tout commerce avec les mages et sorciers. Mais les Monténégrines la rassurent : « M. Philippe n'a rien d'un sorcier. Les sorciers rejettent Dieu, ils sont dangereux, ils ne fréquentent pas l'église, refusent de se placer sous la protection de la Croix. À travers eux, c'est le Diable qui manifeste sa puissance. Il en va tout autrement des guérisseurs. Eux, sont de vrais chrétiens. Ils n'agissent pas *en leur nom*, mais au nom de Dieu... » Nul, à la Cour, ne se risque à contredire ces naïfs mensonges. Et Philippe arrive à Saint-Pétersbourg. En dépit de sa formation douteuse et des recommandations, tout aussi douteuses, envoyées par les autorités françaises, Philippe reçoit le titre de Docteur en médecine et un grade de Conseiller d'État actuel. Il se passe alors des choses dont tout le monde se gausse à la Cour. M. Philippe est installé dans la chambre impériale, afin qu'il puisse, par ses prières, accélérer la venue de l'héritier. L'impératrice mère se voit contrainte de parler à Nicky et d'exiger que le Français quitte la Russie. Comme toujours, Nicky est d'accord. Mais Philippe reste.

Par bonheur, Alix est enceinte. Elle redoute de s'adresser aux médecins, pour ne pas contrarier les pouvoirs de M. Philippe. Force lui est pourtant de consulter : il apparaît qu'il s'agit simplement d'une grossesse nerveuse. Mais peu après, enfin ! Les médecins sont formels : elle attend un enfant. Philippe prédit que ce sera un garçon.

Le 5 juin 1901, elle donne naissance à une quatrième fille, Anastasia. Le Français déclare que c'est bon signe : la naissance d'une fille au lieu du garçon promis par les astres prouve seulement qu'elle connaîtra un fabuleux destin.

Mais le Français est par trop civilisé. Les Monténégrines comprennent qu'il faut à la tsarine plus d'étrangeté et de mystère.

On fait venir au palais Mitka l'Innocent. Les Monténégrines expliquent à la Souveraine : les Fols en Christ ne se trouvent qu'en Russie. Feignant la folie, ils font parfois des choses extraordinaires : ils vont en haillons, voire nus, pour se moquer de notre pitoyable monde visible. Ils nous révèlent l'opposition existant entre la profonde vérité divine et le bon sens superficiel des vivants. C'est dans l'incohérence de leurs propos qu'il faut chercher la parole du Seigneur. Il est donné à ces bienheureux de prophétiser et d'accomplir des miracles.

Mais Alix n'est pas encore une vraie princesse moscovite, les propos décousus de Mitka la fatiguent.

Apparaît alors Daria Ossipova.

Récit de Vera Leonidovna :

« Tous, alors, ne vivaient que par les miracles. Un genre de mysticisme qui est sans doute la marque des fins de siècles. Ou peut-être avait-on déjà le pressentiment de la catastrophe. Les gens raffolaient des séances de spiritisme, ils se bourraient de cocaïne... Nous étions tous émerveillés par Daria Ossipova. Elle était sujette à des crises de haut mal, durant lesquelles elle crachait ses prophéties. Nous notions ses recommandations, je les conserve encore. Pour être enceinte, se baigner dans le fleuve “pendant un orage ou à la pleine lune”... Elle expliquait aussi comment préparer un philtre pour se changer en sorcière et voler la nuit. Elle disait cela d'un ton si ordinaire, avec tant de simplicité... C'est elle, au demeurant, qui répandit l'idée que, depuis le règne des trois derniers tsars, l'histoire russe était complètement chamboulée tous les douze ans. Jugez plutôt : 1894, Nicolas monte sur le trône ; presque douze ans plus tard, vient la Constitution du 17 octobre 1905, qui met fin à l'autocratie. Encore douze ans, et 1917 voit l'effondrement de l'Empire. Douze de plus, on est en 1929 et c'est l'avènement de notre nouveau tsar, Staline. 1941, début de la Seconde Guerre mondiale en Russie. 1953, Staline meurt et Khrouchtchev lui succède. Je voudrais vivre assez longtemps pour savoir ce qui se passera dans douze ans... »

Le vœu de Vera Leonidovna ne fut pas exaucé. Elle n'était plus là pour le voir, mais Khrouchtchev fut limogé et remplacé par Brejnev. Ce dernier, toutefois, n'avait rien d'un tsar. De sorte que la « règle des douze ans » n'a plus cours.

Des révélations qui plongent leurs racines dans la Vieille Russie païenne... Le marmonnement prophétique de la guérisseuse apprendra à l'impératrice à trouver plus tard un sens à celui de Raspoutine. Et les propos incompréhensibles des Fols en Christ justifieront les débauches du « Saint moujik ».

Ces faiseurs de miracles préparent donc la venue du « Saint Diable ». Un jeu dangereux qui, manifestement, inquiète le père Jean de Cronstadt.

Saint Séraphin

Le père Jean de Cronstadt parle au couple impérial de ce saint authentique que fut Séraphin de Sarov, dont la gloire posthume retentit par toute la Russie.

Séraphin était un starets, mort en 1833 à Sarov. « Conforté par la pensée de Dieu, l'écoute incessante de la Parole de Dieu et la lecture des Livres Sacrés, Séraphin eut maintes saintes visions, il guérissait et prophétisait... »

À l'âge de dix-huit ans, Séraphin (qui se nomme alors simplement Prokhor Mochnine) part de chez lui pour aller en pèlerinage à la Laure de Petchersk, à Kiev. Il passe ensuite de longues années à l'ermitage de Sarov, ayant temporairement fait vœu de silence. Puis il enseigne : « Il faut nourrir l'âme de la Parole de Dieu, elle est le pain des anges... »

Il est doux et radieux. « La folie gagne l'âme au comble du désespoir. Celui qui triomphe des passions, triomphe aussi du désespoir. »

Séraphin vit entouré de jeunes vierges, heureuses fiancées du Christ. Et sa légende se répand. Les autorités civiles s'en émeuvent, on enjoint aux autorités ecclésiastiques d'interroger Séraphin. Mais l'affaire est bientôt close, car on ne trouve rien contre lui. D'aucuns prétendent qu'il aurait dit, alors : « Cette circonstance signifie simplement que ma fin est proche. » Et il s'éteint doucement peu après.

C'est au cours de l'enquête que les prophéties du père Séraphin parviennent au Département de la police.

Alix y croit aussitôt : le starets Séraphin, qui se trouve à la droite de Dieu, parmi les justes, intercédera pour eux et la Sainte Russie aura un héritier...

Avec le tempérament qui est le sien, Alix tente d'obtenir la canonisation du starets. Elle y parvient finalement et toute la Famille décide de se rendre aux cérémonies de Sarov. Quels espoirs place Alix dans ce voyage !

Le 16 juillet 1903, le train impérial arrive en gare d'Arzamas, d'où la Famille gagne l'ermitage de Sarov.

Sous la houlette du ministre Plehwe, le ministère de l'Intérieur a longuement préparé ce voyage. Mais, comme toujours en Russie, les services spéciaux transforment tout en farce. Sur le trajet emprunté par la Famille impériale, on a prescrit aux habitants des bourgs et des villages « de décorer par des arcs les entrées des bourgades, d'orner de drapeaux les maisons, et de se masser de part et d'autre de la route, en criant des acclamations... » On repeint les isbas en hâte, on les recouvre de chaume et même de tôle ondulée. Des mesures de sécurité exceptionnelles sont prises. Une mise en scène est également prévue : pendant la cérémonie solennelle à la gare s'échappe soudain par hasard (!) du manteau du ministre Plehwe porté par son laquais un revolver chargé. Un coup de feu éclate. Le rusé Plehwe a bien joué : le coup de feu réveille dans la mémoire du tsar d'affreux souvenirs et le Souverain apprécie à leur juste valeur les mesures de sécurité prises par l'obligeant ministre.

Le couple impérial ne voit pas tous ces jeux policiers. Il ne remarque que les foules enthousiastes, le long de la route, et les quinze cents personnes qui se sont rassemblées au monastère dont dépend l'ermitage. Celles-ci, au demeurant, sont venues d'elles-mêmes. Témoin de l'événement, l'écrivain V. Korolenko* décrit la liesse de cette foule gigantesque, acclamant le tsar.

Le voyage à Sarov laisse une formidable impression à Nicolas et Alix. Ils passent là trois jours en prières.

Chaque nuit, l'impératrice se baigne dans l'étang béni, suppliant Séraphin de lui donner un fils. Nicolas l'attend sur la berge. Le corps d'Alix blanchoie dans les eaux argentées.

Une bénédiction que ces jours paisibles près du tombeau du Saint ! C'est à Sarov qu'Alix comprend la signification du mot « starets ». Un starets, c'est celui qui intercède auprès de Dieu. On lui confie un souhait, on remet entre ses mains sa perfide raison et, en liaison constante avec le Seigneur, il vous guide.

Le starets Séraphin est à leurs côtés, tous deux ressentent sa présence, entendent sa douce voix : « L'homme est pareil à une chandelle : elle doit brûler, il doit mourir. Mais son âme est immortelle et notre souci doit être, plus que du corps, celui de l'âme. »

Saint Séraphin devient officiellement le protecteur de la Famille impériale.

On raconte qu'avant de mourir, il avait émis le vœu que son corps soit livré aux bêtes sauvages.

En 1920, ses cendres furent confisquées. On ignorait ce qu'il en était advenu, on les croyait anéanties. Or voici que soixante-dix ans plus tard, elles furent retrouvées dans les caves du Musée de l'Athéisme, ouvert après la révolution dans la cathédrale pétersbourgeoise Notre-Dame de Kazan.

Un employé du Musée remarqua un jour dans un coin, sous un amas de tapisseries, un volumineux objet rectangulaire, recouvert d'une toile brodée. On retira la toile. Ébahis, les employés du Musée découvrirent un socle supportant, enveloppé d'ouate et de gaze, un corps humain, magnifiquement conservé, avec une barbe, des cheveux et des restes de tissu musculaire. Les marques d'une cuculle sur le crâne, sur la poitrine un crucifix ; les mains, reposant en forme de croix, sont enveloppées de gants de satin sur lesquels on peut lire, brodé en lettres d'or : « Saint père Séraphin, prie Dieu pour nous... »

Soixante-dix ans après sa mort, Séraphin est canonisé.

Soixante-dix ans après le sacrilège, son corps est retrouvé intact...

Tout cela, il l'avait prédit.

À Sarov, Nicolas prend connaissance des stupéfiantes prédictions du Saint. Witte rapporte dans ses Mémoires, qu'envoyé par le tsar signer un traité de paix à Portsmouth, il y reçoit une instruction impériale qui le met en rage : qu'il ne s'inquiète pas, lui dit-on, saint Séraphin a prédit que le traité serait conclu.

Le Département de la police présente aussi au tsar des prédictions de Séraphin. L'une d'elles stupéfie Nicolas : « Au début du règne du présent monarque, le malheur s'abattra sur le peuple, il y aura une guerre funeste, et de grands troubles éclateront au sein de l'État. Le père se dressera contre le fils, le frère contre le frère. Mais la seconde moitié du règne sera radieuse et le Souverain aura une longue vie. »

Que ressent Nicolas lorsque, un an plus tard seulement, la prophétie commence à se réaliser ? D'abord une guerre funeste, puis de grands troubles... Cependant, connaissant la suite des prédictions du starets, peut-être le tsar demeure-t-il serein, aux jours les plus catastrophiques ?

À quel moment cesse-t-il d'y croire ? Quand comprend-il que les derniers mots de la prédiction ont été ajoutés à son intention par le Département de la police ?

Et saurons-nous jamais ce qu'avait en réalité prévu Séraphin de Sarov ?

La première guerre

En 1904 éclate la première guerre de son règne, contre le Japon. Le fils du « Pacificateur », qui a le conflit en horreur, décide de combattre.

Par la suite, Witte se souviendra : d'aucuns poussaient Nicolas à s'emparer de territoires en Mandchourie, ils l'assuraient que le « petit » Japon n'oserait jamais s'en prendre à la Russie.

Witte et l'impératrice mère lui expliquent tout le danger de la situation. Nicolas approuve et propose à Witte d'élaborer un projet de normalisation des relations avec le Japon. Le tsar part aussitôt à la chasse en Pologne.

Witte rédige son projet, qui sombre définitivement dans les profondeurs des Archives.

Les pourparlers avec le Japon, pour lesquels militaient l'impératrice mère et Witte, échouent.

Extrait du Journal de Nicolas :

« 26 janvier 1904. À huit heures, été au théâtre, on donnait la *Roussalka.* Excellent. Rentré chez moi, je reçois un télégramme d'Alexeïev* m'annonçant que, cette même nuit, des torpilleurs japonais ont attaqué dans la rade le *Tsarévitch*, le *Pallas* et d'autres, causant d'irréparables dégâts. Le tout, sans déclaration de guerre. Que Dieu nous vienne en aide ! »

« 27 janvier. Ce matin, un télégramme m'informe que Port-Arthur a été bombardé. C'est un élan patriotique unanime. »

Le ton est serein. On l'a convaincu que les Japonais ne savaient pas se battre. Ses ministres engagent des paris : combien faut-il de soldats japonais pour faire un soldat russe ? Un et demi, deux ?

Il ne tardera pourtant pas à écrire : « Que tout cela est douloureux et pénible ! »

Car suivent, pour l'armée russe, des défaites jamais vues. La Flotte est anéantie.

Un mot espagnol

Ainsi, « d'aucuns poussaient Nicolas à s'emparer de territoires en Mandchourie ». Mais de qui s'agit-il ?

Quand Plehwe, le ministre de l'Intérieur (dont dépend également le Département de la police), sera assassiné par une bombe terroriste, on trouvera dans ses archives des copies de tous les documents concernant l'Extrême-Orient. « Pour contenir la révolution, il nous faut une petite guerre victorieuse », y lit-on, à la veille de la guerre.

« Il *nous* faut... » À qui ?

Dans ses Mémoires, Witte évoque un curieux épisode : au temps où il est Premier ministre, il lutte contre les pogroms. Il est naturellement aidé dans cette tâche par le Département de la police. Mais, simultanément, il apprend, effaré, d'un fonctionnaire du même Département, que la police rédige des proclamations appelant la population... à organiser des pogroms ! Ces proclamations sont discrètement envoyées en province. Elles seront à l'origine du terrible pogrom de Gomel. Il existe en Russie des forces que même le Premier ministre ne parvient pas à contrôler.

Voici un étonnant récit de Vera Leonidovna :

« Mon ami d'alors était très proche du comte Witte. Il prétendait que maint événement du règne de Nicolas était lié aux manigances de la “camarilla”. Un mot espagnol, aujourd'hui oublié, qu'affectionnait le comte Witte. La “camarilla”, en Russie, était constituée par de très grandes familles, en pleine décadence. Elles craignaient de perdre leur pouvoir et leur fortune, elles haïssaient l'ère nouvelle et ce maudit capitalisme auquel elles ne comprenaient rien. Or, ces familles représentaient l'entourage le plus proche de Nicolas et d'Alexandra. Mon ami estimait qu'en Russie, comme dans n'importe quel pays de tradition conservatrice, une secrète union des droites extrêmes s'était depuis longtemps scellée ; l'union, en un mot, de la "camarilla" et de la police politique. Cela expliquait pourquoi la police n'avait pas suffisamment veillé à la sécurité d'Alexandre II, lorsqu'il préparait sa Constitution, et pourquoi il avait été assassiné... Mon ami racontait aussi que, même sous Alexandre III, jusque dans le palais de Gattchina pourtant soigneusement gardé, parvenaient constamment des lettres de terroristes, menaçant le tsar. Ce dernier se voyait conforté de la sorte dans sa haine des libéraux, qui lui "adressaient" ces billets par l'entremise de la police secrète. Mon ami affirmait enfin que le Département de la police avait échappé au contrôle du tsar à la fin du siècle, quand la police secrète avait entrepris d'infiltrer les organisations révolutionnaires. On avait vu alors se développer une pratique funeste : des provocateurs lançaient, au nom des révolutionnaires qui n'en étaient pas informés, des bombes sur les fonctionnaires du tsar que la "camarilla" jugeait indésirables.

Pour mon ami, la "camarilla" et la police secrète se lancèrent dans une série de dangereuses intrigues. L'une d'elles eut pour conséquence la guerre contre le Japon... »

La consolation par Dieu accordée

La guerre éclate et aussitôt s'enclenche l'éternel mécanisme de la bureaucratie russe : dès que l'on entreprend quelque chose d'ingénieux, on est sûr d'obtenir le résultat contraire à celui désiré. Ainsi la guerre imaginée pour écarter la révolution en fut-elle finalement la cause.

Cela se passe à « Alexandrie ». En ce 30 juillet 1904... « l'impératrice – se souvient la Vyroubova – eut à peine le temps de quitter le petit bureau et de monter l'escalier en colimaçon, qu'elle donnait naissance à l'Héritier ».

Extrait du Journal :

« 30 juillet. Jour grandiose, inoubliable pour nous, marqué au sceau de la grâce divine. À une heure trois quarts, Alix m'a donné un fils que nous avons appelé Alexis. Tout s'est passé remarquablement vite, pour moi en tout cas. Je ne trouve pas de mots assez forts pour remercier Dieu de la consolation qu'il nous a envoyée, en ces temps de pénibles épreuves... »

Le général Rauch, commandant des cuirassiers, se souvient des propos de Nicolas :

« L'impératrice et moi avons décidé de donner à l'héritier le nom d'Alexis, pour rompre avec la litanie des Alexandre et des Nicolas [11]. » Ainsi plaisante l'heureux père.

Ce choix s'explique pour Nicolas par son admiration pour la figure du tsar Alexis Mikhaïlovitch*.

Peu avant la naissance de l'héritier ont eu lieu les fameux « bals historiques » costumés. Les salles du Palais d'Hiver étaient emplies de « boïars et de boïardes » de l'époque des premiers Romanov... Nicolas apparut, vêtu de l'habit rutilant d'or et de pierreries du tsar Alexis Mikhaïlovitch. Alix portait la robe semée de pierres précieuses de l'épouse d'Alexis, la tsarine Natalia Kirillovna. Pour Nicolas, ce n'est pas une mascarade, mais un hommage à son tsar préféré. La piété, la bonté, la droiture d'Alexis lui avaient valu d'être nommé le « Très Doux » et il avait beaucoup fait pour l'État, sans pourtant manifester la cruauté et la féroce volonté d'un Pierre le Grand. Il avait usé de la manière douce et effectué, peu à peu, des réformes.

Extrait du Journal :

« Le baptême a commencé à onze heures. La matinée était claire, chaude... Sur la route devant la maison, près de la mer, étaient postés des carrosses d'or et pour chacun, un détachement de hussards et d'atamans [12], chargé de les escorter... »

Une escorte à la naissance, une autre au moment du trépas.

---

11. Tout au long du XIXe siècle en effet, et jusqu'en 1917, les tsars ont pour prénom Alexandre ou Nicolas.

12. Chefs cosaques.

Le Suisse Gilliard, futur précepteur d'Alexis, donne des leçons à ses sœurs. Et voici que dans la pièce où il fait travailler les petites, entre la tsarine, l'enfant dans ses bras. L'héritier a alors un mois et demi. Un prince de conte de fées, avec ses boucles blondes et ses grands yeux gris-bleu.

Mais ensuite, le Suisse ne voit que rarement le merveilleux enfant. Des rumeurs de maladie commencent à courir à travers le palais.

L'enfant fait un jour irruption dans la salle de classe. Aussitôt apparaît le matelot chargé de veiller sur lui. Il se saisit de l'enfant, l'emporte, et l'on entend résonner dans les couloirs les cris indignés du petit... qui disparaît à nouveau pour des mois.

Gilliard a le fin mot de l'histoire, au cours d'une chasse impériale à Spala en Pologne. Toute la Famille s'y trouve réunie, ce sont des divertissements et des fêtes sans fin. Un soir, sortant de la salle de bal, Gilliard débouche dans le couloir intérieur du château.

Il se retrouve près d'une porte derrière laquelle résonnent des gémissements de désespoir. Un instant plus tard, le Suisse aperçoit Alix ; elle court, retenant d'une main sa longue robe. Dans son trouble, elle ne remarque pas Gilliard.

C'est le secret que toute la Famille s'acharne à préserver. Peu après la naissance de l'enfant, les médecins ont décelé ce qu'Alix redoutait plus que tout : son fils a hérité de la maladie de sa lignée, dont ne sont affectés que les éléments mâles, l'hémophilie. C'est la malédiction de la famille de Hesse.

Alix n'espère plus qu'en un miracle. De toutes ses forces, elle veut y croire : l'héritier guérira et, en attendant, il faut que nul n'en sache rien. Saint Séraphin ne les abandonnera pas, il leur enverra forcément celui qui sauvera l'enfant. Une icône du saint est suspendue dans le bureau du tsar.

La Famille quitte Saint-Pétersbourg. Désormais, elle vit recluse dans la résidence impériale des environs de la capitale. La maladie de l'enfant est devenue un secret d'État.

Puis l'impératrice a vent de rumeurs réjouissantes : au fin fond de la Sibérie, au bord du grand fleuve Tobol, dans le petit bourg de Pokrovskoïé, vit un starets...

C'est ainsi qu'à l'aube de la première révolution, dans le feu d'une guerre perdue, apparaît Grigori Raspoutine. Pour disparaître dans le feu d'une autre guerre fatale et à l'aube d'une autre révolution.

Mort de l'Empire. La répétition générale

La révolution commence par un mystérieux événement, demeuré dans l'histoire sous le nom de « Dimanche Sanglant ».

En 1881, le socialiste Zoubatov, choqué par l'assassinat d'Alexandre II, renie toutes ses convictions et vient se placer au service... de la police.

Au moment du couronnement de Nicolas, le colonel Zoubatov est déjà à la tête de la Section de l'Okhrana [13] de Moscou. L'ancien socialiste se lance alors dans une fantastique expérience : lutter contre les socialistes en donnant plus de poids aux ouvriers, à l'aide... de la police. Et cette dernière entreprend de créer des unions ouvrières.

Désormais, en cas de grève, la police fait en sorte de prendre le parti des ouvriers. Zoubatov contraint les capitalistes à des concessions. Il obtient des résultats. En 1902, des milliers d'ouvriers envahissent les antiques places du Kremlin. Ils chantent en chœur *Dieu protège le tsar*, prient à genoux, tête nue, pour la santé du Souverain. Le grand-duc Serge Alexandrovitch, général gouverneur de Moscou, les remercie de leur fidélité au trône. La presse européenne s'étend avec stupéfaction sur ce spectacle inouï : le socialisme policier ! Mais, comme toujours en Russie, le réformateur Zoubatov est finalement remercié. Ses unions ouvrières continuent toutefois d'exister.

C'est au sein de ces unions qu'apparaît en 1905, à Saint-Pétersbourg, le pope Gapone. En ces pénibles années de défaites militaires et de disette, Gapone appelle les ouvriers à présenter au tsar une pétition, à lui raconter les malheurs des simples et les abus des manufacturiers.

---

13. La police secrète tsariste.

Un cortège d'ouvriers est prévu pour le 9 janvier. Avec des étendards, des portraits du tsar, de saintes icônes ; des dizaines de loyaux sujets ouvriers, conduits par Gapone, s'apprêtent à aller trouver leur tsar.

L'idée même de cette manifestation est la réalisation du vœu le plus cher de Nicolas, le lien direct entre le peuple et le tsar. Or, au moment où le petit peuple vient demander aide et assistance à l'autocrate, ce dernier est absent. La veille, en effet, il a quitté la capitale pour Tsarskoïé Selo.

Trois jours auparavant, un étrange incident s'est produit. C'était l'Épiphanie et, selon la tradition, on avait installé sur le quai du Palais un « Jourdain », un lieu pour la bénédiction de l'eau. Sous une voûte bleue semée d'étoiles dorées et surmontée d'une croix, Nicolas avait assisté à la consécration de l'eau par le métropolite. La tradition voulait aussi qu'après la cérémonie, le canon de la Forteresse Pierre-et-Paul, sur l'autre rive de la Néva, tirât une salve d'honneur. Le canon tonne, mais l'assistance, épouvantée, comprend qu'il s'agit d'un tir réel. Un peu plus, et le tsar était directement visé. On recense une victime, un policier répondant au nom de... Romanov [14] !

La police qui, d'ordinaire, monte ce genre d'affaire en épingle, parle cette fois de regrettable accident. Mais l'effet désiré est produit : le tsar est effrayé.

Les bizarreries continuent. Le Département de la police est parfaitement informé des sentiments très loyaux du cortège d'ouvriers. D'autant plus que celui qui conduit la manifestation, Gapone, est un agent du Département. Cela n'empêche pas les services spéciaux d'attiser encore la frayeur du tsar. La police fait courir des bruits : pendant la manifestation auront lieu des troubles sanglants, préparés par les révolutionnaires. On n'exclut pas une tentative pour prendre le palais. Le grand-duc Vladimir, qui commande la garnison de Saint-Pétersbourg, rappelle les événements du début de la Révolution française.

14. Le nom de Romanov est très répandu en Russie.

Alors Nicolas part pour Tsarskoïé Selo.

La nuit précédant la manifestation, on distribue des cartouches dans les casernes. L'itinéraire prévu par Gapone est parfait pour mitrailler. On installe également des infirmeries de campagne. Pendant ce temps, Gapone fait un dernier discours aux ouvriers : le provocateur policier les appelle à marcher vers le Palais.

Ainsi prépare-t-on, avec une extrême minutie, le Dimanche Sanglant.

Au matin, des milliers de personnes se dirigent vers la place du Palais. Au-dessus de la foule où l'on dénombre une multitude d'enfants, voguent des portraits du tsar. Gapone est en tête du cortège. Des troupes sont postées aux abords de la place. On ordonne au cortège de se disloquer. Les gens refusent, Gapone leur a affirmé que le tsar les attend. Ils arrivent sur la place et les tirs éclatent. On dénombre plus de mille morts et deux mille blessés... Des corps d'enfants dans la neige... Dans la journée, des traîneaux sillonnent la ville, transportant des morts attachés par des cordes.

La nuit suivante, Gapone s'adresse aux ouvriers :

« Frères chéris, liés par le sang ! Un sang innocent a été versé ! Les balles des soldats du tsar... ont mitraillé les portraits du Souverain et tué notre foi en lui. Vengeons-nous, frères, du tsar maudit par le peuple et de toute sa vipérine engeance, des ministres et de tous ceux qui pillent la malheureuse terre russe. Mort à eux ! »

À Tsarskoïé Selo, on informe Nicolas qu'il a échappé à un danger mortel, que la troupe a dû tirer pour défendre le palais, qu'il y a des victimes, deux cents au total.

Telle est la version de la police, préparée pour le tsar. Ce dernier note dans son Journal :

« 9 janvier 1905. Pénible journée ! À Saint-Pétersbourg, des troubles graves ont éclaté... suite au désir des ouvriers de venir au Palais d'Hiver. Les troupes ont dû tirer, il y a de nombreux blessés et tués en divers points de la ville. Seigneur, que tout cela est douloureux et pénible ! »

On fait ensuite venir à Tsarskoïé Selo une vingtaine d'ouvriers. Ils disent leur fidélité au tsar. Nicolas leur répond par un discours, leur promettant d'exaucer leurs souhaits. Il déplore vivement les deux cents victimes de la place du Palais.

Il n'a donc rien compris à ce qui s'est passé.

Dès le lendemain, une nouvelle image de lui s'impose : « Nicolas le Sanglant. » C'est ainsi, désormais, que l'appelleront les révolutionnaires.

« Le moindre bonnet, la moindre moufle d'enfant, un fichu de femme gisant pitoyablement, ce jour-là, dans la neige de Saint-Pétersbourg, étaient là pour rappeler que le tsar devait mourir, qu'il mourrait... » (O. Mandelstam*.)

Le Dimanche Sanglant sera une des principales justifications de la vengeance à venir, le prologue de l'assassinat de la Famille impériale.

Version

Vera Leonidovna :

« Nous étions alors tous passionnés de politique. C'était une mode. Tous frondeurs... Et j'écoutais avidement ce que m'expliquait mon ami. La révolution était imminente, tous le savaient. Et la "droite" devenait nerveuse. Elle avait tenté la carte japonaise, cela n'avait pas marché. Elle avait alors opté pour la carte juive. Les Juifs avaient toujours été pour elle une soupape, permettant de relâcher momentanément la pression populaire, en organisant des pogroms. Dans notre propriété des environs de Kiev, nous avions une domestique qui vint un jour nous trouver après un pogrom : la foule avait fait irruption chez un Juif, elle avait éventré le maître de maison, en riant, en plaisantant. On avait attaché la femme au corps sanglant de son mari et on les avait tous deux roulés dans de la plume. Elle nous raconta tout cela en se signant et en disant : "Dieu nous punira !" Et le châtiment est tombé. Car la politique antisémite n'était pas seulement ignoble, elle s'est révélée dangereuse. Les Juifs ne s'étaient sentis des hommes comme les autres que pendant une courte période, sous Alexandre II. Le père de Nicolas avait rétabli l'antisémitisme d'État. Les Juifs furent renvoyés dans les limites de la Zone de Résidence[15]. Ils furent poussés à émigrer et des dizaines de milliers, parmi les plus entreprenants, partirent. Mon père avait à son service un extraordinaire médecin de campagne. Il émigra en Amérique, où il devint une sommité. Mais des millions d'autres restèrent. Mon troisième mari, juif, voyait ainsi la Russie : "Une mère non nourricière." C'était une immense réserve d'intelligence, d'énergie et de passion qui restait inutilisée. Le parti de la révolution, lui, sut en tirer profit... J'étais fille de général. Ma sœur était une révolutionnaire acharnée. Sa camarade de clandestinité était fille d'un tailleur juif misérable. Mon ami prétendait que Witte avait maintes fois mis en garde le père de Nicolas contre le danger que représentait la situation des Juifs pour l'avenir du pays... »

Les choses, en fait, sont plus subtiles. On trouve ainsi dans les Mémoires de Witte :

« – Est-il vrai que vous défendez les Juifs ? » interroge Alexandre III.

Witte demande la permission de répondre par une autre question :

« – Peut-on noyer tous les Juifs de Russie dans la mer Noire ? Si oui, alors la question juive est réglée. Dans le cas contraire, la question ne peut être réglée qu'en donnant aux Juifs la possibilité de vivre. Autrement dit, en leur accordant les mêmes droits qu'aux autres, en leur appliquant les mêmes lois... »

Mais Witte est un modèle de courtisan. S'il ose répondre ainsi à l'autocrate, c'est qu'il sait ce que le tsar a envie d'entendre. Manifestement, Alexandre III, dans son souci de bien gérer le pays, se demande comment utiliser au mieux pour l'État les quatre millions de Juifs. Il n'ose cependant pas aller au-delà d'une réflexion

15. Territoires situés dans la partie occidentale de l'Empire (Biélorussie, Ukraine) où les Juifs de Russie étaient confinés.

toute théorique. Et, à la veille de la révolution, Witte tire les conclusions : « Ces gens extraordinairement peureux qu'étaient, il y a une trentaine d'années, pratiquement tous les Juifs, se transformèrent en hommes prêts à sacrifier leur vie pour la révolution ; ils se firent poseurs de bombes, bandits, assassins... Aucune nation d'Europe n'a fourni à la Russie un tel pourcentage de révolutionnaires. »

Récit de Vera Leonidovna :

« Et voici qu'en réponse aux actions des révolutionnaires juifs à la veille de la révolution, la "camarilla" décide de jouer différemment la carte juive. Un soi-disant "Testament" de Pierre le Grand circulait en Europe, un faux grossier fabriqué, semble-t-il, par les Français du temps de Napoléon. Il en ressortait qu'à sa mort, Pierre le Grand avait chargé les tsars russes de conquérir le monde. Sur le même modèle, la police secrète de Russie fait circuler des écrits, dans lesquels la "menace russe" est remplacée par le "danger judéo-maçonnique". Ainsi apparaissent les "Protocoles des Sages de Sion". Le sel de l'histoire est que les francs-maçons de Russie ont toujours été des représentants des plus grandes familles : Koutouzov*, Alexandre Ier*, Tchaïkovski... L'ami de Nicolas II, le grand-duc Alexandre Mikhaïlovitch, le frère aîné de celui-ci, Nicolas Mikhaïlovitch, le sont aussi. Les francs-maçons ont toujours été libéraux. La "camarilla" s'efforça donc de discréditer la partie libérale de la noblesse, en la liant aux Juifs.

Les "Protocoles" furent présentés à Nicolas. Tout avait été parfaitement calculé : Nicolas avait été éduqué dès l'enfance dans l'esprit de "l'antisémitisme d'État". "Ces Juifs immondes...", "Les ennemis du Christ", tel était le discours du Palais. Mon mari fit, dans un de ses livres, un portrait ravageur du tsar. Il ne le comprenait pas. Pour ma part, je le voyais en héros d'une "pièce chinoise": l'action y tourne toujours autour d'un gredin qui ne cesse de mentir à un brave homme, et ce dernier le croit. Il en fut de même pour Nicolas. Les pogroms organisés par la police étaient présentés au tsar comme une explosion de sainte colère populaire contre les révolutionnaires. Un amas de cochers, haillonneux et obscurantistes – la soi-disant “Union du Peuple russe” – passait pour une manifestation populaire spontanée en faveur du Souverain. C’est ce qu’on lui racontait, et il le croyait. Une crédulité enfantine, charmante chez un individu ordinaire, mais fatale pour un homme d’État ! Le plus stupéfiant est que, malgré cette crédulité, le tsar n’attacha d’emblée aucun crédit aux “Protocoles”. Et leurs auteurs en éprouvèrent une cruelle déception. »

Vladimir Bourtsev*, qui s’y entendait à démasquer les provocateurs de tout poil et n’aimait pas du tout le tsar, note dans son étude sur les « Protocoles » :

« Si, au début, Nicolas II accorda du crédit aux “Protocoles” et les accueillit avec enthousiasme, il ne tarda pas à comprendre qu’il s’agissait d’un faux grossier. »

Mais après la première révolution, l’attitude de Nicolas change. En 1908, l’assesseur de collège Alexeïev est envoyé à Paris élucider les liens des parlementaires russes de la Douma d’Empire avec les francs-maçons. Il soudoie quelques francs-maçons français, dépense une fortune, sans résultat...

Le mythe survivra au tsar. Dans la maison d’Ekaterinbourg, dans la pièce où sera assassinée la Famille impériale, on trouvera de petits traits gravés sur le mur, que l’on interprétera comme des signes cabalistiques. Quantité de recherches seront alors effectuées ; une brochure scientifique sera rédigée, dans laquelle certains de ces petits traits seront déchiffrés comme suit : « Ici, sur l’ordre des forces obscures, le tsar fut immolé à la cause de la destruction de l’État. »

Récit de Vera Leonidovna :

« Mon ami estimait que l’invention d’un complot judéo-maçonnique devait masquer le complot, bien réel celui-là en 1905, de la “camarilla”. Bref, à la veille de la révolution, on voulait à toute force orienter le tsar à “droite”. Or, voici qu’il regimbait et se mettait soudainement à parler de réformes. Et l’on finit par comprendre : trop faible pour contenir la révolution, il avait décidé de lui faire des concessions. Cela poussa la “camarilla” à passer à l’action. Mon ami estimait qu'à la fin de 1904, un complot était fomenté. Et que le Dimanche Sanglant en faisait partie... »

À partir de 1904, Nicolas change dangereusement. Après la mort de Plehwe le « révolutionnaire », il nomme ministre de l'Intérieur le prince Sviatopolk-Mirski, aristocrate et... libéral ! Dans les derniers mois de 1904, Sviatopolk-Mirski propose au tsar une série de mesures destinées à apaiser l'opinion. Naguère encore, lorsqu'on parlait de l'opinion à Nicolas, il répondait : « Qu'en ai-je à faire, moi, de l'opinion ? », ainsi qu'il sied à un autocrate russe. Cependant, il se penche à présent sérieusement sur la question. Les événements de la guerre contre le Japon l'ont fait beaucoup évoluer. Il le sait : la tempête menace. Il refuse toutefois manifestement d'en revenir au système impitoyable de son père. Il apprécie son nouveau ministre qui, au lieu d'écraser le pays, suggère la « réconciliation », la concorde chère à son cœur. À la fin de l'année, Nicolas convoque une vaste assemblée des plus éminentes figures de l'État. On y trouve notamment Witte et Pobedonostsev. Dans son discours, Nicolas évoque le « courant révolutionnaire » qui, chaque année, devient plus fort en Russie. Et il se demande s'il faut aller à la rencontre des revendications de la société.

Question de pure rhétorique, car il a déjà décidé. Mais il veut, comme toujours, que d'autres l'obligent à prendre la décision. Les dignitaires prennent tour à tour la parole, suggérant de faire des concessions. Pobedonostsev se retrouve complètement isolé. Nicolas semble contraint, cette fois, d'aller contre l'avis de son précepteur. On décide d'élaborer une loi relative aux « prescriptions et perfectionnements de l'ordre d'État ». Tous l'interprètent comme le début des réformes. L'amorce, peut-être, d'une Constitution ! Witte est chargé de préparer le projet. Les libéraux triomphent ! Tous sont émus. Le ministre des Voies de communication, Khilkov, ne peut retenir ses larmes. Le président du Conseil d'État remercie Nicolas au nom de l'assemblée : la Russie est sauvée, pacifiquement.

Vient alors la réponse de la « droite » : le 1er janvier 1905, en signe de protestation contre la politique de Sviatopolk-Mirski, Dimitri Trepov, un leader de la « droite », démissionne de ses fonctions de chef de la police moscovite. Une semaine plus tard, c'est le Dimanche Sanglant.

Le Dimanche Sanglant porte ses fruits : Sviatopolk-Mirski donne sa démission. Nicolas se rend : le 11 janvier, le réactionnaire Trepov est nommé général gouverneur de Saint-Pétersbourg.

Ce n'est qu'un début. Après Saint-Pétersbourg, Moscou est frappée à son tour. À Moscou, Nicolas a pour principal conseiller et point d'appui le grand-duc Serge Nikolaïevitch.

Extrait du Journal de Nicolas :

« Un crime abominable a été commis à Moscou : près de la porte Saint-Nicolas, oncle Serge a été tué par une bombe dans son carrosse et son cocher est mortellement blessé... Malheureuse Ella ! Dieu la bénisse et lui vienne en aide ! »

Le 4 février, le SR Kaliaïev guette Serge Alexandrovitch au Kremlin et lance sa bombe.

Dans sa prison, avant son exécution, Kaliaïev racontera : « J'ai senti au visage une bouffée de fumée et des morceaux du projectile, ma toque a été arrachée. Puis j'ai vu, à quelque cinq pas de moi, des lambeaux de vêtements du grand-duc et son corps dénudé... »

Le vice-roi de Moscou (ainsi l'appelait-on à la Cour) est déchiqueté. Il n'a plus de tête, ne restent qu'un bras et un bout de jambe.

Ella se précipite hors du palais vers cet amas sanglant, elle se traîne à genoux au milieu des restes de son mari. Ce que Kaliaïev ignore, c'est que la bombe avec laquelle il a tué le grand-duc a été préparée dans un atelier appartenant... au Département de la police et que l'assassinat lui-même a été organisé par un agent du Département, le provocateur Azef, chef de l'organisation de combat des SR.

Extrait du Journal de Constantin Romanov (C. R.) :

« 5 février. Comme foudroyé, je ne compris rien sur l'instant. Ensuite seulement, je saisis ce que j'avais perdu et me mis à pleurer. Je devais préparer ma femme à cette nouvelle, elle aimait tant Serge. Nous avons tous deux le sentiment qu'il nous faut nous rendre à Moscou auprès du corps de mon pauvre frère, auprès d'Ella qui n'a en ce moment personne de la famille pour la soutenir...

9 février. Le Souverain et les deux impératrices sont inconsolables de ne pouvoir rendre un dernier hommage au défunt. Il est trop dangereux pour eux de quitter Tsarskoïé. Tous les grands-ducs ont été informés par écrit que, non seulement ils ne devaient pas se rendre à Moscou, mais qu'il leur était interdit d'assister au service funèbre célébré dans les cathédrales Notre-Dame de Kazan et Saint-Isaac. »

À Moscou cependant, durant tous les jours qui précèdent les funérailles, Ella ne cesse de prier. Sur le tombeau de son mari, elle fait graver :

« Père, pardonne-leur, ils ne savent pas ce qu'ils font. »

À la veille des funérailles, elle ordonne qu'on la conduise à la prison où est enfermé Kaliaïev. On la mène à sa cellule :

– Pourquoi avez-vous tué mon mari ?

– J'ai tué Serge Alexandrovitch, parce qu'il était l'instrument de la tyrannie. J'ai vengé le peuple...

– Rabaissez votre orgueil, repentez-vous... Et je supplierai le Souverain de vous accorder sa grâce. J'intercéderai pour vous... Quant à moi, je vous ai déjà pardonné.

À la veille de la révolution, elle a trouvé une issue. *Pardonner*, malgré la douleur et le sang, et par là même stopper d'emblée la roue sanglante.

– Non, réplique Kaliaïev, je ne me repens de rien, je dois mourir pour la Cause et je mourrai... Ma mort sera même plus utile à la Cause que celle de Serge Alexandrovitch.

Kaliaïev est condamné à mort : « Je suis heureux de votre verdict », dit-il à ses juges. « J'espère que vous l'exécuterez aussi ouvertement et publiquement que j'ai exécuté la sentence du Parti socialiste-révolutionnaire. Apprenez à regarder droit dans les yeux la révolution qui s'avance ! »

Nicolas a perdu son appui à Moscou. Et la suite est prévue par les maîtres de l'intrigue : il perdra bientôt sa principale conseillère.

L'impératrice mère part pour le Danemark où son père est au plus mal. Auprès du tsar ne reste qu'une figure importante, son oncle Vladimir Alexandrovitch. Mais un troisième coup se prépare. Le Département de la police est informé que le fils de Vladimir Alexandrovitch, Cyrille, a brisé le ménage du frère de la tsarine, Ernie (le « couple parfait »). Victoria-Melitta a quitté son mari. Cyrille veut à présent l'épouser. Un vrai scandale ! Il faut un châtiment à la hauteur du crime. Or cela implique que son père démissionne de ses fonctions de commandant de la garnison de Saint-Pétersbourg.

Extrait d'une lettre envoyée par Nicolas à sa mère au Danemark.

« Un drame est survenu cette semaine dans notre famille à propos du funeste mariage de Cyrille. Tu te rappelles sans doute mes conversations avec lui et les conséquences qu'entraîneraient pour lui ses actes : renvoi du service, interdiction de rentrer en Russie, privation de tous ses apanages[16] et perte de son titre de grand-duc. J'ai appris la semaine dernière qu'il s'était marié. J'ai eu un déplaisant entretien avec son pauvre père, et ce dernier eut beau intercéder pour son fils, je campai sur mes positions. Nous nous sommes séparés sur le fait qu'il démissionnait de ses fonctions. J'ai finalement accepté sa démission.

D'un autre côté, je fus pris d'un doute : était-il bon de punir ainsi publiquement un homme plusieurs fois de suite ? Après de longues réflexions qui me donnèrent la migraine, je résolus... de télégraphier que je rendais ses titres à Cyrille. Ouf ! Quelles journées fastidieuses et désagréables ce furent ! J'ai à présent l'impression d'être déchargé d'un grand poids. »

Qui ?

Si l'on tient pour acquis que la « camarilla » avait l'intention de remplacer Nicolas par un tsar fort, une question se pose : qui ? La loi de succession veut qu'en cas d'abdication, le petit Alexis ceigne la couronne. Or, il est atteint d'un mal incurable. Si on exclut

16. Les terres, propriété de la Famille impériale.

Alexis, le prétendant légitime est Michel. Or, lui non plus n'a pas l'étoffe d'un tsar !

Toutefois, ceux qui mènent le jeu le savent : on peut aussi contourner Michel. Ce dernier a une liaison, il compte se marier, or la demoiselle n'est pas de sang royal. Le Département de la police est naturellement informé. Selon la loi de succession, ce mariage privera Michel de son titre de grand-duc.

« Chère maman bien-aimée,

Micha m'a écrit pour me demander l'autorisation de se marier. Il dit qu'il ne peut pas attendre plus... Il va de soi que je ne donnerai pas mon accord. Je sens par toutes mes fibres que papa eût agi de même. Je juge absolument impossible de modifier le régime de succession pour un cas de ce genre et à un moment aussi grave. Aide-moi, chère maman, à l'en empêcher. Que Dieu te garde ! »

Alors, qui ?

Le grand-duc Nicolas Nikolaïevitch, Nikolacha, Nicolas le Long, « l'oncle terrible », comme disent les jeunes Romanov.

Ceux qui ont eu l'occasion de le voir aux parades ne l'oublient plus. Les hussards, casques noirs ornés d'un toupet, galopent sur leurs chevaux moreau vers la petite silhouette du tsar. Parmi cette impressionnante avalanche, un géant, Nikolacha, qui fait littéralement corps avec son cheval. À quelques pas seulement de l'empereur, un rugissement magnifique s'échappe de sa bouche : « Garde à vous ! » Et l'avalanche stoppe net. Seul résonne le souffle lourd des hommes et des chevaux.

Il a en effet le profil d'un tsar. Il est en outre connu pour ses idées de « droite ». Et il avance peu à peu vers le but qu'on lui a fixé. Le voici commandant de la garnison de Saint-Pétersbourg, après la démission de Vladimir. Alix, en outre, lui montre de la bienveillance, liée qu'elle est par son amitié avec les rusées Monténégrines.

Nicolas Nikolaïevitch connaît-il toutes ces manigances ? Ou bien, comme cela arrive souvent, « sait-il sans savoir vraiment ? » Comme son ancêtre Alexandre Ier « savait sans savoir vraiment » qu'on s'apprêtait à tuer son père, l'empereur Paul Ier, pour le placer sur le trône ?

Quoi qu'il en soit, Nicolas Nikolaïevitch sert loyalement le tsar durant toutes ces journées de troubles...

« Apprenez à regarder dans les yeux la révolution qui s'avance »

La vague soulevée par le Dimanche Sanglant évoque d'emblée un raz-de-marée.

Extrait du Journal de Constantin Romanov (C. R.) :

« 6 février 1905. Difficile de se figurer à quelle vitesse nous allons au-devant de malheurs inquiétants, inouïs. Tout est sens dessus dessous, tous sont désemparés... On ne sent plus nulle part la main ferme du gouvernement. D'ailleurs, il n'y en a pas. »

Tout y est : barricades de tramways renversés sur la chaussée, grève générale, mutineries dans l'armée. En Crimée, un croiseur soulevé rejoint le rivage. Dans les propriétés des grands-ducs, on s'attend avec effroi à être mitraillé. L'incendie se met à courir dans les domaines campagnards. On appelle cela des « Illuminations » et c'est un jeu très populaire.

À Saint-Pétersbourg, le terroriste Savinkov s'affiche ouvertement à l'exposition du « Monde des Arts ». Il se pavane au milieu de la foule et nul n'ose le livrer aux autorités.

Récit de Vera Leonidovna :

« Tous étaient en grève. C'était une sorte de fête. Au théâtre Marie, le ballet tout entier faisait grève, y compris le frère de l'ancienne amante du tsar, Iossif Kchessinski... Au demeurant, après la révolution, cette grève lui servit de sauf-conduit. Il devint même artiste émérite de la RSFSR [17]. Lui, le frère de la maîtresse du tsar ! La dernière fois que je l'ai vu, c'était à la veille de la Seconde Guerre mondiale. Il est mort de faim durant le blocus de Leningrad. Mort

17. RSFSR (République soviétique fédérale socialiste de Russie).

de faim, lui, ce gourmet qui adorait organiser des festins dans de la vaisselle d'argent ! »

À l'automne 1905, la Famille impériale, coupée de tout par la grève générale, est à Peterhof. L'unique moyen de communication avec Saint-Pétersbourg est le vapeur. « Autant s'y rendre à la nage », plaisante tristement le tsar. Il semble que la question de sa chute soit réglée d'avance. Nicolas réussit pourtant cette fois à tirer l'Empire de l'abîme.

Au cours de l'été 1905, alors que la révolution gagne du terrain, le tsar qui, apparemment, soutient la « droite », joue un coup imprévu. En juin, le président Roosevelt propose sa médiation pour que la Russie et le Japon signent la paix. Le tsar envoie en Amérique le libéral Witte... La mission de Witte paraît désespérée. Les Japonais en ont trop obtenu, il est impensable de signer la paix dans des conditions si peu dignes pour la Russie. Pourtant, Witte y parvient. Et dans les meilleures conditions, compte tenu des circonstances. Il rentre triomphalement en Russie et Nicolas le récompense en le faisant comte.

Dès lors, le tsar a le choix entre deux voies : proclamer Nicolas Nikolaïevitch dictateur militaire (et quitter lui-même peu à peu la scène, ce qu'escompte bien la « camarilla ») ou opter pour ce que son père lui conseillait de combattre : les réformes et la Constitution.

Witte lui suggère d'adopter la seconde solution :

« La Russie a dépassé les formes étatiques existantes... Tant qu'il n'est pas trop tard, il faut octroyer au peuple une Constitution, faute de quoi il l'arrachera lui-même aux autorités... »

Le grand, le volumineux Witte sera remplacé par le géant Stolypine. Les deux ministres les plus célèbres de Nicolas sont grands. C'est là sans doute le reflet d'un complexe dont souffre le tsar. Son colosse de père a toujours représenté pour lui un rempart solide. Et il ne fait confiance qu'à des hommes grands.

En l'occurrence, Nicolas montre une certaine souplesse : il est d'accord pour une Constitution.

Mais ensuite, comme toujours, le doute le saisit. Derrière le dos de Witte, le tsar continue de supplier le grand-duc Nicolas Nikolaïevitch de devenir dictateur. Witte en prend ombrage, il y voit la preuve d'un manque de volonté pitoyable du Souverain qui ne veut pas comprendre que l'ancien monde s'est déjà effondré. Et, de nouveau, il veut que d'autres lui demandent de faire ce qu'il a décidé depuis longtemps.

Force lui est, cette fois, de s'adresser pour cela à Nicolas Nikolaïevitch ! En admettant que ce dernier soit au courant du jeu, il ne peut néanmoins en recueillir les fruits. L'armée est alors au front en Mandchourie. (La situation se répétera en 1917, où l'armée combattra sur les fronts de la Grande Guerre.)

Il n'y a personne pour écraser la révolution. Et accepter de devenir dictateur revient à condamner la dynastie.

Le jour de la signature du Manifeste, Nicolas souffre d'une migraine effroyable. Le ministre de la Cour, le comte Freedericksz, rapporte au ministre Witte que le tsar a redemandé à Nicolas Nikolaïevitch de se faire dictateur. Ce dernier aurait alors tiré son pistolet et dit : « Ou je me brûle la cervelle sur-le-champ, ou tu signes le Manifeste. »

Nicolas signe.

Extrait du Journal du tsar :

« 17 (!) octobre. Collation avec Nikolacha et Stana. Nous devisons en attendant Witte. J'ai signé le Manifeste à cinq heures. Après une telle journée, j'ai la tête lourde et mes pensées s'embrouillent. Aide-nous, Seigneur, sauve et apaise la Russie ! »

En rentrant par le vapeur, Nicolas Nikolaïevitch donne une accolade solennelle à Witte : « Ce 17 octobre est une date mémorable. Il y a exactement dix-sept ans, le 17, Dieu a sauvé la dynastie [lors de l'accident de chemin de fer]. Je pense qu'aujourd'hui encore, la dynastie a été sauvée d'un non moins grand danger. »

Durant tous ces jours Nicolas est, à son habitude, paisible et peu loquace. Mais dans ses lettres à sa mère...

« Peterhof, 19 octobre 1905. Il me semble que ma dernière lettre pour toi remonte à un an. Nous avons vécu tant de choses pénibles et inouïes. Tu te rappelles, bien sûr, les journées de janvier passées ensemble à Tsarskoïé... Eh bien, elles ne sont rien en comparaison de ces derniers jours. La grève des chemins de fer qui a commencé autour de Moscou, s'est ensuite étendue à toute la Russie. Saint-Pétersbourg et Moscou se sont trouvées coupées des provinces intérieures... La seule liaison possible avec la ville est la mer, tu peux te figurer comme c'est commode en cette saison ! Après le chemin de fer, la grève a gagné les usines et les fabriques, et mêmes les services municipaux. Imagine le scandale ! Toutes les informations qui nous parvenaient ne parlaient que de grèves, d'assassinats de sergents de ville, de cosaques et de soldats, de désordres, de troubles et de sédition... Et messieurs les ministres, comme des poules mouillées, ergotaient au lieu d'agir résolument. Lorsque, aux meetings (c'est le mot à la mode !), il fut ouvertement décidé de déclencher un soulèvement armé, j'en fus aussitôt informé... En cas d'agression sur les troupes, il fut prescrit de répondre par les armes. Vinrent alors des jours calmes et lourds de menaces. Un peu la même impression que l'été, avant un gros orage. Tous avaient les nerfs tendus à se rompre. Pareille situation, bien sûr, ne peut durer longtemps. Durant ces affreuses journées, je n'ai cessé de voir Witte. Nos conversations commençaient le matin et se terminaient à la nuit tombée. Il fallait choisir entre deux voies : nommer un militaire énergique et tenter, à toute force, d'écraser la sédition ; ou octroyer des droits à la population : liberté de parole, de la presse, liberté de réunion, de créer des unions, etc. Il y avait en outre l'obligation de faire passer n'importe quel projet de loi par la Douma d'Empire... C'est, pour l'essentiel, ce qu'on nomme une Constitution. Witte militait activement pour la seconde solution. Et tous ceux que je consultais me répondaient comme lui. Il se chargea, avec Alexis Obolenski, de rédiger le texte du Manifeste. Nous en discutâmes pendant deux jours et finalement, après avoir prié Dieu, je signai...

Chère maman, tu n'imagines pas combien je me suis tourmenté. Ma seule consolation est que telle est la volonté du Seigneur et que cette pénible décision tirera ma Russie bien-aimée de l'insupportable chaos dans lequel elle se trouve depuis près d'un an... »

Le précepteur des filles du tsar, Gilliard, voit l'impératrice le jour de la signature du Manifeste. Elle est là, comme une somnambule, le regard fixe. Le monde s'est effondré. Elle sait d'ores et déjà que son fils ne pourra être un autocrate. Et elle décide de se battre.

En novembre c'est la deuxième capitale, Moscou, qui se soulève. On renverse les tramways pour faire des barricades. Nicolas se sent dupé. Il leur a donné une Constitution, en se faisant violence... Que veulent-ils de plus ?

À Noël, Nicolas écrit à sa mère une de ces lettres affectueuses qui caractérisent le brave Nicky. Mais, déjà, le sang a été versé et pire, le tsar s'y habitue.

« 22 décembre. Chère maman bien-aimée, je prie pour toi avec une ardeur toute particulière à l'occasion des fêtes... Quelle tristesse de passer ce Noël sans toi. Le sapin était toujours si agréable à l'étage de Gattchina...

Dieu merci à Moscou, comme tu le sais, la révolte est écrasée, grâce à la loyauté et à la fermeté de nos troupes... Les pertes sont énormes parmi les révolutionnaires, mais il est difficile d'avoir des chiffres exacts, beaucoup de corps ayant brûlé et nombre de blessés ayant été emportés et cachés... »

Quand la révolution s'apaise, Alix lui laisse entendre, avec toute l'ardeur et la conviction dont elle est capable, que Witte est malintentionné. Le Manifeste n'a mené nulle part et ce n'est pas pour rien qu'après sa promulgation, le soulèvement s'est poursuivi... Nicolas, dit-elle, bénéficie de la protection de ses ancêtres Romanov et de Séraphin de Sarov. Ce sont eux qui ont, avec lui, écrasé la révolution, non ce pitoyable Manifeste qu'aux jours funestes, on l'a contraint à signer...

Witte est un protégé de l'impératrice mère. En s'opposant à lui, Alix écarte l'ancienne impératrice du pouvoir. Pour toujours.

Une chose est claire : Nicolas est venu à bout de la révolution. La tempête passée, la « droite » ne songe plus, manifestement, à remplacer le monarque. On peut, en revanche, changer son entourage. L'heure est venue de se débarrasser des libéraux.

Bientôt, l'autre Nicolas, le grand-duc Nicolas Nikolaïevitch, qui, hier encore, donnait l'accolade à Witte et célébrait le Manifeste, rejoint le camp d'Alix. Witte est désormais son ennemi. La fureur de la lutte a transformé le tsar. C'est un vrai chevalier qui, de son bras armé, défend les droits par Dieu à lui accordés qui combat pour le peuple et la dynastie. Une image qui ne peut que séduire Nikolacha...

Les lettres du tsar à sa mère sont à présent belliqueuses :

« Je veux voir mes régiments et je commencerai par le Semionovski... J'ai déjà passé en revue mes chers Nijni-Novgorod... Et les officiers de la Garde à cheval... De même que l'Équipage de la Garde dans la Flotte. »

Il lui fait bientôt cet aveu :

« Jamais je n'ai vu pareil caméléon [il s'agit de Witte], jamais je n'ai vu personne changer ainsi de convictions. Ce trait de caractère fait que nul ne lui accorde plus aucun crédit. »

En avril, Witte remet sa démission au tsar et Nicolas lui répond avec une évidente satisfaction :

« Comte Sergueï Ioulievitch, j'ai reçu hier matin la lettre dans laquelle vous demandez à être relevé de vos fonctions. J'accueille favorablement votre requête. Nicolas. »

Récit de Vera Leonidovna :

« La révolution agonisait... Vinrent les ténèbres, le désespoir. L'intelligentsia sombrait dans l'anarchisme et la déliquescence... Aujourd'hui, quand je regarde en arrière, je comprends que tout cela n'était que le désespoir de ceux qui, pour la première fois, avaient entrevu le visage de la révolution. Et, apercevant la face sanglante du soulèvement populaire, l'intelligentsia avait eu peur...

La révolution n'était pas, comme on se le figurait, la fête de la liberté, mais un malheur, un fléau... Le pire est que nous sentions inconsciemment qu'elle reviendrait... »

À la fin du mois d'avril, dans la salle du Trône du Palais d'Hiver, Witte, qui n'est plus aux affaires, assiste à la rencontre de « son enfant », la Douma d'Empire, avec le tsar. « Nicolas est blême », note Witte dans son Journal. Nicolas lit son discours :

« Que s'exauce mon ardent souhait de voir mon peuple heureux et de laisser en héritage à mon fils un État solide, prospère et éclairé. »

Witte doit rire en entendant ces mots. Le vieux ministre a tout compris. De fait, Nicolas déclare au Parlement russe qui n'en a pas conscience que l'héritier aura tout ce qui doit lui revenir. Or, cela veut dire l'ancienne autocratie, sans Constitution. En d'autres termes, Nicolas annonce à la Douma sa dissolution.

Stolypine est l'exact opposé de Witte. Il est issu d'une vieille lignée. On le tient pour un libéral, mais un hobereau libéral. Stolypine connaît et aime les paysans, ainsi qu'il sied à un authentique propriétaire terrien. Pour lui, le paysan est l'avenir du pays. Aussi plaît-il d'emblée au tsar.

La première Douma est dissoute, on en élit une deuxième mais, à son grand étonnement, Nicolas s'aperçoit que rien ne change pour autant. Dès que les députés montent à la tribune, leur discours devient séditieux.

La meilleure illustration en est Alexandre Goutchkov*, respectable conseiller d'État actuel, porte-parole de la Douma municipale de Saint-Pétersbourg. Stolypine lui propose un ministère. Il refuse. À la nouvelle Douma, Goutchkov entreprend de dénigrer les grands-ducs, qu'il fourre tous dans le même sac.

Les attentats continuent. Le général Mine, qui a maté Moscou, est assassiné... Une bombe éclate dans l'île aux Apothicaires, à la datcha de Stolypine. Cela se passe un samedi, jour de réception du

Premier ministre. De nombreux visiteurs l'attendent à l'étage inférieur. Au premier, se trouvent les appartements du ministre, où sa fille et son fils sont en train de jouer.

Trois officiers pénètrent dans la maison. Le garde relève aussitôt une anomalie dans leur uniforme et tente de les arrêter. Alors, au cri de « Vive la révolution ! », l'un d'eux lance une bombe. Tous ceux qui se trouvent dans la pièce, terroristes compris, sont pulvérisés. La force de l'explosion est telle que des arbres sont déracinés sur le quai de la Néva. Stolypine est renversé par l'onde de choc, mais il est indemne. Sous les décombres, des blessés, des lambeaux de chair humaine. La fille de Stolypine est blessée. Quant à son fils, âgé de quatre ans, Stolypine le tire lui-même des décombres.

Pendant ce temps, l'invraisemblable se produit : le tsar de Toutes les Russies est cloîtré dans sa propre maison. Nicolas a en effet appris que des terroristes avaient fait leur apparition à Peterhof, où il passe l'été.

« Nous sommes restés presque enfermés à double tour à "Alexandrie". Quelle honte, quelle indignité !... Ces salauds d'anarchistes sont venus à Peterhof, me traquer ainsi que Nikolacha, Trepov... Tu peux imaginer ce que je ressentais : n'avoir pas la possibilité de monter à cheval ni de s'éloigner de deux pas ! Et cela chez soi, dans ce Peterhof toujours si paisible ! Je rougis de t'écrire cela », explique-t-il à sa mère.

Sa vie s'écoule alors sous bonne garde, sans sorties ni promenades, dans la terreur constante d'un danger pour Alix et les enfants, – la répétition, en quelque sorte, de ce qui sera douze ans plus tard.

« Le Petit Agneau », « Le Rayon de Soleil », « Baby », « Le Petit Homme », ainsi le couple impérial appelle-t-il l'enfant malade. Et lui, son père, lui, le tsar, ne pourrait pas le protéger des bombes dans sa propre maison ? Un revirement s'opère en lui. Il doit faire payer ces tourments et ces humiliations ! Il doit préserver l'Empire, mater les insurgés, donner la paix au pays. L'ombre de son père le lui commande, de même qu'Alix et sa mère. « Les monstres doivent être anéantis », lui écrit cette dernière.

Et il s'efforce d'être sans pitié. Il n'y parviendrait pas, sans doute, sans la présence à ses côtés d'une puissante figure : Stolypine. Homme d'une grande fermeté, frénétiquement avide de pouvoir, Stolypine a un point commun avec le doux Nicolas : il adore sa famille et est très dépendant de sa femme. Le couple est rendu fou par les souffrances de ses enfants blessés. Désormais, Stolypine est prêt à châtier et à pendre les coupables. C'est ainsi que les révolutionnaires baptiseront « cravate de Stolypine » la corde passée à leur cou.

En juin 1906, la Douma abolit la peine de mort. Mais tandis que l'Europe envoie des télégrammes de félicitations, Nicolas promulgue une loi relative aux cours martiales. La potence se met à fonctionner. Jamais la Russie n'avait vu autant d'exécutions depuis Ivan le Terrible.

Lorsque Witte rappelle à l'ancien libéral Stolypine ses opinions d'antan, le ministre répond : « Oui, c'était ainsi... Jusqu'à l'explosion de l'île aux Apothicaires. »

Le 26 août 1907, le Souverain « daigne ordonner d'informer les commandants de troupes » de « faire en sorte » que le tsar ne soit pas importuné par des télégrammes de demandes de grâce.

Sous le règne de son père, Alexandre Oulianov, frère du futur Lénine, avait été pendu. Sous celui de Nicolas, de nombreux frères et sœurs de victimes de la répression jurent de les venger.

La première révolution s'achève. C'est un avertissement pour la suite. Mais un avertissement dont nul ne tient compte.

Dans son cabinet, le vieux et sage Witte, réfléchissant aux événements du temps, a ces paroles terribles :

« On peut verser beaucoup de sang, mais on peut aussi s'y noyer... Et y noyer son premier-né, un enfant innocent, l'héritier de la couronne... Dieu veuille que cela n'arrive pas. À tout le moins, que je ne voie pas pareilles horreurs. »

Witte est entendu : il meurt au début de l'année 1915. Avant de rendre l'âme, il adresse une lettre à Nicolas et donne ses instructions pour qu'elle ne lui soit remise qu'après sa mort.

Witte y demande que son titre de comte soit transmis à son « petit-fils préféré L. Narychkine », qui deviendrait ainsi « Narychkine, comte Witte ». Mais ce n'est qu'un prétexte. L'essentiel ne vient qu'après la requête. C'est une longue liste de hauts faits accomplis par Nicolas, tous liés au nom de Witte. À la première place figure la Constitution : « C'est là votre immortel mérite devant le peuple et l'humanité. » Il ne faut y voir, de la part du vieux ministre, aucune volonté d'offenser le tsar ni de lui remémorer ses propres mérites. Simplement, Witte sait que l'orage est pour bientôt. Il veut rappeler une fois encore au Souverain la grande leçon de 1905 : il faut savoir faire des concessions !

Cette année-là, cependant, Alix et Nicolas sont à nouveau aux prises avec la Douma. Nicolas prend ombrage de ce rappel de son « ancien péché » (c'est ainsi qu'il nomme à présent la Constitution). Et il ne daigne pas même satisfaire la requête de son ancien ministre : L. Narychkine ne deviendra pas comte Witte.

4

Le couple infernal

La révolution coïncide en Russie avec une révolution au sein de la Famille impériale. Deux nouveaux personnages apparaissent alors sur la scène de Tsarskoïé Selo… Il en est fait assez peu mention dans le Journal de Nicolas, bien qu'ils jouent dans sa vie, dans celle de la Famille et du pays, un rôle considérable. Il s'agit de Grigori Raspoutine et d'Anna Vyroubova (Taneïeva).

L'Amie

Dans ses Mémoires, Anna Taneïeva évoque ses origines : son père, Alexandre Sergueïevitch Taneïev est secrétaire d'État, maréchal de la Cour et dirige la Chancellerie personnelle de Sa Majesté Impériale. Son grand-père et son arrière-grand-père occupaient déjà ces fonctions sous les précédents règnes, un autre de ses ancêtres est le vainqueur de Napoléon, le feld-maréchal Koutouzov. Elle ne mentionne toutefois pas une autre figure que la rumeur rattache à la famille Taneïev : l'empereur Paul Ier. Elle appartiendrait donc, elle aussi, à la Famille Romanov.

À dix-sept ans, enivrée par son entrée dans le monde, elle danse à vingt-deux bals. La jeune débutante est présentée à l'impératrice qui la remarque.

On l'informe bientôt que la tsarine veut la voir.

Lors de leur premier entretien, Ania Taneïeva raconte : enfant, elle a contracté le typhus, elle était condamnée ; son père avait alors appelé Jean de Cronstadt qui, par ses prières, l'avait tirée de son lit de souffrances. L'histoire ne peut qu'impressionner Alix. Le miracle de la guérison, Alix ne songe qu'à cela lorsqu'elle contemple son fils.

Ania est très musicienne. D'emblée, elle sait trouver le ton juste. Elle ne tarde pas à être conviée à bord de l'*Étoile polaire* pour une croisière en compagnie de la Famille impériale, près des côtes finlandaises.

Dans le salon baigné de soleil, les deux femmes jouent du piano à quatre mains. Plus tard, Ania confiera à Alix qu'elle avait alors les doigts paralysés d'émotion.

Puis elles chantent en duo. Alix a une voix de contralto, Ania est soprano. Que rêver de mieux ?

Lorsque Ania redescend à terre, Alix déclare : « Dieu soit loué, il m'a envoyé une amie. »

Désormais, Ania est de presque toutes les promenades et croisières. Soirées radieuses et paisibles sur le yacht impérial... Parfum de l'eau et de la cigarette qui se consume entre les doigts du Souverain. Le yacht blanc glisse dans la nuit.

En 1918, Ania Taneïeva, en état d'arrestation, remontera à bord de l'*Étoile polaire*, devenu le siège de l'état-major de la Flotte de la Baltique. Elle y sera conduite par les nouveaux maîtres du yacht, les matelots révolutionnaires.

Tout y sera semé de mégots, souillé... On l'enfermera dans une cale immonde, grouillant de parasites en tous genres, puis on la mènera à l'interrogatoire sur le pont familier et elle se rappellera *ces* nuits.

Comment expliquer le succès de la jeune demoiselle d'honneur ?

« C'est une demoiselle pétersbourgeoise des plus ordinaires, qui s'est prise d'affection pour l'impératrice et ne cesse de lui faire les yeux doux, en poussant des soupirs d'adoration. La Taneïeva n'est pas jolie, elle fait penser à une bulle de pâte à brioche », écrira Witte dans ses Mémoires.

Après la chute de la dynastie, en février 1917, une Commission extraordinaire sera chargée d'enquêter sur les abus des ministres du gouvernement tsariste et d'autres figures du régime déchu. L'adjoint du procureur du Tribunal d'arrondissement d'Ekaterinbourg, V. Roudnev, en fera partie. Par la suite, il évoquera les interrogatoires auxquels sera soumise Ania : « À dire vrai j'étais, au début, particulièrement mal disposé à son égard... Et je fus frappé par l'expression de ses yeux. Ils étaient pleins d'une douceur céleste. »

Sans malice, Ania a offert à la Famille impériale une sincérité, un dévouement, une adoration qui manquaient cruellement dans le froid du palais. Telle est la conclusion du magistrat instructeur. Et il ajoute : « Mme Vyroubova ne pouvait exercer la moindre influence politique, si fort était le contrepoids des qualités intellectuelles et du tempérament volontaire de l'impératrice. »

Donc, Ania est naïve, sotte et laide ?...

Récit de Vera Leonidovna :

« Elle était fort jolie... Une beauté, mais dans le style russe : des cheveux blond cendré, d'immenses yeux bleus, un corps voluptueux. Je me rappelle la première fois que je la vis. Je marchais sur la Nevski, après une répétition. Il était deux heures, le moment où apparaissaient les équipages les plus brillants. Dans l'un d'eux, soudain, presque allongée sur les coussins, indolente, une jeune femme ; les plumes de son chapeau retombent sur son joli visage un peu rond, ses jambes sont couvertes d'un plaid couleur de miel.

“C'est elle”, me dit mon ami. On en parlait beaucoup à l'époque... Si la rumeur associait Raspoutine à la tsarine, elle faisait d'Ania la maîtresse du tsar... et de Raspoutine à la fois. Elle avait une façon charmante de parler d'elle-même, racontant toujours des choses comiques. Seuls les gens intelligents savent ainsi se gausser d'eux-mêmes. Et intelligente, elle l'était. C'était en outre une remarquable actrice... Cette femme qui participait à tous les jeux politiques de Raspoutine, qui faisait et défaisait les ministres, et menait à la Cour des intrigues compliquées, pouvait se donner, parfois, des airs d'idiote de village... »

Était-ce un masque ? Un masque à jamais devenu son vrai visage ?

Elle saisit très vite le caractère de « Sana », ainsi qu'elle appelle la tsarine. L'impératrice de Russie est... timide. Sa franchise s'est d'emblée heurtée à la froideur de la Cour. Alors, elle s'est repliée sur elle-même, a mis dans ses relations plus de retenue, de distance, au point qu'on la croit hautaine. Ania sait trouver le chemin de son cœur : il passe par une adoration enthousiaste et sans borne.

Mais peut-elle tenir douze ans auprès de Sana, sur ce simple jeu ? Certes non, elle ne cesse d'en inventer de nouveaux, des jeux palpitants, dangereux aussi pour l'amie de l'impératrice.

Parmi les papiers emportés par Iourovski après l'assassinat de la Famille, se trouve une volumineuse correspondance. Durant toute la Première Guerre mondiale, suffoquant d'amour, Alix et Nicky s'inondent mutuellement de lettres. Dans l'une d'elles, Alix fait cet étrange ajout :

« Chéri, ses lettres à elle, tu les brûles, naturellement, afin qu'elles ne risquent pas de tomber entre des mains étrangères ? »

Les lettres de qui ? Et pourquoi ne doivent-elles pas tomber entre des mains étrangères ?

Ailleurs : « Si nous ne nous montrons pas fermes tous les deux, nous aurons des scènes d'amour et de scandales, comme en Crimée... Quand tu reviendras, elle se mettra à raconter combien elle a souffert sans toi... Sois gentil, mais ferme. Il faut toujours, avec elle, prévoir des douches froides. »

Ainsi, cette mystérieuse personne fait du scandale, des scènes et poursuit Nicolas de sa correspondance ?

Alix ne ménage pas ses mots pour stigmatiser l'inconnue : « Elle est grossière, elle n'a rien de féminin... » « Elle est ennuyeuse et horriblement fatigante. »

Ou encore, cette description véritablement méchante et caricaturale : « Elle ne se soucie, éternellement, que de savoir combien de kilos elle a perdus. Pour ma part, je trouve qu'elle a un ventre et des jambes énormes (vraiment peu appétissants), son visage n'est pas moins gras, avec ses bonnes joues rouges, et elle a les yeux cernés. » Dans certaines lettres, Alix qualifie cette femme de « Grosse Vache ».

Une jalouse qui en devient presque comique.

Et cette affirmation, un cri ou peu s'en faut : « D'autres peuvent bien prétendre que tu leur appartiens, tu es à moi, rien qu'à moi !... Ania veut venir nous voir demain. Moi qui étais si heureuse de ne pas l'avoir à la maison d'un bon moment ! » Car la « Grosse Vache » n'est autre qu'Ania ! Qu'en est-il, alors, de la douce, de la naïve Vyroubova ? La rumeur serait-elle fondée ? L'amour idyllique d'Alix et de Nicky ne serait qu'une illusion ? Et Ania serait la maîtresse du tsar ?

Témoignage du juge d'instruction Roudnev :

« L'examen médical effectué en mai 1917, sur ordre de la Commission d'Enquête extraordinaire, devait définitivement établir que Mme Vyroubova était vierge. »

Il n'y aurait donc rien eu ? Comment comprendre, alors, les imprécations de la tsarine ?

Au demeurant, dans le même temps, Alix écrit à son mari : « Peut-être ajouteras-tu quelques mots à ton télégramme pour remercier Ania du journal et lui dire un bonjour ? » Mais dans une autre lettre : « Ania parle de sa solitude et cela m'irrite. Elle vient nous voir deux fois par jour, chaque soir elle passe quatre heures avec nous, et tu es toute sa vie... » Ainsi, la « briseuse de ménage » se présente tranquillement chaque jour et on lui permet de passer de longues heures au palais ?

Le « troisième »

Le 2 septembre 1915, Alix écrit à Nicolas : « J'ai emmené Ania sur la tombe d'Orlov. » Le 4 octobre, de nouveau : « Nous sommes allées au cimetière, Ania et moi, fleurir la tombe du pauvre Orlov. » À chaque visite au « pauvre Orlov », Alix informe Nicolas.

C'est d'autant plus étonnant que la rumeur avait fait du « pauvre Orlov » l'amant d'Alix. Pire : les commérages mondains en faisaient le père d'Alexis.

Alexandre Orlov est général-major de la Suite. Tout change pour lui avec l'arrivée à Saint-Pétersbourg de la jeune princesse de Hesse. Orlov lui témoigne une dévotion véritablement chevaleresque. Finies les grossières façons de hussard ! Ne reste que l'adoration enthousiaste du chevalier pour la Dame de ses pensées. Et lorsque Alix est rejetée par les parents de Nicolas, Orlov lui reste entièrement fidèle. Devenue impératrice, Alix ne l'oubliera pas.

Orlov est muté dans un régiment dédié à l'impératrice. Il est désormais légitimement fondé à lui apporter des fleurs. Le roman courtois se poursuit.

Alix a toujours refusé que son amour pour Nicky – et réciproquement – sombre dans le quotidien. Pour cela, estime-t-elle, il n'est qu'une solution : trouver un « troisième », afin d'entretenir la flamme. C'est le rôle d'Orlov.

La Cour réagit comme il se doit : l'impératrice a un amant ! La rumeur est telle que l'impératrice mère juge nécessaire d'avoir une conversation avec Nicolas. Alix ne tolérera pas que soit mis un terme à ce jeu excitant. Elle trouve une parade : Orlov épousera Ania, et on cessera de jaser. Le beau général, toutefois, décline la proposition. Erreur fatale pour lui ! Il est envoyé à l'étranger et meurt subitement en route. Il se peut que les tout-puissants services spéciaux aient résolu de s'occuper sérieusement de la réputation de la Famille impériale.

Il n'y a donc plus de « troisième ». Ania endosse alors un nouveau rôle. Orlov aimait platoniquement l'impératrice. Elle aimera désormais platoniquement le tsar. Elle fera la « troisième ». Elle ne se permet pas, bien sûr, de rivaliser avec la tsarine. Elle se contente de mourir d'amour – un amour impossible. Elle s'autorise même quelques scènes, mais comiques, naïves, sans conséquence. Au centre du nouveau triangle, un figurant : Nicky, qu'encadrent deux actrices.

C'est alors qu'on commence à craindre Ania. La grande Famille Romanov exige désormais que l'on éloigne l'Amie. Ania demeure néanmoins, grâce à un nouveau jeu.

Un jour, elle annonce à Alix qu'elle a décidé de la quitter, afin de rassurer la Cour. À la stupéfaction générale, la toute-puissante Ania épouse un modeste officier de la Flotte, Vyroubov. Witte note, perfide : « La pauvre impératrice sanglote comme une marchande moscovite qui marie sa fille... » Mais Ania sait d'avance ce que donnera son mariage, elle a des renseignements précis sur son fiancé. Elle fuit bientôt la couche conjugale, car son mari se révèle être un « dégénéré et un drogué ». Ania peut alors tranquillement déclarer à la tsarine, toujours prête aux explications mystiques, qu'elle a été châtiée pour avoir trahi sa vocation. Son lot est de renoncer à fonder elle-même un foyer pour servir la Première Famille de Russie.

Qui est Ania, finalement ? Witte écrit : « Au palais, tous courtisent Ania Vyroubova, et pas seulement les hommes, leurs femmes et leurs filles également. Ania leur obtient des faveurs et sait influer sur la position de telle ou telle figure politique auprès du tsar. »

Sa passion est le pouvoir, qu'elle a connu toute jeune et qui régit toute sa vie. Ania est la souveraine invisible de la plus brillante Cour d'Europe.

Mais soudain, en 1914, l'ouragan de la folle jalousie de l'impératrice se déchaîne. Tout est remis en cause. Ania, pourtant, a bien tenu son rôle. Simplement, un jour, Alix s'est vue dans une glace, telle qu'elle est : épuisée, vieillie, avec des cheveux blancs... Et, aux côtés de Nicky, cette jeune femme en fleur, qui ne cesse de lui faire les yeux doux.

Ania, une fois de plus, se conduit sagement. Tenter de se justifier ne ferait qu'exacerber les soupçons. Elle répond à son impériale amie avec une froideur offensante, le mépris de celle qui se sent injustement humiliée. Par des grossièretés, aussi, une nouveauté pour l'impératrice de Russie, mais le meilleur des remèdes. Alix, en effet, se plaint bientôt à Nicky : « Ce matin, elle s'est encore une fois montrée odieuse, ou plus exactement, grossière. » Outre la grossièreté, Ania recourt à un autre remède : « Elle flirte outrageusement avec un jeune Ukrainien », écrit rageusement la tsarine, « mais elle ne rêve que de toi... » La tempête, cependant, s'apaise. Au bout de quelque temps : « Je redoute l'humeur d'Ania... » Et cet humble ajout : « Je supporte tout, à présent, avec bien plus de sang-froid, je ne me torture plus pour ses grossières sorties. Nous sommes amies, je l'aime beaucoup et l'aimerai toujours, mais quelque chose est cassé... »

Bref, tout est rentré dans l'ordre.

Au demeurant, en combattant la jalousie d'Alix, Ania pouvait être tranquille. Elle avait à ses côtés un homme qui jamais ne permettrait qu'on lui fît affront, son plus puissant partenaire dans ses jeux avec la tsarine : Raspoutine.

« Un homme fantastique »

Il y a longtemps que le Palais attend la venue de Raspoutine. Cela commence avec le règne, lorsque la Famille se met en quête d'hommes du peuple, chercheurs de vérité. Il semble se rapprocher au moment où les Monténégrines tentent d'envoûter la princesse de Hesse avec le monde mystérieux des sorciers et des Fols en Christ. Ou encore, quand le couple impérial se rend aux célébrations de Sarov...

« Il est au bourg de Pokrovskoïé un pieux Grigori... Tel saint Séraphin, tel le prophète Élie, il a le don d'ouvrir les cieux. La sécheresse règne sur la terre, tant qu'il n'ordonne pas aux cieux de s'écarter pour déverser la pluie vivifiante. »

C'est ce que dit de lui le père Théophane, recteur de l'Académie spirituelle de Saint-Pétersbourg, aux grands-ducs Pierre et Nicolas Nikolaïevitch, qui le vénèrent. Leurs épouses, les Monténégrines, répandent aussitôt la bonne nouvelle dans tout le palais : pareil à saint Séraphin, Grigori vit entouré, dans son village, de jeunes filles innocentes ; comme lui il prône la douceur, l'amour, la tendresse, et il guérit les malades...

À la fin de 1903, Raspoutine fait son apparition dans les couloirs de l'Académie spirituelle. Il porte une veste maculée de taches, est chaussé de grosses bottes, ses pantalons pendent au bas de son dos, il a la barbe en broussaille et les cheveux coiffés en parenthèses, tel un frotteur d'auberge. Des yeux hypnotiques aussi, gris-bleu, tantôt tendres et caressants, tantôt mauvais et furieux. Mais, le plus souvent, méfiants. Un étrange discours, incohérent, envoûtant, avec quelque chose de primitif.

Tandis que les Monténégrines rapportent à Alix les récits merveilleux que l'on fait du « Starets », l'Amie décide de l'amener au palais. Elle organise la rencontre en véritable metteur en scène : « l'apparition du "Starets" à la tsarine ».

Tard le soir, toutes deux jouent Beethoven à quatre mains. Vers minuit, sur l'ordre d'Ania, on fait discrètement entrer Raspoutine dans la pièce plongée dans une semi-obscurité. L'impératrice lui tourne le dos ; elle continue de jouer avec Ania. Les douze coups de minuit sonnent.

– Ne sens-tu rien, Sana ? Il se passe quelque chose...

Ania tourne lentement la tête et la malheureuse tsarine l'imite docilement. Et quand Alix, qui a toujours les nerfs à fleur de peau, aperçoit dans l'encadrement de la porte la silhouette floue du moujik, pareille à un spectre, elle a une crise d'hystérie. Raspoutine s'approche, serre contre son cœur cette femme éreintée, la caresse doucement en lui répétant tendrement : « N'aie crainte, ma chérie. Le Christ est avec toi. »

Raspoutine deviendra un des mythes les plus populaires du XXe siècle...

Le juge d'instruction V. Roudnev notera par la suite :

« Les observations au jour le jour d'un agent de l'Okhrana chargé de filer Raspoutine comptent parmi les documents les plus précieux pour éclairer sa personnalité. La presse périodique soulignant particulièrement ses débauches devenues indissociables de son nom, la surveillance exercée sur lui devait y accorder une attention toute particulière. Il apparut alors que les aventures amoureuses de Raspoutine n'excédaient guère le cadre d'orgies avec des filles de petite vertu et des chanteuses de bastringue, à l'exception de certaines de ses solliciteuses... Quant à ses rapports avec les dames de la haute société, ni la filature ni l'enquête n'ont rien établi de concret à cet égard. »

Grigori Raspoutine a pour père un paysan, Efim Novykh, ivrogne invétéré qui, soudainement, retrouve la raison, renonce à la boisson et, à force de travail, réussit à se constituer un peu de bien. Malheureusement, il ne tarde pas à perdre sa femme et, de chagrin, se remet à boire, ce qui le conduit à la ruine. Son fils Grigori est alors connu pour sa vie de débauche. Et le débauché Raspoutine [1] part pour Tobolsk où il travaille comme frotteur dans un hôtel ; il se marie avec une servante, Praskovia, dont il ne tarde pas à avoir trois enfants, un fils et deux filles.

Raspoutine évoque lui-même sa jeunesse débridée : « À quinze ans, l'été, dans mon village, quand brillait le soleil, que les oiseaux chantaient leurs chants célestes, je rêvais de Dieu... Mon âme aspirait aux lointains... Tant de fois, emporté par mes songes, je pleurais, sans savoir d'où me venaient ces larmes ni pourquoi... Ainsi s'écoula ma jeunesse, dans une sorte de contemplation, un demi-sommeil... Puis, lorsque je connus la vie, il m'arriva souvent de me réfugier dans un coin pour prier en secret. Je n'étais pas satisfait, bien des questions me demeuraient sans réponse et j'en concevais de la tristesse. Alors je me mis à boire. »

Jusqu'à l'âge de trente ans, son existence est faite de rapines et de fornication. Mais survient le miracle : il croise sur son chemin un étudiant séminariste qui, en parlant avec lui, le remet sur le droit chemin. Commence alors la mystérieuse vie du « Starets » Grigori. Pendant le battage, alors que toute la maisonnée raille sa « sainteté », il plante soudain sa pelle dans le tas de grain et part en pèlerinage à travers les lieux saints... Pendant plus d'un an, il mène ainsi une vie d'errant. Il revient chez lui, se creuse une grotte dans l'étable où il passe deux semaines en prières, avant de retourner visiter les lieux saints. Il se rend à Kiev, comme saint

1. Le nom « Raspoutine » est formé sur la même racine que « raspoutny », « débauché ».

Séraphin, et même à l'ermitage de Sarov, puis à Moscou et dans toute la Russie.

Au terme de longues errances, il regagne son village et, à l'église, sa dévotion impressionne l'assemblée des fidèles. Dès lors, il a le don de prophétie et de guérison.

Récit de Vera Leonidovna :

« C'était un homme fantastique. Un restaurant à la mode, le *Vienne*, venait d'ouvrir ses portes et j'y avais été emmenée par Artsybachev, l'auteur de la pièce *La Jalousie*. La pièce avait un succès fou. Nous étions en compagnie d'une autre figure bien connue de Saint-Pétersbourg, un autre homme incroyable, Manassievitch-Manouïlov. Le bruit courait qu'il était un agent de tous les services spéciaux possibles et imaginables. C'est lui qui nous proposa : "Allons chez Raspoutine." Il habitait à côté, rue Gorokhovaïa. Artsybachev refusa, mais je me laissai tenter par l'aventure. Raspoutine était assis dans la salle à manger, entre deux jeunes filles : ses propres filles... Il avait des yeux... Je ressens encore physiquement l'effet produit par son regard... des yeux qui vous aspiraient. La table était couverte de fleurs, en face de lui se trouvait la toute jeune et blonde Mounia, Maria Golovina, demoiselle d'honneur de l'impératrice. La sonnette retentissait sans cesse. Mounia courait ouvrir, avec le zèle d'une servante. Ensuite, il dit : "Écris." Et il se mit à parler. De douceur et d'humilité. De l'âme. Je m'efforçai de retenir ses propos et, de retour chez moi, en notai quelques-uns, mais ce n'était plus la même chose. En l'écoutant, tous avaient les yeux qui brillaient... C'était un indicible déferlement d'amour... J'étais enivrée. »

Le cahier bleu foncé de l'impératrice. Au revers de la couverture, le prénom de sa propriétaire : Alexandra. À côté de l'élégante écriture de la tsarine, les pattes de mouche de Raspoutine. Il écrit sans signes de ponctuation : « Ici ma paix source de gloire lumière dans la lumière cadeau à ma maman de cœur Grigori. »

Il l'appelle « maman », la Mère de la terre russe. Et Nicolas « papa ».

Le « cadeau » à sa « maman de cœur », ce sont ses enseignements, soigneusement consignés par Alix. Elle les emportera avec elle à Tobolsk et Ekaterinbourg. Et ne cessera ne les relire jusqu'au jour du trépas.

« Celui qui ne se soucie que de lui, celui-là est un idiot ou un bourreau du Monde, nos ministres, dans l'ensemble, ne se soucient que d'eux-mêmes, oh ! Ce n'est pas bien ! Notre Patrie est vaste, il faut lui donner la vaste immensité du travail, à elle, et non à la droite ou à la gauche, la gauche est sotte, la droite composée d'imbéciles. Pourquoi ? Parce qu'ils veulent instruire les hommes avec le bâton. J'ai cinquante ans d'âge, j'entame ma sixième décennie et je puis dire : celui qui pense qu'il sait et a appris, celui-là est un imbécile, les sages ont raison de le dire. »

« La mère de Dieu était intelligente, or jamais elle n'a rien écrit sur elle-même. Pourtant, sa vie est bien connue de notre esprit. »

« Ne craignez point de relâcher les captifs, de ramener les pécheurs à la vie des justes. Les captifs par leurs souffrances... s'élèvent plus haut que nous à la face de Dieu. »

« Aimez le paradis, car il est fait d'amour, où va l'esprit nous allons. Aimez les nuées, car c'est là que nous vivons. »

L'influence du moujik à demi illettré sur l'Impératrice de Toutes les Russies ne vient pas seulement de ce qu'il soigne le corps de son fils infortuné. Il soigne aussi l'âme de la tsarine à bout de forces.

De sa bouche jaillit un flot de grandes vérités chrétiennes, avec lui elle se purifie de la vanité du monde, se repose l'âme. Il a une grande connaissance des livres sacrés, il a aussi, cela va sans dire, des talents d'hypnotiseur, et sait par là même devenir le « Starets » dont elle a rêvé, là-bas, à l'ermitage de Sarov. Une sorte de saint Séraphin ressuscité.

Les premiers temps, en venant au palais, Raspoutine se montre doux et radieux. Puis il entre définitivement dans son personnage de « Starets » et est tour à tour familier, furieux, railleur et menaçant envers le couple impérial. Au demeurant, il ne « joue » pas : il est, en toutes choses, d'une simplicité et d'un naturel stupéfiants.

Son mystère ne réside aucunement dans ses capacités de thaumaturge, pour la tsarine elles sont incontestables et ne cessent de sauver le tsarévitch. Il n'a d'ailleurs nul besoin de se trouver auprès d'Alexis : mage du XXe siècle, il use, au besoin, du téléphone et du télégraphe.

Coup de téléphone de Tsarskoïé Selo chez Raspoutine : l'enfant ne va pas bien, il souffre d'une oreille, il n'arrive pas à dormir.

– Amène-le moi au téléphone, dit le « Starets » à l'impératrice.

Et il s'adresse tendrement à l'enfant qui prend l'écouteur :

– Allons, Aliochenka [2], tu veilles encore à une heure pareille ? Tu n'as pas mal, ta petite oreille va maintenant très bien, je te le dis. Dors. »

Un quart d'heure plus tard, nouvel appel de Tsarskoïé Selo : son oreille ne le fait plus souffrir, il dort.

En 1912, à Spala, l'héritier se meurt : il a une tumeur et un début de septicémie. Alix, cependant, blême de tant de nuits sans sommeil, montre aux médecins un télégramme de Raspoutine : « Dieu a daigné contempler tes larmes et entendu mes prières. Ne t'afflige pas, ton fils vivra. » Les médecins, des sommités, se contentent de secouer tristement la tête : l'issue fatale est inéluctable.

Or... l'enfant ne tarde pas à guérir.

Pendant la guerre, Nicolas prend l'héritier à la Stavka [3]. L'enfant attrape un refroidissement. C'est un simple rhume, mais rien n'est simple pour Alexis. Il lui suffit de se moucher pour que l'hémorragie commence. Et les médecins sont impuissants. En compagnie de Gilliard et du docteur Derevenko, on envoie le tsarévitch à Tsarskoïé Selo par le train impérial. Ils sont attendus sur le quai par l'impératrice.

– L'hémorragie a cessé ! annonce solennellement Gilliard.

– Je sais, répond tranquillement Alix. À quel moment ?

– Vers six heures et demie.

Alix tend un télégramme de Raspoutine : « Dieu lui viendra en aide, tout s'arrangera. » Le message a été envoyé à six heures vingt du matin.

2. Diminutif affectueux d'Alexis.

3. Grand Quartier Général de l'armée russe, installé à Baranovitchi, en Russie occidentale (1914-1915), replié à Moghiliov après la grande retraite (à partir du 24 août).

En 1914, Ania Vyroubova est très grièvement blessée au cours d'un accident de train entre Saint-Pétersbourg et Tsarskoïé Selo. Elle gît, inconsciente, dans la maisonnette d'un garde-barrière, avec une jambe fracassée et une fracture du crâne.

Raspoutine vient. Debout au-dessus de son lit, il a les yeux qui lui sortent des orbites tant il est concentré, puis il se met à murmurer tendrement : « Annouchka [4], réveille-toi, regarde-moi. » Et elle ouvre les yeux.

On imagine aisément l'attitude d'Alix à l'égard de celui qu'elle voit ressusciter les morts ! Envers le seul qui soit capable de sauver son fils et qui y est *déjà* parvenu tant de fois ! Nicolas peut-il lui retirer celui qui guérit son enfant ? Qui guérit également son âme ? Renvoyer Raspoutine équivaut à la tuer ainsi qu'Alexis.

Alors, il supporte. Et entre même dans le jeu.

Il accepte docilement, à la demande d'Alix, de manger un croûton provenant de la table de Raspoutine et qui a des vertus magiques. De se coiffer avec le peigne magique de Raspoutine. Alix croit religieusement à cette puissance miraculeuse et Nicolas doit feindre d'y croire aussi.

Au demeurant, il ne feint pas entièrement. Grigori est pour lui l'aboutissement de sa quête de la vérité. L'union du tsar et de son peuple s'est accomplie. Certes, il connaît la vie débridée de Grigori et, à la différence d'Alix, ne lui cherche pas de justifications mystiques. Il la voit comme une caractéristique du peuple, tel qu'il est en réalité. Et cela montre une fois de plus que ce peuple n'est pas prêt pour la Constitution. Mais il voit aussi, pêle-mêle, en Raspoutine, du bon sens, de la bonté et de la foi. Ses propos sont pour lui la voix du peuple.

« Ce n'est qu'un simple Russe, très religieux et croyant », explique-t-il au comte Freedericksz, ministre de la Cour. « L'impératrice l'aime pour sa sincérité, elle croit en la force de ses prières pour notre famille et pour Alexis. Après tout, cela ne regarde que nous. Il est étonnant de voir combien les gens aiment à se mêler de ce qui ne les regarde pas. »

---

4. Diminutif affectueux d'Anna.

Comment les en empêcher ? La société colporte avec effroi une histoire d'effarant rituel adopté au Palais : le moujik sibérien baise la main du tsar et de la tsarine, puis tous deux, l'autocrate et l'impératrice, baisent à leur tour la main noueuse du moujik. Faut-il y voir autre chose que la répétition de l'Évangile : le Christ lavant les pieds de ses disciples ? De la même façon, les maîtres de la Russie baisent la main du peuple. Mais il devient évident que la pieuse Famille impériale et la société de plus en plus athée se comprennent de moins en moins.

Donc, Raspoutine a des dons surnaturels. En nos temps de phénomènes parapsychiques, il n'y a pas de quoi hurler au miracle. Il n'en demeure pas moins que subsiste un mystère Raspoutine. À commencer par son comportement : débauche sans fin, ivrognerie, concupiscence infernale, tout cela est bien connu. Aux yeux de tous dans les deux capitales, avec la dernière insolence, Grichka[5] ripaille scandaleusement dans les meilleurs restaurants. Pourquoi se conduit-il ainsi ? N'a-t-il pas un appartement gardé par la police, où il pourrait tout à son aise s'adonner à des orgies de toutes sortes, sans risquer de s'attirer les foudres de la société ? Il préfère pourtant étaler complaisamment ses vices.

Faut-il y voir un défi ? Le simple moujik s'élevant au-dessus de la magnificence guindée de Saint-Pétersbourg, au-dessus de toutes convenances, et s'élançant dans un tourbillon de danses insanes, en se livrant aux pires obscénités ? En un mot, le moujik russe, tel que le voit l'Occident ?

Mais ce n'est pas le genre. C'est un moujik madré, au regard en vrille et méfiant. Alors, pourquoi tant d'imprudences ?

L'un des plus gros scandales de Raspoutine survient en 1915. Il se rend à Moscou, il a fait vœu de se recueillir au Kremlin sur la tombe du patriarche Hermogène. Les dévotions s'achèvent par une noce à tout casser au célèbre restaurant *Iar*. On trouve à ce propos un rapport de police des plus édifiants.

5. Diminutif méprisant de Grigori.

« Le 26 mars de l'année en cours, vers onze heures du soir, Grigori Raspoutine arrive au restaurant *Iar*, accompagné de la veuve du citoyen d'honneur[6] héréditaire Anissia Rechotnikova, de Nikolaï Soïedov, collaborateur de divers journaux de Moscou et de Saint-Pétersbourg, ainsi que d'une jeune femme dont l'identité n'a pu être établie. Ils prennent un cabinet particulier et convient par téléphone le rédacteur éditeur du journal moscovite *Les Nouvelles de la saison*, Semion Kougoulski, à les rejoindre. Ils font venir le chœur des femmes qui chante et danse pour eux[7]. Raspoutine, éméché, danse à son tour, puis il se met à faire aux jeunes chanteuses des confidences du genre : ce caftan m'a été offert par "la vieille" (c'est ainsi qu'il nomme l'impératrice), elle l'a cousu de ses propres mains... Puis Raspoutine semble pris de folie – une folie à connotation manifestement sexuelle. Il dénude ses organes génitaux et, dans cette tenue, continue de converser avec les chanteuses, distribuant à certaines des billets écrits de sa main, avec des sortes de maximes, telles que : "Aime d'un amour désintéressé." »

Étonnante compagnie que celle avec laquelle Raspoutine fait la fête. Le moujik madré et prudent invite à festoyer... deux journalistes d'un coup ! Et en leur présence – l'un d'eux, au demeurant, collabore à toute la presse boulevardière –, il se lance dans un numéro parfaitement obscène. Comment l'expliquer, sinon par le fait qu'il tient absolument à ce que tout ce qui se passe au cours de la soirée sorte immédiatement sur la place publique ?

Raspoutine veut en effet que la société soit au courant de ses esclandres. Car il a découvert, vers cette époque, un étrange paradoxe : chacune de ses débauches publiques accroît la puissance de ses ennemis. Ils s'attaquent aussitôt à lui, escomptant une victoire facile. Mais à peine décochent-ils leurs flèches que celles-ci se retournent contre eux et qu'ils disparaissent du palais. Oui, par ses débauches il anéantit ses adversaires !

---

6. Catégorie sociale instituée par Nicolas Ier à l'intention de la population citadine, et qui était de plus en plus accordée aux notables ruraux ; elle conférait certains droits, notamment l'affranchissement des châtiments corporels.

7. Le *Iar* était connu notamment pour son immense chœur de chanteurs et danseurs tsiganes.

Déplaisant détail : ce soir-là, au *Iar*, il raconte sur la tsarine des choses telles que le policier n'ose pas les citer dans son rapport !

« Je fais d'elle ce que je veux », braille-t-il en présence des journalistes. Et ce n'est pas la première fois qu'il le déclare en public.

Là encore, le rusé moujik a découvert un paradoxe. Si, au Palais, on peut à la rigueur ajouter foi aux récits de ses ennemis sur ses débauches, jamais on ne croira qu'il tient un langage ordurier à propos de la tsarine qu'il adore. Ni le tsar ni Alexandra elle-même n'en croient effectivement un traître mot ! Cette bouche qui, depuis tant d'années, exprime un tel amour à l'égard de « maman », peut-elle prononcer pareilles horreurs ? Le simple fait de rapporter ces mots immondes ôte d'emblée, aux yeux de la Famille, toute crédibilité à ce que l'on peut colporter sur Raspoutine. Il ne s'agit que d'un complot de plus contre le pauvre moujik : le Malin l'a poussé à boire, le malheureux, et ses ennemis en ont lâchement profité.

Raspoutine sait en outre que la tsarine ne peut se passer de lui. Qu'elle se refuse absolument à croire ses adversaires et qu'elle fera tout pour le venger.

C'est cela, le mystère Raspoutine : ses invraisemblables orgies, les obscénités qu'il profère sur la Famille impériale, ne sont qu'une fantastique provocation. Il semble fournir lui-même des armes à ses ennemis, mais dès que ceux-ci en usent, elles se retournent contre eux.

La demoiselle de compagnie Tiouttcheva, petite-fille du poète Tiouttchev, chargée de l'éducation des grandes-duchesses, déclare la guerre au « Starets ». Suite à une nouvelle orgie, elle exige qu'on interdise à Raspoutine d'avoir le moindre contact avec ses pupilles. Résultat : elle doit bientôt quitter Tsarskoïé Selo.

Tout-puissant chef du gouvernement, Stolypine rédige un billet sur les scandales de Grigori, qu'il remet à Nicolas. Ce dernier le lit, s'abstient de tout commentaire et prie Stolypine de passer aux affaires courantes. Peu après, le Premier ministre se voit contraint de songer à la démission.

Pour finir, c'est le grand-duc Nicolas Nikolaïevitch qui reprend le flambeau de la lutte contre ce Raspoutine dont il fut un des premiers admirateurs. Mais Nikolacha a compris le danger qui menace la dynastie. Dans le combat opposant le Commandant suprême des armées russes et l'homme le plus proche du tsar au moujik sibérien, le moujik se révèle beaucoup plus fort.

Jusqu'à l'assassinat de Raspoutine, ses adversaires ne cesseront de venir donner dans le piège qu'il leur tend. Chaque fois, ils l'accuseront de dépravation et de luxure. Ils ignorent que Grigori a expliqué une fois pour toutes à la tsarine et à ses fidèles admiratrices la raison profonde de son inconduite.

Futur meurtrier de Raspoutine, Félix Ioussoupov l'apprend d'une de ses amies, Maria Golovina, demoiselle d'honneur de l'impératrice. Avec une tendre pitié, comme on s'adresserait à un enfant un peu sot, elle lui explique : « S'il fait cela, c'est dans un but précis, pour se tremper moralement. »

Le « Starets » prend sur lui les péchés du monde, il se soumet volontairement aux imprécations de la société (comme l'ont fait en Russie, depuis le fond des âges, les Fols en Christ). Ainsi Raspoutine explique-t-il sa dépravation.

« La tsarine gardait précieusement un livre consacré aux "Saints Fols en Christ de l'Église russe", qu'elle avait annoté et où l'on évoquait des cas de Folie en Christ, sous forme de débauche sexuelle », se souvient le père Gueorgi Chavelski, aumônier de l'Armée et de la Flotte impériales.

Raspoutine et Ania sont, de fait, les deux intimes de la Famille. Ils sont à l'origine des terribles mythes dont la révolution fera ses choux gras : un tsar cocu et sans volonté (que l'on dit à l'occasion amant de la Vyroubova) et une tsarine n'aimant rien tant que l'étreinte d'un moujik.

Au moment de la révolution, de nombreuses caricatures salaces circulent à travers la Russie. L'une d'elles montre la « Famille » : un moujik barbu (Raspoutine) tient dans ses bras deux beautés aux hanches suggestives (la tsarine et Ania), le tout sur fond de grandes-duchesses dansant d'impudique façon.

5

La Famille impériale

C'est pourtant une famille idéale. À compter de 1904, nous l'avons dit, elle s'enferme dans ses palais pour dissimuler la maladie de l'héritier. Cette vie repliée sur elle-même sera ensuite décrite dans les Souvenirs de Gilliard et de la Vyroubova. Après avoir été la cause de tant de répugnantes légendes, cette dernière brossera un délicieux portrait de la Famille impériale, appelé à demeurer dans l'Histoire.

Le rêve d'Alix est devenu réalité : tout est à nouveau comme dans son enfance, elle a une grande famille. Une famille, fruit du « labeur infatigable de l'amour », et Alix, épouse et mère, en est le socle et la clé de voûte.

Il y a beau temps que le palais Alexandre est trop exigu pour cinq enfants. Tout près, l'immense palais Catherine est vide. Mais Alix ne veut pas déménager. Elle se dit que la vie au quotidien dans ce petit palais ne peut qu'unir souder plus fort, la famille.

Ses filles... Nous en savons peu de choses, des ombres dans la lueur sanglante de la tragédie à venir.

De sa grand-mère Victoria, Alix a hérité une éducation puritaine qu'elle transmet aux petites : tennis, bain froid de bon matin, bain chaud le soir. Cela affermit le corps. Et, pour affermir l'âme, il y a l'éducation religieuse : lecture des livres saints, observation sans faille des rites liturgiques.

« Olga et Tatiana... ont pour la première fois été à vêpres et se sont magnifiquement tenues durant toute la cérémonie », note avec satisfaction le tsar dans son Journal.

Alors qu'Olga est encore toute petite, ses amies plus âgées se moquent d'elle : « Comment peux-tu être une grande-duchesse, quand tu n'arrives même pas à hauteur de la table ? »

« Je ne sais pas », répond Olga dans un soupir. « Mais demandez à papa, il sait tout. »

« Papa sait tout » : c'est dans cet esprit qu'Alix les éduque.

Portant robes blanches et ceintures de couleur, elles descendent bruyamment dans le cabinet parme d'Alix (sa couleur préférée). Sur le sol, un immense tapis où il est si agréable de crapahuter ; sur le tapis, une énorme corbeille de jouets. Les plus petites récupèrent les jouets des aînées.

Et ce petit monde grandit. « Olga a eu neuf ans, c'est déjà une grande fille. »

Olga et Tatiana : leurs noms sont souvent inséparables dans le Journal. Déjà, toutes petites : « Olga et Tatiana ont fait ensemble du vélocipède. » « Olga et Tatiana sont rentrées vers deux heures... Olga et Tatiana au Comité d'Olga » (extrait des lettres de l'impératrice).

Olga est une blonde au nez en trompette, impétueuse, charmante. Tatiana est plus réservée, plus ordinaire et moins douée, mais elle compense ces défauts par un caractère égal. Elle ressemble à sa mère. Beauté aux yeux gris, elle est la courroie de transmission de la tsarine. Ses sœurs l'ont surnommée : « le Gouverneur. »

Restent les deux petites, tout aussi attachées l'une à l'autre, toutes deux gaies, un peu rondes, une ossature solide, héritée du grand-père : Marie, beauté russe typique, et la très débonnaire Anastasia. Toujours prête à rendre service, Anastasia se voit souvent appeler : « Notre brave petit toutou ». Ou encore : « la Petite. »

Elles n'aiment guère les études, cela se voit aux fautes innombrables de leurs Journaux. La plus douée dans ce domaine, et d'ailleurs la plus intelligente, c'est Olga.

« Ah, j'ai compris ! Les verbes auxiliaires, ce sont les domestiques des verbes. Mais le pauvre verbe "avoir", lui, doit tout faire tout seul », dit-elle au précepteur Gilliard. Une remarque de grande-duchesse...

Elles dorment dans de grandes chambres d'enfant, sur des lits de camp, pratiquement sans oreiller, deux par chambre.

Ces lits, elles les prendront dans leur exil, les emporteront jusqu'à Ekaterinbourg, y passeront leur dernière nuit. Le soir suivant, leurs assassins y dormiront.

Comme toute la famille, elles tiennent leur Journal. Qu'elles brûleront à Tobolsk, le jour de l'arrivée du commissaire de Moscou. Il n'en demeure aujourd'hui que quelques cahiers.

Je feuillette les fragments de Journaux de Marie et de Tatiana, traditionnels « carnets de souvenirs », dorés sur tranche, doublés de moire (le même que pour leur père, enfant). Une impersonnelle énumération des événements de la journée : « Ce matin, sommes allés à l'église, avons dîné ce soir avec papa et Alexis, cet après-midi visite à Ania (Vyroubova) chez qui nous avons pris le thé... » (extrait du Journal de Marie).

Celui de Tatiana est identique.

Le Journal d'Olga se présente comme un cahier ordinaire, à couverture noire, là aussi, elle veut imiter son père. Et de nouveau : « Avons pris le thé... Avons joué aux puces... » Un point est néanmoins frappant : l'emploi constant de la première personne du pluriel. Elles font tellement tout ensemble, qu'elles se vivent comme un tout.

Détail charmant : on trouve dans les cahiers des fillettes des fleurs séchées, cueillies dans le parc de Tsarskoïé Selo où elles furent si heureuses. Elles les ont emportées dans leur exil et conservées, les transportant ensuite entre les pages des quelques cahiers qui échapperont aux flammes, en souvenir de leur vie brisée.

Une photo dans l'album de l'impératrice : elle est étendue sur un divan, la tête renversée, le profil tragique. Ses filles l'entourent, assises sur de petits bancs, Alexis repose par terre, sur un coussin. Et les petites le contemplent avec adoration.

Ovale fragile du visage, cheveux châtain clair et bouclés, aux reflets de bronze, les yeux gris de sa mère : un petit prince. Éternellement malade.

– Je voudrais un vélocipède.

– Tu sais bien que cela t'est interdit.

– Je veux jouer au tennis comme mes sœurs.

– Tu sais bien que tu ne peux pas.

Et ces sanglots qui leur fendent le cœur, ce cri répété : « Pourquoi ne suis-je pas comme les autres ? »

Les petites sont témoins de tout cela ; elles aident leur mère à soulager les souffrances sans fin de leur frère. Pendant la guerre, elles feront d'excellentes infirmières.

Bals étincelants, bruyante vie du monde, comme il y a peu de tout cela dans l'existence des Premières Demoiselles de Russie...

L'été, en revanche...

Le *Standart* accoste. Coiffées d'immenses capelines blanches, vêtues de longues robes blanches, elles prennent place dans des voitures découvertes. Et s'ébranle le long cortège de carrosses...

Le rêve d'Alix est devenu réalité. En place du funeste palais où s'est éteint Alexandre III et où Nicolas a bien failli rendre l'âme, on a édifié cette merveille : un palais blanc, à l'italienne, avec la mer sous les fenêtres. Ce paradis, la Famille se le remémorera dans la maison glaciale de son exil sibérien.

À Livadia, on se photographie beaucoup : voici Alexis, en compagnie de Joy, son épagneul favori.

Chacun a son chien. Anastasia en a un minuscule, offert aux infirmières de l'hôpital militaire par un officier blessé. Il est si petit qu'on peut le mettre dans son manchon.

Récit de Mikhaïl Medvedev (fils d'un tchékiste ayant pris part à l'assassinat de la Famille) : « Mon père racontait qu'il avait supervisé le chargement des corps dans le camion et que le cadavre d'un petit chien était tombé de la manche d'une des grandes-duchesses. »

Là, à Livadia, Olga fête son seizième anniversaire. Un régiment de hussards lui est alors dédié. Le soir, un bal est donné, une fanfare militaire joue. Toute blonde, en longue robe rose, elle se tient au milieu de la grande salle. Et tous les officiers hussards invités sont amoureux d'elle.

Ce soir-là, elle porte pour la première fois sa parure de diamants. À chaque anniversaire, la prévoyante Alix offre à ses filles une perle et un diamant. Ainsi, lorsqu'elles ont seize ans, la parure est complète.

La Famille passe l'hiver à Tsarskoïé Selo. Toute la vie est régie par Alix : à deux heures, elle sort avec les enfants pour une promenade en landau. Elle n'aime pas marcher, ayant les jambes faibles. Elle se rend dans quelque église éloignée, où nul ne la connaît et où elle prie dévotement, à genoux sur les dalles de pierre. À huit heures, dîner. Nicolas les rejoint. Alix a revêtu une robe décolletée, et mis ses diamants. À neuf heures, elle monte à l'étage rejoindre Alexis à la nursery, pour la prière. Dans la soirée, c'est la traditionnelle lecture à voix haute.

Dans la cage dorée où vit la Famille, rien ne change des siècles durant. L'Amie note : il y a au palais le même mobilier qu'au temps de l'arrière-grand-mère, Catherine II. On trouve les mêmes suffocants parfums et les mêmes pages coiffés de chapeaux à plumes.

Voyons à présent le palais Alexandre par les yeux de l'ambassadeur de France, Maurice Paléologue :

« Le palais Alexandre apparaît à ma vue sous son apparence la plus quotidienne... Ma suite se compose d'un page coiffé d'un petit chapeau qui s'orne de plumes rouges, noires et jaunes. On me guide à travers les salles d'apparat et le salon de l'impératrice, tout au long d'un immense couloir. J'y croise un laquais vêtu d'une livrée des plus simples et portant sur un plateau un service à thé. Plus loin s'ouvre un petit escalier intérieur qui mène aux chambres des augustes enfants : une caméristе en monte quatre à quatre les marches. »

Cette caméristе est peut-être Elizaveta Ersberg.

Elizaveta Ersberg, cameriste

Je reçois un jour une lettre : « C'est Maria Nikolaïevna Ersberg qui prend la liberté de vous importuner... » Je l'avoue, je fais un bond : c'est le nom de famille d'une camériste de Tsarskoïé Selo, qui a suivi la Famille impériale dans son exil.

« Mon grand-père Nikolaï Ersberg était chauffagiste au Palais, sous Alexandre III. Il avait la charge des poêles au palais Anitchkov, à Gattchina et au Palais d'Hiver. Blessé lors du déraillement du train impérial, il mourut en 1889. Sa fille, sœur cadette de mon père, Elizaveta Nikoaïevna Ersberg (née le 18 septembre 1882 et morte pendant le Blocus de Leningrad, le 12 mars 1942) fit ses études au Collège patriotique et fut choisie par la mère de Nicolas, Marie Fiodorovna, comme camériste. Elle servit fidèlement à ce titre de 1898 à mai 1918.

Quand la famille dut partir en exil en 1917, l'impératrice réunit tous ses serviteurs et leur dit qu'elle serait heureuse si quelqu'un d'entre eux acceptait de continuer à les servir là où ils iraient. Dans la mesure, toutefois, où ils partaient pour l'inconnu, elle ne pouvait assurer qu'elle leur verserait leurs gages. Mue par son sens du devoir et son attachement aux petites, Elizaveta décida de les suivre... Sur le plan du palais Alexandre de Tsarskoïé Selo, figurent tous les bâtiments et leur affectation. On y trouve ainsi la chambre de tante Elizaveta. Quand je visitai pour la première fois le Palais en 1932, en compagnie de mon père, rien n'avait changé depuis « le départ des propriétaires » (propos de mon père). La chambre de Nicolas et d'Alexandra s'ornait d'hortensias, la fleur préférée de la tsarine. Des lits métalliques, avec des torsades au chevet, comme nous en avions chez nous. Au chevet également, abondance d'icônes, de taille moyenne (domestiques) ainsi que de minuscules médaillons, des œufs de Pâques en faïence, avec des images de saints. En haut, dans la nursery, le cheval à bascule d'Alexis.

Il entrait dans les attributions de ma tante de faire le ménage dans les chambres des enfants, de s'occuper de leur garde-robe et, quand les filles grandirent, de leur enseigner les travaux d'aiguille. Elle ne quittait pas les petites, même quand la Famille se rendait en Crimée... Quand vint la guerre, elle leur apprit à prodiguer des soins. Les petites travaillèrent comme infirmières à l'hôpital militaire, en compagnie de toutes les caméristes et femmes de chambre. Composée de volontaires, cette équipe était placée sous la houlette de la tsarine.

À en croire tante Elizaveta, les enfants étaient modestes et travailleuses. Tania [1] et Nastia [2] étaient les plus dociles. Olga, l'aînée, était un peu capricieuse et gâtée, elle pouvait être paresseuse, alors que Tania et Nastia s'affairaient sans cesse, brodant, cousant, allant même jusqu'à nettoyer leur chambre. Leur père leur accordait plus d'attention que leur mère. Alexandra Fiodorovna souffrait souvent de migraine, se querellait avec les caméristes ou s'occupait des chiffonnières du marché Alexandre (la tsarine avait ordonné de leur vendre les vêtements vieux ou démodés, en ayant soin de remplacer auparavant les boutons d'ivoire par des boutons de verre)... Vers 1905, Elizaveta se voit adjoindre une aide, également camériste, une certaine Anna Stepanova (Stefanovna) Demidova. Celle-ci se lia d'une grande amitié avec Elizaveta et les siens, au point de se fiancer par la suite à mon père, qui était à l'époque fonctionnaire à l'Inspection des Chemins de fer. Il y servait sous les ordres du conseiller d'État Vladimir Scriabine, le propre frère de Viatcheslav Scriabine-Molotov, futur Premier ministre de Staline.

Les caméristes avaient le droit de recevoir et de se promener dans le parc du Palais avec leurs invités. Au quotidien, la tsarine se montrait fort avare. Si les caméristes voulaient régaler leurs hôtes, elles devaient le faire à leur compte. Toutes avaient en outre été averties de faire des économies tant qu'elles avaient un emploi, car elles ne toucheraient pas de retraite. Caméristes, femmes de chambre, laquais devaient être célibataires. En cas de mariage, ils étaient renvoyés ou changeaient de fonction.

1. Diminutif de Tatiana.
2 Diminutif d'Anastasia.

« Nous conservions à la maison une précieuse cassette contenant des photographies dédicacées de la Famille impériale, offertes en souvenir à ma tante. Des dédicaces toutes simples : “À Liza[3], en souvenir d'un père reconnaissant.” “À Liza, en remerciement de sa fidélité” (Alexandra). Des autographes des enfants : “À la chère Liza, de la part de Tania”, et leurs pattes de mouche : “Liza, recouds-moi un bouton”... En 1932, mon père apporta cette cassette, on l'ouvrit, on en passa le contenu en revue et on brûla le tout. Ma tante et moi pleurions à chaudes larmes. Mais il fallait être prudent : des perquisitions étaient effectuées chez tous les “ci-devant”, dans l'espoir de trouver de l'or. Caves et greniers étaient passés au peigne fin. Mon père, qui était fort prudent, avait décidé de se débarrasser de cet encombrant fardeau... »

(En 1932-1933, on cherchait en effet de l'or, mais aussi les trésors impériaux, peut-être conservés chez des proches de la Famille. Des recherches entamées après que les tchékistes eurent trouvé à Tobolsk des joyaux cachés dans la cave.)

Voici donc un autre point de vue, celui de l'office et des serviteurs, de ceux que, dans son Journal, Nicolas appelle « mes gens ».

Les petites ont grandi et Alix songe de plus en plus à les marier.

« Quelle époque ! » soupire alors Volkov, que nous connaissons déjà bien. « Il est temps de marier les filles, mais elles ne trouvent personne à épouser. Les gens sont devenus bizarres, on marche sur la tête. »

En 1912, toutefois, on se met à évoquer l'éventualité d'un mariage d'Olga avec Dimitri. La grande-duchesse est amoureuse.

Dimitri, le charmant garnement, le préféré de Nicolas. Même cette langue de vipère qu'est le grand-duc Serge Mikhaïlovitch dit de lui : « Il est élégant comme une statuette de Fabergé. »

En cette heureuse année 1912, le 26 août, jour anniversaire de la bataille de Borodino, la cavalcade des grands-ducs, conduits par le tsar, parcourt le champ de bataille. Devant eux, une haie.

---

3. Diminutif d'Elizaveta.

« Eh bien, le champion olympique [cette année-là, Dimitri participe aux Jeux olympiques à Stockholm], montre-nous ce que tu sais faire », lance à Dimitri le grand-duc Cyrille Vladimirovitch.

Aussitôt, Dimitri, comme en se riant, franchit la haute haie. Dans la forêt où est stoppé le train impérial, il grimpe le remblai et galope jusqu'au wagon... À la fenêtre, souriante, Alix est là qui regarde. Avec Olga...

Mais soudain, les fiançailles se défont. Dans les coulisses de cette rupture, la même souriante Alix. Elle ne veut pas de Dimitri. Elle a en vue un autre parti pour sa fille : le prince héritier de Roumanie. À dater de mai 1914, la rumeur évoque, à la Cour, un mariage imminent.

Or, comme autrefois son père, Olga est fidèle à ses sentiments. Avant de faire le voyage de Roumanie, elle s'est trouvé une justification patriotique : « Je suis russe et je veux le rester. »

Les fiançailles, toutefois, sont fixées et, sur le *Standart*, la Famille arrive à Constanta.

Accueil solennel sur le quai, dans la soirée dîner officiel. Olga est assise aux côtés du prince et, avec son affabilité et son tact coutumiers, elle fait la conversation. Pendant ce temps, ses sœurs affichent un ennui mortel.

Les rôles ont été distribués et les grandes-duchesses les tiennent parfaitement. Le lendemain matin, il n'est plus question de mariage.

Mais un autre fiancé potentiel fait son apparition, lui aussi mauvais sujet et bambocheur, Boris, un Vladimirovitch. Il est beaucoup plus âgé qu'Olga.

« L'idée de Boris m'est par trop antipathique », écrit Alix à Nicolas, « et je suis sûre que notre fille n'acceptera jamais de l'épouser. »

Olga refuse, en effet. Elle en attend un autre. Elle s'est pliée à la volonté de sa mère, mais elle n'en attend pas moins Dimitri. Comme son père, se pliant à la volonté d'Alexandre III, avait attendu Alix.

Alix, néanmoins, s'obstine à ne pas donner son consentement. Commence alors une série de ruptures.

« Une si complète solitude ! » écrit Alix dans ses lettres à Nicolas. « Malgré tout l'amour que nous portent les enfants, ils n'ont pas les mêmes idées que nous. Olga est absolument odieuse. Elle est mécontente parce qu'il faut s'habiller correctement pour aller à l'infirmerie, et non se mettre en tenue d'infirmière... Tout est de plus en plus difficile avec elle, à cause de son humeur ! »

Pour quelle raison l'impératrice refuse-t-elle le mariage d'Olga et de Dimitri ? Rêve-t-elle de voir sa fille reine ? Ou, mue par un mauvais pressentiment, la tsarine veut-elle à toute force éloigner son aînée de Russie ? Quoi qu'il en soit, le mariage ne se fait pas pour la simple raison, déjà, que le grand-duc a osé s'opposer verbalement à un moujik du nom de Grigori Raspoutine.

6

« Il m'est étrange de me dire que j'ai quarante-cinq ans... »

(JOURNAL D'UN MONARQUE HEUREUX)

Revenons au Journal de Nicolas et aux années d'avant-guerre, dernières années de bonheur sans nuage pour l'Europe.

Je le feuillette, ce Journal : au fil des pages, la chronique de la vie mondaine des têtes couronnées.

1908 : visite du roi de Suède (au cours de la réception, Nicolas s'abstient démonstrativement de lui présenter Witte : en l'occurrence, Alix a réservé un chien de sa chienne au comte qu'elle ne peut souffrir. Nature entière, elle ne peut qu'aimer ou haïr. Elle hait le comte Witte).

Rencontre avec le président Fallières et le roi Édouard VII.

Et de nouveau Peterhof, où le couple impérial a pour hôtes les nouveaux roi et reine de Danemark (l'oncle de Nicolas est monté sur le trône). Au dîner solennel, l'impératrice mère ne manque pas de faire la démonstration de son pouvoir, ou du moins de ce qu'il en reste. À sa demande, le comte Witte (encore lui) est placé tout près de la grande table où se trouvent les deux Familles. C'est sa réponse à Alix.

La foire aux vanités continue : à la fin de juillet, le *Standart* part pour la France, puis l'Angleterre (on rend à Édouard VII sa visite).

Et de nouveau la Crimée et le palais de Livadia. De Crimée, le tsar doit partir chez le roi d'Italie. La veille de son départ, Alix se trouve avec l'Amie dans le parc de Livadia. L'Amie entend alors un sifflement familier... Alix, quant à elle, bondit de son banc, rougissante comme une gamine, et dit : « C'est *lui*. Il m'appelle. » Et elle court, se hâte... Exactement comme il y a bien longtemps, en 1894.

Mais nous sommes en 1909.

Après l'Italie, Nicolas revient par le chemin des écoliers, pour éviter l'Autriche. Il proteste ainsi contre le rattachement à l'Empire de la Bosnie et de l'Herzégovine. La presse du monde entier s'en fait l'écho. C'est en quelque sorte le prélude de la grande guerre à venir.

Et de nouveau des rois viennent en visite : le tsar Ferdinand de Bulgarie, le roi de Serbie...

Le grand-duc Michel Nikolaïevitch, père des amis les plus proches de Nicolas, meurt. Les figures de sa jeunesse commencent à disparaître.

Mort également du père Jean de Cronstadt dont les prophéties et miracles sont connus par toute la Russie. Le peuple le tient pour un saint, bien qu'il n'ait pas pris la tonsure. Il était le seul qui pût contrer Raspoutine...

Les années filent, filent... Mort d'Édouard VII, l'un des principaux fondateurs de l'union entre la Russie, l'Angleterre et la France. Neuf monarques et un nombre impressionnant de princes assistent à ses funérailles. Avec Édouard VII, c'est l'Europe monarchique et paisible qu'ils enterrent sans le savoir. Lui succède Georgie, qui ressemble à Nicolas comme un frère.

Sur le chemin du retour, Nicolas fait un crochet par la résidence de Guillaume II, à Potsdam. La flèche de la boussole politique russe doit se situer exactement à mi-distance de l'Angleterre et de l'Allemagne.

Mort de l'émir de Boukhara et, au même moment, en novembre 1910, de Tolstoï. (Apprenant le décès de l'auteur de *Guerre et Paix*, Nicolas note : c'était un grand écrivain ; que Dieu lui pardonne !)

En 1911, commémoration du cinquantième anniversaire de l'abolition du servage, avec des célébrations à Kiev et l'inauguration d'un monument à la mémoire d'Alexandre II.

Durant les festivités organisées en l'honneur du réformateur assassiné, un autre réformateur est assassiné à son tour : Stolypine.

Le ministre est abattu sous les yeux de Nicolas. Mortellement blessé, il a juste le temps de bénir le tsar...

Nicolas décrit ainsi la mort de son ministre :

« Nous venions de quitter la loge pour le second entracte... Nous entendîmes alors deux bruits sourds, un peu comme si un objet était tombé. Je me dis que quelqu'un avait laissé échapper ses jumelles sur la tête d'un autre et rentrai précipitamment dans la loge... À droite de la loge, je vis un attroupement d'officiers et de civils, qui traînaient quelqu'un. Des dames criaient et, au parterre, juste en face de moi, se tenait Stolypine. Il se tourna lentement vers moi et bénit l'air de sa main gauche... C'est alors seulement que je remarquai que sa vareuse et sa main droite étaient ensanglantées... Olga et Tatiana entrèrent dans la loge à ma suite... » (Extrait d'une lettre à sa mère.)

Pour la première fois, deux de ses enfants sont ainsi témoins d'un assassinat...

Stolypine était par trop indépendant et ses réformes risquaient d'aller trop loin. Déjà, Nicolas s'apprêtait à le remplacer. Cependant, tous connaissaient le caractère inébranlable du ministre, tous savaient aussi que le tsar changeait fréquemment d'avis. Une fois de plus, donc, la police s'est montrée imprévoyante, une fois de plus l'assassin est un révolutionnaire recruté comme agent dans ses rangs. Faut-il y voir l'ombre des tout-puissants services spéciaux ?

La question est posée le 15 octobre, à la Douma. V. Choulguine* y fait allusion dans son ouvrage *Les Années*.

« Nous pouvons montrer que nous avons eu, au cours de la dernière décennie, toute une série d'assassinats de dignitaires, dans lesquels sont impliqués des hommes de l'Okhrana. Nul ne doute que les assassinats du ministre des Affaires étrangères Plehwe, du gouverneur d'Oufa Bogdanovitch, du grand-duc Serge Alexandrovitch furent organisés par le provocateur bien connu et collaborateur de l'Okhrana, Azef... Partout se créent des imprimeries de littérature clandestine, des ateliers pour fabriquer des bombes, partout se préparent des attentats terroristes... Ils [les services spéciaux] sont devenus l'instrument de la lutte fratricide que se livrent entre eux hommes et fractions des sphères gouvernementales... Stolypine qui, selon le prince Mechtcherski*, n'avait cessé de répéter de son vivant : "Je serai tué par un homme de l'Okhrana", a en effet été frappé par un homme de l'Okhrana, avec la complicité des plus hauts dirigeants de cette même Okhrana... »

Le tsar préfère ne pas songer à ces effroyables hypothèses. Il le sait : la destinée humaine, la vie et la mort, tout est prédéterminé, tout suit le dessein de Dieu.

Alix, semble-t-il, exprime les pensées de Nicolas devant le comte Kokovtsov, successeur de Stolypine :

« Croyez-moi, il ne faut pas avoir tant de pitié pour ceux qui ne sont plus... Chacun de nous, j'en suis certaine, joue son rôle et remplit la tâche qui lui a été assignée... Et si quelqu'un n'est plus parmi nous, c'est que son rôle est terminé. Stolypine est mort pour vous céder la place... »

Vient l'année 1913, celle du grand jubilé. Jamais l'empire n'a été aussi florissant. On fête le tricentenaire de la dynastie Romanov, et Dieu a voulu que ce soit dans la prospérité.

La prospérité, vraiment ? Oui, car après les réformes de Stolypine, le pays connaît un essor inouï. L'Europe assiste, effarée, au réveil d'un nouveau géant. Le gouvernement français envoie en Russie l'économiste Edmond Théry qui, dans son ouvrage *La Russie en 1914*, note : « Aucun peuple d'Europe n'obtient de tels résultats... À la moitié du siècle, la Russie dominera l'Europe. »

On assiste dans le pays à une véritable explosion intellectuelle. La patrie de Tolstoï et de Tchekhov devient le laboratoire de l'art du XXe siècle : Malevitch, Kandinsky, Chagall, Khlebnikov*, Maïakovski, Rachmaninov, Scriabine, Stravinsky, Stanislavski, Meyerhold...

Mais tous ces heureux changements n'ont pour effet que d'effrayer le tsar. Moscou, l'antique capitale où, récemment encore, tout respirait le passé cher à son cœur, voit soudain fleurir les cheminées d'usines ; c'en est fini des petits hôtels particuliers, on construit de gigantesques maisons et la ville est gouvernée par des as de la finance. « Manchester a fait irruption dans la Ville sainte... » Et il en est de même à Saint-Pétersbourg.

Plus son pays s'enrichit, plus Nicolas se sent isolé. La société éclairée dénonce en chœur la nature « asiate » du pouvoir impérial et rêve de rapprocher la Russie de l'Europe. Pour le tsar, cela n'est point douteux : les responsables de cette évolution des choses sont Witte et Stolypine.

Il continue pourtant d'y croire : ce ne sont là qu'égarements de l'intelligentsia ; les moujiks, eux, redoutent l'Europe. Le peuple a dans le sang la méfiance envers les étrangers et le respect du tsar qui tient de Dieu son pouvoir.

Au jour du tricentenaire de la Maison Romanov, on donne au théâtre Marie l'opéra *La Vie pour le Tsar*. Durant la cérémonie solennelle à la cathédrale Notre-Dame de Kazan, deux colombes volettent sous la coupole. Nicolas, qui se tient à côté de son fils, y voit un heureux présage. Le saint de Sarov avait raison : la seconde partie de son règne sera florissante.

Pendant toutes les célébrations, Alix sanglote sans raison ; elle est persécutée par ses migraines et par une tristesse indicible. « Je suis une ruine », ne cesse-t-elle de répéter. La dynastie n'a plus que quatre ans à vivre.

Mais au moment des célébrations, elle semble intangible.

Extrait du Journal :

« 21 février 1913. Jeudi. Le jour des célébrations du tricentenaire a été radieux et tout à fait printanier. À midi et quart, je suis parti avec Alexis en équipage pour la cathédrale Notre-Dame de Kazan, tandis que maman et Alix prenaient la voiture russe et les filles le landau. Devant nous une sotnia [1] cosaque, derrière également...

À la cathédrale, il y eut une cérémonie solennelle et on donna lecture du manifeste. Nous revînmes au palais de la même façon... L'atmosphère était à la liesse, elle me rappelait celle du couronnement. Collation avec maman. À quatre heures moins le quart, réunion générale dans la salle de malachite. Nous avons entendu les compliments jusqu'à cinq heures et demie. Nous avons vu défiler près de mille cinq cents personnes. Alix était épuisée, elle est allée se coucher...

1. Escadron de cosaques.

J'ai lu et trié un océan de télégrammes... J'ai regardé par la fenêtre les illuminations et le reflet des projecteurs des tours de l'Amirauté. Le vent était au sud-est. »

« Je ressentis une telle tristesse en voyant ta silhouette solitaire », lui écrira Alix dans une lettre.

Une si complète solitude... Rien que la Famille : Alix, les enfants et lui.

Il ne voit à présent que rarement ses amis de jeunesse, les Mikhaïlovitch.

Serge Mikhaïlovitch est toujours avec Mathilde, vieillissante (« l'horrible femme » est un sujet tabou dans la Famille).

Nicolas Mikhaïlovitch préside la Société d'Histoire russe (dont Nicolas lui-même est président d'honneur). Auteur d'une biographie monumentale d'Alexandre Ier, le grand-duc se passionne pour les légendes qui courent sur la mort mystérieuse de son ancêtre et le non moins énigmatique starets Fiodor Kouzmitch. Il tente de découvrir la vérité dans les archives de la Famille Romanov.

Le tsar lui-même est intrigué, mais les deux cousins ont du mal à converser. Nicolas Mikhaïlovitch est un mystique, franc-maçon et libre penseur. Il mène dans son palais de Saint-Pétersbourg une vie solitaire, parmi les livres et les manuscrits. Il ne revit que « chez lui », à Paris, où il tente sans succès d'expliquer à ses amis français les principes de gouvernement de l'empereur Nicky... La Famille l'a surnommé « Nicolas Égalité », par allusion au libéral duc d'Orléans, frère de Louis XVI. Et de même que le duc d'Orléans fut guillotiné par la Révolution française, le libéral Nicolas Mikhaïlovitch sera exécuté à la Forteresse Pierre-et-Paul par la révolution d'Octobre [2]. Au demeurant, cet homme énigmatique avait prévu et même décrit sa mort : « par une nuit sombre et humide, à quelques pas des lourds cercueils de mes ancêtres ».

2. Autre élément du parallélisme, établi cette fois par l'ambassadeur de France Paléologue dans son Journal : le lendemain du Jour de l'An 1917, Nicolas Mikhaïlovitch est relégué sur ses terres par Nicolas II, tout comme le duc d'Orléans l'avait été par Louis XVI le 19 novembre 1787.

L'année 1913 tire à sa fin. La Famille passe l'automne au palais de Livadia. Mais les allées du parc sont désertes. Dimitri, qui venait fréquemment, ne se montre plus. Le neveu préféré est à présent interdit de séjour à Livadia. Le brillant officier de la Garde doit désormais entendre, dans les salons pétersbourgeois, des commérages salaces sur sa fiancée perdue et le moujik sibérien...

On ne voit pas non plus dans les allées du parc l'unique frère restant à l'empereur : Micha. Il n'a pas su tenir la promesse faite à sa mère : sa liaison avec Mme Wulfert, roturière deux fois divorcée, continue. Il a suivi sa belle à l'étranger.

Récit de Vera Leonidovna :

« Elle était magnifique... Des cheveux blond cendré, des yeux langoureux, une grâce indolente de chat... Mais affreusement hautaine. Question d'éducation ! Après tout, elle n'était que fille d'avocat. Elle avait d'abord épousé le marchand Mamontov, puis le capitaine de cavalerie Wulfert... Ce dernier servait dans le fameux régiment de cuirassiers que commandait Michel... Michel s'était amouraché d'elle, elle avait divorcé et lui avait, semblait-il, donné un fils. Elle se faisait ensuite appeler comtesse Brassov, du nom du domaine de Michel... »

Télégramme chiffré aux ambassades russes :

« A. Guerassimov, général-major du Corps des Gendarmes est envoyé en mission à l'étranger, sur ordre de Sa Majesté Impériale, afin de prendre toutes mesures pour empêcher le mariage de Mme Brassov (Wulfert) et du grand-duc Michel Alexandrovitch... »

Le pauvre Michel fait tout ce qui est en son pouvoir pour que son frère couronné ignore ce qui s'est passé. C'est pour cela qu'il est parti à l'étranger et qu'il erre à travers l'Europe, à la recherche d'un coin tranquille où se marier secrètement.

Télégramme chiffré : « Après enquête, j'ai l'honneur de rapporter en quelles circonstances et à quel moment précis a eu lieu le mariage de Son Altesse Impériale... Le 29 novembre, Son Altesse Impériale annonçait à ceux qui l'accompagnaient qu'elle partait en automobile avec Mme Wulfert, à Cannes, par la Suisse et l'Italie. Ses compagnons de voyage et ses domestiques l'y rejoindraient en train, en passant par Paris... Ce jour-là, 29 octobre, le couple n'alla en voiture que jusqu'à la ville de Wurtzbourg où il prit le chemin de fer pour Vienne. Son Altesse Impériale y arriva au matin du 30 octobre. Ce même jour, à quatre heures de l'après-midi, le grand-duc et Mme Wulfert se rendirent à l'église serbe de Saint-Savva où ils se marièrent... Ce voyage est demeuré complètement ignoré de l'entourage du grand-duc et de Mme Wulfert... Durant tout son séjour, le grand-duc a été suivi par des agents des services étrangers... »

Le joli tableau ! Une voiture de la police secrète en suit une autre dont le chauffeur est un grand-duc et la passagère sa maîtresse... Tout l'itinéraire du grand-duc est en effet surveillé par les agents de son frère. Alix a exigé que Nicolas se montre aussi intransigeant que l'était son père...

3 septembre 1911. Ambassade de Russie à Paris. Télégramme chiffré : « Selon des informations qui nous sont parvenues, un aide de camp du Souverain est arrivé à Cannes, avec pour mission d'annoncer au grand-duc, au nom de Sa Majesté, qu'interdiction lui était faite de rentrer en Russie... Le grand-duc est accablé et ne se montre nulle part. »

De tous ceux qu'ils voyaient au temps heureux des débuts de leur mariage, seule demeure Ella. Elle est encore très belle ; en robe grise de l'ermitage de Marthe-et-Marie, elle remonte une des allées. Après son deuil, Ella a renvoyé ses gens et quitté son palais pour deux modestes pièces dans un immeuble de la rue Ordynka, à Moscou. Ainsi se crée l'étonnante Communauté de Marthe-et-Marie. Son nom évoque la maison de Lazare où se rendit le Christ, et sa famille où étaient réunies Marthe et Marie. Les sœurs de l'ermitage s'occupent des malades et des enfants abandonnés, des pauvres et des mourants qui ont besoin d'une aide matérielle ou d'une consolation morale.

La sage Ella le comprend : parler de Raspoutine à Alix signifie rompre les relations et laisser la tsarine seule. Ella n'a d'autre solution que de supporter et de prier pour elle.

Nicky a encore près de lui un ami d'enfance, le prince Pierre Alexandrovitch Oldenbourg, « Petia » dans son Journal.

Les Oldenbourg sont une très ancienne lignée, qui s'est toujours distinguée par une cruauté à nulle autre pareille. Petia, lui, est un homme de haute taille, fort mal bâti et d'une rare bonté. Aux instants de loisir, il écrit des romans sentimentaux sur la nature et le silence des forêts. Il a épousé la propre sœur de son ami couronné, la grande-duchesse Olga. Mais il est homosexuel et, pendant la guerre, Olga le quittera pour un autre.

Petia aura la chance de survivre à la révolution et à son compagnon de jeux. Plus tard, dans l'émigration, l'écrivain Ivan Bounine le rencontrera à une soirée et il rapportera sa réaction aux propos d'anciens révolutionnaires : « Ah, quels gens charmants vous faites et quelle tristesse que Nicky n'ait jamais assisté à des soirées de ce genre ! Il en eût été tout autrement, si vous vous étiez connus ! » Ils avaient quelque chose en commun : l'aimable Nicky et l'aimable Petia.

Le Journal. Les pages défilent, les années aussi.

« 6 mai 1913. Il m'est étrange de me dire que j'ai quarante-cinq ans... Il a fait un temps magnifique, malheureusement Alix ne se sentait pas bien. La messe, les compliments, tout était comme avant, la seule différence est que toutes nos filles y assistaient. »

Son anniversaire tombe pour la fête de Job le Martyr. « Pour couronner le tout, tu es né le jour de Job, pauvre âme martyre ! » (Extrait d'une lettre d'Alix.)

Lui-même y fait de plus en plus souvent allusion.

L'ambassadeur de France, Paléologue, rapporte dans ses Souvenirs :

« Un jour, Stolypine proposa au Souverain une importante mesure de politique intérieure. Nicolas II l'écouta, songeur, puis il eut un geste sceptique, insouciant, qui semblait signifier : cela ou autre chose, peu importe ! Puis il déclara tristement :

– Je ne réussis rien de ce que j'entreprends. Je n'ai pas de chance... Et puis la volonté humaine est si impuissante... Savez-vous quel jour je suis né ?

– Comment l'ignorerais-je ? Le 6 mai.

– Et quel saint fête-t-on ?

– Pardonnez-moi, Majesté, j'ai oublié.

– Job le Martyr.

– Dieu merci, le règne de Votre Majesté sera couronné de gloire, de même que Job, après avoir enduré les plus effroyables épreuves, reçut en récompense la bénédiction de Dieu et la prospérité.

– Non, croyez-m'en, j'ai plus qu'un pressentiment, une certitude. Je suis voué à d'affreuses épreuves dont je ne serai pas récompensé ici-bas... Je reprends souvent à mon compte les paroles de Job : « Car toute l'horreur dont je m'horrifiais m'a frappé. Tout ce que je craignais m'est advenu. »

Quarante-cinq ans. Il se sent vieux... Sa mère bien-aimée, ses amis, son frère, ses oncles, il n'a plus personne avec lui. Job... Et cette étrange impression que la vie évoque de plus en plus un songe. Et cela d'autant plus fort en ces années de tranquillité et de paix relatives, en ces années où semble se réaliser la prédiction de saint Séraphin.

La paix règne encore en Europe, les relations sont encore amicales avec Guillaume II. En se rendant à Berlin, Nicolas entame un nouveau cahier de son Journal. On y trouve cependant d'étranges photographies : l'héritier en uniforme salue militairement. La tsarine et l'aînée des grandes-duchesses portant l'uniforme des régiments qui leur sont dédiés...

Il y a comme un accent belliqueux dans ce nouveau cahier...

L'année 1913 s'achève. Le 31 décembre, Nicolas écrit : « Bénis, Seigneur, la Russie et accorde à nous tous paix, tranquillité et prospérité. »

Le 6 janvier 1914, comme pour clore une époque, a lieu la dernière parade de l'Épiphanie au Palais d'Hiver. Dans les salles sont rangés les détachements de la Garde et des écoles militaires. L'impératrice mère porte un sarafane [3] argent et arbore le ruban bleu de la croix de Saint-André... Alix est vêtue d'un sarafane bleu

3. Vêtement traditionnel des femmes russes.

foncé brodé d'or, prolongé d'une interminable traîne bordée d'hermine, sa tête s'orne d'un diadème de diamants, avec une perle. Les légendaires joyaux des Romanov.

Dans leur suffocante prison d'Ekaterinbourg, ils se remémoreront l'immense et froide salle de marbre, les rangs de la Garde, l'impressionnant Nicolas Nikolaïevitch entouré des impressionnants grenadiers... Ils reverront leur sortie du palais sur le quai, et le métropolite qui descend sur la glace de la Néva pour bénir l'eau dans une trouée...

La guerre

1914. En cette chaude journée de juin, ils font, comme toujours, une petite croisière du côté de la Finlande avec les enfants. Dans l'après-midi, une chaloupe rejoint le yacht impérial. C'est un courrier venu de Saint-Pétersbourg. Nicolas lit les deux télégrammes qui lui ont été apportés et gagne en hâte son salon-cabinet de travail. Le 15 juin, dans la ville bosniaque de Sarajevo, l'héritier d'Autriche-Hongrie, le grand-duc François-Ferdinand et son épouse ont été assassinés. Dans cette ville regorgeant de nationalistes serbes, leur carrosse, Dieu sait pourquoi, progressait lentement, sans que rien ne fût prévu pour assurer leur sécurité. Une cible parfaite... L'assassin est précisément un nationaliste serbe, Gavrilo Princip. Dans la langue politique du temps, cela signifie : la guerre.

Le second télégramme a peut-être à voir avec le premier. En Sibérie, au bourg de Pokrovskoïé, Grigori Raspoutine est grièvement blessé. Il a été frappé d'un coup de couteau par une de ses anciennes admiratrices, Feonia Goussieva. Raspoutine appartient au « parti allemand », qui milite activement contre l'idée d'une guerre avec l'Allemagne.

Simultanément, surgit la cause de la guerre à venir et se trouve écarté le seul homme, peut-être, jouissant d'assez d'influence sur le tsar pour l'éviter. Alix est désormais impuissante. Quand le yacht arrive à Peterhof, elle traverse rapidement le palais et s'enferme dans sa chambre, pour sangloter.

S'agit-il d'une de ces coïncidences, si fréquentes dans l'histoire des Romanov ? Ou faut-il y voir le jeu habituel des services spéciaux ? Des services russes (nombreux, dans la « camarilla », étaient ceux qui voulaient cette guerre, et parmi eux le grand-duc Nicolas Nikolaïevitch) ou allemands (le belliqueux empereur Guillaume en rêvait également depuis longtemps) ?

En juillet 1914, le cuirassé *France* arrive en vue des côtes russes, avec à son bord le président Poincaré. Il est venu parler alliance pour la guerre à venir.

Réception au palais de Peterhof : la Cour la plus brillante d'Europe rend hommage au président français.

Les toilettes des dames ne sont qu'un étincellement de pierreries. Parmi les uniformes de la Suite, le frac noir du Français. Le ministre de la Cour, le comte Freedericksz, splendide vieillard, séduisant par son allure et la noblesse de ses traits, le maréchal de la Cour le prince Vassili Dolgoroukov, grand et bel homme aux manières de la vieille aristocratie et le maréchal comte Benckendorf tout lustré, forment un étonnant trio qui rappelle au président français les fastes de Versailles.

L'ambassadeur de France, Paléologue, qui, durant toute cette réception, est assis en face d'Alix, brosse dans son Journal un étrange portrait de l'impératrice : « Au déjeuner, je ne cessai d'observer Alexandra Fiodorovna... Sa tête ruisselante de diamants, sa silhouette dans la robe décolletée de brocart blanc offrent encore un assez joli spectacle... Elle tente d'engager la conversation avec Poincaré, assis à sa droite, mais son sourire se crispe bientôt, ses joues se couvrent de taches. Elle ne cesse de se mordre les lèvres et son souffle fiévreux fait étinceler de mille feux la rivière de diamants ornant sa poitrine. Jusqu'à la fin du repas, fort long, la pauvre femme lutte manifestement contre l'hystérie. Ses traits s'apaisent soudain quand l'empereur se lève pour porter un toast... »

Infortunée Alix ! Elle le sait : la venue du président signifie que la guerre est imminente. Au demeurant, tous le savent. Au cours d'un déjeuner chez le grand-duc Nicolas Nikolaïevitch, la femme de ce dernier, princesse de Monténégro, se met à crier, avec un plaisir orgasmique : « Avant la fin du mois, la guerre éclatera... Nos armées feront leur jonction à Berlin... L'Allemagne sera anéantie ! » Seul un coup d'œil du tsar interrompt ses prédictions.

La guerre. Pour Alix, c'est un piège. Or, il faut à présent l'approuver à chaque instant, il faut démontrer son patriotisme et sa haine de Guillaume et de l'Allemagne. Mais là-bas, en Allemagne, il y a son frère Ernie, qui va se battre contre son mari. L'Allemagne est son pays d'origine et elle va envoyer ses fils combattre sa nouvelle patrie. Sans compter que la guerre donnera un extraordinaire atout à ses ennemis, et ils sont innombrables. Déjà, elle les entend chuchoter dans son dos : « L'Allemande ! »

Le seul qui puisse lire dans son âme, c'est le moujik sibérien. Il a aussitôt compris et est devenu le principal adversaire d'un conflit contre l'Allemagne. Il n'a cessé de mettre en garde contre les catastrophes qui pourraient s'ensuivre, brossant des tableaux apocalyptiques, murmurant d'effroyables prédictions.

C'est là un autre secret de Raspoutine : il prédit toujours ce que l'impératrice veut entendre. Il saisit et exprime à sa place ses pensées les plus secrètes. Elle pourrait conjurer Nicolas de l'écouter, comme la voix de Dieu et du peuple... Mais le « Starets » gît, blessé, dans un bourg de la lointaine Sibérie.

Sous un ciel caniculaire et menaçant, soixante mille hommes participent à des exercices militaires. Le soir, dîner d'adieu à bord du cuirassé français, la fanfare joue une marche. Un sourire crispé aux lèvres, la tsarine écoute le vindicatif allegro. De nouveau, l'ambassadeur de France témoigne : « Le visage douloureux, suppliant, elle prie : "Ne pourriez-vous... ? " » Paléologue devine. Du geste, il ordonne à la fanfare de cesser de jouer. Elle est au bord de l'hystérie. C'est alors qu'Olga se précipite vers elle.

Olga glissa rapidement vers sa mère, avec une grâce légère, et lui dit tout doucement quelque chose à l'oreille...

Le golfe de Finlande est illuminé par la lune qui projette sur l'onde l'ombre du cuirassé.

Extrait du Journal de Nicolas :

« 19 juillet. Après la collation, ai convoqué Nikolacha et lui ai annoncé sa nomination aux fonctions de commandant suprême, jusqu'à ce que je puisse rejoindre mon armée... À six heures et demie, vigile. En rentrant, j'ai appris que l'Allemagne nous avait déclaré la guerre.

20 juillet. Belle journée, surtout bonne pour le moral. À deux heures et demie, suis parti sur l'*Alexand[rie*' pour Petrograd], puis ai gagné directement le Palais d'Hiver en équipage. J'ai signé le manifeste de déclaration de guerre. Avons quitté la salle de malachite pour rejoindre la salle Nicolas, au milieu de laquelle on a donné lecture du manifeste. Ensuite, service religieux... Toute la salle chantait. J'ai prononcé quelques mots. À mon retour, les dames se sont précipitées pour me baiser les mains, et nous avons été un peu bousculés, Alix et moi... Nous sommes sortis sur le balcon qui donne sur la place Alexandre et nous avons salué l'énorme foule qui s'y trouvait massée... Vers six heures, avons rejoint le vapeur sur le quai, passant, là encore, devant une foule importante d'officiers et de simples sujets. Étions de retour à Peterhof à sept heures et quart. Avons passé tranquillement la soirée.

23 juillet. Ai appris ce matin une bonne nouvelle : l'Angleterre a déclaré la guerre à l'Allemagne.

24 juillet. L'Autriche nous a enfin déclaré la guerre. La situation est désormais claire. »

Ainsi commence la guerre qui va faire tomber les Empires.

Le 31 décembre, il se retourne, comme toujours, sur l'année écoulée :

« Je prie le Seigneur de nous accorder la victoire au cours de la nouvelle année. Et une vie paisible ensuite. Bénis, Seigneur, et affermis nos vaillantes, dociles et incomparables armées pour leurs exploits à venir. »

Qu'en est-il de Raspoutine ? Lorsqu'il comprend que la guerre a commencé, il change rapidement. Remis de sa blessure, il ne tarde pas à regagner Petrograd. En attendant, il envoie des télégrammes. On parlera beaucoup, par la suite, de l'un d'eux, mystérieux, immédiatement adressé à la tsarine et dans lequel il annonce l'apocalypse.

Alix y croit et, à Tobolsk, elle évoquera ce télégramme. J'ai eu pour ma part devant les yeux un autre message envoyé par Raspoutine durant ces mêmes jours, dans lequel il prédit la victoire :

« 20 juillet 1914. Les criminels paieront leur méchanceté et leur perfidie au centuple... Puissante est la grâce du Seigneur, et sous sa protection nous resterons en majesté. »

De retour à Petrograd et sentant l'angoisse d'Alix, Raspoutine reprend ses discours apocalyptiques. Nicolas lui interdit l'accès au Palais. Comme toujours, le « Saint Diable » prend un virage complet. Voici qu'il déclare à ses admiratrices : « Je suis heureux de cette guerre ; elle nous délivrera de deux grands maux : l'ivrognerie et l'amitié allemande. »

« Un magnifique élan a saisi la Russie »

On brûle les représentations allemandes. Un cercle artistique et littéraire exclut ceux de ses membres qui ont un nom allemand et le futur Premier ministre Sturmer se demande s'il ne doit pas changer de patronyme.

À la Douma, toutes les dissensions sont oubliées. L'Union, il n'y a plus que cela qui compte ! Au sein de la Famille Romanov aussi, on oublie les vieilles querelles. Avec la guerre, Nicolas a le droit de pardonner à tous. L'oncle Paul et Micha, le frère du tsar, rentrent en Russie. Pour y périr.

Nicolas évoque le temps de son ancêtre : cette guerre est une guerre patriotique, comme celle contre Napoléon. Il se rend à Moscou, l'antique capitale, qui symbolise la Patrie.

Le Kremlin. Dans la salle Saint-Georges, toute de marbre blanc, entrent l'empereur et la Famille. Alexis s'est récemment blessé à la jambe et il est porté par le matelot qui s'occupe de lui. Près de la tsarine, sa sœur Ella.

« Un magnifique élan a saisi la Russie tout entière, sans distinction de peuples ni de nationalités. D'ici, du cœur de la terre russe, j'adresse à mes braves guerriers un salut ardent. Dieu est avec nous ! » déclare le tsar.

Près de la cathédrale de l'Assomption et du clocher d'Ivan le Grand, la foule à perte de vue... Les cloches étouffent ses cris d'enthousiasme. Le maréchal comte Benckendorf, contemplant cette foule en liesse, dit d'un ton mi-ironique mi-triomphant : « Voilà donc cette révolution qu'on nous promettait à Berlin ? »

Berlin, en effet, avait lancé un avertissement : si la guerre éclatait, elle s'achèverait par la révolution en Russie. Un avertissement que Nicolas avait déjà entendu au tout début de son règne.

À présent, tout est oublié : le peuple acclame la Famille impériale. Pour la première fois depuis de nombreux mois, la joie se lit sur le visage d'Alix.

Dans la semi-obscurité de la cathédrale de l'Assomption, le chœur de la Cour a revêtu le costume argent du glorieux XVIe siècle, avènement de la dynastie Romanov... La divine liturgie résonne. Les pierres précieuses qui recouvrent les vêtements sacerdotaux scintillent à la lueur des cierges.

Trois ans plus tard seulement, perdue dans l'hivernale Sibérie, la Famille évoquera cette liesse moscovite, les cloches, l'enthousiasme du peuple à la vue de son empereur.

« Toutes les informations, officielles et privées, qui me parviennent de toute la Russie sont identiques. Le même enthousiasme populaire, la piété et la dévotion, la même union autour du tsar... Aucune fausse note. Les jours noirs de 1905 semblent à jamais rayés de nos mémoires. Jamais, depuis 1812, l'âme rassembleuse de la Sainte Russie ne s'était exprimée avec autant de force », note l'ambassadeur de France dans son Journal.

C'est sur cette note triomphale que s'ouvre l'épilogue du règne.

En 1914, parmi les révolutionnaires envoyés en relégation dans la région de Touroukhansk, c'est un abattement confinant au désespoir.

« Tout s'est refermé, toutes les révolutions se sont tapies dans leur coin, tous ne songent qu'à servir unanimement la Patrie. Allez respirer dans cette atmosphère qui nous était devenue presque inconnue ! » écrit un député de la Douma.

Une compagnie des plus curieuses se trouve alors réunie du côté de Touroukhansk. Des journées entières, un Géorgien anonyme reste vautré sur sa couchette, le visage contre le mur. Il a cessé de prendre soin de lui, il ne lave même plus la vaisselle, un chien lèche ses assiettes.

Quatre ans plus tard seulement, il vivra au Kremlin, là où se trouvent à présent le tsar et sa Famille.

Et voici un autre révolutionnaire qui a sombré dans le désespoir et la dépression la plus noire. En septembre 1914, il croise un bolchevik, relégué lui aussi, Sverdlov. Outre leurs idées, ils sont liés par une vieille amitié. Et Sverdlov, désolé, écrit à sa femme : « J'ai passé quelques jours avec Georges. Il va mal... Il lui est positivement impossible de vivre loin du tourbillon de la vie. Il faut trouver au moins un exutoire à son énergie. »

« Georges » est l'un des noms de clandestinité de Philippe Golochtchekine. Ainsi, dans la région de Touroukhansk, se retrouvent deux vieux amis, deux futurs organisateurs de l'assassinat de la Famille impériale.

Le grand-duc Nicolas Nikolaïevitch est donc Commandant suprême. Mais le tsar ne tarde pas à rejoindre son armée au front, à la Stavka.

Le tsar part à la guerre et la tsarine lui écrit presque chaque jour. Il y a bien longtemps, aux temps idylliques du XIXe siècle, ils s'étaient adressés d'interminables missives. Depuis, ils ne se sont guère séparés. Mais voici que tout recommence, avec la guerre.

En 1917, avant d'être arrêtée, la tsarine entreprendra de détruire ses papiers. Elle ne touchera cependant pas aux lettres, en dépit des malédictions qui s'y trouvent à l'égard de la Douma déjà victorieuse. Au risque de subir la colère des vainqueurs, elle les conservera, car ces lettres contiennent aussi toute son éternelle et inlassable passion pour son « Petit Garçon », pour « Sunny ».

Comme autrefois, tous deux s'écrivent en anglais. Vingt ans se sont écoulés depuis sa venue en Russie, mais elle continue à penser dans la langue de sa grand-mère Victoria. Elle adressera à Nicolas six cent cinquante-deux lettres. La dernière, la six cent cinquante-troisième, sera envoyée secrètement et ne sera pas numérotée. Au bas de ses lettres, elle dessine une croix : « Dieu te sauve et te protège ! » Il lui répond beaucoup plus rarement, souvent par télégramme. Mais comment s'en étonner ? Le tsar guerroie.

7

« Je relis tes lettres et je m'imagine que mon bien-aimé devise avec moi »

(ROMAN ÉPISTOLAIRE)

Ils devisent ainsi et j'extrais des fragments de leur conversation...

Elle : « Ts[arskoïé] S[elo], 1914, 19 septembre. Mon bien-aimé, mon chéri, je suis si heureuse que tu aies pu partir, car je sais combien tu as souffert tous ces derniers temps, ton sommeil troublé le montre... Cependant que je partage ton angoisse et celle de toute notre Patrie et de tout notre peuple, j'ai aussi le cœur qui saigne pour ma "petite" Patrie, pour ses soldats, pour Ernie... Et puis, égoïste, je souffre déjà de notre séparation. Nous n'avons pas l'habitude d'être séparés. Sans compter que j'aime infiniment mon précieux petit garçon. Cela fait maintenant vingt ans que je suis tienne, et quelle bénédiction furent toutes ces années... »

20 septembre 1914. « Mon aimé, je me suis étendue pour me reposer avant le dîner, les petites sont à l'église et Baby finit de manger... Ô mon amour, comme il me fut pénible de te dire adieu et de voir ton pâle visage solitaire aux grands yeux tristes, à la fenêtre du wagon. Je criais mentalement : "Emmène-moi avec toi..." De retour à la maison, je n'y ai pas tenu et me suis mise à prier, puis je me suis étendue et j'ai fumé pour me remonter. Quand mes yeux eurent retrouvé une apparence plus convenable, je suis allée voir Alexis et suis restée quelque temps allongée sur le divan près de lui, dans l'obscurité... Adieu, Sunny, mon petit garçon.

J'ai couvert de baisers et béni ton oreiller. Tu es toujours dans mes pensées et mes prières. »

Lui : « La Stavka. 22 septembre 1914. Merci de tout cœur pour ta chère lettre... Je l'ai lue avant de m'endormir. Quelle horreur ce fut de vous quitter, toi et les enfants, même en sachant que ce n'était pas pour longtemps. J'ai mal dormi la première nuit, car les locomotives secouaient brutalement le train à chaque arrêt... Je suis arrivé ici à cinq heures et demie, il pleuvait des cordes et il faisait froid. Nikolacha était venu m'accueillir à la gare. Une fois à la Stavka... j'ai eu droit à un long et intéressant rapport dans leur train où, comme je le prévoyais, la chaleur était épouvantable... Mon aimée, je t'embrasse plein, plein de fois... J'ai beaucoup de loisir à présent et le temps de penser un peu à ma petite femme et à ma famille. C'est étrange, mais c'est ainsi. »

Elle : « 24 septembre 1914. Petit amour, j'espère que tu dors mieux à présent, ce que je ne puis dire de moi. Mon cerveau fonctionne encore plus que d'ordinaire et refuse de se reposer. Des milliers de pensées et de combinaisons diverses surgissent dans ma tête et me laissent désemparée... Je relis tes lettres et je m'imagine que mon bien-aimé devise avec moi. De toute façon, nous nous voyons si peu. Tu es tellement occupé et je n'ose t'accabler de mes questions, lorsque tu rentres, fatigué. Nous ne sommes jamais seuls tous les deux... »

« 25 septembre 1914. Bonjour, mon trésor... Cette horrible guerre finira-t-elle jamais ? Je suis sûre que Guillaume est aujourd'hui au désespoir, à l'idée qu'il a lui-même, sous la pression de la clique russophobe, déclenché la guerre et qu'il mène son peuple à sa perte. Après la guerre, tous ces petits États en subiront, de longues années durant, les tristes conséquences. Mon cœur saigne à la pensée des efforts déployés par papa et Ernie pour que notre petite patrie devienne florissante... La prière et une foi sans réserve en la miséricorde divine permettent à l'homme de tout supporter... »

« Notre Ami t'aide à porter ta lourde croix et à supporter tes immenses responsabilités. Tout ira bien, la vérité est de notre côté. »

« Notre Ami », « Gr. », « Il », c'est ainsi qu'elle désigne Raspoutine dans ses lettres. Ce dernier est inévitablement présent dans sa correspondance. Son nom apparaît cent cinquante fois.

Nicolas revient à Tsarskoïé Selo, mais pour peu de temps. En repartant, il trouve, comme toujours, une lettre d'elle dans son wagon.

Elle : « 20 octobre... L'heure de la séparation est proche et mon cœur se serre... Mais je me réjouis pour toi : tu auras des impressions toutes fraîches et te sentiras plus près de tes troupes... Demain, cela fera vingt ans que tu es monté sur le trône et que je me suis convertie. Comme ces années ont passé vite ! Que de choses vécues ensemble !... »

« 22 octobre 1914... Jeter une bombe depuis un aéroplane sur la villa du roi Albert [le roi des Belges], quelle bassesse ! Dieu merci, il n'y a eu aucun dommage. Mais je n'avais jamais entendu dire qu'on attentât aux jours d'un Souverain pour la seule raison que c'était la guerre et qu'il était un ennemi [ils vivent encore au XIXe siècle et s'étonnent des mœurs nouvelles].

J'ai embrassé ton oreiller. Je te vois en pensée, étendu dans ton compartiment et, en pensée, je couvre de baisers ton visage. »

« 24 octobre 1914... Nous avons eu aujourd'hui beaucoup de blessés. Un officier a passé quatre jours à l'hôpital militaire, soigné par Olga. Il dit qu'il n'a jamais vu pareille infirmière... »

« 27 octobre 1914... Oh, cette épouvantable guerre !... La pensée des souffrances d'autrui, du sang versé déchire le cœur... Le monde entier subit des pertes. Mais il doit bien en sortir quelque chose de bon, tout ce sang ne peut être versé en vain. Il est ardu de saisir le sens de la vie. "Il le faut, supporte", c'est tout ce que l'on peut dire. Comme j'aimerais revenir aux jours paisibles d'autrefois. Mais cela ne se fera pas de sitôt... »

Lui : « 27 octobre 1914. Enfin, je puis écrire quelques lignes. J'ai retrouvé ici mon vieux Petioucha [le prince Petia Oldenbourg, époux de sa sœur Olga]. Nous avons passé trois heures sous les tirs d'artillerie... Petia s'est conduit avec un grand sang-froid et réclame une récompense. Je lui ai accordé la croix de Saint-Georges, ce qui a failli le rendre fou de joie... J'ai eu le plaisir de passer toute la journée de samedi avec Micha, qui n'a pas du tout changé et est toujours aussi charmant. »

Micha est rentré en Russie, sa femme porte désormais le titre de comtesse Brassov. Micha aura bientôt la croix de Saint-Georges, gagnée à la tête de la « Division sauvage » de la cavalerie. La comtesse Brassov ne pardonnera jamais à la Famille ses humiliations. À la veille de la révolution, « les portes de son salon s'ouvrent souvent aux députés de gauche de la Douma. Dans les cercles de la Cour, on l'accuse de trahir le régime. Elle se réjouit de ces bruits qui font sa popularité. Elle tient des propos qui vaudraient à un autre de passer une vingtaine d'années en Sibérie », note dans son Journal l'ambassadeur Paléologue.

De nouveau, Nicolas est à Tsarskoïé Selo, pour repartir presque aussitôt.

Elle : « 17 novembre 1914... Oh ! Quelle effroyable solitude depuis ton départ ! J'ai beau avoir les enfants près de moi, c'est une partie de ma vie qui s'en va avec toi. Nous ne faisons qu'un, toi et moi... Tu apportes toujours un "renouveau", comme dit Notre Ami... Il est réjouissant de savoir que ses prières t'accompagnent... Il est bien que tu puisses avoir une discussion de fond avec N[ikolacha]. Donne-lui ton opinion sur certaines personnes et souffle-lui quelques idées... » [L'Ami a déjà été informé que le Commandant suprême réunissait des renseignements contre lui. Il s'en est plaint à « maman » et Alix prie Nicolas de réagir].

« Je revois notre dernière nuit – tout est si affreusement triste sans toi, si calme, il n'y a personne à cet étage. Que les saints anges te gardent... »

Lui : « 18 novembre 1914. Sunny, ma petite femme, mon cœur, j'ai lu ta lettre et j'ai bien failli me mettre à pleurer... J'ai réussi cette fois à me prendre en main au moment de l'adieu, mais ce fut une rude lutte... Mon amour, tu me manques terriblement, tellement que je ne puis l'exprimer ! Je m'efforcerai de t'écrire très souvent, car, à ma propre surprise, j'ai pu me convaincre qu'il m'était possible d'écrire quand le train était en marche... Mon trapèze s'est révélé fort pratique et utile. J'y ai fait maint exercice avant de déjeuner. En vérité, le train est une chose fantastique, cela vous secoue le corps et tout l'organisme. »

Extrait des Souvenirs de K. Cheboldaïev (retraité du ministère de l'Intérieur) :

« Lorsque j'arrivai à Sverdlovsk[1], on me mena à la maison Ipatiev. C'était à l'époque une distraction de choix que d'aller visiter la maison où l'on avait assassiné la Famille impériale. On me montra l'endroit, près de la palissade, où il avait son trapèze. À son arrivée, il l'avait aussitôt installé et "Sunny" s'était mis à tourner. Ses pieds s'élevaient bien au-dessus de la clôture que l'on décida alors de doubler. »

Elle : « Lettre 250... 20 novembre 1914. Un moustique attardé tourne autour de ma tête, tandis que je t'écris. Mon très cher, j'embrasse matin et soir ton oreiller, je me languis de son bien-aimé propriétaire. La journée d'aujourd'hui est douce, Baby se promène dans sa petite voiture. Olga l'emmènera ensuite au Grand Palais rendre visite aux officiers qui y sont soignés et qui rêvent de le voir. Je suis trop lasse pour les accompagner... d'autant que nous allons devoir procéder à une amputation à la grande infirmerie. Je suis poursuivie par l'odeur atroce de ces plaies infectées... »

L'armée de Samsonov a déjà été engloutie dans les marécages prussiens, les défaites et les pertes ont refroidi l'enthousiasme. Blessés, réfugiés, sueur, sang et sanie. Une horreur dans laquelle toute l'Europe est plongée.

Elle : « 24 novembre 1914. Les nouvelles du front sont si alarmantes... Je n'accorde, bien sûr, aucune valeur aux ragots qui circulent en ville et vous détraquent les nerfs... Je ne crois qu'aux indications de Nikolacha. Néanmoins, j'ai prié Ania de télégraphier à l'Ami que la situation était très grave et que nous lui demandions de prier... »

« 25 novembre 1914. Je ne t'écris que quelques lignes, en grande hâte. Nous avons passé toute la matinée au travail. Un soldat est mort tandis qu'on l'opérait, c'est affreux. C'est la première

---

1. Nom soviétique d'Ekaterinbourg.

fois que cela se produit... Les petites se sont montrées courageuses, pourtant ni elles ni Ania n'avaient jamais vu la mort d'aussi près... Tu peux imaginer combien cela nous a bouleversées. Que la mort est donc proche... »

Lui, cependant, se rend dans le Caucase, via les stanitsas[2] cosaques :

« 25 novembre 1914, dans le train. Mon aimée, Sunny, mon cœur ! Nous traversons, N.P. et moi [il a choisi pour l'accompagner son aide de camp favori, Nikolaï Pavlovitch Sabline], des paysages fort pittoresques et nouveaux pour moi, avec, d'un côté, de hautes montagnes et, de l'autre, la steppe. Je suis longtemps demeuré à la porte ouverte du wagon, respirant avec joie la tiède fraîcheur de l'air. À chaque station, le quai est noir de monde, beaucoup d'enfants... Ils sont si mignons, coiffés de leurs minuscules papakhas[3]... Les cahots du train sont terribles, aussi pardonne mon écriture... Après la tournée des infirmeries avec N.P., j'ai fait un saut à l'institut de jeunes filles du Kouban et au grand orphelinat de la dernière guerre. Il n'y a là que des filles de cosaques. Elles ont l'air en bonne santé, semblent fort à l'aise, on rencontre ici ou là de jolis minois... Cette région cosaque est riche et splendide. Des vergers à perte de vue. On sent que les gens prospèrent, et surtout, il y a une quantité invraisemblable d'enfants en bas âge. De futurs sujets. Tout cela fait déborder de foi en la miséricorde divine. Je dois attendre avec sérénité et confiance ce que l'avenir réserve à la Russie. »

Elle : « 28 novembre 1914. Mon inestimable ! Je suis heureuse que vous ayez eu le bonheur, espèce de polisson, de voir de jolis minois. J'ai pour ma part plus souvent l'occasion de contempler d'autres parties du corps, moins idéales. »

De nouveau, retour et redépart presque immédiat.

Elle : « 14 décembre 1914. Comme il m'a été difficile de te dire adieu, de te voir debout parmi ton peuple... Il fallait saluer, voir

2. Villages cosaques.
3. Bonnets caucasiens en peau de mouton.

tout le monde... sourire, sans avoir la possibilité de te regarder, toi. Or, j'en avait tellement envie ! Notre Rayon de Soleil est sorti dans son petit traîneau, tiré par le petit âne. Il t'embrasse. Il est déjà en état de mettre le pied par terre... »

« 15 décembre 1914. Mon très cher, Notre Botkine a reçu une nouvelle du régiment : son fils a été tué parce qu'il ne voulait pas se rendre, c'est un officier allemand qui nous l'a appris. Le pauvre, bien sûr, est effondré. »

Evgueni Sergueïevitch Botkine est le fils du célèbre médecin russe Sergueï Botkine, médecin de la Garde d'Alexandre II et Alexandre III. Ses fils se tournent également vers la médecine : Sergueï, une sommité, et Evgueni, autrement plus modeste mais exceptionnellement bon, cordial, médecin à la Communauté de Saint-Georges.

À cette époque, l'impératrice se plaint de plus en plus souvent de problèmes cardiaques. Elle passe des heures dans son lit pour tenter de calmer la douleur lancinante qu'elle ressent au cœur. Elle a des crises de plus en plus fréquentes, ses mains bleuissent et elle suffoque. Des coryphées de la médecine européenne sont conviés au palais. Ils ne lui trouvent aucune maladie de cœur, diagnostiquent un détraquement des nerfs et lui prescrivent un changement de régime.

Alix ne supporte pas qu'on soit d'un avis différent du sien, et cela vaut pour les diagnostics médicaux. C'est pourquoi on finit par prendre comme médecin le doux Evgueni Sergueïevitch. D'une part, cela s'inscrit dans la tradition des Botkine, d'autre part l'accommodant Evgueni Sergueïevitch prescrit à la tsarine un remède qui lui est familier : rester étendue sans bouger. Non qu'il comprenne son véritable état, simplement il considère que cela soigne les nerfs. Son attitude apaise la tsarine ; la moindre contrariété ne fait qu'augmenter une nervosité qui peut lui être fatale.

Elle : « Mon cœur est encore dilaté et me fait mal, parfois j'ai des vertiges... Je te serre contre mon cœur malade et t'embrasse sans fin... »

« Un vieux couple comme le nôtre arrive rarement à se voir »

1914 s'achève. Le soleil d'hiver, blafard, se reflète sur la neige éblouissante de Tsarskoïé Selo. Une litanie d'équipages et d'autos à l'entrée du Grand Palais. Dans la galerie des glaces, aligné, le corps diplomatique. Accompagné de la Suite, Nicolas fait le tour des diplomates. Il s'entretient longuement avec l'ambassadeur de France : « Le voyage que je viens d'effectuer à travers la Russie m'a montré que j'étais en parfait accord avec mon peuple. » Puis, d'une toute autre voix, soudain pleine d'angoisse, il ajoute : « J'ai connaissance que d'aucuns essaient... de répandre l'idée que je suis démoralisé, que je ne crois plus possible d'abattre l'Allemagne et que j'ai même l'intention d'entamer des pourparlers de paix. Ce ne sont que des bruits répandus par des canailles et des agents allemands... »

Le tsar passe le Nouvel An à Tsarskoïé Selo, puis repart au front à la fin de janvier.

Elle : « 22 janvier 1915. Mon aimé, Baby se plaint un peu de douleurs à la jambe et il a terriblement peur de la nuit qui vient... Ania me prie de te dire ce qu'elle a oublié de te transmettre hier, à la demande de Notre Ami, à savoir que tu ne dois à aucun moment mentionner le Commandant suprême dans ton manifeste. Le manifeste doit venir de toi, pour ton peuple. » La guerre couve, couve, avec Nikolacha.

« Trésor chéri, je t'écris de mon lit, il est six heures passées, la chambre me semble si grande et si vide depuis qu'on a enlevé le sapin... »

Lui : « 26 janvier 1915. Ma chère et bien-aimée petite femme, je te remercie tendrement de tes lettres. J'ai fait une visite à Nikolacha et vu son nouveau wagon de chemin fer, très confortable et sympathique, mais il y fait une chaleur telle qu'on n'y tient pas plus d'une demi-heure. Nous avons abordé de front certaines graves questions et, à ma grande joie, nous sommes parvenus à un complet accord... Je dois te dire que lorsqu'il est seul et dans de bonnes dispositions, son jugement est sûr. Il s'est produit un changement considérable en lui, depuis le début de la guerre. La vie dans ce lieu isolé qu'il appelle "son ermitage", et la conscience de l'écrasante responsabilité qui repose sur ses épaules, ont dû laisser une marque profonde en son âme. C'est aussi, vois-tu, une manière d'exploit. »

Nicolas a tant rêvé de cet accord. Il lui faut apaiser la tsarine, et pour cela il lui annonce que Nikolacha est seul, sans ces effroyables « femmes noires » [les Monténégrines], adversaires de l'Ami...

Nouvel aller et retour.

Lui : « 28 février 1915. Mon petit cœur bien-aimé, j'ai été si heureux de passer ces trois jours à la maison, tu l'as sans doute remarqué. Mais je suis sot et ne dis jamais ce que je ressens. Quel dépit d'être toujours si occupé et de n'avoir pas la possibilité de passer un moment ensemble, à deviser. Après déjeuner, je ne puis rester à la maison, tant j'ai besoin d'air. Ainsi passent toutes les heures libres, un vieux couple comme le nôtre arrive rarement à se voir. »

Elle : « 8 mars 1915. Mon très cher, mon aimé, j'espère que tu reçois régulièrement mes lettres. Je les numérote chaque jour et reporte sur mon carnet préféré... Je viens d'apprendre qu'Irène [la fille de Sandro, mariée à Félix Ioussoupov] a eu une fille... Je pensais bien que ce serait une fille. »

Récit de Vera Leonidovna :

« Le beau Félix se caractérisait par ce qu'on appelait à l'époque des "fautes de grammaire". Autrement dit, il était bissexuel... Mais quel beau couple il formait avec sa femme ! Ils étaient magnifiques ! Racés ! »

Elle : « 9 mars 1915. Mon petit mari, mon ange, quel bonheur de savoir qu'après-demain je te serrerai fort dans mes bras, j'entendrai ta chère voix et contemplerai tes yeux aimés !... Je t'adresse une lettre de Macha (d'Autriche) qu'on l'a priée de t'écrire en faveur de la paix. Il va de soi que je ne réponds plus à ses lettres... »

La demoiselle d'honneur Marie Vassiltchikova (Macha) vit alors en Autriche. Un jour, comme elle devait le rapporter par la suite, trois inconnus viennent la trouver et la prient d'envoyer au Souverain une missive dont ils lui dictent le contenu : « L'attachement à la paix de Sa Majesté Impériale est connu de toute l'Europe... L'Autriche et l'Allemagne ont d'ores et déjà pu se convaincre de la force des armes russes », etc. Bref, les inconnus viennent proposer (sans rien d'officiel, pour l'instant) une rencontre secrète de trois émissaires (autrichien, russe et allemand), afin d'envisager les modalités d'une paix séparée. La rencontre pourrait avoir lieu à Stockholm...

Il le sait : l'histoire de la lettre ne manquera pas de susciter les mêmes ignobles rumeurs. Et, recevant la « lettre de Macha », il la remet aussitôt à son ministre des Affaires étrangères. Il veut que tous sachent qu'il ne fait pas mystère de ce genre de propositions, parce qu'il les juge absolument inacceptables.

Quant à Alix, il faut que nul ne la soupçonne d'aucune initiative de paix ni tentative de conclure la paix avec l'Allemagne. Et, consciente de toute l'horreur de cette guerre, rêvant de paix avec son pays natal et jouissant d'une réelle influence sur les décisions de Nicky, elle doit se taire. Au bout du compte, Macha est sommée de rentrer sans délai en Russie...

Retour à Tsarskoïé Selo. Nouveau départ.

Elle : « 4 avril 1915. Tu nous quittes à nouveau, et avec joie, sans doute, car ta vie ici, hormis le jardinage, a été ennuyeuse. Nous ne nous sommes presque pas vus, j'étais alitée. Je n'ai pas eu le temps de te poser bien des questions, et quand, le soir, nous étions enfin réunis, toutes mes pensées s'envolaient... »

C'est vrai, il est peu loquace. Quand ils sont ensemble, ils se taisent. Seule la séparation provoque ce jaillissement de mots d'amour.

Elle : « Je pleure comme un grand enfant. Je revois tes yeux tristes, pleins de tendresse... Je t'adresse mes souhaits les plus ardents pour demain [ce 8 avril qu'ils aiment tant, l'anniversaire de leurs accordailles]. Pour la première fois en vingt et un ans, nous ne passerons pas ce jour ensemble, mais quel vif souvenir j'en garde ! Mon très cher petit garçon, quel bonheur et quel amour tu m'as donnés durant toutes ces années... »

« 8 avril 1915. Comme le temps passe : vingt et un ans, déjà ! Tu sais, j'ai gardé la "robe de princesse" que je portais ce matin-là et je mettrai ta broche aimée... »

La Vassiltchikova est rentrée à Petrograd et elle a manifestement rapporté des lettres d'Allemagne.

Elle : « 17 avril 1915. J'ai reçu une longue et charmante lettre d'Ernie, je te la montrerai à ton retour. Il écrit : "Si quelqu'un peut le comprendre (c'est-à-dire, toi) et savoir ce qu'il ressent, c'est bien moi." Il t'embrasse fort. Il s'efforce de trouver une issue à ce dilemme et estime que quelqu'un devrait commencer à jeter un pont pour les pourparlers. Il a formé le projet d'envoyer, à titre privé, un fondé de pouvoir à Stockholm, pour y rencontrer un de tes émissaires (à titre privé) ; ensemble, ils pourraient aider à aplanir de nombreuses difficultés temporaires. Son projet se fonde sur le fait qu'il n'y a pas, en Allemagne, de véritable haine envers la Russie. Ernie l'a déjà envoyé là-bas pour le 28. J'ai fait dire à ce monsieur que tu n'étais pas encore de retour et qu'il attende. Bien que tous aspirent à la paix, le temps n'en est pas encore venu. Je voulais en finir avec cette affaire avant ton retour, car je sais que cela te déplaira. »

Pauvre Alix, comme elle espère : et si, malgré tout, Nicolas répondait que « le temps est venu » ? Mais non.

Le 6 mai est proche.

Elle : « 4 mai 1915. Quelle tristesse de passer sans toi ton anniversaire ! C'est la première fois... Ah, ta croix est bien pesante ! Comme je voudrais t'aider à la porter, ne fût-ce que par la pensée. Comme j'aimerais alléger ton fardeau, tu en as beaucoup enduré, ces vingt dernières années... Il est vrai que tu es né le jour de Job le Martyr, mon pauvre ami. »

« Il m'est plus facile de coucher tout cela sur le papier. Toujours ma sotte timidité... »

Elle : « 13 juin 1915. Je suis ennuyée que ton bien-aimé cœur te fasse souffrir. Je t'en prie, demande à Botkine de l'examiner, quand tu rentreras... Je compatis à tous ceux qui ont le cœur malade, j'en souffre moi-même depuis tant d'années. Masquer ses chagrins et soucis est très mauvais pour le cœur. Cela le fatigue, souviens-t'en... Je le vois parfois à tes yeux. Tu dois toujours me le dire, car j'ai assez d'expérience sous ce rapport et peut-être saurai-je t'aider. Parle de tout avec moi, fais-moi part de tout, pleure un peu au besoin, il semble que cela soulage physiquement... Ania sort d'ici, elle a vu Grigori ce matin. Pour la première fois en cinq nuits, il a bien dormi et dit qu'au front la situation s'améliore un peu... »

« 14 juin 1915. Paul [le grand-duc] m'a parlé d'une désagréable affaire dont il vaut mieux t'avertir : depuis six mois, tous évoquent la présence d'un espion à la Stavka. Et quand j'ai demandé son nom, il a mentionné le général Danilov... Commande... qu'on surveille attentivement cet homme. »

À ce moment, les défaites au front poussent à rechercher des boucs émissaires. On trouve une explication : les espions. On commence par tomber à bras raccourcis sur les Juifs. La cour martiale en fait pendre quelques-uns à Dvinsk, « pour espionnage ». On apprendra par la suite qu'ils étaient innocents et ils seront réhabilités à titre posthume. Mais, déjà, le grand-duc Nicolas Nikolaïevitch décide de s'attaquer à un plus gros gibier.

C'est ainsi qu'éclate la fameuse affaire du colonel Miassoïedov, espion allemand. Grâce aux aveux de Miassoïedov, Nikolacha remonte jusqu'à son principal ennemi, le ministre de la Guerre, Soukhomlinov. En juin, ce dernier est démis de ses fonctions. De Soukhomlinov, par le biais de l'épouse de celui-ci, on remonte jusqu'à l'Ami, autrement dit jusqu'à Alix ! L'Allemande est une espionne. Une évidence !

Et la pauvre Alix décide de montrer qu'elle prend elle aussi part à la grande affaire du moment : la chasse aux espions. Elle en trouve un : le général Danilov. C'est l'un des généraux les plus talentueux de la Stavka, l'un de ceux, aussi, qui ont la langue la plus affûtée et il est, naturellement, l'ennemi de l'Ami...

Elle : « 15 juin 1915. J'attends avec impatience la lettre que tu m'as promise... J'ai passé une petite heure chez Mavra [l'épouse du grand-duc Constantin Konstantinovitch], elle est calme et courageuse ; Tatiana [la fille de C. R.] fait peur à voir, elle est encore plus maigre et plus pâle... »

Au début de juin, au palais de Pavlovsk, C. R. s'est éteint d'une crise d'angine de poitrine.

Peu auparavant, au cours d'une attaque au front, son aîné, et le plus brillant de ses fils, Oleg avait été mortellement blessé. C. R. lui avait lui-même fermé les yeux. La mort de son fils préféré devait incontestablement hâter sa propre fin. Le poète C. R. sera le dernier Romanov à être solennellement inhumé dans la cathédrale de la Forteresse Pierre-et-Paul.

Elle : « 16 juin 1915. Ton jasmin si odorant, je l'ai glissé dans mon Évangile, il m'a rappelé Peterhof... J'ai passé l'après-midi sur la terrasse, dans la soirée je voulais aller à l'église mais j'étais trop fatiguée. J'ai dans le cœur un tel poids, une telle mélancolie. Je ne cesse de songer aux paroles de Notre Ami. Trop souvent, nous n'y accordons pas assez d'importance ; Il était très opposé à ton départ pour la Stavka, parce qu'on peut t'y obliger à faire des choses qu'il vaudrait mieux éviter... Quand Il déconseille quelque chose et qu'on ne L'écoute pas, on se convainc ensuite qu'on a eu tort... Tout cela est de mauvais augure. Il [Nikolacha]... n'approuve pas que Grigori fréquente notre maison, c'est pourquoi il veut te retenir à la Stavka, loin de lui. S'ils savaient seulement combien ils te nuisent au lieu de t'aider, leur haine envers Grigori les aveugle. Te souviens-tu, dans le livre (que nous lisions) il est dit qu'un pays dont le Souverain est guidé par l'homme de Dieu ne peut périr. Oh ! Remets-toi plus souvent entre Ses mains ! »

Lui : « 16 juin 1915. Mon Sunny bien-aimé, merci de tout cœur pour ta longue et chère lettre... En ce qui concerne Danilov, je pense que l'idée qu'il soit un espion ne vaut pas tripette... »

Elle : « 17 juin 1915. Mon très cher, mon chéri, ta petite femme devrait t'écrire des lettres gaies et joyeuses, mais c'est si difficile, car je me sens triste et abattue. Que de tourments j'endure ! À présent, la Douma doit se réunir en août. Or, Notre Ami t'a prié à plusieurs reprises de retarder cela autant que possible... Maintenant, ils vont se mêler et juger d'affaires qui ne les regardent pas. N'oublie pas que tu es et dois demeurer un empereur autocrate. Nous ne sommes pas encore prêts pour un régime constitutionnel. N[ikolacha] et Witte sont responsables de l'existence de cette Douma, elle t'a causé plus de soucis que de joies... Pardonne-moi de t'écrire cela, mais je me sens infiniment malheureuse, tous te donnent de mauvais conseils et abusent de ta bonté... Envoie promener la Stavka ! Tu t'absentes à nouveau pour si longtemps, or Grigori t'a prié de n'en rien faire. Tout va à l'encontre de Sa volonté et mon cœur se serre de peur... Ah, si je pouvais te protéger des malheurs et des soucis : il y en a tant, plus qu'un cœur ne peut supporter ! »

Elle a ses informations : Nikolacha s'apprête à porter des accusations contre l'Ami, et Nicky risque de ne pas comprendre et d'y ajouter foi !

Entre-temps, l'enquête sur les espions est déjà remontée jusqu'à l'entourage de Raspoutine.

Raspoutine, espion allemand ? Sûrement pas. Il sert fidèlement la Famille impériale. Mais il a un problème : Alix ne cesse d'exiger de lui de nouvelles prédictions et il n'a pas le droit de se tromper. Aussi son appartement de la rue Gorokhovaïa est-il un véritable *brain-trust* : entrepreneurs, brasseurs d'affaires bien informés, des « gens intelligents », auxquels il fait part des renseignements qu'il obtient de l'impératrice. Ils en discutent ensemble, après quoi le rusé moujik sait ce que doit être sa prochaine prophétie... Il n'est pas non plus à exclure que certains de ces « cerveaux » appartiennent aux services allemands et l'on peut sans doute trouver des preuves compromettantes pour le « Starets ». Mais le Commandant suprême adopte une tactique familière ; plutôt que de creuser patiemment cette affaire d'espionnage, il mord à l'hameçon que lui tend le « Saint Diable » : le scandale du *Iar.* Et il tombe dans le piège préparé par Raspoutine.

Au courant de toutes les péripéties de la fameuse soirée, Djounkovski, commandant du Corps des Gendarmes, rédige un rapport sur les faits et gestes de Raspoutine, que Nikolacha s'empresse d'utiliser.

Elle : « 22 juin. Mon ennemi Djounkovski a montré à Dimitri [le grand-duc] un ignoble papier (contre l'Ami). Dimitri en a parlé à Paul... Et cette abomination : il paraîtrait qu'ayant lu le papier, tu aurais dit que tu en avais assez de ces sales histoires et que tu souhaitais que Notre Ami soit sévèrement puni... Je suis sûre qu'il déforme tes paroles et tes ordres ; ce sont les calomniateurs qui doivent être châtiés, pas Lui (Notre Ami) ! À la Stavka, ils veulent se débarrasser de Lui, ah ! c'est trop ignoble !.. Si nous laissons persécuter Notre Ami, nous tous et le pays en pâtirons... Ah, mon ami, quand donc taperas-tu enfin du poing sur la table et tanceras-tu vertement Djounkovski et consorts ?... Nul ne te craint, alors qu'ils devraient trembler devant toi... Si Djounkovski est avec toi, convoque-le et dis-lui que tu sais... qu'il a montré ce papier en ville, et que tu lui intimes l'ordre de le détruire. Qu'il ne s'avise plus, désormais, de parler de Grigori comme il le fait ! Il se conduit en traître, et non en fidèle sujet qui doit défendre l'Ami de son Souverain, comme cela se fait dans n'importe quel pays. Ô mon petit garçon, oblige-les tous à trembler devant toi... Tu es toujours trop bon et tous en abusent... Cela ne peut plus continuer ainsi ! »

En effet, le Commandant suprême présente au tsar un long rapport. L'impressionnant et furieux Nikolacha crie dans le wagon chauffé à blanc... Au début, toutes les accusations qu'il formule sont bien connues du tsar : les débauches et autres bamboches de l'Ami. Mais voici que le discours du Commandant suprême devient effrayant : la maison de Raspoutine est un nid d'agents allemands, tout ce qui se fait à la Stavka est aussitôt connu à l'appartement de la rue Gorokhovaïa, par le biais de la trop confiante tsarine...

– Je l'ignorais... Je ne pouvais pas même imaginer... répète le tsar, en plein désarroi.

Nikolacha suggère alors de faire venir Alexandra Fiodorovna à la Stavka et de lui montrer le rapport. Puis d'en finir avec l'Ami. De « régler l'affaire en famille », ici, à la Stavka !

Nicolas est d'accord. Il n'a plus qu'une envie, à présent : fuir ce train et rentrer chez lui, à Tsarskoïé Selo. En route, un peu calmé, il comprend : tout cela n'est que réactions émotionnelles, suppositions gratuites, il n'existe aucune preuve réelle de la trahison de Raspoutine. Rien que les habituels récits des débauches de l'Ami.

Lorsque l'impératrice apprend tout ce qui s'est passé à la Stavka, elle est saisie de fièvre. Elle sombre dans l'inconscience et supplie, dans son délire, qu'on lui laisse Baby, qu'on ne l'enferme pas dans un monastère, qu'on lui permette au moins de voir son mari et le Petit.

« Le Souverain ne peut-il donc enfermer dans un monastère une femme qui cause sa perte et celle de la Russie, qui est le mauvais génie du peuple russe et de la dynastie Romanov ? ... » écrira un an plus tard dans son Journal le monarchiste Pourichkievitch*.

Manifestement, Nicolas reçoit, à Tsarskoïé Selo, une nouvelle importante. L'information, sans doute, vient de Raspoutine qui a des relations au sein de la police secrète. Comme l'écrira ensuite l'amie d'Alix, Lily Dehn : « S'il [le tsar] n'avait pas pris la place de N.N., il aurait été évincé du trône. » On annonce donc à Nicolas qu'un complot s'ourdit...

S'agit-il d'une invention de Raspoutine ? Ou bien, comme le dira Denikine*, d'une « obsession d'Alexandra Fiodorovna » ? Ou, effectivement, la « camarilla », ressentant, comme en 1905, l'imminence de la catastrophe, a-t-elle décidé de le remplacer par Nikolacha ? Quoi qu'il en soit, le tsar ne voit qu'une chose : cette fois, cela va mal finir, le Commandant suprême va exiger d'écarter Raspoutine (ce qui revient à tuer Alix !). Il se peut qu'il réclame aussi les mesures les plus dures à l'encontre d'Alix, en sachant que jamais Nicolas n'acceptera. Alors le tsar sera pris au piège, on l'empêchera tout bonnement de revenir à la Stavka et il n'aura plus qu'une issue : l'abdication !

Le tsar ne veut pas offenser Nikolacha par ces soupçons. Il décide alors de dire simplement aux ministres : « En cet instant critique, le chef suprême de l'armée doit en prendre la tête. »

C'est ainsi qu'il se résout à un acte que l'opinion juge absolument insensé.

Des rumeurs effroyables courent dans Petrograd : le tsar démet Nikolacha et devient Commandant suprême. La société est en état de choc. Nicolas Nikolaïevitch, son autorité, sa popularité... et le tsar, sans volonté, avec tous les bruits concernant la tsarine allemande, les accusations de collusion avec l'ennemi, et le répugnant « Starets » !!!

La mère de l'empereur a compris : c'est la catastrophe.

Le grand-duc André Vladimirovitch, tendre ami de la Petite K., note dans son Journal, le 24 août 1915 :

« Été aujourd'hui chez tante Minnie [l'impératrice mère], dans l'île Elaguine. L'ai trouvée littéralement accablée... Elle estime que la mise à l'écart de Nic. Nik. sera fatale... Elle n'a cessé de répéter : "Où allons-nous ? Où allons-nous ? Ce n'est pas Nicky... Il est charmant, honnête et bon, c'est elle, rien qu'elle ! Elle seule est responsable de tout ce qui arrive. Ce n'est pas mon cher enfant qui a fait cela !..." Quand maman est allée la voir, elle a ajouté que cela lui rappelait le temps de l'empereur Paul Ier qui, la dernière année de son règne, avait entrepris d'écarter tous ceux qui lui étaient le plus dévoués ; la triste fin de notre ancêtre lui apparaît aujourd'hui dans toute son horreur...

Il n'est pas d'exemple dans l'histoire russe, depuis Pierre le Grand, de tsars prenant la tête de leur armée. Toutes les tentatives en ce sens, sous Alexandre Ier en 1812, sous Alexandre II, ont donné de piteux résultats... »

Nicolas repart à la Stavka. De tous ses départs, c'est le plus pénible. Il doit annoncer sa décision au Commandant suprême, le géant Nikolacha, qui l'intimide, dans son wagon chauffé à blanc par le soleil.

Dans le train impérial l'attend, comme toujours, une lettre.

Elle : « 22.08.15. Mon très cher, mon aimé... Jamais ils n'ont senti en toi pareille résolution... Tu te comportes enfin en Souverain, en véritable autocrate, sans lequel la Russie ne peut exister... Pardonne-moi, je t'en supplie, de ne t'avoir pas laissé de répit, mon ange, tous ces derniers jours. Mais je sais trop bien ton exceptionnelle douceur de caractère... J'ai si atrocement souffert, je me sens physiquement si fatiguée et moralement si tourmentée (et je continuerai de me tourmenter jusqu'à ce que les choses s'arrangent à la Stavka et que Nikolacha s'en aille, alors seulement je m'apaiserai)... Vois-tu, ils ont peur de moi, c'est pourquoi ils vont vers toi quand tu es seul. Ils connaissent la force de ma volonté, ils savent que j'ai raison, mais à présent, tu as raison toi aussi, nous le savons. Fais-les trembler devant ta volonté et ta fermeté. Dieu est avec toi et Notre Ami de ton côté... Que les saints anges veillent sur ton sommeil ! Je suis toujours près de toi et rien ne nous séparera... »

Nikolacha comprend d'emblée : il a perdu la partie. L'ancien Commandant suprême se comporte irréprochablement.

Lui : « 25.08.15. Dieu merci, c'est passé, et me voici avec une nouvelle responsabilité sur les épaules... Mais que soit accomplie la Volonté de Dieu... Durant toute la matinée de ce mémorable jour, 23 août, une fois ici, j'ai beaucoup prié et relu sans fin ta lettre. Plus le moment de rencontrer Nikolacha approchait, plus la paix revenait dans mon cœur. Nikolacha est entré, un bon sourire guilleret aux lèvres, il s'est contenté de demander quand je lui ordonnais de partir. J'ai répondu sur le même ton qu'il pouvait demeurer deux jours. Nous avons ensuite évoqué des questions touchant les opérations militaires, certains généraux et autres. Et ce fut tout. Les jours suivants, au déjeuner, il s'est montré fort disert et dans une bonne disposition d'esprit, comme nous l'avions rarement vu au cours de ces derniers mois... Ses aides de camp, en revanche, avaient une mine des plus sinistres, c'en était presque comique. »

Il est donc Commandant suprême d'une armée en retraite. Dès lors, avec son tempérament, toute la fougue dont elle est capable et, pire, son indomptable volonté, l'impératrice commence à l'aider à diriger le pays et l'armée.

Elle : « 30 août 1915. Mon aimé, mon cher... Il conviendrait de se défaire de Goutchkov, mais comment ? C'est là la question. En temps de guerre, ne peut-on trouver quelque chose qui permettrait de l'épingler ? Il veut l'anarchie, il est contre notre dynastie qui, comme le dit Notre Ami, est placée sous la protection de Dieu... »

Dès cette époque, les dessins immondes, les propos ignobles sur l'épouse du Commandant suprême, la Souveraine du pays, deviennent monnaie courante.

Elle : « Botkine m'a rapporté qu'un certain Gorodinski (un ami d'Ania) a entendu dans un train deux messieurs dire des horreurs sur moi. Il les a souffletés tous les deux... »

Lui : « 31 août 1915. Comme je te suis reconnaissant de tes lettres ! Dans ma solitude, elles sont mon unique consolation, je les attends avec impatience. Quelques mots, à présent, de la situation militaire : elle est menaçante du côté de Dvinsk et Vilna, grave du côté de Baranovitchi et bonne dans le Sud... Sa gravité tient à la faiblesse de nos régiments qui sont à moins du quart de leurs effectifs. Impossible de les compléter avant un mois : les nouvelles recrues ne sont pas prêtes et on manque cruellement de fusils... Impossible de se fier comme avant à nos chemins de fer, en trop mauvais état. La concentration des troupes ne sera achevée que vers le 10 ou le 12 septembre. Pour cette raison, je ne puis me résoudre à rentrer à la maison avant cette date. Tes chères fleurs, celles que tu m'as données dans le train, sont encore sur ma table, elles commencent à peine à se faner... »

Elle : « 3 septembre 1915. Grise journée. Mon Dieu, que de pertes, on en a le cœur déchiré. »

« 4 septembre 1915. Mon très cher, mon chéri, pourquoi n'avons-nous pas une ligne de téléphone reliant ta chambre à la mienne, comme l'avaient Nikolacha et Stana ? Ce serait magnifique, tu pourrais m'annoncer les bonnes nouvelles ou discuter avec moi de quelque question... Nous ferions en sorte de ne pas t'ennuyer, car je sais que tu n'aimes pas bavarder. Cette ligne serait réservée à notre usage exclusif et nous pourrions parler sans crainte d'être écoutés. Cela serait utile en cas d'urgence, et puis je me réjouirais tant d'entendre ta douce voix ! »

« 7 septembre 1915. Il fait froid, il pleut et vente. J'ai lu les journaux. Pas un mot de nos pertes à Vilna, de nouveau tout se confond, succès et échecs... Ne charge surtout pas Dimitri de missions de confiance, il est trop jeune et a une trop haute opinion de lui-même ! D'ailleurs, je préférerais que tu l'éloignes de toi ! Mais ne lui dis pas que tel est mon souhait. »

« 11 septembre 1915. La journée a été si grise que cela m'a donné le cafard... Il est triste de se dire que l'été est fini et que l'hiver interminable est pour bientôt... Est-il vrai que l'on s'apprête à t'envoyer Goutchkov et deux autres, en députation de Moscou ? Un terrible accident de chemin de fer, dont il serait la seule victime, serait un châtiment divin mérité pour lui... Montre le poing, comporte-toi en Souverain devant lui, tu es l'autocrate, ils ne peuvent l'oublier... Sinon, malheur à eux !... Je crains que Micha ne demande un titre pour sa... C'est déplaisant : elle a déjà quitté deux maris... »

« 13 septembre 1915. Les feuilles prennent des tons jaunes et roux, je le vois par la fenêtre de ma grande pièce. Mon très cher, tu ne me réponds pas à propos de Dimitri. Pourquoi ne l'envoies-tu pas dans un régiment ? Ce n'est pas bien, aucun des grands-ducs ne se trouve au front, Boris y fait de rares apparitions et les pauvres Konstantinovitch sont constamment souffrants. »

Lui : « 14 septembre. Le temps est toujours aussi magnifique. Je sors chaque jour en gazogène avec Micha, nous passons ensemble la majeure partie de mes loisirs. Comme au temps jadis. Il est si calme et si charmant, il t'envoie ses plus cordiales salutations... »

Comme il voudrait que la paix règne dans la Famille, comme il voudrait qu'elle prenne Micha en affection !

Elle : « 15 septembre 1915. N'oublie pas, avant l'assemblée des ministres, de tenir entre tes mains la petite icône et de passer plusieurs fois Son peigne dans tes cheveux. Oh, comme je vais prier pour toi, mon aimé... Je trouve que N. prend avec lui une trop grande suite... Il n'est pas bon qu'il arrive [dans le Caucase dont l'ancien Commandant suprême est nommé vice-roi] avec toute une clique et une véritable Cour. Je crains fort qu'ils ne tentent, là-bas, de poursuivre leurs intrigues... Dieu fasse qu'ils ne parviennent à rien dans le Caucase, que le peuple te prouve son dévouement et qu'il ne lui permette pas de jouer un trop grand rôle ! »

Le voici qui quitte à nouveau Tsarskoïé Selo. Cette fois, elle laisse leur fils partir avec lui.

Elle : « 1er octobre. Il m'a toujours été si douloureux de te voir partir, et aujourd'hui Baby s'en va pour la première fois de sa vie. C'est dur, terriblement dur. Mais je me réjouis de savoir que tu ne seras pas seul, et notre Petit sera fier de voyager avec toi, sans femmes, comme un grand garçon... Je te bénis, t'embrasse et te caresse tendrement, je m'abîme dans la profondeur de tes yeux aimés qui m'ont pleinement conquise, il y a si longtemps. »

« 2 octobre 1915. Bonjour, mes chéris. Avez-vous bien dormi ? Ah, comme vous me manquez, tous les deux ! À l'heure où, d'ordinaire il fait sa prière, je n'ai pas pu me retenir, je me suis mise à pleurer et j'ai couru me réfugier dans ma chambre. Là, j'ai récité toutes ses prières, pour le cas où il oublierait. Je t'en prie, demande-lui chaque fois s'il y a pensé. Comment feras-tu, quand je te le reprendrai ?... Il me semble qu'il s'est passé tout un siècle depuis votre départ. Que je m'ennuie de vous ! »

Lui : « Moghiliov. La Stavka. 6 octobre 1915. Un chaleureux merci pour tes lettres aimantes. Je suis au désespoir de ne pas t'avoir écrit depuis que nous sommes partis. Mais, ma parole, ici, je n'ai pas un instant de loisir. La présence du "Bout de Chou", il est vrai, me prend une part de mon temps, ce que, bien sûr, je ne regrette pas. Il est terriblement agréable de dormir l'un près de l'autre. Je prie avec lui chaque soir, depuis que nous sommes dans le train. Il dit trop vite ses prières et il est difficile de l'arrêter. Il a terriblement aimé la revue, il m'a suivi et est resté debout, tandis que les troupes défilaient. C'était magnifique ! En fin de journée, nous allons en gazogène, tantôt en forêt, tantôt au bord de la rivière, où nous allumons un feu. Et je déambule à proximité... Il a un sommeil paisible... malgré la lumière trop vive de sa veilleuse. Le matin, il se réveille de bonne heure... Il s'assied dans son lit et commence à deviser doucement avec moi. Je lui réponds, à moitié endormi, il se recouche et attend tranquillement qu'on vienne me réveiller. »

Ils rentrent ensuite à Tsarskoïé Selo. Et repartent ensemble. Il aime prendre l'enfant à la Stavka. Et ce dernier est heureux de cette vie d'adulte, à la guerre, entre hommes... Sa maladie reste un secret d'État.

Lui : « 2 novembre 1915. Quand nous sommes arrivés en train, hier, Baby a fait le fou, il feignait de tomber de sa chaise et il s'est cogné le bras gauche... Il a passé au lit la journée d'hier. J'ai raconté à tout le monde qu'il avait simplement mal dormi et moi aussi... »

L'incident est heureusement sans suite.

Elle : « 5 novembre 1915. Quelles délicieuses photographies d'Alexis... Freedricksz a demandé si l'on pouvait montrer Alexis et Joy [l'épagneul] dans les représentations publiques des cinématographes... Il paraît que Baby a dit à M. Gilliard que c'était drôle à voir et que le chien avait l'air beaucoup plus intelligent que lui... J'aime cette réponse. »

Lui : « 31 décembre. Mes remerciements les plus ardents pour tout l'amour que tu me portes... Si tu savais quel soutien cela représente pour moi et combien cela me récompense de mon labeur, de ma responsabilité, de mes angoisses... Vrai, j'ignore comment j'endurerais tout cela, s'il n'avait plu à Dieu de me donner une femme et une amie telle que toi. Je te le dis sérieusement ; parfois, il m'est difficile d'exprimer cette vérité, il m'est plus facile de coucher tout cela sur le papier. Toujours ma sotte timidité. »

Elle : « 31 décembre 1915. Ma merveille, c'est la dernière fois que je t'écris cette année. De tout mon cœur, de toute mon âme, je prie le Tout-Puissant de bénir l'année 1916 pour toi et tout notre pays bien-aimé... Je ne sais comment nous allons célébrer l'année nouvelle, j'aurais préféré le faire à l'église, mais cela ennuie les enfants... Ah, comme ta chambre est vide, mon chéri, sans mon Sunny, sans mon malheureux ange ! »

Ainsi commence l'année 1916, la dernière de leur règne. Alexis passe le Nouvel An à la maison, à Tsarskoïé Selo.

Elle : « 4 janvier 1916. Baby s'est mis pour de bon à son Journal. Il est vraiment trop drôle. Comme, le soir, il n'a pas assez de temps, il le tient dans la journée et décrit le déjeuner ainsi que le moment où il ira se coucher. Hier, j'ai décidé de lui faire plaisir et il est resté longtemps avec moi. Il a dessiné, écrit, joué sur mon lit. J'aurais tant aimé que tu sois avec nous ! »

Je feuillette le Journal de l'héritier. C'est un « Livre d'heures de l'année 1916 », relié de soie jaune, doré sur tranche. Au revers, une inscription de la main de l'impératrice : « Premier Journal de mon petit Alexis ».

L'écriture, au début, en est assez étrange, il trace de grosses lettres malhabiles. Il a pourtant onze ans déjà, mais, en raison de sa maladie, il a commencé tardivement à s'instruire.

« 1er janvier. J'ai eu du mal à me lever, aujourd'hui. J'ai bu mon thé à dix heures. Puis je suis allé chez maman. Maman se sent mal, c'est pourquoi elle est restée étendue tout le jour. Je n'ai pas quitté la maison, car j'ai un rhume. J'ai déjeuné avec Olga, Tatiana, Marie, Anastasia. L'après-midi, je suis allé chez Kolia et j'ai joué avec lui [le fils du docteur Derevenko, son principal et meilleur ami]. C'était très gai. J'ai dîné à six heures, puis j'ai joué. J'ai assisté au dîner de maman, à huit heures. À dix heures, j'étais au lit... »

« 8 juillet. Ce matin, j'ai pris un bain. Puis je me suis promené et j'ai joué, maman et ma sœur sont venues pour la collation. Cet après-midi, promenade en voiture. Un chien a été écrasé. Nous avons pris le thé chez maman. Après le déjeuner, j'ai été au parc municipal. Là, des enfants jouaient. »

Il ne peut jouer avec eux. Il n'a le droit que de les regarder s'amuser. Le moindre mouvement le met en danger. Ses journées sont calmes et régulières. Comme toujours. Ce « comme toujours » commence à lui peser.

« 7 février. Je me suis levé, comme toujours. J'ai été à l'église d'en bas. Là, j'ai communié. Ensuite : comme toujours.

15 février. Tout est comme toujours. Papa est parti à midi. On l'a accompagné au train.

3 mars. Tout est comme toujours.

7 avril. Toujours la même chose. J'ai fait mon acte de contrition dans mon lit.

8 avril. Toujours la même chose. J'ai communié dans mon lit. »

« Toujours la même chose », le lit, la promenade, les repas, la prière, et de nouveau le lit. Les voyages à la Stavka sont un événement fantastique dans la monotonie de ses jours.

Elle : « 28 janvier 1916. De nouveau, le train emporte loin de moi mon trésor, mais pour peu de temps, je l'espère. Je sais que je ne dois pas parler ainsi, que de la part d'une femme mariée depuis longtemps, cela peut paraître risible, mais je ne puis m'en empêcher. L'amour se renforce avec les années... C'était si bien, quand tu nous faisais la lecture. J'entends encore ta chère voix... Oh ! Si nos enfants pouvaient être aussi heureux dans leur vie conjugale !... Comment vais-je faire sans toi, cette nuit ? »

« 5 mars 1916. On m'a apporté aujourd'hui une collection de livres anglais, mais je crains qu'il n'y ait rien d'intéressant. On ne trouve plus depuis longtemps de grands écrivains dans aucun pays, de même qu'il n'y a plus de peintres ni de musiciens fameux. Un étrange phénomène. La vie nous presse trop, nos impressions se succèdent trop vite, les machines et l'argent gouvernent le monde et anéantissent l'art, et ceux qui se croient doués ont en fait l'esprit dévoyé. Je me demande ce qu'il en sera à la fin de cette grande guerre. Assisterons-nous à un réveil général, à une renaissance, retrouvera-t-on des idéaux, les hommes deviendront-ils purs et poètes, ou demeureront-ils des matérialistes desséchés ? Je voudrais connaître tant de choses !.. Hier, j'ai reçu une odieuse lettre anonyme. Par bonheur, je n'en ai lu que les quatre premières lignes et l'ai aussitôt déchirée. »

« 6 avril 1916. Baby a été gai et joyeux toute la journée, jusqu'au coucher. Durant la nuit, il a été réveillé par une douleur dans le bras gauche et, à compter de deux heures, n'a plus pu se rendormir. Les petites l'ont veillé toute la nuit. Quel désespoir, c'est inexprimable ! Il se soucie déjà de Pâques, se demande comment il pourra tenir demain, à l'église, avec son cierge... Visiblement, il a bricolé et s'est trop fatigué. Il est si fort qu'il a du mal à se rappeler qu'il ne doit pas faire de mouvements violents. »

Dans la même lettre, l'impératrice évoque un Juif blessé, soigné dans son hôpital militaire : « Se trouvant en Amérique, il ne pouvait oublier la Russie et souffrait du mal du pays. Dès que la guerre a éclaté, il s'est empressé de rentrer pour se porter volontaire et défendre la Patrie. À présent, ayant perdu un bras au service de notre armée et reçu la croix de Saint-Georges, il voudrait rester ici et avoir le droit de vivre où bon lui semble en Russie. Un droit dont ne disposent pas les Juifs... Je le comprends fort bien, il ne faut pas l'irriter ni lui donner à sentir la cruauté de sa patrie d'origine. »

C'est ainsi qu'elle se plaint à lui des lois de son empire.

Lui : « 7 avril 1916. Répondant à la demande du Juif blessé, j'ai ordonné qu'on le laisse vivre où il veut en Russie. »

Elle : « 8 avril 1916. Christ est ressuscité ! [4] Mon très cher Nicky, en ce jour, jour de nos fiançailles, toutes mes plus tendres pensées t'accompagnent... Je porterai aujourd'hui ta chère broche... »

En juillet 1916, elle se rend à la Stavka où il est avec Baby. Elle vient pour la première fois avec toute la famille, juste pour quelques jours.

Ils « jouissent de ces vacances », puis le train la remporte, en compagnie de ses filles, à Tsarskoïé Selo. Et les voici de nouveau à la Stavka, le père et le fils.

Lui : « La Stavka, 13 juillet 1916. Je dois t'exprimer ma reconnaissance pour ta venue avec les petites, pour m'avoir apporté vie et soleil, en dépit du temps pluvieux. Certes, comme toujours, je n'ai pas eu le temps de te dire la moitié de ce que je voulais, parce qu'en te revoyant après une longue séparation, je retrouve immanquablement ma sotte timidité. Je reste là à te regarder, et c'est déjà pour moi une immense joie. »

Mais Alix est d'ores et déjà prise au piège. L'affaire des espions se poursuit. En même temps que Soukhomlinov, elle touche

4. Phrase rituelle des Pâques orthodoxes.

Manassievitch-Manouïlov, l'ancien agent du ministère des Affaires étrangères, et le banquier Rubinstein. Tous deux sont des proches de Raspoutine. Toutefois, l'horreur de la situation ne s'arrête pas là. Car, en cachette de Nicolas, Alix a fait passer de l'argent en Allemagne à ses parents ruinés par l'intermédiaire de Rubinstein. Comme ses ennemis ont su tirer profit de l'affaire ! À présent, il lui faut un ministre de l'Intérieur dévoué, qui puisse clore le dossier, effroyable pour l'Ami et pour elle.

Elle : « 7 septembre 1916. Ma merveille ! Grigori te prie instamment de nommer à ce poste [au ministère de l'Intérieur] Protopopov*. Tu le connais et il t'a fait bonne impression. Il est membre de la Douma, il saura donc comment se conduire avec eux... Il connaît Notre Ami depuis au moins quatre ans et il L'aime, ce qui en dit beaucoup en faveur de cet homme. »

Ainsi apparaît un nouveau nom fatidique : Protopopov.

« 9 septembre 1916. J'ai été en ville faire une visite à la pauvre comtesse Guendrikova. Elle est mourante. Complètement dans le coma. Je me suis souvenue qu'elle m'avait priée de venir la voir, lorsqu'elle se mourrait. Nastienka a été très courageuse, elle ne s'est mise à sangloter qu'au moment de mon départ. »

La demoiselle d'honneur Nastienka Guendrikova, fille de la comtesse, est toute dévouée à la tsarine. C'est une femme profondément pieuse. Et quand l'impératrice se fâche avec Ania, elle prend Nastienka pour l'accompagner à l'église. Mais le plus clair de son temps, Nastienka le passe auprès des grandes-duchesses. Elle est jeune, les petites et elle se plaisent ensemble... Lorsque, à quelques mois de là, il faudra décider de qui suivra la Famille en exil, Nastienka sera l'une des premières à se proposer...

Lui : « 9 septembre 1916. La Stavka. Ce Protopopov me paraît à moi aussi quelqu'un de bien... Il y a beau temps que Rodzianko le propose aux fonctions de ministre du Commerce. Je dois réfléchir, car la question me prend complètement au dépourvu... Les opinions de Notre Ami sur les hommes sont parfois fort étranges, tu le sais ; aussi faut-il être prudent, surtout lorsqu'il s'agit de nommer quelqu'un à de hautes fonctions... Il convient de tout peser soigneusement... Tous ces changements donnent le vertige. Selon moi, ils sont trop fréquents. En tout état de cause, ce n'est pas très bon pour la situation intérieure du pays, car chaque nouvel arrivant apporte son lot de changements dans l'administration. Je regrette vraiment que ma lettre soit si ennuyeuse. »

Durant toute l'année 1916, les ministres valsent. Goremykine, Sturmer, Trepov, Golitsyne se succèdent à la tête du gouvernement.

Nicolas tente de trouver celui qui le réconciliera avec la Douma. Il ne veut pas admettre que la chose est impossible. Ce n'est pas une question de personne, c'est le principe qu'il faut changer pour instaurer un ministère responsable devant la Douma. C'est ce que réclame l'Assemblée, mais il y voit un retour à l'horreur de 1905. Alix et l'Ami y sont, quant à eux, violemment opposés.

Le choix de Protopopov lui paraît judicieux. Protopopov a récemment effectué un voyage en Angleterre, à la tête d'une délégation de députés, et y a remporté un franc succès. Le président de la Douma, Rodzianko*, est bien disposé envers lui. Toutefois, dès que la Douma apprend que la tsarine et Raspoutine approuvent la candidature de Protopopov, son sort est scellé. Il devient pour tous haïssable.

La fureur de Nicolas est sans borne (cela lui arrive si rarement !), il tape même du poing sur la table : « Jusqu'à ce que je le nomme, tout le monde le trouvait bien, à présent il ne convient plus à personne, parce que je l'ai promu. »

Elle : « Télégramme. 10 septembre 1916. La comtesse s'est éteinte cette nuit. Ne télégraphieras-tu pas à Nastienka ? Je vous embrasse tendrement tous les deux... »

Après la mort de sa mère, Nastienka continue de s'entretenir avec elle, à travers son Journal. Elle y tient des propos qui leur seront d'un immense réconfort dans leur exil sibérien : « Plus se multiplient en nous-mêmes les souffrances du Christ, plus s'accroît notre consolation par le Christ. »

Elle : « 22 septembre 1916. Je n'ai pratiquement pas dormi de la nuit, toutes les heures, toutes les demi-heures, je regardais ma montre (je ne sais pourquoi, car j'ai passé très agréablement et paisiblement la soirée)... Nous avons parlé (avec Protopopov) une bonne heure et demie... Il est fort intelligent, patelin, il a des manières parfaites, il parle français et anglais... Je lui ai dit ouvertement que l'on faisait systématiquement en sorte de ne pas exécuter tes ordres, qu'on les mettait sous le coude et qu'il était extrêmement difficile de faire confiance aux gens... Je ne me gêne plus du tout, je ne crains pas les ministres et j'ai, en russe, un débit de cascade ! Ils ont d'ailleurs l'amabilité de ne pas rire de mes fautes. Ils constatent que je déborde d'énergie et savent que je te rapporte tout ce que je vois et entends, que je suis ton appui le plus solide à l'arrière... Tes yeux et tes oreilles. Ton vieux Sunny qui t'aime profondément. »

« 26 septembre. Que voilà, diras-tu, une grande feuille ! C'est donc qu'elle va bavarder interminablement ! Donc, Protopopov a déjeuné chez Ania. Elle le connaît depuis près d'un an, sinon deux ! Protopopov a demandé à être reçu par toi : ne lui enjoindras-tu pas de faire libérer Soukhomlinov ? ...

Protopopov rejoint entièrement le point de vue de Notre Ami sur cette question. Il s'entretiendra à ce sujet avec le ministre de la Justice (note-le, afin de ne pas l'oublier, et parle en même temps de Rubinstein au ministre de manière à ce qu'on l'envoie discrètement en Sibérie)... Protopopov pense que c'est Goutchkov qui a poussé les autorités militaires à arrêter cet homme, dans l'espoir de trouver des preuves contre Notre Ami. Certes, il a contre lui de sales histoires d'argent, mais il n'est pas le seul ! »

En octobre 1916, Protopopov est convoqué à une séance des membres les plus influents de la Douma. Le sténogramme de la réunion a été conservé.

– Nous refusons de parler à un homme qui doit sa nomination à Raspoutine et qui a fait libérer le traître Soukhomlinov.

– Je suis le candidat personnel du Souverain que je connais mieux à présent et que j'ai pu apprécier, répond Protopopov d'un ton exalté. Vous avez tous des titres, de bons revenus, des relations ; moi, j'ai commencé ma carrière comme modeste étudiant, je donnais des leçons pour 50 kopecks, je n'ai rien, hormis le soutien personnel de l'empereur...

Toute l'opinion est alors unanime dans sa haine du nouveau ministre.

« De région en région, de sombres rumeurs de trahison se répandent. Ces bruits remontent très haut et n'épargnent personne... Le nom de l'impératrice retentit de plus en plus souvent, en même temps que ceux des aventuriers qui l'entourent... Qu'est-ce là ? Bêtise ou trahison ? » demande, à la tribune de la Douma, le leader cadet[5] Milioukov*, dans un célèbre discours.

Milioukov veut prouver la sottise du gouvernement. Mais le pays répète en chœur : « Trahison ! »

« Les rumeurs de trahison jouèrent un rôle funeste dans les relations de l'armée et de la dynastie » (Denikine).

« Je me demandai maintes fois avec horreur si l'impératrice ne complotait pas avec Guillaume », dira dans une interview, après la révolution, le grand-duc Cyrille Vladimirovitch.

Elle : « 28.09.16. Que je suis heureuse : dans cinq jours, nous serons réunis !!! Je ne parviens pas à y croire. Les pique-niques en pleine nature sont excellents pour la santé de Baby. J'apporterai donc avec moi deux chaises de campagne et une table pliante pour lui. Et je pourrai, moi aussi, rester à l'air pur. Nous comptons partir dimanche à trois heures, afin d'être à Moghiliov pour le thé, lundi à cinq heures. Ça ira ? Après ta promenade, je pourrai, moi aussi, m'étendre un peu. »

Elle : « 12 octobre 1916. Je te quitte à nouveau, le cœur lourd. Oh ! Que je hais ces adieux !.. Tu es si seul au milieu de cette foule, tu es entouré de si peu de chaleur. Comme je voudrais que tu viennes, ne fût-ce que deux jours, afin de recevoir la bénédiction de Notre Ami. Cela te redonnerait des forces... Je sais que tu es brave, patient, mais tu es malgré tout un homme, et il suffirait qu'Il effleure ta poitrine pour apaiser tes chagrins et que descendent en toi une nouvelle sagesse, une nouvelle et divine énergie. Ce ne sont pas là de vaines paroles, c'est ma plus profonde conviction... Je sais

5. Abréviation courante désignant le Parti constitutionnel-démocrate (KD).

l'apaisement que peut procurer Notre Ami et j'y crois, or tu es moralement las et tu ne parviendras pas à le dissimuler à ta vieille petite femme ! »

Elle a raison : il est en effet épuisé.

« Mon pauvre ami »

Elle : « 1er novembre 1916. Mon très cher, mon aimé... Ainsi Olga se marie samedi. Où aura lieu la cérémonie ? »

Nouveau scandale dans la Famille : après avoir divorcé de Petia Oldenbourg, la sœur du tsar épouse le capitaine de cavalerie Nikolaï Koulikovski. Le fiancé a servi dans le régiment de cuirassiers dédié à l'impératrice mère. La grande Famille Romanov se rend à Kiev pour le mariage. Là se tient un « conseil de famille ». Tous sont d'accord sur un point : la situation est catastrophique ! De fait, le ministère est à présent responsable devant Alix et Raspoutine. La Famille ne voit plus qu'une issue : Nicolas doit céder aux exigences de la Douma et lui donner le droit de nommer les ministres. Le gouvernement sera ainsi libéré de l'influence désastreuse d'Alix et de Raspoutine, et le brave Nicolas n'aura plus à répondre, en cet instant critique, des terribles défaites et rumeurs... Et puis, bien entendu, on écartera immédiatement le « Saint Diable » !

Le 2 novembre, le grand-duc Nicolas Mikhaïlovitch arrive à la Stavka. Il est l'aîné des amis d'enfance du tsar. Le conseil de famille a résolu de l'envoyer trouver Nicky. « M. Égalité » finit par accepter cette délicate mission.

Lui : « 2 novembre. Mon inestimable, Nicolas Mikhaïlovitch a passé ici une journée, et nous avons eu tous les deux une longue conversation que je te rapporterai dans ma prochaine lettre, je n'en ai pas le temps aujourd'hui... Le Seigneur te protège, mon Sunny bien-aimé, ainsi que les enfants ! À toi pour toujours, ton vieux Nicky. »

Il atermoie. Il ne sait tout bonnement pas comment lui raconter cette conversation. Il finit par décider de lui faire parvenir la lettre que lui a remise Nicolas Mikhaïlovitch.

En voici des extraits :

« Tu t'es maintes fois plaint à moi de n'avoir personne de confiance, et que l'on te trompait. S'il en est ainsi, le même phénomène doit se produire avec ton épouse qui t'aime ardemment, mais se fourvoie, en raison de la tromperie haineuse qui règne dans son entourage. Tu as foi en Alexandra Fiodorovna, c'est bien naturel, mais ce qui sort de sa bouche n'est que le résultat d'un habile truquage, ce n'est pas la vérité vraie. Si tu es impuissant à la préserver de cette influence, garde-toi au moins des interventions et suggestions qui te sont constamment distillées à travers ton épouse aimée... J'ai longtemps hésité à te révéler toute la vérité, mais après que ta mère et tes sœurs m'eurent persuadé de le faire, je m'y suis résolu. Tu te trouves à la veille d'une nouvelle ère de troubles, je dirai même plus, de nouveaux attentats. Crois-m'en, si j'insiste sur la nécessité de te libérer des fers qui t'emprisonnent... c'est dans l'unique espoir de vous épargner, à toi, à ta couronne et à notre chère Russie, les conséquences les plus irrémédiablement funestes. »

En conclusion, Nicolas Mikhaïlovitch lui suggère d'accorder « le ministère responsable devant la Douma, si ardemment désiré, et de le faire sans pression extérieure », ni « de la façon dont fut accordé l'acte mémorable du 17 octobre 1905 ».

Il met donc en garde contre le danger d'une nouvelle révolution. Et lui rappelle l'ancienne.

Elle : « 4 novembre. J'ai lu la lettre de Nicolas et j'en suis littéralement indignée. Pourquoi ne l'as-tu pas interrompu au beau milieu de votre entretien, pour lui dire que s'il abordait encore une fois cette question, ou te reparlait de moi, tu l'enverrais en Sibérie, car cela frise la trahison d'État. Il m'a toujours détestée et n'a fait que dire pis que pendre de moi, durant ces vingt-deux années. Mais, en temps de guerre et en un tel moment, se retrancher derrière ta maman et tes sœurs, et ne pas prendre hardiment la défense de la femme de son empereur, c'est là une ignominie, une trahison... Tu es trop bon, mon très cher, trop doux et généreux. Cet homme doit trembler devant toi, Nikolacha et lui sont tes plus grands ennemis au sein de la Famille, si l'on excepte les Monténégrines et Serge... Ta petite femme est ton rempart... »

Ajout : « J'ai rêvé qu'on m'opérait. On m'amputait d'un bras, mais je ne ressentais aucune douleur. Après cela, j'ai reçu la lettre de Nicolas... »

Elle engage à présent la lutte contre la Famille Romanov. Elle se montre toujours aussi entière, naïve, sincère et absurde dans son intransigeance.

Lui : « La Stavka, 5 novembre. Je suis parfaitement désolé de t'avoir fâchée en te transmettant la lettre de N., mais comme je suis dans une hâte constante, je ne l'avais pas lue, car il m'en avait longuement expliqué le contenu. Il n'a toutefois pas fait mention de toi, il s'en est tenu à l'histoire des espions, etc., ainsi qu'à la situation intérieure. Doutes-tu que s'il avait dit un seul mot de toi, ton petit mari n'eût pas pris ta défense ? ... »

Elle : « 12 novembre 1916. Je ne suis qu'une femme qui se bat pour son seigneur et maître et son enfant, les deux êtres qui lui sont le plus chers au monde. Et Dieu m'aidera à être ton ange gardien. Mais ne me retire pas les étais sur lesquels j'ai cru bon de m'appuyer [l'Ami et Protopopov]... Avec quelle jouissance je me reposerai demain dans tes bras, te couvrirai de baisers et te bénirai ! Celle qui te sera fidèle jusqu'à la mort. »

Ajout : « Mon petit cœur, souviens-toi que le problème n'est pas Protopopov... Le problème, ce sont la monarchie et ton prestige... Ne t'imagine pas que cela s'arrêtera là : ils éloigneront un à un de toi tous ceux qui te sont dévoués, puis ils s'en prendront à nous... Rappelle-toi le moment où tu as rejoint l'armée, l'an passé : là aussi, tu n'avais que nous deux pour te soutenir ; tous t'annonçaient la révolution, si tu partais. Tu es parti contre l'avis de tous et Dieu a béni ta décision. »

« 4 décembre 1916. Montre-leur que tu es le maître. Le temps de la magnanimité et de la douceur est fini. L'heure du règne de la volonté et de la puissance a sonné ! Il convient de leur apprendre à obéir. Pourquoi me haïssent-ils ? Parce qu'ils savent la force de ma volonté, ils savent que lorsque je suis sûre de mon bon droit (et que j'ai la bénédiction de l'Ami), rien ne me fera changer d'avis. Cela leur est insupportable. Rappelle-toi les paroles de M. Philippe, quand il m'a offert l'icône avec la petite cloche : comme tu es par trop magnanime, confiant, je suis contrainte de jouer pour toi le rôle de cette clochette, afin que les gens malintentionnés ne puissent t'approcher...

Si ta mère venait à t'écrire, souviens-toi que derrière elle se trouvent les Mikhaïlovitch, n'y prête pas attention et ne le prends pas trop à cœur. Dieu merci, elle n'est pas là, mais de "braves gens" jugent bon d'écrire et de calomnier... »

La Famille fait alors une ultime tentative. Ella vient trouver la tsarine. À Tsarskoïé Selo, elle s'efforce, avec toute la douceur dont elle est capable, d'exposer à Alix l'horreur de la situation ; elle lui parle de Raspoutine, mais Alix se renferme aussitôt et coupe court.

Elle raccompagne ensuite sa sœur au train. Elles se quittent sans un mot. Ella ne reviendra jamais à Tsarskoïé Selo, jamais plus elles ne se reverront.

Lui : « 10 novembre 1916. En Roumanie, cela ne va pas très fort... Dans la Dobroudja, nos armées ont dû reculer jusqu'au Danube. La concentration de nos troupes sera... achevée vers le 15 décembre et, pour Noël, nous pourrons passer à l'offensive... Comme tu le vois, la situation là-bas n'est pas gaie. »

Pour la révolution en marche, Nicolas ne joue, dans le conflit, que le rôle pitoyable d'exécutant des ordres de son épouse hystérique et de Raspoutine. Mais il est un autre avis. Le ministre britannique de la Guerre en 1917, Winston Churchill écrit dans son ouvrage *La Crise mondiale* : « Le sort ne s'est jamais montré aussi cruel pour aucun pays comme pour la Russie. Son navire a coulé, alors que le port était déjà en vue... Elle avait fait tous les sacrifices, accompli tout le travail... Les longues retraites étaient terminées. La pénurie de munitions surmontée. Les armes affluaient. Une armée plus forte, plus nombreuse, mieux équipée gardait le gigantesque front... Alexeïev dirigeait l'armée, Koltchak* la Flotte. En outre, il n'était plus besoin de délicates opérations : il suffisait de rester au poste, de peser de tout son poids sur les lignes allemandes trop lâches, de contenir, sans s'activer particulièrement, les forces déclinantes de l'ennemi sur son propre front. En d'autres termes, tenir ! Voilà tout ce qui séparait la Russie de la victoire générale...

Sur lui reposait le fardeau des décisions ultimes. Au sommet, où les événements dépassent l'entendement humain, où tout est imprévisible, il devait, lui, donner des réponses. Il était la flèche de la boussole. Combattre ou non ? Passer à l'offensive ou non ? Aller à droite ou à gauche ? Accepter une démocratisation ou tenir fermement les rênes ? Voilà les champs de bataille de Nicolas. Pourquoi ne pas lui en rendre hommage ? En dépit des erreurs, énormes, effroyables, le régime qu'il incarnait et gouvernait, auquel, par ses qualités personnelles, il conférait une étincelle de vie, avait en cet instant gagné la guerre pour la Russie... »

Lui : « Je forme le vœu que ton voyage à Novgorod se déroule admirablement. Novgorod te plaira. J'y suis allé une fois, durant l'été 1904, juste avant la naissance de Baby. »

Il espère que ce voyage sera un exutoire pour l'indomptable énergie de l'impératrice.

À Novgorod, elle se rend chez une prophétesse, la « Staritsa » Maria Mikhaïlovna, âgée de cent sept ans. Selon la légende, cette dernière repose dans l'obscurité quand Alix vient la trouver. Elle se redresse alors sur sa couche, se laisse glisser sur le sol et salue l'impératrice jusqu'à terre, en disant : « Toi, ma toute belle, tu connaîtras de grandes souffrances. » Mais que valent les légendes, quand Alix décrit elle-même cette rencontre ?

« Elle était étendue sur un lit dans une petite cellule obscure du monastère, aussi avions-nous pris une bougie, afin que nous puissions nous voir. Elle a cent sept ans et porte les chaînes de l'ascète... D'ordinaire, elle travaille inlassablement, circule, coud des vêtements pour les bagnards et les soldats, au demeurant sans lunettes, et ne se lave jamais. Il va de soi, néanmoins, qu'aucune mauvaise odeur ni impression de saleté ne se dégagent d'elle, elle a les cheveux blancs, un charmant visage ovale et fin, de délicieux yeux jeunes et rayonnants, un sourire extrêmement plaisant ; elle nous a bénies et embrassées... À moi, elle a dit : "Toi, ma toute belle, tu [porteras] une lourde croix, mais ne crains rien (elle a répété cela plusieurs fois). Deux églises seront édifiées en Russie, parce que tu es venue nous voir..." Elle a dit que nous n'avions pas à nous inquiéter des enfants, qu'ils se marieraient. Le reste, je n'ai pas réussi à l'entendre. »

La malheureuse Alix n'a peut-être pas compris de quoi il retournait... Si la « Staritsa » a parlé de « couronne », il se peut que la tsarine, peu au fait des expressions russes anciennes, ait cru qu'il s'agissait de mariage, alors qu'elle évoquait la couronne du martyre. Et Ania, qui l'accompagnait, a sans doute, elle aussi, préféré ne pas comprendre.

Lui : « 3 septembre 1916. Je te remercie infiniment de ta longue et intéressante lettre, relatant ton voyage à Novgorod. Tu en as vu plus que moi en 1904... Mais parlons maintenant de Trepov [Alexandre Trepov est nommé Premier ministre en 1916]... Il s'est montré humble et docile, n'a pas mentionné le nom de Protopopov... Pour ce qui est de la Douma, il forme le plan de la dissoudre à compter du 17 décembre et de la reconvoquer le 19 janvier, afin de montrer au pays que, malgré tout ce qui y est dit, le gouvernement souhaite travailler avec elle... J'étais allé tout spécialement prier devant l'icône de la Vierge avant cette conversation et, après, je me suis senti soulagé. »

Elle : « 14 décembre. Je n'ai, encore une fois, pratiquement pas dormi de la nuit. Je te remercie de ta gentille lettre... Trepov a eu grand tort de suspendre la Douma et de la reconvoquer au début de janvier. De ce fait, aucun député ne quittera Petrograd pour rentrer chez lui, et ce sera l'effervescence... Mon aimé, Notre Ami t'avait prié de fermer la Douma dès le 14... À présent, tu le vois, ils ont tout le temps de mijoter leurs saletés... Sois Pierre le Grand, Ivan le Terrible, l'empereur Paul, anéantis-les tous ; ne ris pas, méchant, je souhaite ardemment te voir te comporter ainsi à l'égard de ces gens... "Ne crains rien", m'a dit la "Staritsa" de Novgorod, c'est pourquoi j'écris sans crainte à mon tout petit... »

Il n'en peut plus de la pression qu'elle exerce constamment sur lui.

Lui : « 14 décembre 1916. La Stavka... Je te remercie tendrement pour ta rude semonce écrite. Je l'ai lue avec un sourire, parce que tu me parles comme à un enfant... »

Elle : « 15 décembre 1916. Pardonne mes lettres brutales, la petite fille ne veut pas offenser son ange et ne lui écrit ainsi que parce qu'elle l'aime. Simplement, il lui arrive d'être au désespoir, à force de voir qu'on te trompe et qu'on te susurre des décisions qui ne valent rien... Dommage que le téléphone marche si mal... »

Lui : « 16 décembre 1916. Non, je ne suis pas fâché de ce que tu m'as écrit et je comprends fort bien ton désir de m'aider. Toutefois, je ne puis changer la date de convocation de la Douma, elle a déjà été fixée par décret... Tendres salutations et baisers de "ton pauvre et faible petit mari". »

Elle : « 17 décembre 1916. Le froid est revenu, il y a une neige légère... Mon cœur ne va pas fort et mon moral n'est pas bon. Vois-tu, l'état de mon cœur s'est encore détérioré... Tous ces pénibles derniers mois ne pouvaient que se faire sentir... La vieille machine est détraquée...

Baby est-il complètement débarrassé de son ver solitaire ? J'espère qu'après cela, le pauvre enfant va reprendre du poids et qu'il ne sera plus aussi transparent. »

La suite de sa lettre est écrite au crayon. Elle l'a ajoutée après avoir été informée de *l'événement* le plus terrible pour elle.

« Nous sommes réunis, tu peux te figurer nos sentiments, nos pensées : Notre Ami a disparu. Ania L'a vu hier et Il lui a dit que Félix [le prince Ioussoupov] L'avait prié nuitamment chez lui – une automobile viendrait Le chercher – afin qu'Il puisse voir Irène.

L'automobile est bien venue (un véhicule militaire, mais avec deux civils) et Il est parti. Cette nuit, la maison Ioussoupov a été le théâtre d'un gigantesque scandale. Il y avait une grande assemblée : Dimitri [le grand-duc], Pourichkievitch [membre de la Douma, extrême droite], et autres. Tous ivres. La police a entendu des coups de feu. Pourichkievitch est sorti comme un fou, criant à la police que Notre Ami avait été tué... La police a procédé à une enquête. Mais le juge d'instruction vient tout juste d'accéder à la maison Ioussoupov. Il n'a pas osé y entrer plus tôt, sous prétexte que Dimitri s'y trouvait. Le gouverneur de la ville l'a envoyé chercher. Félix avait l'intention de partir cette nuit pour la Crimée, mais j'ai demandé à Protopopov de le retenir. Ces jours-ci, Notre Ami était d'excellente humeur. Nerveux, toutefois. Soucieux, aussi, pour Ania, car Batiouchkine [le magistrat instructeur de l'armée qui mène l'enquête sur les espions allemands] cherche à réunir des preuves contre elle... Félix prétend qu'il n'est jamais allé trouver Raspoutine et ne L'a jamais invité. Tout cela, manifestement, était un piège. Je m'en remets à la miséricorde divine et veux croire qu'on l'a simplement transporté quelque part... Nous autres, femmes, sommes seules ici, avec nos faibles têtes... Je la laisse [Ania] vivre avec nous, car maintenant, tous vont aussitôt s'en prendre à elle. Je ne peux ni ne veux croire qu'on L'a assassiné ! Que Dieu ait pitié de nous !

Quelle désespérante angoisse !... Rentre sans délai, nul n'osera la toucher ni rien lui faire, quand tu seras là. »

Il y avait longtemps que l'assassinat de Raspoutine se tramait. La grande Famille Romanov y voyait le seul moyen de sauver la situation. Et le « Saint Diable » le savait.

Quand les nuées se furent accumulées sur sa tête, il joua, comme toujours, un coup magnifique. Il rédigea un testament prophétique, qu'il montra à la tsarine.

« L'esprit de Grigori Raspoutine-Novykh » prédisait :

« Tsar russe !

Sache que si le crime est commis par un des tiens, pas un membre de ta famille, aucun de tes proches ni de tes enfants ne survivra plus de deux ans... Le peuple russe les tuera... On va me tuer. Déjà, je n'appartiens plus au monde des vivants. Prie. Sois fort. Prends soin de ta lignée élue. »

On imagine aisément les sentiments d'Alix. Elle ne montre toutefois pas le document à Nicolas. Mais la garde du « Saint Diable » est renforcée. La tsarine et ses filles prient personnellement Raspoutine de n'accepter aucune invitation sans les en informer. Elles vont même jusqu'à mettre ses vêtements sous clé.

Les « maudits aristocrates » vont pourtant parvenir à duper le madré et naïf « Starets ».

Récit de Vera Leonidovna :

« Ce fut une intrigue compliquée, mise au point par Dimitri et Félix... Félix était retors. Par le biais de Mania Golovina, il feignit de vouloir se réconcilier avec le "Starets"... Cela sonnait assez juste... De son côté, le "Starets" savait que Félix voulait entrer dans la Garde, et que le tsar s'y opposait, n'aimant pas les homosexuels. Ainsi, par l'entremise de Mania qui ne se doutait de rien, Ioussoupov pria le "Starets" de dire un mot en sa faveur. Raspoutine accepta... Au soir du jour fatidique, Grigori se rend donc au palais de Félix. On lui a promis du vin et des danses, on sait qu'il en est amateur. Lui-même danse remarquablement... Il a promis pour sa part de soigner la princesse Irène... Ce n'est qu'ensuite que les assassins inventèrent l'histoire d'un geste déplacé de Raspoutine, afin de se justifier...

La légende se répandit plus tard que l'on avait tenté d'empoisonner Raspoutine avec du cyanure, mais que cela n'avait rien donné. En réalité, il apparut que celui qui devait lui donner le poison n'avait pas voulu charger son âme de ce péché et lui avait fait boire une poudre inoffensive. Comprenant que le poison était sans effet, Félix avait tiré. Raspoutine s'était effondré. Mais il n'était que blessé. Raspoutine gisait sur une peau d'ours blanc. Félix se trouvait seul dans la pièce. Soudain, Raspoutine reprit ses esprits et tenta de l'étrangler. Paralysé de terreur de voir ainsi le "mort" se ruer sur lui, Félix laissa Raspoutine filer dans la cour où on lui tira dessus au revolver sans pourtant, semble-t-il, l'achever complètement. Il ouvrit un œil, tandis qu'on s'apprêtait à le charger dans une automobile... Aucun des participants ne devait plus oublier cet indicible regard de bête agonisante. »

Raspoutine est assassiné dans un entresol, sorte de préfiguration de la cave d'Ekaterinbourg.

Elle : Télégramme. « 18 décembre 1916. J'ai ordonné en ton nom d'assigner Dimitri à résidence chez lui, jusqu'à ton retour. Dimitri a cherché à me voir aujourd'hui, j'ai refusé. Il est le plus impliqué. Le corps n'a toujours pas été retrouvé. Quand seras-tu là ? »

Je feuillette les Journaux des grandes-duchesses.

Journal d'Olga : « 17 décembre. Le père Grigori a disparu cette nuit. On le cherche partout. C'est affreusement pénible. Nous avons dormi toutes les quatre ensemble. Seigneur, aide-nous !

18 décembre. Ania vit avec nous, car maman craint pour elle... Nous sommes définitivement sûrs, à présent, que le père Grigori a été tué, sans doute par Dimitri, et son corps jeté du pont Krestovski. On l'a retrouvé dans le fleuve. Comme c'est dur, et rien ne sert de l'écrire. Nous sommes restées à boire du thé et sentions constamment la présence du père Grigori... »

Raspoutine tué par Dimitri ? C'est la fin de tous les espoirs d'Olga.

Lui : Télégramme. « 18 décembre 1916. Viens seulement de lire ta lettre. Suis indigné et choqué. Avec vous par la pensée et la prière. Arriverai demain à six heures. »

« J'ai ressenti ce matin... une terrible douleur »

(Journal de la chute de l'Empire)

Le corps de Raspoutine est d'abord déposé dans la crypte de la cathédrale Saint-Théodore. Puis il est secrètement inhumé à proximité du palais, sous l'autel d'une chapelle en construction.

Extrait du Journal de Nicolas :

« 21 décembre. Mercredi. À neuf heures... avons assisté en famille à un triste spectacle : le cercueil contenant le corps de l'inoubliable Grigori, assassiné dans la nuit du 16 au 17 décembre par des monstres dans la maison de F. Ioussoupov, avait déjà été descendu dans la tombe. Le père Alexandre Vassiliev a dit l'office des morts, après quoi nous sommes rentrés. Le temps était gris, la température de moins 12 °C. Je me suis promené jusqu'aux rapports... Dans l'après-midi, j'ai fait une promenade avec les enfants... »

Nicolas est sans pitié : les « monstres », Dimitri et Félix, seront exilés de Petrograd. Le reste de la Famille Romanov leur rend pourtant hommage. Dimitri est notamment accompagné à la gare par le grand-duc Alexandre Mikhaïlovitch. Comme il envie ceux qui restent dans la capitale ! Pourtant, quand toute la Famille sera assassinée, les « monstres » survivront.

Dans les jours qui suivent, Alix semble pétrifiée. D'abord, elle tempête, hurle : « Il faut les pendre ! », puis elle devient effroyablement calme, presque indifférente. Elle a compris : c'est la fin ! La fin prédite par le « Starets ».

Alix montre l'épouvantable testament de Raspoutine à Nicolas... Il tente de la rassurer. On fait au mieux, désormais, pour accomplir toutes les volontés de Grigori. Trepov, que l'impératrice n'aime pas (et Grigori non plus, par conséquent), est démis de ses fonctions ; Golitsyne est nommé Premier ministre à sa place. Il est si vieux que c'est, de fait, Protopopov, le favori de l'Ami, qui gouverne. La société, cependant, se révolte : des congrès – des villes, des zemstvos, de la noblesse – se tiennent sans fin, tous sont contre le nouveau gouvernement. La révolution que tous attendent a, en réalité, déjà commencé.

Peu à peu, Alix renaît à la lutte. C'est alors qu'elle repense de plus en plus souvent au fait que Raspoutine était opposé à cette guerre sanglante... Et qu'il avait prédit qu'elle conduirait la Russie à l'abîme...

DEUXIÈME PARTIE

LA FIN DE « L'ATLANTIDE »

« Et leur tsar sera captif,
et les princes avec lui,
dit le Seigneur. »

(AMOS, 1, 15)

8

Une nouvelle année commence : 1917...

Une nouvelle année commence, qui porte en elle le chiffre fatidique : dix-sept.

Il gèle à pierre fendre, moins 38 °C. Dans la brume de gel, le soleil. La neige pure de Tsarskoïé Selo scintille, comme inondée de mercure. Les vitres des équipages de la Cour sont couvertes de givre. Au Grand Palais a lieu la réception annuelle du Souverain. Un Nouvel An ordinaire...

Extrait du Journal de Nicolas :

« 1er janvier. Dimanche. Une journée toute grise... Vers trois heures, Micha est venu et nous sommes allés ensemble au Grand Palais, recevoir les vœux des ministres, de la Suite et des diplomates. »

Au début de 1917, nul n'en doute plus : la révolution est imminente. Des complots s'ourdissent dans les luxueux appartements de Petrograd. Et dans les palais.

La conspiration des grands-ducs... Aussitôt, affleure le nom du favori de l'armée, l'ancien Commandant suprême, le grand-duc Nicolas Nikolaïevitch. Seize autres grands-ducs envoient à Nikolacha, en disgrâce à Tiflis, un émissaire... Des pourparlers s'engagent ouvertement entre lui et des conjurés de la Douma d'Empire. Au nom du prince Lvov, député de la Douma, on lui propose tout bonnement de remplacer le tsar... Après quelques hésitations, Nicolas Nikolaïevitch refuse : il restera fidèle à son serment.

On tente également de rallier à la cause les grands-ducs du clan Vladimirovitch. Peu avant l'assassinat de Raspoutine, le monarchiste Pourichkievitch a été convoqué au palais du grand-duc Cyrille Vladimirovitch. « En quittant le grand-duc, je suis sous le choc de notre conversation, j'en retire la ferme conviction qu'avec Goutchkov et Rodzianko, il prépare quelque chose d'inadmissible... contre le Souverain », note-t-il dans son Journal. En réalité, une fois de plus, on se contente de brasser de l'air... Beaucoup, dans la grande Famille Romanov, peuvent alors faire leurs les paroles échappées des lèvres du grand-duc Nicolas Mikhaïlovitch : « Il [le tsar] m'est odieux, et cependant je l'aime ! »

Maklakov, membre de la Douma :

« Ils voudraient que la Douma tire la première... Ils attendent de nous exactement ce que nous attendons d'eux... »

Dans les appartements des membres de la Douma, se tiennent d'interminables conseils. Le général Krymov* rentre du front. Il raconte la tragique situation de l'armée. Conclusion : un coup d'État est inéluctable.

Comme au XIXe siècle, l'opposition a de plus en plus tendance à former des loges maçonniques secrètes.

Les francs-maçons fleurissent en Russie après la révolution de 1905. Vers 1917, ils réunissent toute l'élite libérale. Paradoxalement, à la veille de 1905, alors que la police secrète utilisait les francs-maçons comme épouvantail pour effrayer Nicolas, la maçonnerie était à peu près exsangue en Russie. À la veille de 1917, où elle représente une force réelle, la police n'en sait pratiquement rien.

« Belietski [le directeur du Département de la police] est convaincu qu'il n'y a jamais eu de maçonnerie politique. Il s'agit en fait d'occultistes, rien d'autre... » notera le poète Alexandre Blok* dans ses Carnets.

Cependant, on trouve dans les loges des ministres du tsar, des généraux, des membres du Conseil d'Empire, des députés de la Douma, des diplomates de haut rang, des entrepreneurs... P. Balk, ministre des Finances, N. Pokrovski ministre des Affaires étrangères, N. Polivanov ministre de la Guerre, les généraux V. Gourko, A. Krymov, N. Rouzski, le chef des Gendarmes K. Djounkovski et bien d'autres. Certes, ils ne veulent pas la révolution, mais ils veulent des changements. Là aussi, on se contente de discours.

« On en fit assez pour risquer la pendaison, mais rien de concret », dira plus tard le député Goutchkov, l'un des principaux opposants.

Goutchkov, lui, veut agir : il fixe le coup d'État pour mars, date à laquelle on concentrera sur Petrograd des unités militaires fidèles à la Douma. Désireux d'éviter un bain de sang, il projette de bloquer le train du tsar et de l'obliger, dans son wagon, à abdiquer. Toutefois, aucun des militaires les plus influents (Krymov excepté) ne rallie sa conspiration. « Je n'accepterai jamais l'idée d'un coup d'État, j'ai prêté serment. » Cette phrase du président de la Douma, Rodzianko, pourrait alors être, elle aussi, attribuée à beaucoup...

Après un déjeuner en compagnie du banquier Poutilov et du Premier ministre comte Kokovtsov, l'ambassadeur de France consigne les propos de table habituels en ces jours :

Kokovtsov : « Nous allons vers une révolution. »

Poutilov : « Nous allons vers l'anarchie. Notre peuple n'est pas révolutionnaire, il est anarchiste... Le révolutionnaire veut reconstruire, l'anarchiste ne songe qu'à détruire... »

On philosophe, on comprend tout... et on va tranquillement à la catastrophe. Comme dans *La Cerisaie* de Tchekhov.

Pendant ce temps, le chef de la section pétrogradoise de l'Okhrana remet d'interminables rapports au ministre de l'Intérieur Protopopov.

9 janvier : « La clandestinité révolutionnaire est en état d'alerte et le prolétariat entièrement soumis à la propagande. »

28 janvier : « Des événements d'une gravité sans précédent, gros de formidables conséquences pour l'État russe, se préparent. »

5 février : « La colère gronde... Les manifestations sporadiques des masses populaires sont la première et dernière étape sur la voie des excès insensés, impitoyables, de la plus abominable révolution anarchiste. »

Tous ces rapports, Protopopov, la conscience tranquille, les garde sous le coude. L'impératrice n'a-t-elle pas dit : « Il n'y a pas de révolution en Russie et il ne peut y en avoir. Dieu ne le permettra pas... »

Extrait du Journal de Nicolas :

« 29 janvier. Dimanche. Me suis promené cet après-midi et ai un peu déblayé la neige... À six heures, ai reçu le vieux Klopov. »

Le même Klopov qui, au début du règne, était venu le trouver afin de lui rapporter la « vérité du peuple »... Et le voici qui reparaît, pour sauver son tsar bien-aimé.

Après la révolution, Klopov travaillera tranquillement comme comptable. Il mourra en 1927, laissant dans ses archives un compte rendu de cette audience : il y parle au tsar de l'égoïsme de la Cour, de l'action criminelle du gouvernement. Nicolas l'écoute, un étrange sourire aux lèvres, l'air absent. Klopov s'en repart, effrayé par l'incompréhensible indifférence de cet homme las.

Pendant ce temps, l'ami d'enfance, Sandro, écrit une lettre au tsar. Il s'y reprend à plusieurs fois, sans finalement oser l'envoyer.

Extrait du Journal :

« 10 février. À deux heures, visite de Sandro qui a eu dans la chambre, en ma présence, une longue conversation avec Alix. »

Alix reçoit Sandro dans sa chambre. Elle est souffrante. Sandro lui baise la main, les lèvres de la tsarine effleurent sa joue.

Il voudrait s'entretenir seul à seule avec elle, mais... Nicky reste. Elle redoute une conversation sans lui.

Que dit Sandro ?

Extraits de la lettre qu'il pensait adresser à Nicolas :

« Nous vivons le moment le plus dangereux de l'histoire de Russie... Tous le sentent, par leur raison, leur cœur ou leur âme... À l'intérieur du pays, des forces te conduisent – toi, et par conséquent la Russie – à ton inéluctable perte. C'est en toute conscience que je parle de "toi et de la Russie", car la Russie ne peut exister sans le tsar. Toutefois, il convient aussi de ne pas perdre de vue que le tsar ne peut, seul, gouverner un État tel que la Russie... Notre système, qui veut que la responsabilité repose entièrement sur tes seules épaules, est effarant... Le tour pris par les événements montre que tes conseillers continuent de mener la Russie et toi-même à une perte certaine... Il est désespérant que tu refuses d'entendre la voix de ceux qui savent dans quelle situation se trouve le pays et qui te suggèrent des mesures susceptibles de nous tirer du chaos... Le gouvernement est aujourd'hui l'organe qui prépare la révolution. Le peuple ne la veut point, mais le gouvernement fait tout pour accroître le nombre des mécontents, et il y parvient parfaitement. Nous assistons au spectacle inouï d'une révolution effectuée d'en haut, et non d'en bas. »

Sandro supplie Alix de se limiter aux affaires de la maison. Alix l'interrompt. Il poursuit néanmoins. Elle hausse le ton. Lui aussi. Tout au long de ce tumultueux entretien, Nicky fume, sans mot dire. Sandro repart, lui promettant qu'un jour elle comprendra qu'il a raison. Il lui baise la main, mais n'obtient pas de baiser en retour.

De toute sa conversation avec Sandro, Alix ne retient qu'une chose : ils veulent tous écarter Protopopov, or celui-ci leur a été légué par le « Starets ». Elle est furieuse : il faut dissoudre la Douma, et non éloigner du trône des hommes dévoués.

Ce jour-là, toutefois, Nicolas n'est pas au bout de ses peines.

« Promenade avec Maria ; Olga a mal à une oreille. Avant le thé, ai reçu Rodzianko », écrit-il, comme toujours laconiquement, dans son Journal.

Cette conversation avec Rodzianko a un tour menaçant. D'ordinaire mesuré, le « gros Rodzianko » est méconnaissable :

– Des changements de personnes, et pas seulement de personnes, la réforme de tout le système de gouvernement, sont à effectuer d'urgence.

– Vous réclamez tous le renvoi de Protopopov... Il était pourtant vice-président de la Douma... Pourquoi donc le haïssez-vous tant, à présent ?

– Majesté, nous sommes à la veille de grands événements dont l'issue est imprévisible... Je vous fais rapport depuis une demi-heure, cependant tout m'indique que la voie la plus dangereuse a été choisie : dissoudre la Douma... Je suis certain qu'il ne se passera pas trois semaines avant que n'éclate une révolution qui balaiera tout et vous empêchera de régner...

En entrant dans le cabinet du tsar, Rodzianko a croisé Alexandre Volkov qu'il a prié de noter la durée de l'audience.

Lorsque le président de la Douma ressort, bouleversé, Volkov lui dit :

– Vous êtes resté chez Sa Majesté vingt-six minutes exactement.

Rodzianko remet son porte-documents au page, afin qu'il le porte à sa voiture, et il a un geste découragé :

– À présent, tout est égal ; à présent, tout est fini.

Rodzianko a tort : son discours a produit son effet. Nicolas se rend. Peu après, le vieux Premier ministre Golitsyne rentre chez lui, tout joyeux, de Tsarskoïé Selo. Nicolas a soudain personnellement souhaité envisager la question d'un ministère de confiance. Il annonce à Golitsyne son intention de se rendre à la Douma et de lui faire part de sa volonté : il accorde à la Russie un ministère responsable devant le Parlement russe.

Mais au soir de ce même jour, Golitsyne est de nouveau mandé au palais. Nicolas l'informe qu'il part... à la Stavka !

– Comment cela, Votre Majesté ? demande le vieux ministre, effaré.

– J'ai changé d'avis... Je pars dès ce soir.

Entre ces deux décisions, il a parlé à Alix. Qui se refuse à le laisser renouveler l'expérience de 1905.

En outre, il est épuisé. Cette désespérante lassitude, le vieux Golitsyne l'a perçue. Il expliquera plus tard ce départ de l'empereur, qui allait stupéfier tout le monde, par un désir du Souverain de « fuir les rapports, conseils et conversations ».

Il fuit, en effet : la folie de sa femme, le « gros Rodzianko » et les débordements de la Douma ; les exigences de sa mère, de ses parents, de ses amis et du pays.

Rodzianko rapporte dans ses Mémoires qu'un jour, l'ayant écouté rapporter, Nicolas était soudain allé à la fenêtre :

– Pourquoi est-ce ainsi, Mikhaïl Vladimirovitch ? Je me suis promené en forêt aujourd'hui, tout y est si paisible, on y oublie toutes... ces histoires et toute l'humaine vanité. J'avais tellement l'âme en paix. On s'y sent plus près de la nature... plus près de Dieu.

Il lui explique qu'il ne part pas pour longtemps, qu'il sera de retour pour le 1er mars, d'ailleurs il ne prend pas même Baby avec lui. Néanmoins, ce départ emplit Alix d'effroi.

L'Empire n'a plus que dix jours à vivre.

Le 22 février 1917, il quitte Tsarskoïé Selo, empereur, pour la dernière fois. Pour la dernière fois, il trouve dans son wagon la traditionnelle lettre.

Elle : « 22 février 1917. Mon inestimable ! C'est avec tristesse et une profonde angoisse que je t'ai laissé partir sans notre mignon Baby. Quels temps affreux nous vivons à présent, et rendus plus pénibles encore par la séparation : impossible de te cajoler, quand tu as l'air si fatigué, éreinté. Dieu t'a envoyé en effet une bien lourde croix...

Notre cher Ami prie également pour toi dans l'autre monde. Il est encore plus proche de nous, mais on aimerait tant entendre sa voix consolatrice et vivifiante... Simplement, mon très cher, sois ferme, voilà ce qu'il faut aux Russes ! Tu n'as jamais manqué une occasion de manifester ton amour et ta bonté. Fais-leur désormais sentir ta poigne. Ils ne demandent que cela. Tant me l'ont dit, ces temps derniers : "Il nous faut le knout !" C'est étrange, mais telle est la nature slave... Ils doivent apprendre à te craindre. L'amour ne suffit pas. L'enfant qui adore son père doit néanmoins redouter sa colère... Je te serre fort dans mes bras et tiens contre moi ta tête lasse. Ah, la solitude des nuits à venir ! Sunny n'est pas avec toi, ni le "Rayon de Soleil". Je sens mes bras qui t'enlacent, mes lèvres tendrement collées aux tiennes. Ensemble pour l'éternité, à jamais inséparables. »

« La poigne et le knout » : beaucoup pensent en effet que la Russie en a besoin. Ainsi ce monarchiste dont les propos sont rapportés par l'ambassadeur de France Paléologue :

« L'Occident ne nous connaît pas, il ignore que le tsarisme est la Russie elle-même. La Russie a été fondée par les tsars. Et les meilleurs d'entre eux furent les plus cruels, les plus impitoyables. Sans Ivan le Terrible, sans Pierre le Grand, sans Nicolas Ier, la Russie n'eût pas existé. Le peuple russe est le plus docile qui soit, à condition d'être mené à la baguette ; il est incapable de se gouverner lui-même. Dès qu'on lui relâche la bride, il sombre dans l'anarchie... Il ne va droit que lorsqu'il sent au-dessus de sa tête une poigne de fer... Le knout, nous le devons aux Tatars, et c'est ce qu'ils nous ont laissé de meilleur... »

Lui : « Je me sens à nouveau plein de fermeté, mais terriblement seul. Je vous remercie de tout cœur, Baby et toi, pour votre télégramme. Je me languis effroyablement. Je vous embrasse tous tendrement. »

Elle : « 23 février. Et voilà, Olga et Alexis ont la rougeole. Olga a le visage couvert de boutons. Baby en a surtout dans la bouche, il tousse beaucoup et a mal aux yeux. Ils sont étendus dans le noir, dans la salle de jeux. Nous sommes toutes en jupes d'été et blouses blanches, et s'il faut recevoir quelqu'un (qui ne redoute pas la contagion), nous nous changeons. Si les autres enfants ne peuvent y échapper, j'aimerais qu'ils l'attrapent au plus vite. Ce serait plus drôle pour eux et cela durerait moins longtemps... Ania peut également être du lot... »

C'est un petit cadet, spécialement détaché du corps des élèves officiers pour jouer avec l'héritier, qui l'a contaminé. Beaucoup avaient la rougeole parmi les élèves officiers, mais l'impératrice l'ignorait. Ainsi se déclare la maladie qui va s'abattre sur toute la Famille, à l'exception d'Alix. À présent, vêtue d'une blouse blanche, l'impératrice se démène au milieu des malades. La rougeole l'a coupée de la capitale, pourtant si proche. Les rapports, elle les reçoit à présent par l'intermédiaire d'Alexandre Volkov. La mort de l'Empire commence par une épidémie de rougeole.

Lui : « La Stavka. 23 février 1917. La journée a été froide et ensoleillée. J'ai été accueilli toujours par les mêmes, Alexeïev en tête [le chef d'état-major du Commandant suprême]... Nous avons parlé une demi-heure avec lui, puis j'ai reçu ton télégramme concernant la rougeole. Je n'en croyais pas mes yeux, c'est si soudain... Quoi qu'il en soit, je m'ennuie et me tracasse beaucoup sans toi, ma toute belle. Peut-être ne recevras-tu plus autant de monde, à présent ? ... »

Il espère encore que la rougeole la calmera, qu'elle cessera de s'occuper des affaires de l'État avec sa fougue habituelle et de faire constamment pression sur lui.

« Tu me dis de faire preuve de fermeté et tu as parfaitement raison. Sois sûre que je ne l'oublie point, mais il ne sert à rien de montrer les dents à chaque instant. Il suffit souvent d'une remarque ou d'une réponse sèche et tranquille pour remettre les gens à leur place... »

Le 24 février, des grèves éclatent à Petrograd. Quatre-vingt mille ouvriers cessent le travail, des queues se forment devant les boulangeries. La ville manque de pain.

Lui : « La Stavka. 24 février. Je vous envoie, à Alexis et à toi, l'Ordre du Roi et de la Reine de Belgique, en souvenir de la guerre... Cette nouvelle petite croix lui plaira. »

Elle : « 24 février. Mon inestimable, hier, des désordres se sont produits dans l'île Vassilievski et sur la Nevski, parce que des malheureux ont pris d'assaut une boulangerie. Ils ont anéanti la boulangerie Filippov [1] et il a fallu appeler les cosaques. Tout cela, je le sais de source non officielle... Olga a 37,7°, elle a l'air épuisée.

1. L'une des meilleures et des plus connues à Petrograd et à Moscou.

Alexis a bien dormi, il a aussi 37,7°. À dix heures, je suis allée veiller Ania (qui a manifestement la rougeole)...

Je vais de chambre en chambre, de malade en malade... Je suis juste sortie le temps d'aller mettre des cierges pour tous. »

Lui : « La Stavka, 24 février. Ainsi, trois enfants et Ania ont la rougeole !... Il faut désinfecter les chambres de Tsarskoïé Selo, mais tu ne voudras sans doute pas t'installer à Peterhof. Où vivrons-nous, alors ? Nous y réfléchirons tranquillement à mon retour qui, je l'espère, est pour bientôt. Mon esprit se repose, ici : pas de ministres, pas d'épineuses questions. Je trouve que cela me fait du bien – à mon esprit du moins, car mon cœur souffre de notre séparation... »

Au matin du 25 février, le président de la Douma, Rodzianko, va trouver le Premier ministre Golistyne et exige sa démission. De dépit, ce dernier lui montre l'oukase, déjà tout prêt, de dissolution de la Douma. Il a été signé à l'avance par le tsar, et Golitsyne peut en faire usage à n'importe quel moment... Toutefois, Golitsyne et Rodzianko savent bien que la Douma n'obtempérera pas, car le gouvernement n'a plus aucune autorité.

La foule se rassemble sur la place Znamenskaïa, aux cris de « Vive la République ! » Pire : les cosaques se retournent contre la police ! La foule fraternise avec les soldats.

Elle : « 25 février. Mon inestimable trésor chéri, ces grèves et désordres, en ville, sont plus que scandaleux... C'est un mouvement de voyous, des gamins et des gamines courent partout en criant qu'ils n'ont pas de pain, uniquement pour faire de l'agitation, et les ouvriers empêchent les autres de travailler. S'il faisait plus froid, tous resteraient sans doute tranquillement chez eux. Mais tout passera et s'apaisera, pourvu que la Douma se conduise comme il faut... J'ai eu le sentiment, quand tu es parti, que les choses iraient mal... Il est dur de ne pas être ensemble. Ania te salue. Ce matin, elle avait aussi 38,6°, Olga 37,6°, Tatiana 37,1°. Baby dort encore. Envoie-moi des salutations pour Ania, cela lui fera plaisir... Pardonne cette lettre sinistre, mais tout est si lugubre alentour... Je t'embrasse et te bénis à jamais. Ta vieille petite femme. »

Il doit attendre le 25 au soir pour être informé des désordres qui secouent la ville depuis plus de deux jours... Le 26, il reçoit un télégramme du ministre de la Guerre. Son contenu est effroyable : les soldats refusent de tirer sur les émeutiers et passent dans le camp des insurgés.

Nicolas transmet le télégramme à Khabalov, chef de la Région militaire de Saint-Pétersbourg, avec ordre de mettre fin sans délai aux désordres. (Sergueï Khabalov est un homme d'une paisible médiocrité, de ceux qu'on laisse se planquer à l'arrière, en temps de guerre...)

Extrait du Journal :

« 26 février. Dimanche. À dix heures, suis allé à la messe. Le rapport s'était terminé à temps... Ai écrit à Alix et me suis rendu à la chapelle de la chaussée de Bobrouïsk. Le temps était clair et froid... Le soir, joué aux dominos. »

Tous relèvent cette étrange indifférence, à l'heure de tous les dangers. On le dirait perdu dans un rêve, à croire que les événements ne l'intéressent guère...

Elle : « 26 février. Quelle joie ! J'ai reçu ta lettre, je l'ai couverte de baisers et l'embrasserai souvent encore...

On parle beaucoup des désordres dans la ville (plus de deux cent mille personnes, je crois...) mais, je suis sotte, pardonne-moi, je te l'ai déjà dit hier. Il est indispensable de mettre en place un système de cartes de rationnement pour le pain (comme cela se fait aujourd'hui dans tous les pays ; c'est déjà le cas pour le sucre, et tous en sont satisfaits, tous peuvent s'en procurer suffisamment), mais nous sommes entourés d'idiots. Le malheur vient de tous ces oisifs, ces gens bien mis, ces soldats blessés, etc., ces étudiants et autres, qui excitent les foules. Lily [Lily Dehn, épouse d'un aide de camp, officier de la Flotte ; Alix se lie particulièrement avec elle, depuis que la Vyroubova est alitée. À la différence d'Ania, Lily est l'incarnation du bon sens] discute avec les cochers de fiacres et apprend ainsi les nouvelles. Ils lui ont dit que des étudiants étaient venus les trouver et leur avaient déclaré que, s'ils sortaient le matin, ils leur tireraient dessus. Monstres dégénérés ! Naturellement, les fiacres et les employés de wagons sont en grève. Ils disent toutefois que ce n'est pas comme en 1905, car tous t'adorent ; les gens ne veulent que du pain… Quel agréable temps ! Dommage que les enfants ne puissent se promener, fût-ce en automobile fermée. J'ai néanmoins l'impression que tout s'arrangera. Le soleil brille fort et je ressens un tel apaisement sur la chère tombe de Notre Ami. Il est mort pour notre salut… »

Lui : « La Stavka, 26 février. S'il te plaît, ne te surmène pas, à courir ainsi d'un malade à l'autre… Hier, devant l'icône de la Très Sainte Vierge, j'ai ardemment prié pour toi mon amour, pour les enfants, pour notre pays et aussi pour Ania… Ce matin, pendant l'office, j'ai ressenti une pénible douleur au milieu de la poitrine, et cela a duré un quart d'heure. J'ai à peine pu tenir le temps de la liturgie, mon front s'est couvert de sueur, je ne comprends pas ce que c'est, car mon cœur semblait ne plus battre. Puis, il s'est remis à fonctionner et tout est passé d'un coup, lorsque je me suis agenouillé devant l'icône de la Vierge. »

Le 26 février, Rodzianko adresse au tsar un télégramme désespéré : « C'est l'anarchie dans la capitale. Le gouvernement est paralysé : les transports, l'approvisionnement, le carburant, tout est complètement désorganisé. Des unités de l'armée se mitraillent, dans les rues éclatent des tirs désordonnés. Il faut sur-le-champ confier à une personne jouissant de la confiance du pays la tâche de former un nouveau gouvernement… Tout atermoiement équivaut à la mort. Je prie Dieu qu'en cette heure, la responsabilité ne retombe pas sur celui qui porte la couronne. »

Le télégramme parvient nuitamment à l'état-major, mais Alexeïev n'ose réveiller le tsar et ne le lui montre qu'au matin.

De bonne heure le lendemain, Rodzianko envoie au tsar un second télégramme : « La situation se dégrade. Il faut immédiatement prendre des mesures, demain il sera trop tard. C'est l'instant ultime où se joue le destin de la Patrie et de la dynastie. »

À Petrograd, les sections de l'Okhrana sont incendiées, la foule ne laisse pas œuvrer les pompiers, des régiments marchent sur le palais de Tauride où siège le Comité provisoire de la Douma. Drapeaux et musique en tête, ils prêtent serment au nouveau gouvernement. Pendant ce temps, le général Khabalov se décide enfin à placarder des avis dans la ville, annonçant que l'état de siège est instauré. Mais les autorités ne trouvent plus ni colle ni pinceaux !

Le tribunal d'arrondissement est en flammes. Déjà, on donne la chasse aux policiers.

Quelles notations étranges on trouve alors dans le Journal du tsar ! Si Alix tire ses informations des cochers, par l'intermédiaire de Lily Dehn, lui qui dispose de tous les renseignements, qui lit les télégrammes désespérés de Rodzianko, persiste à ne pas réagir. Toujours la même indifférente lassitude... Mais à quoi attribuer, alors, cette subite douleur dans la poitrine ?

En partant, il envisageait l'éventualité de la tempête par tous annoncée. Et avait décidé de *ne rien faire contre.* Une fois qu'elle a commencé, il attend simplement, avec impatience, le dénouement.

Il ne veut plus ni ne peut lutter contre la société. Il sait aussi qu'Alix ne le laissera pas leur céder tranquillement. De même qu'*eux* refuseront ses concessions, si *elle* demeure. Raspoutine et les rumeurs de trahison l'ont par trop compromise. Reste pour lui le choix entre *elle* et *le trône.* Il opte pour *elle.* Il choisit la vie de famille, pour éviter qu'on pousse plus loin vers la folie sa malheureuse femme, qui a déjà à moitié perdu la raison, et pour pouvoir ouvertement soigner son fils mortellement malade. Il décide de renoncer au trône. Sa douleur à la poitrine n'est que le résultat de cette décision, le résultat des tourments qu'il a choisi d'étouffer en lui.

Par la suite, en se penchant sur l'étrange attitude du chef d'état-major Alexeïev et sur le peu d'empressement qu'il met à informer le tsar des informations affolées en provenance de la capitale, on en viendra à le soupçonner de faire partie du complot. Curieuse figure, que ce chef d'état-major... D'origine modeste, il s'est fait lui-même, devenant quasiment, sous le règne de Nicolas, Commandant suprême des Armées. Ennemi de Raspoutine auquel il interdit de venir à la Stavka, il est de ceux, rares, que Nicolas ne livre pas à la fureur d'Alix. Ils se ressemblent, le tsar et lui : ils sont renfermés, peu loquaces. Et ils ont de l'amitié l'un pour l'autre. Ils se comprennent. C'est pour cela qu'Alexeïev ne se hâte point de réveiller l'empereur. Il a deviné le « jeu » du Souverain et, sans mot dire, il le soutient...

Nicolas, toutefois, ne parviendra pas à mener à bien son projet... Il pense que la Douma contrôle la situation et que le coup d'État est prêt. Il apprend bientôt qu'il en va tout autrement : la populace est dans la rue. À la lecture des télégrammes, il comprend, épouvanté : les bavards impénitents de la Douma ne contrôlent rien. Là, il prend peur pour Alix et les enfants. De la ville, les désordres peuvent gagner Tsarskoïé Selo. Nicolas doit agir.

Le lundi 27 février, il note dans son Journal :

« Des désordres ont éclaté à Petrograd, il y a quelques jours. Plus affligeant, des unités de l'armée y prennent part. Quel odieux sentiment : être si loin et recevoir, par bribes, de mauvaises nouvelles ! Ai assisté brièvement au rapport. Dans la journée, promenade sur la chaussée, en direction d'Orcha. Après le dîner, ai décidé de rentrer d'urgence à Tsarskoïé Selo, à une heure mes affaires étaient dans le train. »

Lui : « Télégramme. Je pars à deux heures et demie. La garde à cheval a reçu l'ordre de quitter sans délai Novgorod pour Petrograd. Si Dieu le veut, les désordres dans l'armée auront bientôt cessé. »

Extrait du Journal :

« 27 février. Couché à trois heures et quart, après m'être longuement entretenu avec N. Ivanov, que j'envoie avec des troupes rétablir l'ordre à Petrograd. Ai dormi jusqu'à dix heures. Avons quitté Moghiliov à cinq heures du matin. Le temps était froid et ensoleillé. Dans la journée, avons passé Viazma, Rjev et Likhoslavl à neuf heures. »

Mais le tsar ne rejoindra pas Tsarskoïé Selo.

« Le Palais a sombré dans l'océan de la révolution »

Récit de Vera Leonidovna :

Le *Bal masqué*[2] est une pièce terrible. Le jour où la guerre éclatait en 1941, il y avait à Moscou la première du *Bal masqué*... Une première était aussi prévue à l'époque, à la fin de février 1917, aux jours où sombrait l'Empire.

Les réverbères ne fonctionnaient plus, sauf du côté de l'Amirauté ; sur la Nevski, un projecteur éblouissait et, dans sa lumière spectrale, nous allions au théâtre. On tirait dans les rues. Mais on avait tant parlé de ce spectacle... Le tout-Petrograd amateur de théâtre était rassemblé à l'Alexandre. C'était, en effet, un spectacle fantastique... Sur la scène, un luxe invraisemblable, inouï. De gigantesques miroirs, des portes dorées... la scène représentait une salle de palais. Nous ne comprenions pas, alors, que c'était le décor du monde qui, au-dehors, sombrait dans le néant...

Au palais de Tauride, la Douma siégeait sans interruption... Les orateurs étaient aphones. On racontait que Protopopov s'était livré de lui-même aux députés, qu'il voulait à toute force leur démontrer qu'il avait fait exprès de mal gouverner le pays, afin d'accélérer la chute du régime honni (c'est ainsi qu'on disait désormais). Protopopov n'était qu'un bouffon et, selon moi, un malade mental. La révolution triompha sans peine, suscitant un immense espoir. Durant les premiers mois, on en oublia même les Romanov. Je m'étonnai grandement, lorsque Nezlobine entreprit de monter une pièce de C. R., *Le Roi de Judée*. On l'avait jouée autrefois au théâtre de l'Ermitage. Nezlobine en avait acquis les droits pour trois fois rien et il montrait à présent au public ce que regardait la Famille, « sous le régime maudit »... J'y jouais moi-même. Il me revient que trois jeunes gens assistaient à chaque spectacle : les fils de C. R. Les figurants avaient une tenue et un maintien irréprochables : c'étaient tous d'anciens officiers qui avaient fui Tsarskoïé Selo. Ils avaient troqué leurs uniformes chamarrés contre des

2. Pièce de Mikhaïl Lermontov qui, au début du XXe siècle, donne lieu à des mises en scène littéralement « révolutionnaires », par Meyerhold notamment.

costumes d'esclaves de comédie du premier siècle de notre ère... Je me souviens que dans les jours de février, mon ami avait eu quelque peine à atteindre Tsarskoïé Selo. Il avait dit, alors : « C'est la fin de "l'Atlantide", le palais a sombré dans l'océan de la révolution. »

Le 28 février, la garnison se soulève à Tsarskoïé Selo. La garnison, cela veut dire quarante mille soldats.

Rodzianko téléphone au Palais, il n'est plus désormais le « fastidieux gros Rodzianko », mais le président de la Douma d'État, en d'autres termes, l'unique pouvoir dans la capitale insurgée. Et le seul capable de protéger la Famille.

Rodzianko s'entretient avec Benckendorf, le prie de dire à Alix qu'elle doit quitter au plus vite le palais Alexandre.

– Mais les enfants sont malades... proteste Benckendorf.

– Quand la maison brûle, on emporte aussi les enfants malades, réplique Rodzianko (et dans sa voix résonne quelque chose du genre : si seulement vous m'aviez écouté plus tôt !)

– Je n'irai nulle part ! Qu'ils fassent ce qu'ils veulent ! déclare la tsarine à Benckendorf.

Cependant, la gare de Tsarskoïé Selo est occupée par les insurgés. Les trains ne circulent plus. Alix envoie alors à Petrograd deux cosaques de l'escorte. Leurs pelisses masquent leurs uniformes dont, récemment encore, ils étaient si fiers.

Les cosaques reviennent, porteurs d'une incroyable nouvelle : la ville est définitivement tombée aux mains des insurgés. Le centre est noyé de monde, partout des drapeaux, des drapeaux ! La ville semble recouverte d'un drap sanglant. Les prisons sont ouvertes, on saccage les commissariats de police, on traque les policiers.

Durant toute la journée du 28 février, parvient au Palais le son de tirs désordonnés. Ce sont les soldats de la garnison qui expriment leur enthousiasme en tirant (en l'air pour l'instant). Les orchestres jouent *La Marseillaise* à longueur de journée. À cinq cents mètres du palais, la première victime : un cosaque. Un inquiétant avertissement. Mais on s'en tient là, momentanément. Les quarante mille insurgés ne s'approchent pas du Palais.

Le long des grilles, sur leurs magnifiques chevaux, des escadrons de cosaques portant le noir bechmet[3] de l'escorte de Sa Majesté Impériale.

Alix convoque les généraux Ressine et von Groten, qui ont à présent la charge de protéger le Palais.

Les mille visages d'Alix : petite-fille docile de la reine Victoria... Magnifique princesse... Éternelle amoureuse... Fanatique insensée de l'autocratie... Enfin, en février 1917, héroïne d'une tragédie antique.

À neuf heures, les clairons du Palais sonnent le rassemblement. Alix commence alors la revue des troupes dont elle dispose.

Devant l'entrée principale du palais, ils sont rangés : la deuxième sotnia du Kouban, la troisième sotnia de Tver, les cosaques de l'Escorte, déployés.

À côté, venu des casernes, le bataillon de l'Équipage de la Garde, sous le commandement du grand-duc Cyrille ; ses rangs ont diminué : chaque nuit, les braves petits matelots commencent à déserter en secret.

Enfin, un bataillon de marche et une batterie antiaérienne : deux canons sur des plates-formes automobiles.

Voilà toute son armée, cernée par l'océan des capotes grises de la garnison.

Les lanternes brûlent à l'entrée du Palais. Quelques centaines de défenseurs sont silencieusement postés dans la nuit froide. Des ordres retentissent. Il est près de minuit lorsqu'elle sort du Palais.

Sur la neige crissant sous les pas, dans le froid mordant, une pelisse jetée sur ses épaules, elle longe les rangs, orgueilleuse. À ses côtés, la grande-duchesse Marie, la seule de ses filles qui ne soit pas malade. Au poste de garde du palais, Alix réunit les officiers : « Messieurs, aucun coup de feu, quoi qu'il arrive ! Je ne veux pas que le sang coule à cause de nous. »

3. Longue veste-chemise caucasienne très moulante, qui se porte sous la tcherkesska.

Est-ce la même Alix qui, récemment encore, appelait à être impitoyable ? Elle a compris : un seul coup de feu, et c'est l'étincelle dans le baril de poudre, tout sautera ! La masse des capotes grises anéantira le Palais.

Le lendemain, à son réveil, un nouveau coup l'attend. Orgueil et fleuron du Palais, l'équipage de la Garde, commandé par le grand-duc Cyrille, a quitté ses casernes, étendards déployés. Ruban rouge à la vareuse, monogrammes du tsar sur les épaulettes, le cousin du Souverain a conduit son unité au palais de Tauride, pour faire allégeance à la Douma. Cyrille n'a pas oublié les humiliations de 1905. Et il n'a pas pardonné à la tsarine son moujik crasseux.

Ce même matin, à la suite de l'Équipage, une compagnie du bataillon des chemins de fer rallie également Petrograd. Deux sotnias cosaques, deux canons et un bataillon de fantassins, voilà donc toute son armée !

Elle comprend que, d'un instant à l'autre, ils peuvent prendre d'assaut le Palais. Mais les insurgés de la Garde ne s'en approchent toujours pas. Comme s'ils en avaient oublié l'existence. Une accalmie inquiétante. Des bruits courent : leurs canons sont pointés sur la cathédrale et le Palais, il faut s'attendre, d'une heure à l'autre...

Dans la journée, elle en vient presque à oublier l'orage inévitable : elle se démène entre ses enfants et son Amie malade.

La nuit, elle n'arrive pas à dormir. Elle descend dans les caves du palais où se reposent, bien au chaud, les cosaques de l'Escorte. Elle tente de leur redonner le moral, d'affermir leur esprit par la prière. Puis, jusqu'au matin, elle parle avec Lily Dehn. Et durant tout ce temps, elle ne cesse d'envoyer des télégrammes à Nicolas, qui lui reviennent, avec des mentions railleuses : « Inconnu à l'adresse indiquée. »

On ignore où se trouve l'autocrate de Toutes les Russies... Elle n'y tient plus, elle envoie chercher Paul. Cela ne s'était plus vu, depuis que son fils avait pris part à l'assassinat de Raspoutine. Il vient, raconte : le train de Nicky est bloqué, mais Nicky est sain et sauf.

Elle le supplie de faire quelque chose : de s'adresser aux troupes qui restent fidèles ; la catastrophe est proche ! Il ne cherche même pas à lui expliquer qu'il n'y a plus de troupes fidèles, que la catastrophe est déjà advenue. Paul a pitié d'elle. Il l'informe que Cyrille, Micha et lui ont élaboré un projet de Manifeste qu'ils s'apprêtent à soumettre à la Douma. Le tsar y accorde un gouvernement responsable devant la Douma. Alix approuve. Enfin ! Elle a compris : il faut faire des concessions. (Mais nul ne prêtera attention à ce Manifeste signé par trois grands-ducs. La Douma attend bien autre chose.)

Dans la nuit du 1er au 2 mars, Alix reçoit un nouveau choc. Vers une heure du matin, le général Ivanov, que Nicky a envoyé avec un détachement d'élite des chevaliers de Saint-Georges [4], arrive au palais. Dans le cabinet parme, le vieux général raconte que les voies de chemin de fer ont été démontées, leur convoi encerclé par les insurgés et « soumis à propagande ». Les chevaliers de Saint-Georges ont refusé de sortir des wagons et d'obtempérer à ses ordres. Nul ne viendra donc au secours du Palais. Elle recommence pourtant à rêver : elle supplie le vieil homme de tenter, avec ses chevaliers de Saint-Georges, de joindre Nicky...

Après le départ du général, elle comprend néanmoins qu'elle est désormais absolument sans défense. Les insurgés peuvent arriver à n'importe quel moment. Elle envoie à nouveau un sotnik [5] de l'Escorte chercher Paul. L'émissaire arrive aux portes du palais du grand-duc et sonne longuement. Ne recevant pas de réponse, il enjambe la palissade. Stupéfait, il découvre que l'entrée d'honneur est ouverte. Il erre dans les innombrables salles du Palais désert et comprend que les domestiques se sont enfuis. Il arrive enfin à la chambre de Paul. Devant la porte dort un valet de chambre : tout ce qui reste de l'immense domesticité.

Le sotnik informe Paul qu'on s'attend, au palais, à ce que les insurgés arrivent d'un instant à l'autre. Le grand-duc entreprend de

---

4. L'Ordre de Saint-Georges a été institué par Catherine II en 1769. Il comporte un ruban aux bandes alternativement noires et orange. Le bataillon de Saint-Georges, composé de titulaires de la croix, tous anciens blessés, était chargé de la protection de la Stavka.

5. Chef d'escadron cosaque.

donner des coups de téléphone et, pour finir, le prie de dire à Alix qu'elle peut être tranquille : la Douma garantit la sécurité du Palais.

Au matin du 2 mars, Alix écrit deux longues lettres à Nicky. Deux cosaques de l'Escorte cousent les minuscules enveloppes sous les bandes de leurs pantalons.

« 2 mars 1917. Mon cœur se brise à l'idée que tu endures ces angoisses et ces tourments dans une complète solitude, que nous ne savons rien de toi et que tu ne sais rien de nous. Je t'envoie à présent Soloviev et Gramotine, je donne à chacun une lettre et j'espère que l'une d'elles, au moins, te parviendra. Je voulais envoyer un aéroplane, mais tous les gens ont disparu. Ces deux jeunes hommes te raconteront tout, de sorte que je ne t'écris rien de la situation. Tout est ignoble, les événements se succèdent à une vitesse incroyable. Je crois pourtant fermement – et rien n'ébranlera cette foi – que tout ira bien... Il est clair qu'ils ne veulent pas nous laisser nous voir, avant que tu n'aies signé je ne sais quel papier, une Constitution ou quelque monstruosité du même genre. Or, seul, sans armée derrière toi, pris au piège comme un rat, que peux-tu faire ? C'est là une immense bassesse et une ignominie inouïe, que de retenir son Souverain... Peut-être te montreras-tu aux troupes en d'autres lieux et les rassembleras-tu autour de toi ? Si l'on t'arrache des concessions sous la contrainte, tu n'es nullement obligé de les respecter, parce qu'elles auront été lâchement obtenues... Ta petite famille est digne de son père. J'ai peu à peu exposé la situation aux aînées, avant elles étaient trop malades... Il est très douloureux de feindre devant les enfants. Je n'en ai pas dit la moitié à Baby, il a 36,1°. Il est très gai. Mais tous sont au désespoir de ne pas te voir revenir. Lily est un ange, elle ne me quitte pas, elle dort dans ma chambre. Marie est avec moi, nous sommes toutes deux en blouses blanches, la tête couverte d'un voile... Le vieux couple Benckendorf dort à la maison, et Apraxine vient ici furtivement, en civil... Nous gardons tous le moral, nous ne nous laissons pas abattre par les circonstances, simplement nous nous tourmentons pour toi et sommes indiciblement humiliés de ce qui t'arrive, mon saint martyr...

La nuit dernière, de une heure à deux heures et demie, j'ai vu Ivanov... Je pense qu'il pourrait te rejoindre en passant par Dno, mais y arrivera-t-il ? Il espérait tirer ton train à la suite du sien. La maison de Freedericksz a été incendiée, sa famille est à l'hôpital de la Garde à cheval... Il y a deux courants, la Douma et les révolutionnaires – deux serpents qui, je l'espère, finiront par s'arracher mutuellement la tête. Cela sauverait la situation. J'ai le sentiment que Dieu fera quelque chose. Quel soleil éclatant ! Si au moins tu étais ici ! Une seule chose ne va pas : même l'Équipage nous a abandonnés, ils ne comprennent absolument rien, c'est comme s'ils avaient tous attrapé un microbe... Mais quand les troupes apprendront qu'on t'a retenu, elles entreront en fureur et se soulèveront contre eux tous...

Allons ! Que les députés de la Douma restaurent l'ordre, et qu'ils prouvent par là même qu'ils sont au moins bons à quelque chose ! Mais ils ont allumé un trop grand incendie. Comment l'éteindre, à présent ? ... Les enfants reposent paisiblement dans le noir, l'ascenseur ne fonctionne plus depuis quatre jours déjà, une canalisation a lâché... Je sortirai tout à l'heure saluer les soldats en faction devant la maison... Mon cœur me fait beaucoup souffrir, mais je n'y prête pas attention, je me sens d'humeur alerte, combative... Je ne puis rien te conseiller, sinon, mon très cher, d'être toi-même. S'il te faut te plier aux circonstances, Dieu t'aidera à t'en libérer. Ô mon saint martyr !... »

Ajout : « Porte Sa croix [celle de l'Ami], et si cela t'ennuie, fais-le au moins pour ma tranquillité. »

Dans l'obscurité de la chambre, les enfants commencent à se rétablir.

La Vyroubova a repris ses esprits. Elle est tombée malade dans un monde où elle était la toute-puissante amie de la femme la plus puissante de Russie. Elle se rétablit dans un palais assiégé, en disgrâce.

Le 3 mars, la rumeur se répand, insensée : il a abdiqué !

De nouveau, Alix appelle Paul. Volkov prend le chemin du Palais à la suite du grand-duc.

Paul lui apporte le texte du Manifeste d'abdication, publié dans la presse. « Non, non, je n'y crois pas, ce ne sont que des bruits, des ragots de journalistes... » Elle ne veut pas lire le Manifeste, elle est prostrée. Toute la journée, elle murmure en français : « Il a abdiqué ! Abdiqué !... » Ils se sont définitivement emparés de l'héritage du Petit. On leur a donné tout ce qu'elle défendait bec et ongles. Mais elle reste sa Dame, elle ne lui reproche rien, pas un instant ! « Nicky et Alix, un couple parfait. » Et elle lui écrit.

« 3 mars. Mon aimé, âme de mon âme, ah ! Comme mon cœur saigne pour toi ! Je perds la raison d'être là à ne rien savoir, de n'avoir que les rumeurs les plus ignobles, qui conduiraient n'importe qui à la folie. J'aimerais savoir si les deux jeunes gens que je t'ai envoyés avec des lettres sont parvenus jusqu'à toi... Ah ! Pour l'amour du Ciel, écris au moins une ligne ! Cette lettre te sera transmise par la femme d'un officier. Je ne sais rien de toi, je n'ai que des rumeurs qui me brisent le cœur. De ton côté, sans doute, tu entends la même chose...

Nos quatre malades souffrent tout autant, seule Marie est valide, paisible. Mais ma petite assistante maigrit, sans montrer tout ce qu'elle ressent. Nous ne nous comportons plus comme avant, chacun dissimule ses craintes. Ta solitude complète me brise le cœur. Ma lettre sera brève, car j'ignore si elle te parviendra, si on ne risque pas de la saisir en route, tant tous sont devenus fous. Le soir, je fais avec Marie ma tournée des sous-sols, afin de voir tous nos gens : cela redonne le moral... En ville, le mari de Duckie [le grand-duc Cyrille] se conduit effroyablement, tout en feignant de se démener pour le monarque et la Patrie... Amour, mon amour ! Nous avons eu une magnifique prière d'actions de grâces et un acathiste [6] devant l'icône de la Vierge que nous avons apportée dans la chambre verte où tous étaient alités. Cela nous a beaucoup réconfortés. Tout finira, tout doit finir bien. Ma foi ne vacille pas. Ah ! Mon ange chéri, je t'aime tant, je suis toujours avec toi, jour et nuit. Je comprends ce qu'endure à présent ton pauvre cœur.

6. Composition poétique et liturgique en l'honneur du Christ, de la Vierge ou d'un saint (destinée à être chantée ou récitée).

Que Dieu t'ait en Sa miséricorde et qu'Il t'envoie force et sagesse ! Il t'aidera, il te récompensera pour ces souffrances insensées... Nous nous battrons tous pour notre "Beau Petit Soleil", chacun selon ses possibilités... Lily et la Grosse Vache te saluent. Ta Sunny te bénit, prie et garde sa foi... Elle ne se mêle de rien, ne voit personne de « ces autres » de la Douma (les révolutionnaires) et n'a jamais cherché à le faire ; de sorte que, ne le crois pas si on te le dit. Elle n'est plus, désormais, qu'une mère qui veille sur ses enfants malades...

C'est à en perdre la raison, mais nous ne la perdons pas, nous voulons croire en un avenir radieux...

Paul vient de tout me raconter. Je comprends parfaitement ton acte, ô mon héros ! Je sais que tu ne pouvais signer quoi que ce fût de contraire au serment que tu as prêté lors du couronnement. Nous nous connaissons à la perfection, nul n'est besoin de paroles et, je te le jure, nous te reverrons sur ton trône, élevé à la majesté du règne par ton peuple et tes armées... »

Elle s'oblige à ne lire le Manifeste que le lendemain. Et, cette fois, elle entend à nouveau sa voix : le téléphone s'est remis à fonctionner, Nicolas appelle Tsarskoïé Selo, depuis la Stavka... Elle tente de lui redonner courage, lui dit des mots tendres

Peu après leur conversation, on lui porte son télégramme :

« La Stavka. 4 mars, dix heures du matin. À l'attention de Son Altesse [il continue de l'appeler ainsi et continuera jusqu'au bout]. Merci, mon petit cœur... Mon désespoir s'estompe. Dieu vous bénisse tous. Je t'aime tendrement. »

Au soir du 4 mars, elle lui écrit sa dernière lettre, la six cent cinquante-troisième :

« 4 mars 1917. Cher et bien-aimé Trésor. Quel soulagement et quelle joie ce fut d'entendre ta voix chérie ; la ligne était cependant très mauvaise, sans compter que toutes nos conversations sont à présent écoutées ! Et ton aimable télégramme, aujourd'hui... Baby se penche dans son lit et me prie de t'embrasser pour lui. Tous les quatre sont couchés dans la chambre verte, plongée dans l'obscurité. Marie et moi écrivons, on ne voit pratiquement rien, parce que les rideaux sont baissés. Je n'ai lu le Manifeste que ce matin... Les gens sont rendus furieux par le désespoir, [mais] ils adorent mon ange. Un mouvement s'amorce au sein des troupes... Je pressens, je prévois devant nous l'éclat du soleil. Je suis au comble de l'indignation, à cause du mari de Duckie...

On arrête aujourd'hui les gens à droite et à gauche, les officiers naturellement. Dieu sait ce qui se fabrique : les tirailleurs choisissent eux-mêmes leurs commandants et se comportent avec eux de la plus répugnante façon : ils ne saluent plus, fument littéralement au nez des officiers. Je ne veux pas t'écrire tout ce qui se passe, tellement c'est immonde. Nos malades, en haut et en bas, ne savent rien de ta décision, je crains de la leur annoncer, d'ailleurs cela peut attendre... Ô Seigneur ! Certes, Il te récompensera au centuple de toutes tes souffrances. Mon aimé, mon cher ange, j'ai peur de songer à ce que tu endures, c'est à devenir fou. Il ne faut plus en parler, c'est impossible ! Quelle humiliation de t'avoir envoyé ces deux brutes ! J'ignorais de qui il s'agissait, avant de l'apprendre par ta bouche. Je sens que l'armée va réagir... »

Le roman épistolaire s'achève. Commence la réclusion.

Il a brièvement évoqué l'abdication au téléphone. Lorsqu'il rentrera, en état d'arrestation, elle apprendra les détails que nous connaissons aujourd'hui par le Journal.

« Comme une souris prise au piège... »

(Journal de l'abdication)

Il se trouvait donc dans le train en direction de Tsarskoïé Selo.

« 1er mars, mercredi. Dans la nuit, nous avons fait marche arrière à partir de M[alaïa] Vychera, car Liouban et Tosno étaient aux mains des insurgés. Nous sommes allés à Valdaï, Dno et Pskov où je me suis arrêté pour la nuit. »

Au matin, en se réveillant à Pskov, il apprend qu'il ne peut aller plus loin.

« Gattchina et Louga sont également occupées. Quelle honte, quelle infamie ! Impossible d'atteindre Tsarskoïé Selo, or là sont toutes mes pensées, tous mes sentiments... Comme il doit être dur pour Alix de supporter, seule, tous ces événements ! Aide-nous, Seigneur... »

« 2 mars, jeudi. Ce matin, Rouzski est venu [c'est le commandant du Front Nord] et m'a rapporté sa très longue conversation téléphonique avec Rodzianko. À l'en croire, la situation à Petrograd est telle que le Cabinet issu de la Douma sera à présent impuissant à faire quelque chose, car le Parti social-démocrate le combat par le biais du Comité ouvrier [le Soviet des députés ouvriers et soldats de Petrograd]. Il est nécessaire que j'abdique... »

Tout va très vite... Et cette horreur sans nom : Alix, seule avec les enfants malades, et lui, prisonnier dans son train, à la gare de Dno (quel nom [7] !). Il déclare à Rouzski qu'il est prêt à signer l'acte d'abdication. Mais il veut auparavant que tous les commandants des fronts lui disent s'il convient de le faire.

Extrait du Journal, 2 mars (suite) :

« Rouzski a fait part de cette conversation à la Stavka, et Alexeïev à tous les commandants. Vers deux heures et demie, tous avaient répondu. En substance, au nom du salut de la Russie et du maintien du calme dans l'armée au front, il est nécessaire de s'y résoudre. J'ai accepté... »

Dans la journée, il apprend que la Douma a déjà envoyé des émissaires de Petrograd pour recueillir son abdication.

« Quelle humiliation de t'avoir envoyé ces deux brutes !.. »

Il est tard. Il est sorti faire quelques pas sur le quai. Le froid est intense, il gèle de plus en plus fort. Tout le train impérial est illuminé. Ces « messieurs » [comme il appelle ironiquement sa Suite] ne dorment pas. Ils attendent.

7. En russe : « Le fond ».

Il voit alors se détacher dans l'obscurité une locomotive tirant un unique wagon.

Ils pénètrent dans son wagon. Le second est Choulguine. Il le connaît : un monarchiste ; naguère, il avait aimé son discours à la Douma. Mais le premier… Le premier n'est autre que Goutchkov. L'ennemi juré d'Alix ! Son ennemi de toujours !

Le wagon-salon aux murs tendus de soie verte, un vieux général à aiguillettes : le ministre de la Cour, comte Freedericksz.

Ils ont pris place autour d'une petite table : le tsar, vêtu d'une tcherkesska grise, et, lui faisant face, Goutchkov et Choulguine.

Goutchkov entame un discours, long, ampoulé. Nicolas l'écoute sans un mot. Choulguine observe le tsar : des poches sous les yeux, une peau brune, ridée, comme brûlée (les effets de pénibles nuits sans sommeil).

Enfin, Goutchkov en vient à l'abdication. Sa voix tremble. Lorsqu'il achève son discours ému, Nicolas répond tranquillement, presque indifférent : « J'ai résolu, messieurs, de renoncer au trône… Jusqu'à trois heures aujourd'hui, je croyais pouvoir abdiquer en faveur de mon fils ; mais j'ai changé d'avis : j'abdique en faveur de mon frère Michel. Je compte, messieurs, que vous compreniez les sentiments d'un père. »

Il prend sur la table le projet de Manifeste apporté par Goutchkov et sort. En son absence, les visiteurs apprennent que le tsar a consulté le docteur Fiodorov, lequel a rendu un verdict sans appel : il n'y a pas d'espoir de guérison pour Alexis.

Il revient au wagon et pose sur la table l'acte d'abdication rédigé de sa main. Il est imprimé sur des formulaires de télégrammes.

« Que pitoyable me parut alors l'ébauche que nous avions apportée ! » se souviendra Choulguine. « Si nobles étaient ses paroles d'adieu… »

Le Manifeste

« En ces jours où nous menons un grand combat contre l'ennemi extérieur qui, depuis près de trois ans, tente d'asservir notre patrie, le Seigneur a jugé bon d'envoyer à la Russie une nouvelle et lourde épreuve. Les troubles populaires qui ont éclaté dans le pays menacent d'avoir une répercussion funeste sur notre poursuite obstinée de la guerre. Le destin de la Russie, l'honneur de l'armée héroïque, le bien du peuple et tout l'avenir de notre chère patrie exigent que la guerre soit menée, quoi qu'il en coûte, jusqu'à la victoire... En ces jours décisifs pour la vie de la Russie, nous avons considéré comme un devoir de conscience de rendre plus aisés pour notre peuple une étroite cohésion et le rassemblement de toutes les forces populaires en vue d'atteindre au plus vite la victoire et, en accord avec la Douma d'Empire, avons jugé bon d'abdiquer le Trône de l'État russe et de ne plus assumer le pouvoir suprême. Ne souhaitant pas nous séparer de notre fils bien-aimé, nous transmettons notre héritage à notre frère, le grand-duc Michel Alexandrovitch et bénissons son accession au Trône de l'État russe... Nous recommandons à notre frère de conduire les affaires de l'État en parfaite et indéfectible unité avec les représentants du peuple... sur les principes qui seront par eux établis... Le Seigneur aide la Russie. »

Ils ont beau être touchés aux larmes, ils lui demandent aussitôt un pieux mensonge. Afin que nul n'imagine que l'abdication lui a été arrachée de force, qu'il n'inscrive pas, au bas du Manifeste, l'heure à laquelle il l'a réellement signé, mais le moment où il a pris *lui-même* la décision... Et il accepte. Il signe : « 2 mars, 15 heures », alors qu'il est déjà minuit.

Suit un second mensonge : ils suggèrent que le nouveau Premier ministre, le prince Lvov, soit encore nommé par lui. Et Nicolas : « Ah ! Lvov ? Bon, va pour Lvov. » Là encore, il signe.

Extrait du Journal, 2 mars (fin) :

« Un projet de Manifeste fut envoyé de la Stavka. Le soir, Goutchkov et Choulguine arrivèrent de Petrograd, je m'entretins avec eux et leur remis le Manifeste remanié et signé. À une heure du matin, je quittai Pskov, oppressé par ce que j'avais vécu. Alentour, tout n'est que trahison, lâcheté, duperie. »

L'adieu

(Journal d'un empereur déchu)

Le Manifeste signé, il peut sans plus tarder partir pour Tsarskoïé Selo. Mais, à la surprise générale, il retourne à la Stavka, à Moghiliov.

Peut-être lui est-il trop pénible de les revoir, elle et les enfants, après cet effondrement. Il veut les laisser s'habituer à la situation. Sans compter qu'il doit faire ses adieux à l'armée. C'est la guerre, il assume jusqu'au bout son devoir de Commandant suprême.

Ou peut-être espère-t-il encore... Si elle avait vu juste ? Si ses armées fidèles se levaient et que s'accomplisse le miracle ?

Il doit aussi faire ses adieux à sa mère.

Le 3 mars, donc, il retourne à la Stavka où nul ne sait comment l'accueillir, ni même s'il faut le recevoir. Alexeïev décide de faire comme si de rien n'était. Les généraux sont alignés dans le pavillon réservé à l'accueil des trains impériaux. Ils attendent en silence, à l'exception de Serge Mikhaïlovitch qui commente véhémentement l'attitude d'un autre grand-duc, Cyrille, « en appelant les choses par leur nom ».

Arrivée du train impérial. Mais personne ne descend. Puis apparaît un serviteur qui appelle Alexeïev et disparaît avec lui dans le wagon. Tous attendent.

Enfin, Nicolas paraît : il a le teint jaune, les traits tirés, des poches sous les yeux. Derrière lui, le comte Freedericksz, comme toujours rasé de près, dans une tenue impeccable. Le tsar (l'ancien tsar !) salue chacun tour à tour, à son habitude.

« 3 mars, vendredi. J'ai longuement et bien dormi. Quand je me suis réveillé, il y avait un moment que nous avions passé Dvinsk. La journée était froide et ensoleillée... J'ai beaucoup lu Jules César. À huit heures vingt, sommes arrivés à Moghiliov. Tout l'état-major était sur le quai. J'ai reçu Alexeïev dans mon wagon. À neuf heures et demie, je me suis installé dans la maison. Alexeïev est venu m'apporter les dernières nouvelles de Rodzianko. Il se trouve que Micha a abdiqué... Dieu sait qui lui a mis dans la tête de signer pareille saleté ! À Petrograd, les désordres ont cessé. Pourvu que cela dure. »

C'est le commencement d'un « monde nouveau ».

L'abdication en faveur de Michel n'a rien donné. Au demeurant, le « monde nouveau » ne voulait plus des Romanov. Goutchkov faillit se faire lyncher par les ouvriers pour avoir osé parler du tsar Michel Romanov.

Le 3 mars, Goutchkov et Choulguine vont en voiture tenter d'obtenir une seconde abdication. Des soldats, baïonnettes au canon, sont à plat ventre sur les ailes de l'automobile.

Dès le 27 février, Michel est convoqué de Gattchina à Petrograd par Rodzianko. À la demande de ce dernier, il est mis en relation avec la Stavka par la ligne directe, et prie Nicolas de former un gouvernement responsable devant la Douma. Nicolas refuse. Michel, toutefois, ne peut rentrer à Gattchina : les insurgés contrôlent la voie ferrée. Il passe la nuit au Palais d'Hiver et, au matin, se retrouve au cœur du tourbillon. Des généraux arrivent de l'Amirauté (parmi eux, Khabalov et le ministre de la Guerre Beliaïev) et lui proposent de prendre la tête d'un détachement et de sauver Petrograd. Michel refuse. Il préfère aller se cacher dans l'appartement du prince Poutiatine, rue Millionnaïa.

Rue Millionnaïa, dans l'entrée de l'appartement, les coûteuses pelisses, jetées pêle-mêle, des membres de la Douma.

Michel paraît : grand, pâle, l'air juvénile. Tous prennent tour à tour la parole.

La voix abrupte de Kerenski* :

– En assumant le trône, vous ne sauverez pas la Russie. Je connais l'humeur des masses. Le mécontentement est vif contre la monarchie. Je n'ai pas le droit de vous dissimuler les dangers que vous encourrez, si vous acceptez le pouvoir. Je ne réponds pas de votre vie.

Suit un long silence. Enfin, la voix de Michel, à peine audible :

– Dans ces conditions, je ne puis...

Il se tait et l'on entend, nettement, une sorte de sanglot.

Michel pleure. Le sort a voulu qu'il mette un terme à la monarchie. Trois cents ans d'existence, et tout s'arrête avec lui.

Et le glapissement de joie de Kerenski :

– Je respecte profondément votre geste ! Et toute la Russie avec moi.

Le « monde nouveau » envoie des télégrammes de félicitations à Michel Romanov. Il en arrive même un de Touroukhansk, lieu de relégation des bolcheviks.

Nicolas est installé dans la maison du gouverneur. Il se rend chaque jour à l'État-major, où Alexeïev lui fait rapport et lui lit les télégrammes des agents. Comme si de rien n'était.

Extrait du Journal de Nicolas :

« 4 mars. Samedi. Vers douze heures, suis allé sur le quai accueillir ma chère maman, arrivée de Kiev. Je l'ai conduite chez moi et ai pris une collation avec elle et les nôtres. Sommes restés longtemps à parler... Vers huit heures, dîner chez maman ; demeuré auprès d'elle jusqu'à onze heures. »

La ville est sillonnée de secrétaires, de chauffeurs, arborant brassards et rubans rouges, la casquette ornée d'une cocarde rouge. Des meetings sans fin, des discours sur le « régime maudit », prononcés par les « citoyens les plus libres du pays le plus libre du monde ».

Eux sont réunis dans le wagon de l'impératrice mère. Eux, ce sont « les nôtres » : le grand-duc Boris Vladimirovitch (désormais, simplement Boris Romanov), le prince Alexandre Oldenbourg (désormais Alek), et Serge, Sandro... Ils croient encore que Nikolacha viendra assumer les fonctions de Commandant suprême. Alexeïev et tous les généraux le souhaitent.

Mais le « monde nouveau » n'en veut pas. Nikolacha est contraint de renoncer. Il est déjà en route pour la Stavka, lorsqu'on l'informe au nom du Gouvernement Provisoire que « l'opinion populaire s'oppose catégoriquement à ce qu'un membre de la Famille Romanov occupe une quelconque fonction. Le Gouvernement Provisoire est convaincu que pour l'amour de la Patrie, vous... ».

Il répond, non sans sarcasme, par un télégramme : « Heureux de pouvoir prouver une nouvelle fois mon amour de la Patrie, dont la Russie, jusqu'à présent, ne doutait pas. »

Un pouvoir nouveau s'instaure, celui de la foule triomphante, celui du Soviet des députés ouvriers et soldats. Ce pouvoir, la Douma et le Gouvernement Provisoire le redoutent à présent.

En attendant, Alexeïev engage des pourparlers concernant le départ de la Famille impériale. On suggère l'Angleterre, par Mourmansk.

Nicolas veut tout arranger avant de retrouver Alix.

Or, le « monde nouveau » ne veut pas qu'il parte.

Le 3 mars, aussitôt après l'abdication, le Soviet des députés ouvriers et soldats de Petrograd adopte une résolution relative à « l'arrestation de Nicolas II et de tous les autres membres de la dynastie Romanov ».

Bien que Nicolas se soit plié à toutes les exigences du Gouvernement Provisoire, ce dernier est contraint de céder, tant il craint le « monde nouveau ».

Kerenski explique les raisons de l'arrestation :

« L'excitation extrême des masses ouvrières et des soldats de l'arrière. Les garnisons de Petrograd et de Moscou étaient hostiles à Nicolas... Rappelez-vous mon intervention du 20 mars au plénum du soviet de Moscou. Rappelez-vous les cris : on réclamait des têtes, et on me les réclamait à moi [8] !... Je répondis que je n'assumerais point le rôle de Marat, qu'un tribunal équitable examinerait les fautes de Nicolas devant la Russie. »

Certes, Alexeïev lui fait part des propos officieux du Gouvernement : tout cela n'est que temporaire et ne vise qu'à apaiser la fureur de la foule. Une Commission d'enquête extraordinaire sera

8. Kerenski est alors ministre de la Justice du Gouvernement Provisoire.

créée, elle démontrera l'innocence du tsar et l'absurdité des rumeurs concernant la « trahison » d'Alix. Alors, la voie sera libre vers l'Angleterre !

8 mars, mercredi. « Dernier jour à Moghiliov. À dix heures et quart, j'ai signé l'ordre d'adieu à l'armée. »

« Une ultime fois, je m'adresse à vous, troupes ardemment aimées. Faites votre devoir, défendez notre valeureuse Patrie. Soumettez-vous au Gouvernement Provisoire, obéissez à vos chefs. Que Dieu vous bénisse et que le grand martyr Saint-Georges le Victorieux vous conduise à la victoire. »

Nul, cependant, n'osera publier cet ordre : son auteur est par trop impopulaire.

Il voulait le bien et l'apaisement de la Russie, c'est pourquoi, renonçant au pouvoir, il prie lui-même son peuple de servir le nouveau gouvernement.

Mais, dès lors, Nicolas déchoit aussi aux yeux des monarchistes.

Extrait du Journal, 8 mars (suite) :

« À dix heures et demie, suis allé dans les services dire adieu à tous les membres de l'état-major et de l'administration. Chez moi, j'avais fait mes adieux aux officiers et aux cosaques de l'escorte et du Régiment Réuni[9], et mon cœur avait failli se briser. À midi, j'ai rejoint maman dans son wagon, j'ai déjeuné avec elle et sa suite, et suis demeuré là jusqu'à quatre heures et demie. Je lui ai dit adieu, ainsi qu'à Sandro, Serge, Boris et Alek... »

C'est la dernière fois qu'il les voit tous réunis.

« À cinq heures moins le quart, ai quitté Moghiliov. Une foule touchante est venue me saluer. Quatre membres de la Douma voyagent avec moi... C'est pénible, douloureux, désolant. »

---

9. Créé sous sa forme définitive en 1906, le Régiment Réuni de cavalerie regroupait des cosaques issus des différentes communautés de Russie.

Ils « voyagent avec lui » : délicate façon de dire qu'il est en état d'arrestation.

L'adieu à Tsarskoïé Selo

(Journal d'arrestation)

Sur décision du Gouvernement :

1. La Famille et tous ceux demeurés avec elle sont isolés du monde extérieur.

2. Une garde intérieure et extérieure est mise en place.

3. Les déplacements de la Famille ne sont autorisés que dans les limites du palais.

4. Il est prévu de saisir chez les ci-devant tsar et tsarine des papiers qui seront transmis à une Commission d'enquête extraordinaire.

Le 8 mars, la voiture du général Kornilov* arrive aux portes du palais Alexandre. Lavr Kornilov, célèbre général d'active aux moustaches belliqueuses en forme de piques, en descend. Il est accueilli par le comte Apraxine, secrétaire de l'impératrice, qui le conduit à Alix.

– Votre Majesté, j'ai le pénible devoir de vous informer que vous êtes en état d'arrestation.

Après le départ de Kornilov, Alix mande le sotnik de l'Escorte, Zborovski :

– Nous devons tous, à commencer par moi, nous soumettre à notre sort. Je connais le général Kornilov. Il est chevaleresque et je suis rassurée pour les enfants.

(Un an plus tard exactement, en mars 1918, Kornilov mourra au combat, pendant la guerre civile. Son corps sera exhumé et brûlé par les vainqueurs rouges aux environs d'Ekaterinoslav.)

Le 8 mars 1917, à seize heure, l'ancienne Escorte de Sa Majesté Impériale doit quitter le palais de Tsarskoïé Selo. Suite de la tragédie : la scène de l'adieu est admirablement jouée par l'impératrice et l'Escorte. La tsarine remet aux hommes de petites icônes et de menus cadeaux. Les officiers les reçoivent, un genou à terre... Puis elle conduit le sotnik Zborovski dans la chambre obscure, pour un adieu à ses filles malades (Marie est souffrante, elle aussi, depuis la nuit glaciale durant laquelle elles ont, ensemble, passé la revue des troupes près du palais). Zborovski s'incline profondément devant les grandes-duchesses, mais il lui semble qu'elles le regardent avec perplexité. Il est vrai qu'elles ne sont encore au courant de rien...

L'impératrice réunit dans la grande salle ses « gens » et sa suite :

– Tous ceux qui n'auront pas quitté le palais avant seize heures aujourd'hui seront en état d'arrestation. Le Souverain arrivera demain matin.

Il lui reste à présent le plus difficile : leur dire la vérité. Pour ses filles, elle s'en charge. C'est un moment atroce : « Maman était au désespoir, je pleurais moi aussi... Mais, au thé, nous nous efforçâmes toutes de sourire. »

C'est à Marie qu'incombe la tâche de parler à Ania...

Et pour le Petit, on demande à M. Gilliard.

– Vous savez, Alexis Nikolaïevitch, votre père ne veut plus être empereur.

L'enfant le regarde, étonné, s'efforçant de lire ce qui se passe sur son visage.

– Il est extrêmement fatigué et il a beaucoup de soucis ces derniers temps, poursuit Gilliard.

– Ah oui ! Maman m'a dit que l'on avait stoppé son train, alors qu'il voulait nous rejoindre. Mais, plus tard, il redeviendra empereur ?

Gilliard explique :

– Le Souverain a abdiqué en faveur de Michel, mais votre oncle Michel a abdiqué à son tour.

– Dans ce cas, qui sera empereur ?

– Plus personne, à présent.

Alexis s'empourpre et reste longtemps silencieux. Il ne demande rien le concernant, se contentant de dire :

– S'il n'y a plus de tsar, qui donc gouvernera la Russie ?

À seize heures, les soldats révolutionnaires viennent relever l'Escorte impériale. Mais eux ne veillent plus sur la Famille, ils la surveillent. Et le sotnik Zborovski contemple avec effroi cette nouvelle garde aux rubans rouges. Le monde s'est effondré : « Tout ce qui existait n'est plus. C'est atroce... incompréhensible... » note-t-il dans son Journal.

Première nuit d'Alix en état d'arrestation. La dernière avant l'arrivée de l'empereur déchu...

Le froid, la lune et, scintillant sous le rayon lunaire, la neige du parc de Tsarskoïé Selo... Dans le silence nocturne du palais, Lily Dehn, munie d'un drap et d'une couverture, descend dans le boudoir qui jouxte la chambre de l'impératrice. Les petites l'ont priée de ne pas laisser leur mère seule.

En tenue de nuit, les cheveux défaits, Alix installe, avec un enthousiasme juvénile, un lit de fortune pour Lily : « Oh ! Lily ! les ladies russes ne savent pas faire leur lit. Moi, quand j'étais petite, c'est ma grand-mère qui m'a appris... »

Le lit « à la manière Victoria » est prêt, Alix a joué à la perfection son rôle de maîtresse de maison. Elle laisse la porte de sa chambre ouverte, afin que Lily « ne se sente pas trop seule »... Toutes deux restent cependant seules avec leurs pensées dans les pièces baignées de clarté lunaire. Aucune ne dort. Lily entend la toux de l'impératrice. Un son nouveau, aussi : les pas de la sentinelle dans le couloir...

Le 9 mars, à onze heures, des automobiles quittent le garage du palais pour la gare.

Le train arrive. Il paraît, coiffé d'une papakha, vêtu d'une capote de soldat en drap gris, il a le teint jaune, les traits tirés. Derrière lui, les personnalités de la Suite sautent sur le quai et prennent littéralement leurs jambes à leur cou. Ce n'est pas seulement l'effet de la peur. C'est la première démonstration des véritables sentiments de la « camarilla » à l'égard de Nicolas...

Le tsar monte en voiture. À ses côtés, le maréchal Dolgoroukov ; sur le siège avant, son ordonnance, le maréchal des logis chef de l'Escorte Pilipenko (le premier sera fusillé en 1918, le second en 1920). Un ordre retentit : « Qu'on ouvre au ci-devant tsar ! »

Les portes s'ouvrent et « l'automobile des morts » entre sur le territoire du palais de Tsarskoïé Selo.

Entre-temps, l'impératrice a brûlé des papiers dans son cabinet parme. Dans la chambre de la Vyroubova, elle a détruit ses lettres à l'Amie. Il semble qu'elle ait aussi brûlé les lettres de son frère Ernie. Et son Journal.

Elle décide toutefois de garder le souvenir de ces journées. Et invente une nouvelle façon de tenir son Journal. Elle ne note plus que les événements eux-mêmes et l'heure à laquelle ils se sont produits. Rien d'autre. Ni jugement, ni émotions. Une sorte de trame pour de futurs Mémoires.

Ainsi naît ce Journal de l'effondrement de l'Empire, qui évoque tant un registre comptable. Les mots anglais s'y mêlent aux russes, Alix confond souvent volontairement alphabets cyrillique et latin, pour compliquer la lecture, en cas de saisie du Journal.

« 1er mars. 11 h. Benck. Thé. »

Cela veut dire : ce jour-là, Benckendorf est venu prendre le thé et tous deux ont évoqué les dernières nouvelles en provenance de Petrograd.

« O. : 38,9°, T. : 38°, A. : 36°, Ania : 38° », la température des enfants et de l'Amie.

« Ivanov : 1 – 2,5 du matin. »

Elle a ainsi consigné sa tragique conversation nocturne avec le général Ivanov.

Et, en ce jour qui nous intéresse tout particulièrement :

« 9 mars.

O. : 36,3°, T. : 36,2°, M. : 37,2°, An. : 36,5°, A. : 36,2°.

11 h 45 : N. est ici. »

Nicolas, en effet, est arrivé.

« Lunch avec N.

Alexis dans la salle de jeux. »

En clair : rencontre entre le père et le fils dans la salle de jeux.

Quand arrive la voiture du Souverain, elle est avec le Petit.

« Comme si elle avait quinze ans, elle se met à courir le long des couloirs du palais », rapporte l'Amie.

Volkov observe la scène des retrouvailles :

« La Souveraine s'élança à sa rencontre, le sourire aux lèvres. Et ils s'embrassèrent. »

La caméristé Ania Demidova témoigne également :

« Restés seuls, ils se mirent à pleurer. »

Plus exactement, c'est lui qui pleure, son deuxième « petit garçon ».

Puis, quand il a retrouvé son calme, Alix le mène voir Alexis. Le père et le fils parlent de tout et de rien, ni lui, ni elle, ni l'enfant n'enfreignent les règles de ce nouveau jeu : rien n'est arrivé, tout est comme avant.

Oui, tout est comme avant... Après s'être entretenu avec son fils, Nicolas veut quitter le palais pour sa promenade favorite. Mais il ne va pas loin. Alix et l'Amie voient, par la fenêtre, les soldats le repousser de leurs crosses sur le territoire du palais : « C'est interdit, mon colonel, retournez sur vos pas, on vous dit ! » (« Mon colonel », c'est son titre, à présent.)

Il rentre sans un mot au palais.

Extrait du Journal :

« 9 mars, mercredi. Rentré rapidement et sans encombre à Tsarskoïé Selo, à dix heures et demie. Mais, Seigneur, quel changement ! Dehors et autour du palais, des sentinelles. Dans l'entrée, je ne sais quels élèves officiers. Je suis monté et j'ai vu mon petit cœur, Alix, et mes enfants chéris. Alix avait l'air en bonne santé, alerte ; les petits étaient tous étendus dans le noir, mais ils gardent le moral, à l'exception de Marie qui vient d'attraper la rougeole. Avons pris une collation, puis déjeuné dans la salle de jeux. Ai fait quelques pas avec Valia Dolgoroukov et jardiné un peu en sa compagnie, puisqu'il m'est impossible d'aller plus loin...

10 mars. Avons bien dormi, compte tenu des circonstances. La pensée que nous sommes tous réunis est une joie et une consolation... Trié, classé et brûlé des papiers.

11 mars. Ce matin, reçu Benckendorf. Ai appris par lui que nous resterions assez longtemps ici. Une perspective agréable. Ai continué à brûler lettres et papiers. »

Il tient toujours son Journal et, comme avant, il écrit tout. Imagine-t-il qu'on puisse le lui saisir ? Certes oui ! Mais il ne veut pas s'abaisser à dissimuler.

Peu après, en effet, une partie de leurs papiers est emportée à la Commission extraordinaire du Gouvernement Provisoire.

« 14 mars. J'ai à présent le temps de lire pour mon seul plaisir. Encore que je passe assez de temps en haut, avec les enfants... »

Une vie paisible dans ce Tsarskoïé Selo qu'il aime tant. Mais c'est une vie de prisonnier.

« 21 mars. Kerenski est arrivé dans la journée. C'est l'actuel ministre de la Justice. Il a visité toutes les pièces, a demandé à nous voir, s'est entretenu cinq minutes avec moi, m'a présenté le nouveau commandant du palais et est reparti... Il a donné l'ordre d'arrêter la pauvre Ania et de la conduire en ville avec Lily Dehn. »

Les amies se disent adieu. Alexandre Volkov transporte Alix dans son fauteuil. Elle serre l'Amie dans ses bras. Il faut presque les séparer de force. Mais Sana a le temps de dire, en désignant le ciel :

– Là-haut, auprès du Seigneur, nous serons à jamais réunies.

On fait monter Ania dans une voiture.

L'Amie regarde aussi longtemps qu'elle le peut le palais disparaissant derrière les arbres. Le parc de Tsarskoïé Selo, les bassins, les blanches statues, la cathédrale Saint-Théodore, tout n'est plus désormais que souvenir et songe. Douze années durant, la maison de la Famille a été la sienne. Elle gardera la mémoire de la grande fenêtre en arc de cercle : le cabinet du Souverain. C'est ainsi, dorénavant, qu'elle appellera Nicky. Sana aussi s'efface, pour laisser place à la Souveraine qui l'a honorée de son amitié.

L'Amie est conduite en prison.

Autre événement terrible pour Alix : le bruit se répand que les soldats, en quête de trésors, ont découvert la tombe de Raspoutine sous la chapelle. La garnison de Tsarskoïé Selo ordonne d'enlever le corps. La malheureuse Alix supplie un des gardes, le lieutenant Kisselev, d'aller implorer les soldats. Elle obtient l'impossible : le chef de la garde, le colonel Kobylinski entre en relation avec le Gouvernement Provisoire et demande instamment que l'on interdise d'exhumer le corps.

Alix est au bord de la folie. Kerenski, qui voue de plus en plus de sympathie au couple impérial (réflexe habituel des chefs révolutionnaires envers les vrais monarques), envoie un blindé pour garder la tombe funeste. Trop tard.

Le cercueil de Raspoutine est déjà chargé dans un camion. Le couvercle traîne près des roues, et le visage barbouillé du « Starets », sa barbe en bataille regardent vers le ciel.

Un meeting se tient près du véhicule. Le soldat bolchevique Eline prend la parole. Il montre à l'assemblée en délire une petite icône en bois, retirée du cercueil. Au dos, les initiales de tous les membres de la Famille impériale.

Puis le camion quitte Tsarskoïé Selo. Il s'arrête dans un terrain vague de la chaussée de Vyborg, où se trouvait naguère le luxueux hôtel particulier d'un ami de Raspoutine, le médecin tibétain Badmaïev (l'édifice a été incendié par la foule déchaînée).

On allume un gigantesque feu où l'on jette le cercueil de zinc et le corps de Grichka, aspergé d'essence. La petite icône est remise au Soviet de Petrograd.

Peu après, Alix fait un rêve autrement plus terrible que celui du bras coupé qu'elle évoquait dans une lettre à Nicky.

Grigori arrive au palais, son corps n'est plus qu'une effroyable plaie. « Vous serez tous brûlés vifs. Tous ! » crie-t-il. La pièce s'embrase aussitôt. Il l'invite à s'enfuir et elle s'élance vers lui... Mais il est trop tard. La chambre est la proie des flammes. Déjà, le feu lèche ses vêtements... et elle se réveille, dans un cri.

Les couloirs du Soviet des députés de Petrograd sont envahis de capotes grises de soldats et de noirs cabans de matelots, ceinturés de rubans de mitrailleuses.

Les Soviets sont entièrement aux mains des partis d'extrême gauche. Comme une épidémie, ils gagnent tout le pays... Les commissaires nommés en province par le Gouvernement Provisoire sont impuissants devant eux. Un double pouvoir s'instaure dans le pays.

Sandro (le grand-duc Alexandre Mikhaïlovitch), qui se trouve alors en Crimée, note avec une nuance de joie vengeresse :

« Les matelots [du Soviet] ne font pas confiance au commissaire [du Gouvernement Provisoire]. Le commissaire contemple avec effroi les grenades à mains qu'ils portent à la ceinture... Les matelots ne dissimulent pas leur mépris à son endroit et refusent même de se lever lorsqu'il paraît... »

En avril 1917, Lénine rentre de Suisse en Russie, à travers l'Allemagne, avec une trentaine de bolcheviks émigrés.

L'Allemagne en guerre contre la Russie autorise Lénine et ses compagnons à traverser sans encombre son territoire. Une autorisation obtenue par un dénommé Alexandre Parvus. Une étonnante figure : social-démocrate, il rêve de révolution mondiale et exerce une influence considérable sur Trotski. En même temps, c'est un agent des services spéciaux allemands et turcs, doublé d'un commerçant de génie, multimillionnaire, propriétaire d'un palais aux environs de Berlin et d'un château en Suisse où les plus fameuses cocottes d'Europe participent à des orgies dignes de la Rome antique.

Lénine est accompagné de son épouse, Nadejda Kroupskaïa, de son amie de cœur Inès Armand et de ses plus proches compagnons de lutte : Zinoviev, Radek, Chliapnikov (vingt ans plus tard, ils seront presque tous anéantis par Staline).

Dès le début de la guerre, Lénine et ses partisans se déclarent « défaitistes » ; ils estiment que la défaite de la Russie dans cette guerre ne peut que favoriser l'effondrement du régime et l'avènement de la révolution tant attendue. Ils rêvent de transformer la guerre contre les Allemands en guerre civile. Il suffit d'attendre que les soldats retournent leurs armes contre les « exploiteurs ». Aussi Parvus parvient-il sans trop de difficultés à persuader les autorités allemandes de laisser les bolcheviks traverser leur territoire.

Dans le train, Lénine et Kroupskaïa s'inquiètent : réussiront-ils à trouver un fiacre en cette heure tardive ?

À la gare, Lénine est attendu par une foule de soldats et de matelots, représentant le Soviet de Petrograd. Grisé par cet accueil, il grimpe sur un blindé et prononce un discours.

Lénine qui, récemment encore, ne croyait pas qu'il pût voir de son vivant une révolution en Russie, lance à la foule des appels à une autre révolution : socialiste. Le pouvoir doit passer aux mains du Soviet.

Lénine veut, il est vrai, éviter la violence : le Gouvernement Provisoire doit volontairement céder le pouvoir. Mais il prononce ces mots juché sur un blindé. Et c'est un blindé, gardé par des matelots en armes, qui le conduit de la gare à l'hôtel de la Kchessinskaïa, état-major des bolcheviks.

En juillet, les matelots de Cronstadt arrivent à Petrograd, démontrant ainsi la force des bolcheviks.

Depuis sa prison, l'Amie observe avec terreur ce débordement de violence :

« Nul ne dormit, cette nuit-là. Dans notre rue, ce n'étaient que cortèges de matelots se dirigeant vers le palais de Tauride. On sentait que quelque chose de terrible était en train de s'accomplir... Par milliers, ils marchaient, sales, fatigués, la mine effrayante, bestiale, portant de gigantesques placards : "À bas le Gouvernement Provisoire !", "À bas la guerre !" Des matelots, souvent en compagnie de femmes, circulaient en camions, le fusil prêt à tirer. À la maison d'arrêt, le général Beliaïev et les officiers de la Flotte incarcérés étaient épouvantés. Le responsable de la garde de la prison déclara que si les matelots marchaient sur la maison d'arrêt, la garde déposerait les armes, car elle était du côté des bolcheviks... »

Le Gouvernement Provisoire parvient à écraser les manifestations de juillet. Mais ce débordement de violence laisse déjà augurer de l'avenir.

À Tsarskoïé Selo, on ne voit rien de tout cela.

Une vie paisible. Nicolas « cultive son jardin ». Il nettoie les allées, comble les fossés, brûle les arbres abattus. C'est un retour à l'enfance. Jadis, il jardinait ainsi avec son père. À présent, ses enfants sont à ses côtés.

« 6 mai. J'ai quarante-neuf ans. Encore un peu, et j'atteindrai le demi-siècle. »

Mais la haine du « monde nouveau » pénètre de plus en plus à travers les grilles du palais.

« 3 juin. J'achevais de débiter des troncs d'arbres, lorsqu'un incident survint. Alexis jouait avec son fusil quand des tirailleurs, se promenant dans le jardin, l'aperçurent et prièrent leur officier de le confisquer et de le remettre au poste de garde... Beaux officiers qui n'osent pas dire non à leurs inférieurs ! »

À Petrograd, la rumeur se répand que le tsar et la Famille ont pris la fuite.

Le SR Mstislavski, représentant du Soviet, arrive à Tsarskoïé Selo. Il est seul, vêtu d'une courte pelisse malpropre (c'est ainsi qu'il sied aux révolutionnaires de se présenter dans les palais maudits des tsars), un pistolet à la ceinture. Il montre son mandat, exige qu'on lui amène l'empereur, car les rumeurs de fuite de « Nicolas le Sanglant » alarment les ouvriers et les soldats.

La garde s'indigne :

– Tu crois qu'on surveille des pièces vides ? L'empereur est au Palais.

Mstislavski est inébranlable : qu'on lui présente Nicolas. Il lui faut du « théâtre révolutionnaire » : que le tsar comparaisse devant lui, l'émissaire des ouvriers et soldats révolutionnaires, comme, naguère, comparaissaient les révolutionnaires arrêtés dans les prisons du tsar. Sans cela, les soldats de la révolution forceront les portes du palais.

La garde cède. On décide de mener Mstislavski dans les appartements. Il se tiendra au croisement de deux couloirs et Nicolas passera devant lui...

La vie continue comme avant dans les couloirs intérieurs du palais : négrillons en vestes framboise brodées d'or, coiffés de turbans, commissionnaires portant tricornes, un gigantesque heiduque, des laquais en livrée... Et, au milieu, le « monde nouveau » : Mstislavski dans sa courte pelisse sale, avec son Browning. Claquement de la serrure, Nicolas paraît, en uniforme de la Garde. Il agace sa moustache (comme toujours quand il se sent ému ou mal à l'aise). Et il passe devant Mstislavski, en lui jetant un regard indifférent. L'instant d'après, Mstislavski voit toutefois briller la fureur dans ses yeux. L'homme qui a gouverné la Russie pendant vingt-deux ans n'est pas encore habitué aux humiliations.

La Famille impériale devient une carte dangereuse dans la lutte que se mènent le Soviet et le Gouvernement Provisoire. On décide alors de lui faire quitter la région de Petrograd.

Eux, rêvent : ils vont aller au soleil de Livadia. Mais le Gouvernement Provisoire n'ose pas. Kerenski trouve une solution du plus bel effet : on enverra la Famille impériale en Sibérie, là où les tsars exilaient les révolutionnaires. On opte pour Tobolsk, lieu de naissance du « Starets », funeste favori de la tsarine.

Kerenski comprend que l'impératrice y verra un signe du destin et qu'elle se soumettra sans regimber.

Le jour du départ et la destination sont tenus secrets. Kerenski redoute le Soviet et la foule.

30 juillet. C'est l'anniversaire d'Alexis. Dernière table de fête dans le palais désert.

Extrait du Journal :

« 30 juillet. Dimanche. Aujourd'hui, notre cher Alexis a treize ans. Dieu lui accorde santé, patience, force d'âme et de corps, en ces temps si difficiles ! Sommes allés à la messe et, après le déjeuner, à vêpres où nous avions apporté l'icône de la Vierge du Signe [10]. Qu'il faisait bon prier la sainte face, avec tous nos gens... Travaillé un peu dans la même section du parc : avons abattu un sapin et entrepris d'en débiter deux autres. Il a fait très chaud. Tout est emballé, ne restent plus que les tableaux aux murs... »

---

10. Icône miraculeuse qui avait mis en fuite en 1170 les Souzdaliens assiégeant Novgorod. L'église de Tsarskoïé Selo évoquée ici est dédiée à la Vierge du Signe.

Leur départ est fixé au lendemain. Mais l'heure en est tenue secrète. Dans la soirée, une automobile arrive au palais : Kerenski a amené Michel.

« 31 juillet. C'est notre dernier jour à Tsarskoïé Selo. Il a fait un temps magnifique... Après le déjeuner, avons attendu de savoir l'heure de notre départ, qui est sans cesse repoussé. Kerenski est arrivé inopinément, en déclarant que Michel serait bientôt là. En effet, vers dix heures et demie, le cher Micha est entré, en compagnie de Kerenski et du chef de la garde. J'ai pris grand plaisir à le voir, mais il était gênant de deviser devant des tiers. »

Durant toute la rencontre avec Micha, Kerenski se tient dans un coin ; il se bouche démonstrativement les oreilles, montrant qu'il n'écoute pas leur conversation.

Or, de conversation – point. Tous deux se tiennent face à face en silence, dansant d'un pied sur l'autre, se prenant les mains, tripotant mutuellement les boutons de leurs uniformes, comme s'ils essayaient de « s'apprendre par cœur ».

Ils ne se reverront plus.

En partant, Micha demande à dire adieu aux enfants. Kerenski ne l'y autorise pas. Et il s'arrange pour que cela se sache : il est très populaire, alors, de brimer les Romanov.

Extrait du Journal, 31 juillet (suite) :

« Après son départ, les tirailleurs de la garde ont entrepris de rassembler nos bagages dans la rotonde. Benckendorf s'y trouvait, en compagnie des demoiselles d'honneur, des caméristes et de nos gens. Nous faisions les cent pas, attendant l'arrivée des camions. Le secret de notre départ a été si bien gardé que les voitures et le train n'ont été commandés qu'au dernier instant. Sommes absolument éreintés. Alexis avait sommeil, il ne cessait de s'étendre et de se relever ; il y eut plusieurs fausses alertes, nous avons mis nos manteaux, sommes sortis sur la terrasse pour revenir dans la salle. Le jour était complètement levé, nous avons pris le thé, enfin, à cinq heures et quart, Kerenski s'est montré. Il a dit que nous pouvions partir. Nous sommes montés dans nos deux voitures et avons pris la direction de la gare Alexandre. Une unité de cavalerie galopait derrière nous depuis la grille du parc. Le lever du soleil était splendide, quand nous nous sommes mis en marche... Avons quitté Tsarskoïé Selo à six heures dix du matin. »

Deux questions se posent cependant.

La première : que font leurs parents de l'étranger ? George d'Angleterre, par exemple, allié de Nicolas dans le conflit ?

Au début, pourtant, tout est clair. Aussitôt après l'arrestation, l'ambassadeur de Grande-Bretagne, Buchanan, avertit le Gouvernement Provisoire que toutes mesures doivent être prises pour assurer la sécurité de la Famille. Et le gouvernement engage volontiers des pourparlers en vue de son départ en Angleterre. On parvient à un accord quelques jours après l'arrestation. L'ambassadeur en est averti le 23 mars. Buchanan écrit alors que « le gouvernement de Sa Majesté et le roi seront heureux » de les accueillir.

Cela se passait au mois de mars. Or, nous sommes à la fin juillet.

Par la suite, le Premier ministre britannique, Lloyd George, ne manquera pas d'accuser le Gouvernement Provisoire de n'avoir pas su vaincre la résistance du Soviet de Petrograd. Mais il est un autre point de vue : « Le Premier ministre Lloyd George conseilla au roi George d'éviter la venue des Romanov, pour, au prix du sang de ses parents, assurer sa popularité dans les cercles de gauche anglais. » Une opinion tout aussi valable. Car le Gouvernement Provisoire et l'Angleterre mènent des pourparlers et font, en paroles, la démonstration de leur bonne volonté et des meilleures intentions du monde, en sachant que tout cela ne mènera à rien. L'opinion russe a déjà rendu sa sentence : une Commission extraordinaire a été créée, qui accuse le tsar et la tsarine d'avoir trahi la Patrie et les intérêts des alliés.

Comment Lloyd George pourrait-il accueillir ceux que leur propre pays s'apprête à déclarer traîtres au combat commun ? Et comment Kerenski laisserait-il partir ceux qui incarnent la « trahison » et « l'ancien régime maudit » ?

« Nous espérons sincèrement que le gouvernement anglais n'a pas l'intention de donner refuge au tsar et à sa femme... Cela heurterait profondément et justement les sentiments des Russes, contraints à effectuer une grande révolution, parce qu'on ne cessait de les trahir au profit de nos ennemis actuels », lit-on dans le *Daily Telegraph*.

À la demande de George, des pourparlers sont ensuite engagés avec la France, en vue d'exiler la Famille à Paris. L'Angleterre les entame, en sachant parfaitement que jamais la France républicaine n'acceptera.

Mais vient la seconde question. Comment expliquer que, de tout le temps où la Famille est enfermée à Tsarskoïé Selo, il n'y ait pas un complot un peu sérieux, pas la moindre tentative pour la libérer ? La réponse est simple : l'impopularité de la Famille impériale a atteint un sommet. On ne relève donc que quelques tentatives minimes de très jeunes officiers.

Le 4 juillet, E. Narychkina, dame d'honneur de l'impératrice (Mme Zizi, comme l'a surnommée Alix), note dans son Journal : « La princesse Paley sort d'ici [c'est l'épouse du grand-duc Paul Alexandrovitch]. Elle a raconté sous le sceau du secret qu'un groupe de jeunes officiers a formé le projet insensé de les emmener nuitamment en automobile dans un port où les attendra un navire anglais. Je suis plus angoissée que je puis le dire... »

En quoi le projet est-il si insensé ? Et pourquoi cette angoisse ?

Parce que Zizi et la Paley ne l'ignorent pas : la haine de la Famille est telle que jamais celle-ci n'atteindra aucun port, elle se fera arrêter et massacrer en route. Sans compter qu'il ne peut y avoir de navire anglais pour l'accueillir à son bord.

Extrait du Journal de Nicolas. 27 mars :

« Après le déjeuner, Kerenski est arrivé pour nous prier de limiter nos rencontres [avec Alix] aux seules heures de repas, et de voir les enfants séparément... Cela lui est soi-disant nécessaire pour tranquilliser le Soviet des députés ouvriers et soldats. Force a été d'obtempérer, afin d'éviter des violences... »

La Commission extraordinaire commence cependant à fonctionner. Elle siégera longtemps. Le secrétaire en est le poète Alexandre Blok. Il consigne les interrogatoires effectués à la Forteresse Pierre-et-Paul.

Les cellules de la Forteresse évoquent les brillantes réceptions données au Palais d'Hiver. Tout le beau monde de Saint-Pétersbourg s'y trouve : Premiers ministres, directeurs de Départements, ministre de la Guerre, chefs des services secrets...

La nuit, le poète note dans ses carnets :

« Manassievitch-Manouïlov est répugnant, petit, glabre... Le Premier ministre Sturmer est une grande ruine désolée, il porte de vieilles bottes à semelles de caoutchouc... L'autre Premier ministre, Goremykine, est complètement ramolli, il tombe en miettes, le pauvre, il ne tardera pas à rendre l'âme. Le ministre de l'Intérieur, le fameux Protopopov... Le ministre de la Guerre Soukhomlinov... Le directeur du Département de la police, Belietski... Des yeux très étranges, pareils à des fentes, on les dirait constamment pleins de larmes, tant ils brillent. »

Extrait de déclarations de prisonniers, qui le frappent particulièrement :

« Nicolas est l'homme d'une seule femme, il n'a jamais trompé la sienne... »

Enfin, le compte rendu d'interrogatoire de la Vyroubova :

« Nous nous rendîmes dans sa cellule. Elle était debout près de sa couche, sa large épaule (mutilée) appuyée sur une béquille. Elle avait eu un problème avec son bassin d'aisance : elle l'avait cassé ou bouché. Elle semblait sans défense, lorsqu'elle parlait, et louchait vers moi d'un air implorant. Elle a tout pour être une beauté russe... Mais tout, en elle, semble depuis longtemps usé, gâté... »

La pauvre Ania « sans défense » tente cependant, depuis sa cellule, d'entrer en correspondance avec la femme la plus dangereuse de Russie : l'impératrice honnie.

« Le président : Saviez-vous que Raspoutine était un immonde débauché ?

La Vyroubova : C'est ce que tous disaient. Je n'en ai personnellement jamais été témoin. Peut-être avait-il peur devant moi, il me savait proche de la Cour. Des milliers de personnes venaient le trouver, une masse de solliciteurs, mais je n'ai rien vu de tel...

– Vous ne vous êtes, quant à vous, jamais mêlée de politique ?

– Pourquoi l'aurais-je fait ?

– Vous n'avez jamais fait nommer de ministres ?

– Non.

– Mais vous ameniez des ministres chez l'impératrice !

– Je vous donne ma parole d'honneur qu'il ne s'est jamais rien produit de tel... »

Blok écrit ensuite :

« Comment les juger ? Dans le malheur et l'humiliation, l'homme devient un enfant. Prenons la Vyroubova : elle ment comme une enfant... Ou Protopopov : il avait l'air d'un petit garçon coupable... Mon cœur, sois plein de compassion pour tout et tous. Et rappelle-toi qu'on ne peut juger personne. »

Qu'en est-il des conclusions de la Commission extraordinaire ?

Alexandre Romanov (encore un homonyme), membre du præsidium de la Commission :

« Le seul reproche que l'on puisse formuler au tsar, c'est de n'avoir pas su choisir les hommes... Il est toujours plus simple d'induire en erreur un homme pur qu'un mauvais homme capable de duperie. Le Souverain était incontestablement une âme pure. »

La Commission, toutefois, ne rendra pas publiques ces considérations, alléguant, comme toujours, l'intérêt de la Famille elle-même : inutile d'attiser les passions, déjà surchauffées, ni de déclencher des heurts entre le gouvernement et le Soviet. Au bout d'un mois (délai très court), les voici de nouveau autorisés à rester ensemble et Kerenski déclare : « Dieu merci, le Souverain est innocent. »

Mais pour l'opinion, ce sont « le tsar sanglant et son épouse, l'Allemande », « accusés d'avoir trahi et versé le sang du peuple russe », qui quittent à présent le palais Alexandre en voiture et se dirigent vers la gare. Voilà pourquoi Kerenski prend tant de précautions. Il craint que les « masses » et le Soviet ne permettent pas à la Famille de quitter Petrograd...

Déjà, Alexandre Blok note dans ses Carnets :

« La tragédie n'a pas encore commencé ; ou elle ne commencera jamais ou elle sera effroyable, lorsqu'ils (la Famille) se retrouveront face à face avec la foule déchaînée (je ne dis pas : “les bolcheviks”, ce serait erroné. Ce terme recouvre un groupe qui agit en surface, derrière lui se dissimulent bien des choses qui n’ont pas encore émergé). »

Ils sont arrivés. Les voitures s’arrêtent dans un terrain vague, à côté de la gare Alexandre. Deux convois sont prêts. Ils comptent un peu plus de trois cents soldats, prévus pour assurer la garde du tsar et de sa famille. Tous sont chevaliers de Saint-Georges, les braves des braves, tirailleurs des 1er, 2e et 4e Régiments de la Garde. Tous vêtus de vareuses et de capotes neuves. Pour le service qu’ils se préparent à effectuer, on leur a promis des émoluments et des frais de mission. Le détachement est commandé par le colonel Evgueni Kobylinski, du Régiment de Kexholm de la Garde. Il a été au front depuis le début de la guerre ; plusieurs fois blessé, en 1916 il est à l’hôpital de Tsarskoïé Selo. C’est là que la « très auguste sœur de miséricorde » a fait sa connaissance. « Nous lui rendions visite à l’hôpital, nous avions été photographiés avec lui... Et puis, c’est un “vrai militaire” », écrira la tsarine à la Vyroubova.

Tous s’installent dans les wagons. Dans un convoi, la Garde, dans l’autre, la Famille et les quarante-cinq personnes que comptent « les gens » et la Suite. Les « gens » sont incomparablement plus nombreux que les membres de la Suite à avoir accepté de partager l’exil des Souverains. Dès le début de mars, les plus proches amis, K. Narychkine le chef de la Chancellerie impériale, Von Grabbe le commandant de l’Escorte, l’aide de camp Sabline, le prince de Liechtenberg, le colonel Mordvinov, ont pris la poudre d’escampette.

Parmi ceux qui partent aujourd’hui avec eux, le maréchal des palais prince Dolgoroukov, le général aide de camp Tatichtchev et quelques demoiselles d’honneur de la tsarine. Tout ce qui reste de leur brillante Cour. Sans oublier le docteur Botkine et le précepteur du tsarévitch, le Suisse Gilliard... Les autres sont des « gens », des serviteurs.

Kerenski est nerveux, il dirige lui-même le chargement : innombrables malles, valises, caisses, on apporte les meubles... Makarov, commissaire du Gouvernement Provisoire, monte dans le wagon : il accompagnera la Famille à son lieu de relégation ; il a l'habitude : au début du mois de mars, il a ramené de la Stavka à Tsarskoïé Selo l'autocrate en état d'arrestation.

Les deux convois sont placés sous le drapeau de la Croix-Rouge. Les rideaux des wagons seront tirés pour traverser les gares principales et, à chaque station, le commissaire Makarov devra adresser un télégramme au Premier ministre Kerenski. La Garde elle-même ignore jusqu'à présent l'itinéraire choisi.

Nicolas et Alexandra se dirigent vers leur wagon.

Le colonel Artabolevski (il fait partie de la Garde) consigne soigneusement la scène : tous deux gagnent le wagon en passant par les voies, les traverses ; le tsar soutient la tsarine (elle a les jambes faibles) et la mène précautionneusement jusqu'au train. Elle a du mal à atteindre la haute marche, tandis qu'il saute lestement.

C'est un wagon-couchettes de la même ligne que celle que, de nombreuses années auparavant, encore héritier du trône, il avait prise depuis Vladivostok.

Dans le soleil de l'aube, on charge d'innombrables bagages.

Tatichtchev, Dolgoroukov, Gilliard, Botkine, les demoiselles d'honneur Anastasia Guendrikova et la baronne Buxhoeveden, la lectrice Ekaterina Schneider, les caméristes Ania Demidova et Elizaveta Ersberg, le laquais des enfants Ivan Sednev, le matelot Nagorny, chargé de s'occuper d'Alexis, le cuisinier Kharitonov et Alexandre Volkov s'installent à leur tour, de même qu'une kyrielle de serviteurs, laquais, secrétaires, coiffeurs, cavistes...

Parmi les tirailleurs de la Garde, se trouve le sergent-major Piotr Matveïev. Il note dans ses carnets :

« Nous vîmes approcher de l'embranchement où se trouvait le tsar un convoi de wagons, portant en lettres rouges : "Mission de la Croix-Rouge"... Nous ignorions encore où nous nous dirigions... Ce n'est qu'après avoir dépassé Petrograd que nous comprîmes, d'après le nom des gares traversées, que nous suivions la ligne du nord et conduisions l'ancien tsar vers les forêts et les steppes sibériennes. »

Sa dernière lettre du palais, Alix l'a adressée à Ania. Elle l'a écrite durant la nuit, en attendant les voitures. Alix sait se comporter en amie :

« 1er août. On ne nous dit pas où nous partons ni pour combien de temps. Nous ne le saurons qu'une fois dans le train. Mais nous pensons que c'est là où tu étais récemment, là où nous appelle le Saint Homme, Notre Ami... Ma très chère, quelle souffrance que ce départ ! Tout a été emballé, les pièces sont vides, cela fait si mal de voir ce qui fut notre foyer durant vingt-trois ans. Mais tu as, mon ange, souffert autrement plus... »

Ils sont tous debout aux fenêtres du wagon et regardent Tsarskoïé Selo au lever du soleil.

À six heures dix, Tsarskoïe Selo s'efface, et avec lui toute leur vie passée.

9

« Je remercie Dieu d'avoir permis que nous soyons sains et saufs, et tous réunis »

(Journal de détention en Sibérie)

Extrait du Journal de Nicolas :

« 1er août. Toute la famille est installée dans un bon wagon-couchettes... Nous avons beaucoup souffert de la chaleur et de la poussière, il fait 26 °C dans le wagon. Dans la journée, promenade avec les tirailleurs, avons cueilli des fleurs et ramassé des baies.

2 août. À toutes les gares, nous devons, à la demande du commandant, fermer les rideaux : c'est fastidieux et stupide.

4 août. Avons franchi l'Oural, le refroidissement est sensible. Avons traversé Ekaterinbourg de bon matin. Tous ces jours-ci, le second convoi nous a souvent rejoints, nous retrouvons les tirailleurs comme de vieilles connaissances. »

Les enfants et Alix dorment, lui non.

4 août (suite) :

« Nous nous sommes littéralement traînés pour arriver fort tard à Tioumen : il était onze heures et demie. Là, le train est allé jusqu'au débarcadère, de sorte que nous n'avions qu'à en descendre pour prendre le vapeur. Le nôtre s'appelle *Rus*[1]. Avons commencé à transborder les bagages, ce qui a pris toute la nuit... Le pauvre Alexis s'est encore couché à Dieu sait quelle heure ! »

1. « Vieille Russie. »

À Tioumen, ils sont attendus...

Extrait des Carnets de Matveïev :

« Je vois s'ouvrir les portes du wagon Romanov. Nicolas s'avance devant tous les autres. Je me tourne vers les autorités militaires assemblées et je vois que, bien que Romanov s'apprête seulement à quitter le wagon, tous sont déjà au garde-à-vous... Que de gens ne sont pas encore pénétrés de l'esprit révolutionnaire ! »

À six heures du matin, ils quittent Tioumen à bord du *Rus*. Ils sont suivis par deux autres vapeurs, le *Bienfaiteur* et le *Tioumen*, pour les serviteurs et les bagages. La caravane vogue sur la Toura.

Le 6 août, ils entrent dans les eaux du Tobol.

Extrait du Journal :

« Le fleuve est plus large, les berges plus hautes. La matinée était plus fraîche, mais dans la journée il a fait très bon, dès lors que le soleil s'est montré... J'ai oublié de mentionner que, hier, juste avant le déjeuner, nous sommes passés devant le bourg de Pokrovskoïé, patrie de Grigori. »

Volkov entend l'impératrice dire d'un ton pénétré :

« C'est ici que vivait Grigori... Il pêchait dans ce fleuve le poisson qu'il nous apportait à Tsarskoïé Selo. » Elle avait les larmes aux yeux.

Ils approchent de Tobolsk. Un quart de siècle plus tôt, jeune et tellement heureux, il s'en approchait aussi, en vapeur.

Extrait du Journal (suite) :

« Sur la rive, beaucoup de monde. C'est donc qu'on était au courant de notre venue. Je me suis rappelé la cathédrale et les maisons sur la colline... »

Extrait des Carnets de Matveïev :

« Sans exagérer, toute la ville a afflué sur la berge. »

La foule détaille avec curiosité l'homme de petite taille, en chemise kaki et aux épaulettes de colonel, dont la casquette s'orne d'une cocarde. La chemise est retenue par un ceinturon ordinaire de l'armée, à la boucle bien astiquée ; il arbore sur la poitrine une croix de Saint-Georges en argent ; il porte des culottes larges à liseré framboise et des bottes en accordéon. À ses côtés, un enfant, lui aussi coiffé d'une casquette militaire, vêtu d'une capote de soldat à épaulettes et galons de caporal. Elle est en manteau noir, les quatre filles en costume de voyage bleu foncé.

Les cloches de toutes les églises sonnent. Les commissaires du Gouvernement Provisoire redoutent que des manifestations en faveur de la monarchie n'aient lieu dans la ville. Mais c'est simplement la fête de la Transfiguration.

Extrait du Journal (fin) :

« Dès que le vapeur accosta, on se mit à décharger les bagages. Valia [Dolgoroukov], le commissaire et le commandant [c'est ainsi que Nicolas appelle le chef de la Garde, Kobylinski] s'en furent inspecter les maisons prévues pour nous et la Suite. À leur retour, nous apprîmes que les bâtiments étaient vides, sans meubles et si sales qu'il était impossible de s'y installer. Nous demeurâmes donc sur le vapeur, à attendre que l'on nous rapporte nos bagages pour la nuit. Nous dînâmes, en riant de cette étonnante incapacité des gens à aménager une simple maison, et nous nous couchâmes tôt... »

Il faut attendre le 6 août, après le télégramme des commissaires informant que la Famille est arrivée à Tobolsk, pour que l'annonce officielle de leur départ soit publiée : « Les nécessités de l'État ont commandé au Gouvernement Provisoire de transférer dans un nouveau lieu de résidence les ci-devant empereur et impératrice. La ville de Tobolsk a été retenue, et les ci-devant empereur et impératrice y ont été dirigés, avec toutes les mesures de surveillance indispensables. En même temps que les ci-devant empereur et impératrice, ont été dirigés sur Tobolsk, à leur propre demande, leurs enfants et certains de leurs familiers. »

La maison du gouverneur où ils sont censés vivre est devenue, depuis la révolution de Février, la Maison de la Liberté, et la rue où elle est située la rue de la Liberté. Le mot est à la mode. La

Maison de la Liberté devient donc leur premier lieu de réclusion en Sibérie.

C'est une maison à étage. La Famille vit au premier. Au rez-de-chaussée se trouvent la salle à manger et le logement des domestiques. Il y a également un entresol où l'on transporte les affaires.

Tandis que leurs « gens » briquent la maison, accrochent les rideaux, installent les meubles qu'ils ont apportés et décapent ceux achetés en ville, ils demeurent sur le vapeur et y font même des promenades, comme autrefois sur leur yacht.

Extrait du Journal :

« 8 août. Avons remonté l'Irtych sur une dizaine de verstes, avons accosté sur la rive droite et fait une promenade. Avons traversé des fourrés, puis, après avoir franchi un ruisseau, sommes montés sur la berge haute, d'où un magnifique panorama s'est offert à nos yeux... »

Ce sont des jours heureux.

Le 13 août, ils emménagent dans la Maison de la Liberté.

Tatiana et la tsarine vont en équipage, les autres sont à pied.

« Avons visité la maison de la cave au grenier. Nous occupons le premier étage... De nombreuses pièces... n'ont pas très belle allure. [Ils ont du mal à s'y faire, après Tsarskoïé Selo.] Puis nous sommes allés dans ce qui s'appelle le jardin, une horreur de potager ! Tout a l'air vieux, délabré. Nous avons installé nos affaires dans le cabinet et la pièce de toilette qui est mienne pour moitié, et pour moitié celle d'Alexis. »

La Maison de la Liberté évoque une arche de Noé : dans la grande salle à manger sont réunis, le soir, l'empereur et l'impératrice d'un empire qui n'existe pas, le général aide de camp d'un empereur inexistant, le maréchal d'une Cour disparue, les demoiselles d'honneur d'une impératrice fantôme. Ils se donnent des titres qui n'ont plus cours : « Majesté... Votre Splendeur... » Avant le déjeuner, on présente le menu sur une carte aux armes du tsar. Peu importe que les plats qui y figurent ne soient guère raffinés. Et, comme au palais Alexandre, sont conviés à la table du tsar, ces messieurs de la

Suite : Valia, Ilia Leonidovitch (le comte Tatichtchev), Gilik (Pierre Gilliard) et Evgueni Sergueïevitch (le docteur Botkine). C'est un bal des fantômes, un fantastique bal masqué qui se déroule dans la maison de Sibérie. Le dernier îlot d'un empire tricentenaire.

« 14 août. Trié, toute la journée, des photographies des croisières de 1890, 1891... »

Il vit dans un monde disparu... La vie s'écoule, paisible, dans la maison de Tobolsk.

« 9 août. Ce matin, avons passé une heure au jardin, et deux cet après-midi. Me suis installé une barre fixe... »

Cette barre, il l'emportera à Ekaterinbourg. Le matin, il y fait des exercices, l'après-midi, il joue aux gorodki [2] ou scie du bois, en devisant.

– C'est tout de même pire que le Temps des Troubles [3] ? interroge Nicolas.

– Bien pire, Votre Majesté, répond le prince Dolgoroukov, qui scie du bois lui aussi.

Gilliard et Dolgoroukov l'aident tour à tour dans cette tâche : quand l'un fatigue, l'autre le remplace. Nicolas, lui, est infatigable. Il aime le mouvement, il aspire à reprendre ses longues promenades, mais...

« 22 août. Toujours le même temps merveilleux. Quel dépit, par une telle journée, de ne pouvoir se promener au bord du fleuve ou en forêt ! Avons lu sur le balcon... »

C'est maintenant leur endroit favori.

« Chaque matin, je prends mon thé avec tous les enfants... Avons passé la majeure partie de la journée sur le balcon constamment chauffé par le soleil. »

Du balcon, ils ont vue sur la rue de la Liberté. Et, de la rue, il est aisé de voir la Famille impériale s'installer en terrasse : un homme de petite taille en vareuse militaire, des fillettes en robes blanches et une dame majestueuse, également vêtue de blanc, avec une ombrelle de dentelles.

---

2. Variante russe du jeu de quilles.

3. Période qui suit l'extinction de la dynastie des Riourik, après la mort des héritiers d'Ivan et le Terrible, et qui précède l'avènement des Romanov.

C'est le spectacle préféré des habitants de la paisible ville de Tobolsk.

Extrait d'une lettre de A. Anoutchina (Magnitogorsk) :

« Ils sortaient tous sur le balcon. Les fillettes, surtout, je m'en souviens, étonnaient tout le monde. Elles avaient les cheveux coupés comme des garçons. Nous nous disions que ce devait être la mode, à Petrograd. On nous apprit ensuite, il est vrai, qu'elles avaient été malades. Toutes si mignonnes, si proprettes... L'impératrice était une dame de belle prestance, mais plus toute jeune. Cela étonnait mon père. Il disait : on se demande ce que Raspoutine a pu trouver à cette vieille... Mon père connaissait Raspoutine, il avait travaillé avec lui à l'hôtel de Tobolsk et l'avait reçu chez lui. »

Une vie si tranquille ! Mais...

« Les promenades dans le jardinet deviennent incroyablement ennuyeuses ; ici, l'impression d'enfermement est autrement plus forte qu'à Tsarskoïé Selo. »

Dans ce train-train morose, tout constitue un événement.

« 24 août. Vladimir Derevenko est arrivé avec sa famille. C'est l'événement du jour. »

Le docteur Derevenko est le médecin d'Alexis. Pour l'instant, l'enfant se porte bien. C'est même une des rares périodes de sa vie où il ne tombe pas malade pendant aussi longtemps. Le médecin a amené son fils, Kolia, qui est autorisé à venir le dimanche jouer avec Alexis.

Il suffit de monter au premier étage et de longer le couloir pour atteindre la première chambre, la plus grande : celle d'Alix.

C'est là ou sur le balcon qu'elle passe le plus clair de son temps. Elle descend rarement, même pour déjeuner.

Elle a apporté ses livres favoris. Elle lit sa Bible hérissée de signets et de « bons ouvrages » (quantité de livres religieux). Ils échoueront ensuite à la poubelle, dans la maison d'Ekaterinbourg.

Une scène ordinaire. Le feu brûle dans la cheminée, bien qu'il fasse encore bon. Le petit chien est là, sur ses genoux... Les accords d'un piano : Tatiana joue dans le salon. Alix écrit une nouvelle lettre à l'Amie :

« Je ne dors presque pas, bien souvent... Physiquement, je vais bien, mon cœur se porte mieux, tant la vie que je mène est calme. Je suis affreusement maigre... Mes cheveux blanchissent rapidement. »

« Nous sommes loin de tous, nous vivons tranquillement, nous sommes informés de toutes les horreurs, mais nous n'allons pas en parler. Vous vivez vous-même en plein dans ces horreurs, cela suffit... »

Les « horreurs », l'Amie les évoque scrupuleusement dans ses lettres. La tension monte autour de la Famille Romanov. Micha a été arrêté. Le SR Savinkov, ancien terroriste à l'origine de l'assassinat de l'oncle Serge, dirige maintenant les bureaux du ministère de la Guerre. C'est sur son ordre qu'ont été arrêtés Micha et son épouse, « cette femme », la comtesse Brassov (à laquelle Alix a désormais pardonné et qu'elle plaint), ainsi que le pauvre oncle Paul (auquel elle a également pardonné toutes les abominations qu'il a fait paraître dans les journaux, après cette horrible révolution).

C'est en ces « temps d'horreurs » que la tsarine se prend à rêver d'entrer au monastère d'Ivanovo. C'est là qu'a commencé leur dynastie, c'est là qu'elle doit s'achever.

Une légende veut qu'à la fin de 1904, en pleine défaite dans la guerre contre le Japon, Nicolas ait été saisi d'une étonnante idée. La question se posait alors, au Synode, de restaurer en Russie l'ancien patriarcat. Après de longues réflexions et conversations avec l'impératrice, Nicolas avait résolu de renoncer au trône, de prendre la tonsure et de devenir Patriarche ! De même qu'au Temps des Troubles, son ancêtre Philarète l'avait été. Mais le Synode avait accueilli cette idée avec la plus grande froideur.

À présent encore, aux jours du nouveau Temps des Troubles, comme il rêve d'entrer au monastère !

Le chef spirituel de Tobolsk est l'évêque Hermogène. Il a été, jadis, un fervent admirateur du « Starets », avant de devenir son ennemi acharné, ce qui lui valut la relégation. Le nouveau pouvoir l'a nommé aujourd'hui évêque de Tobolsk. Le couple impérial place donc tous ses espoirs en Hermogène qui, oubliant toutes les persécutions, est prêt à servir l'Oint du Seigneur[4].

Hermogène est enthousiasmé par leur idée. On envoie Volkov trouver la mère supérieure. Au monastère, justement, une nouvelle maison vient d'être construite et la mère supérieure s'apprête à accueillir la Famille. Mais il est dit que ce projet idyllique ne se réalisera pas. En septembre, le commissaire du Gouvernement Provisoire, Pankratov, survient et le projet est enterré.

Extrait du Journal :

« 1er septembre. Avons vu arriver le Commissaire du Gouvernement Provisoire, Pankratov. Il est logé avec son adjoint, un élève officier miteux, manifestement ouvrier ou instituteur pauvre, dans la maison de la Suite. Il sera le censeur de notre correspondance. »

(La « maison de la Suite », c'est ainsi qu'il désigne la demeure du marchand Kornilov, en face de la Maison de la Liberté).

L'arrivée de Pankratov s'inscrit dans le « jeu » inventé par Kerenski. Pankratov a passé quatorze ans à la Forteresse de Schlusselbourg, soit la majeure partie du règne de Nicolas. Et le voici chargé par Kerenski de surveiller le tsar lui-même.

Alix ne voit en lui qu'une manifestation de plus du « monde nouveau » et elle ne daigne pas accorder un regard à ce petit bonhomme coiffé d'une grosse papakha. Chaque fois que, rapportant leurs lettres, il entre dans sa chambre, il ne voit que son visage empreint de dédain, de mépris. Les lettres qu'elle écrit à son amie et qui sont toute sa vie, passent désormais entre les mains de ce censeur révolutionnaire, lequel, en outre, a l'audace de les lire !

Pendant ce temps, à Petrograd, la Vyroubova a été libérée et elle cherche fiévreusement à réunir des fonds pour libérer la Famille. Elle ne rêve que de cela, et elle ne fait pas que rêver, elle s'active ! Elle obtient des résultats. Aussi drôle que cela paraisse, elle est peut-être la seule, dans l'immense empire, à comploter vraiment pour délivrer la Famille impériale. En août, elle envoie

4. C'est ainsi qu'on appelait le tsar.

secrètement des lettres à Tobolsk, par le biais d'une toute jeune demoiselle de compagnie de la tsarine, Rita Khitrovo, amie de Nastia Guendrikova et de la grande-duchesse Olga. Ania, comme toujours, déploie une énergie folle, mais elle se révèle une conspiratrice inexpérimentée. Elle laisse entendre à Rita qu'il s'agit de lettres d'une importance telle qu'elles doivent rester secrètes. Et la jeune Rita s'enflamme : son imagination travaille, elle est grisée par l'idée de prendre part à un complot. Alors, tout à fait confidentiellement, elle parle à son ami de l'existence d'une organisation secrète. Ils vont sauver la Famille ! Mais l'ami de Rita bavarde à son tour...

Extrait du Journal :

« 18 août. Rita Khitrovo est arrivée ce matin, en provenance de Petrograd. Elle a passé un moment chez Nastienka Guendrikova. Cela a suffi pour que, dans la soirée, on procède chez elle à une perquisition. Dieu sait ce que cela veut dire ! »

« 19 août. Nastienka est privée pour quelques jours du droit de se promener à l'extérieur. Quant à la pauvre Rita Khitrovo, elle a dû repartir par le vapeur du soir... »

Elle ne doit pas simplement « repartir ». On l'emmène à Petrograd pour enquête. Les accusations sont graves : on est à la recherche d'une « organisation cosaque ». Mais on ne trouve rien. Et Rita ne trahit pas Ania.

À la fin du mois d'août, l'Amie parvient à quitter Petrograd. Elle se dirige vers la Finlande. Elle garde néanmoins le contact avec la Famille et, bientôt, à Tobolsk, Alix est au courant de tout son funeste voyage.

Extrait du Journal de la tsarine :

« Septembre. Le 7... Ania... a été prise à Helsingfors et s'est retrouvée sur l'*Étoile polaire.* »

Le 20 août, en effet, la Vyroubova est expulsée en Finlande. Elle prend le même train que le général Gourko, le médecin Badmaïev et d'autres. À Helsingfors, une foule de soldats et de matelots révolutionnaires encercle le train. Quelqu'un a fait courir le bruit que des grands-ducs s'y trouvaient. « Livrez-nous les grands-ducs ! Livrez les Romanov », hurle la foule déchaînée.

Apprenant l'arrestation de sa fille, la mère d'Ania va trouver Trotski. Leader du puissant Soviet de Petrograd, lui seul peut avoir assez d'influence sur les matelots de la Flotte de la Baltique, « fleuron et orgueil de la révolution russe ». Trotski entend sa requête : Ania est libérée. La voici de retour à Petrograd. Et de renouer sa correspondance avec la tsarine.

Lettres élégiaques d'Alix :

« Ma chérie, ma très chère. Oui, le passé est fini et je remercie Dieu de tout ce qui fut, de tout ce qui me fut donné. Je vivrai désormais de souvenirs dont nul ne pourra me priver. Ma jeunesse est passée... Mes proches sont au loin... Je suis entourée de leurs photographies, de leurs objets... un peignoir, des escarpins, une soucoupe, des icônes... Je voudrais tant t'envoyer quelque chose, mais je crains que cela ne se perde... »

« Tu le sais, du fond du cœur, du fond de l'âme, je suis avec toi, partageant toutes tes souffrances et priant ardemment pour toi... Le temps est changeant : froid et soleil, puis cela se réchauffe et il fait sombre... La vie ici est d'un ennui profond pour ceux qui aiment les longues promenades et qui en sont privés... Comme le temps file... Cela fera bientôt neuf mois que j'ai dit adieu à tant d'entre vous... et tu es seule dans la souffrance et l'isolement... Tous se portent bien, excepté de légers refroidissements. Parfois j'ai un genou ou une main qui enfle mais, Dieu merci, cela ne me fait pas spécialement souffrir. Mon cœur me tourmentait, ces derniers temps. Je lis beaucoup, je vis dans le passé, si plein de chers et riches souvenirs... Ne cède pas au découragement ! J'aimerais pouvoir t'envoyer quelques comestibles... »

« Tous mes albums, je les ai laissés dans ma malle. Sans eux, je me sens triste, mais c'est mieux ainsi, il est trop douloureux de les feuilleter et d'évoquer des souvenirs... Il est des choses que je chasse loin de moi, elles me tuent, elles sont trop fraîches dans ma mémoire... J'ignore ce que sera demain... Dieu seul le sait et il en est selon Sa volonté... Je remets tout entre Ses mains... Je tricote à présent des bas pour le Petit, il m'en a demandé une paire : les siens sont tout troués, et les miens sont trop gros et chauds... Te souviens-tu comme tu tricotais, cet hiver ? Je fais tout, à présent, pour les miens : papa a des pantalons effroyablement rapiécés, les chemises de ma fille sont trouées, maman a une masse de cheveux blancs. Anastasia est très grosse, comme Marie autrefois, grande, forte jusqu'à la taille et elle a des jambes courtes : j'espère qu'elle grandira encore. Olga est maigre, Tatiana aussi, leurs cheveux repoussent magnifiquement, de sorte que, même en hiver, elles sortent parfois sans châle... Je me remémore Novgorod et l'horrible chiffre 17... »

Elle évoque aussi le tsar :

« Il est proprement stupéfiant, une telle force d'âme, bien qu'il souffre infiniment pour le pays... Que je suis devenue vieille ! Cependant, je me sens la mère de ce pays, je souffre pour lui comme pour mon enfant et j'aime ma Patrie, en dépit de toutes les horreurs et de tous les péchés actuels... Tu sais qu'on ne peut extirper l'amour de mon cœur. Eh bien, il en est de même en ce qui concerne la Russie... En dépit de sa noire ingratitude envers le Souverain, qui me brise le cœur... Seigneur, sois miséricordieux et sauve la Russie !... »

Indomptable énergie de l'Amie !.. La leçon de la puissance de Trotski n'aura pas été vaine. Elle continue de tisser des liens avec le « monde nouveau ». Cette fois, avec le grand écrivain prolétaire : Gorki !

La pauvre Alix, femme à principes, ne comprend rien aux nouvelles fréquentations de l'Amie. Dans ses lettres, elle stigmatise Gorki. Mais Ania le sait : à temps nouveaux, nouveaux noms. Or, ces nouveaux noms peuvent lui servir dans sa dangereuse entreprise.

Ania ne laisse pas la « Famille impériale abandonnée de tous ». Elle agit. Et attend avec impatience des nouvelles d'un certain Boris Soloviev, qu'elle a envoyé à Tobolsk, aussitôt après le départ des Romanov.

Dans la Maison de la Liberté, le commissaire Pankratov – le « Petit Homme », dit Nicolas – règne en maître.

« Vous avez vous-même traversé tant d'épreuves ! Vous saurez remplir votre mission avec dignité et noblesse, ainsi qu'il sied à un révolutionnaire. Avec la garde placée sous vos ordres, vous surveillerez et protégerez l'ancien tsar et sa famille, jusqu'à ce que l'Assemblée Constituante décide de leur sort », lui a déclaré Kerenski avant son départ.

À la différence de l'impératrice, le délicat Nicolas se montre d'une courtoisie sans faille avec le commissaire. Mais l'essentiel de leurs conversations se concentre progressivement sur une requête (ou plus exactement un rêve) de Nicolas : « Pourquoi donc ne nous laissez-vous pas nous promener un peu en ville ? Craindriez-vous, mon cher, que je ne m'enfuie ? »

Pankratov consigne toute cette conversation. Il ne sent pas l'ironie cachée de l'ancien tsar. Il répond le plus sérieusement du monde :

– Je ne me fais aucun souci à ce sujet, Nicolas Alexandrovitch. Au demeurant, toute tentative de fuite de votre part ne ferait qu'aggraver la situation, la vôtre et celle de votre famille [à tout hasard, c'est un avertissement !].

– Alors, où est le problème, mon cher monsieur ? J'ai déjà été à Tobolsk au temps de ma jeunesse, j'ai souvenir d'une belle ville et j'aimerais la revoir avec ma famille.

Mais le commissaire ne donne pas l'autorisation.

Extrait du Journal :

« E. Botkine a reçu ces jours-ci un papier de Kerenski, nous informant que les promenades aux environs de la ville nous étaient permises... Ce gredin de Pankratov a répliqué qu'il ne saurait en être question maintenant, pour je ne sais quelles raisons de sécurité... »

Pankratov ne veut pas chagriner le tsar. Il ne lui donne pas le véritable motif : toute sa chancellerie était inondée de lettres, de télégrammes des quatre coins de Russie, pleins de menaces et d'obscénités. On envoyait des représentations ignobles de la tsarine et de Raspoutine. Et, ce qui inquiétait particulièrement le commissaire, il y en avait un bon nombre de Tobolsk. Des soldats, qui avaient déserté le front, traînaient dans la ville, affamés, mauvais,

– de ceux qui « avaient versé leur sang pour le tsar »... Non, il ne pouvait autoriser la Famille à se promener dans la ville.

Nicolas lui en veut de cela.

Au grand étonnement de Pankratov, la Suite – Dolgoroukov et Tatichtchev – ne comprend pas non plus. Les deux hommes ne cessent d'intercéder pour le tsar, ils rappellent la promesse de Kerenski, alors même que leurs propres sorties en ville commencent à susciter des réactions. Dans la rue, des soldats avertissent, en ricanant, le commissaire que si le prince Dolgoroukov continue de traîner en ville, ils commenceront par le passer à tabac... La Russie n'a plus peur de rien...

L'excellent Pankratov (Kerenski ne s'est pas trompé sur son compte) supporte l'hostilité de Nicolas. Il lui a pardonné les quatorze années passées à l'isolement, en forteresse, quatorze années perdues. Pour lui, il n'est plus que le père d'une grande famille, qui ne comprend rien à cette vie nouvelle effrayante. Pankratov s'est attaché aux enfants, il a offert aux grandes-duchesses le livre de son emprisonnement et de ses errances à travers la Sibérie. Elle en font la lecture à voix haute. Pankratov propose même d'enseigner la géographie à Alexis... Et, malgré tout, Nicolas ne l'aime pas.

C'est un révolutionnaire, il ne peut l'oublier, un de ceux qui ont assassiné son grand-père et qui sont à l'origine de l'horreur du moment.

De la même façon, Nicolas ne peut pardonner au nouveau locataire du Palais d'Hiver, Kerenski, en dépit de toute sa sollicitude...

Les papiers du docteur Botkine contiennent un long poème qui, manifestement, avait beaucoup de succès dans la Maison de la Liberté. Il est copié d'une écriture élégante, qui évoque celle de l'impératrice :

« Murmure des miroirs.
Dans le triste silence
Du Palais d'Hiver,
Des yeux pleins d'insolence
Se mirent
Dans le miroir.

Et dans toutes les salles,
Dans le moindre recoin,
Un triste sire
Sa majesté admire.
Par lui-même ébloui,
Notre héros se dit
Que dans une adoration muette
Tous doivent lui faire des courbettes
Et que de la gloire la voie
Lui est désormais grande ouverte.
Murmure des miroirs
Qui disent en écho :
"Foin de vaines paroles,
Des siècles l'auréole
De ta folle impudence
Protège le palais.
Des tsars l'ombre est puissante,
Immortelle.
Et l'hôte d'un instant
Ne la chassera pas.
Renonce !
Et avant qu'il ne soit trop tard,
Oublie la couronne du tsar.
Bientôt l'aube se lèvera
Une aube d'or, menaçante."
Ainsi, les témoins du passé
Clament-ils à la nuit tombée
La vérité de l'avenir.
Murmure des miroirs.

Tobolsk, 1917. »

Pour Nicolas, Pankratov a un défaut supplémentaire : il est le type même du civil, qui a l'audace de commander à des soldats. En authentique officier de la Garde, le tsar ne supporte pas ceux qui n'ont pas l'allure militaire. Il restera donc pour lui le « Petit Homme ».

À l'instar de Nicolas, les soldats de la garde méprisent le brave commissaire. À ce moment-là, ils obéissent, de fait, au seul colonel Kobylinski, nommé commandant à Tsarskoïé Selo par le général Kornilov. Kobylinski s'est montré, alors, un partisan dévoué de la révolution de Février et de la Douma. Mais, depuis, le colonel a changé. Certes, il s'efforce toujours de faire son devoir, toutefois l'étrange charme de Nicolas, sa douceur, sa délicatesse, les charmantes fillettes et la malheureuse impératrice, inoffensive et sans défense en dépit de ses attitudes hautaines, tout cela concourt à ce qu'il se sente de plus en plus responsable du sort de la Famille.

« Je vous ai offert ce que j'avais de plus précieux, Majesté : mon honneur », dira-t-il, à juste titre à Nicolas, à la fin de son séjour à Tobolsk.

Peu à peu, en effet, le colonel devient l'homme le plus proche du tsar et des siens. Ainsi, dans la paisible ville où les trois cent trente tirailleurs chargés de garder la Famille représentent la seule force militaire, leur commandant est de tout cœur du côté du tsar.

C'est là une énigme.

Donc, le chef de la garde est avec le tsar. Les tirailleurs (« les braves tireurs », comme les appelle Nicolas) ne cessent de recevoir des cadeaux de la Famille. Et la fille du docteur Botkine écrira noir sur blanc : « Durant ces mois [d'août au coup d'État d'Octobre], la Famille aurait pu s'enfuir. » Et la garde, sans aucun doute, l'y eût aidée. La petite ville paisible, l'influence de l'évêque Hermogène, tout eût pu concourir au succès de l'entreprise.

Qui sait, en outre, si Kerenski n'avait pas envoyé là le tsar et les siens, avec le secret espoir qu'ils s'évanouiraient dans la nature ? Oh ! Que leur fuite lui eût facilité la vie ! Et n'avait-il pas spécialement choisi le très débonnaire Pankratov ?

Or, ils ne partirent point.

Kobylinski a pour adjoint un certain capitaine Aksiouta. Il a en charge l'intendance de tout le détachement. Au moment du coup d'État d'Octobre, les journaux évoquent une possible libération du tsar. Les *Izvestia* publient une réponse de Tobolsk, signée du capitaine Aksiouta, au nom des tirailleurs de la garde (7 novembre 1917).

Deux ans plus tard, au plus fort de la guerre civile, en 1919, l'officier blanc comte Mstislav Goudovitch est de passage dans la petite ville d'Eïsk. Là, il voit un visage connu : celui du capitaine Aksiouta que le comte avait eu l'occasion de rencontrer, lorsqu'il servait à Tsarskoïé Selo.

Toute la nuit suivante, Aksiouta lui raconte la vie de la Famille impériale à Tobolsk. Son départ de la ville, aussi, qu'il lui narre en détail. Et ce que la Famille lui a confié, avant de partir : la tsarine, son collier de perles et ses diamants, le tsar, son sabre. Aksiouta a caché le tout aux environs de Tobolsk. Seules, deux personnes savent où : lui-même et le général Denikine, auquel il a tout expliqué, lors de l'enquête (Aksiouta a en effet été interpellé par les Blancs en rentrant de Tobolsk ; accusé de bolchevisme, il a cependant été relâché, aucune charge n'ayant été retenue contre lui).

Le récit d'Aksiouta est confirmé par le Journal du tsar.

Le 2 (15) [5] avril 1918, peu avant que le tsar ne quitte Tobolsk, une perquisition est effectuée dans la maison, dont les résultats sont consignés par Nicolas :

« 2 avril. Au matin, le commandant, accompagné d'une commission composée d'officiers et de deux tirailleurs, a inspecté une partie des pièces de notre maison. Le résultat de cette "perquisition" fut la saisie des sabres de Valia et de Gilliard et, pour moi, d'un poignard... »

Pour le tsar, comme pour le prince Dolgoroukov et même pour M. Gilliard, le sabre est l'orgueil du militaire. Or, on ne prend pas celui de Nicolas. C'est donc qu'il a été prévenu et qu'il a confié à quelqu'un le soin de le mettre en lieu sûr. Et il y a fort à parier que ce quelqu'un n'est autre que le capitaine Aksiouta. Mais la petite ville d'Eïsk est loin des immensités sibériennes. Dans le chaos sanglant de la guerre civile, aucun des deux hommes détenteurs du secret n'a sans doute pu atteindre la cachette.

---

5. À compter du 1er février 1918, la Russie adopte le calendrier européen (grégorien). Jusqu'à cette date, le calendrier russe (julien) avait un retard de treize jours environ.

Goudovitch pose à Aksiouta la question qui nous intéresse : pourquoi les fidèles du tsar, dont il était, n'ont-ils rien fait pour l'aider à s'enfuir ?

Aksiouta répond que le colonel Kobylinski et lui avaient conçu le projet de libérer le Souverain, mais que ce dernier avait refusé, en disant : « En ces temps difficiles que traverse la Russie, pas un Russe ne doit quitter la Patrie. Je n'ai pas l'intention de fuir, j'attendrai ici mon sort... »

Pankratov rapporte dans ses *Souvenirs* une conversation avec une des grandes-duchesses :

– Papa a lu hier dans les journaux qu'on nous enverrait à l'étranger, dès la convocation de l'Assemblée Constituante. Est-ce vrai ?

– Vous savez, ce que racontent les journaux...

– Non, non. Papa dit qu'il vaut mieux que nous restions ici et qu'on nous envoie plus loin en Sibérie.

Et Alix ? Se peut-il que la *Spitzbube* se soit résignée ? Jamais ! Mais elle n'a pas non plus l'intention de s'enfuir comme une vulgaire prisonnière, en profitant de la mansuétude de ses geôliers. Elle continue de croire qu'ils seront libérés par le Peuple et l'Armée. Elle continue de rêver et d'imaginer qu'elle s'évadera, entourée de « trois cents officiers ».

Elle parle à Gilliard de ces trois cents officiers réunis à Tioumen. Encore un mythe inspiré par le « Saint Diable » qui, par-delà la mort, réussit à la duper.

À l'automne, Boris Soloviev arrive à Tobolsk. Il est envoyé par la Vyroubova...

« Un ennui à crever »

(Le tsar joue Tchekhov)

Le temps n'en finit pas de s'étirer... Du vin arrive enfin de Tsarskoïé Selo, mais ordre est donné de percer les tonneaux, à peine débarqués sur le quai. Les soldats qui errent dans la ville

L'adolescence. Le tsarévitch Nicolas.

Jeux d'hiver. Alexandre III en famille dans la cour du Palais Anitchkov (vers 1880).

1

2

3

1. - Les fiançailles. Les princesses de Hesse avec leur frère Ernie, Nicolas avec le grand-duc Serge Alexandrovitch (avril 1894).

2. - Aquarelle tirée de l'album de mariage. Alix (1896).

3. - La ballerine Mathilde Kchessinskaïa sur scène (1897).

4. - Nicolas et Alexandra (1896).

5. - Le premier enfant. Avec leur fille Olga à Ilinskoïé, le domaine du grand-duc Serge Alexandrovitch (1895).

4

5

1

2

3

1. - Le couronnement à Moscou (14 mai 1896).

2. - « Bals historiques » au Palais d'Hiver (1903).

3. - Promenade en mer avec le grand-duc Michel Alexandrovitch (vers 1910).

4. - L'héritier tant désiré. Avec le tsarévitch (1905).

5. - Le tsarévitch à la parade (vers 1910).

6. - Le tsarévitch en moussaillon (vers 1910).

7. - Les grandes-duchesses (vers 1910).

8. - La plus jeune : Anastasia (vers 1910).

4

5

6

7

8

1

2

3

1. - Nicky et Georgie.
   Avec le roi d'Angleterre George V (début des années 1910).
2. - En Crimée (1913).
3. - Couchés dans le foin… Peterhof (Années 1900).
4. - Jeux de guerre (1909).
5. - Nicolas II et le grand-duc Nicolas Nikolaïevitch aux manœuvres à Krasnoïé Selo (1913).
6. - À la guerre. Le père et le fils au quarti général. Moghiliov (vers 1915).
7. - Avec maman en calèche à la parade. Petrograd, Champ-de-Mars (1916).
8. - Dans les environs de Moghiliov (191(

4

5

6

7

8

Durant la Première guerre mondiale.

1

2

1. - « Notre ami » (Raspoutine).

2. - L'infirmerie de l'impératrice Alexandra Fiodorovna. Livadia.

3. - Le tsarévitch avant une visite d'hôpital. Odessa.

3

4

4. - Le tsar devant une carte des opérations militaires sur le front Ouest.

5. - Le commandant en chef. À gauche – le général Poustovoïtenko, quartier-maître général de l'état-major. À gauche – le chef d'état-major, le général d'infanterie Alexeïev. Quartier général du tsar (1915).

5

En 1918 à Tobolsk.

1. - Dans quelques jours,
   il signera dans ce même wagon
   son abdication au trône (1917).
2. - L'ex-impératrice.
3. - Alexis (au centre) et ses sœurs après la maladie et la révolutio
4. - Nicolas et Pierre Gilliard coupent du bois.
5. - Nicolas et ses enfants sur le toit de l'orangerie bien-aimée.

1

2

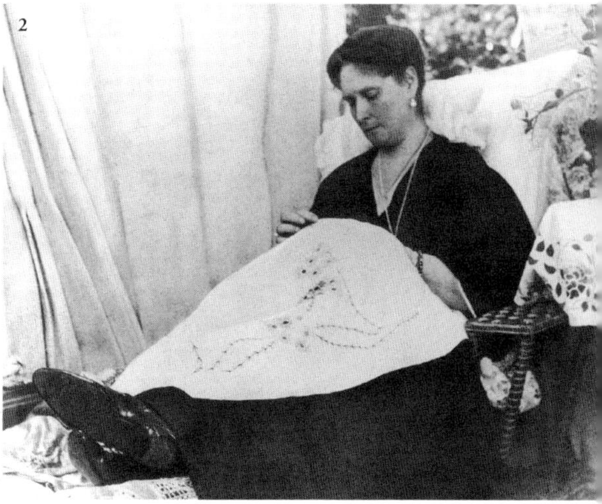

3

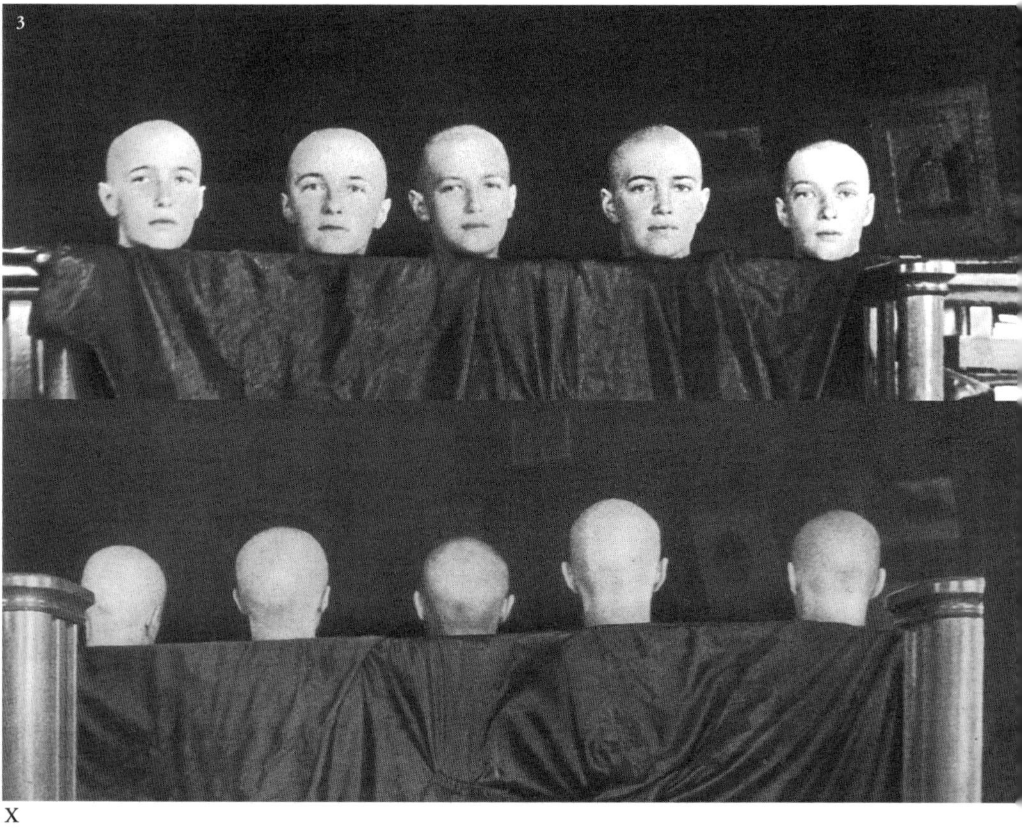

4

5

Le final (1918).

1

1. - La dernière demeure : la maison Ipatiev à Ekaterinbourg.

2. - La salle à manger où la famille impériale prit son dernier repas.

2

3. - « La fameuse pièce ». La pièce en sous-sol dans la maison Ipatiev où fut exécutée la famille impériale.

4. - Le mandataire du Comité exécutif central panrusse des Soviets, K. Miatchine-Iakovlev.

5. - Les chefs de l'Oural rouge. De gauche à droite : Tolmatchev, Bieloborodov, Safarov, Golochtchekine.

Les bourreaux

1. - Les participants à l'exécution du grand-duc Michel (juin 1918).

2. - Le commandant de la maison Ipatiev, Iakov Iourovski.

3. - Le tchékiste Grigori Nikouline

4

5

6

7

8

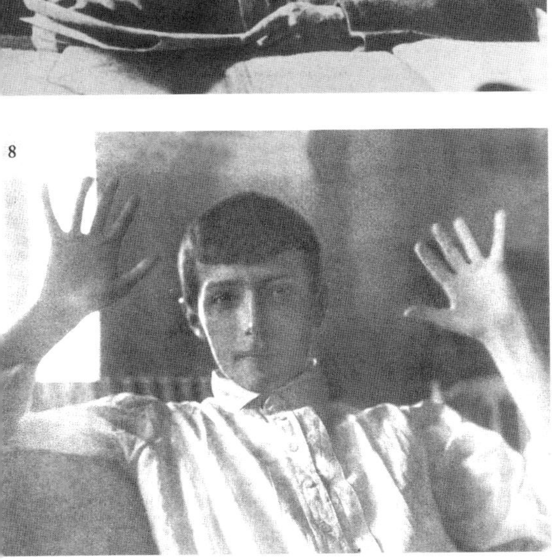

4. - Le gardien Pavel Medvedev.

5. - Le commissaire Piotr Ermakov.

6. - Le conducteur du “dernier voyage des Romanov”, Sergueï Lioukhanov (peu avant sa mort en 1952).

7. - Le président de la Tchéka de l’Oural, Fiodor Loukoïanov.

8. - Le tsarévitch Alexis. Une des dernières photographies.

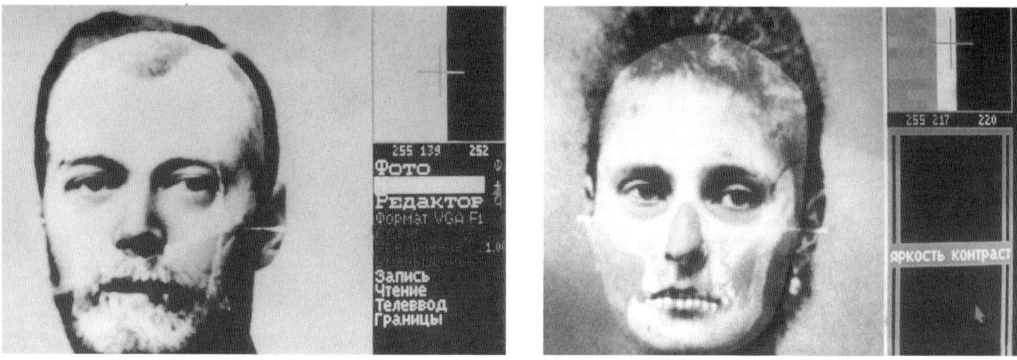

Recomposition effectuée de nos jours à partir des crânes de Nicolas II (sous réserve) et d'Alexandra Fiodorovna (sous réserve) au bureau d'expertise médico-légale d'Ekaterinbourg.

La grande-duchesse Olga (sous réserve).

déferlent aussitôt, comme une nuée de mouches. Redoutant un raid sur la Maison de la Liberté, Pankratov commande de détruire toutes les réserves de précieux breuvage.

Extrait du Journal de Nicolas :

« Il a été décidé de déverser tout le vin dans l'Irtych... Nous avons vu par les fenêtres, avant le thé, partir la télègue chargée de caisses de vin, avec le commissaire adjoint muni d'une hache. »

Au même moment, à Petrograd, le général Lavr Kornilov tente de renverser le gouvernement de Kerenski et de s'emparer du pouvoir :

« 5 septembre. Manifestement, c'est un désordre inextricable à Petrograd... Apparemment, l'entreprise du général Kornilov n'a rien donné... »

Le 17 *(17 !)* septembre, peu avant le coup d'État d'Octobre, Nicolas achève le cinquantième cahier de son Journal, le dernier qu'il noircira entièrement. Il en entame un nouveau, inscrivant : « Cinquante et un. Commencé à Tobolsk. »

« 18 septembre 1917. Lundi. L'automne est magnifique cette année. Aujourd'hui, il a fait 15 °C à l'ombre, l'atmosphère était d'une tiédeur toute méridionale. Dans la journée, joué avec Valia aux gorodki, ce qui ne m'était pas arrivé depuis longtemps... Olga se sent mieux, elle a passé un bon moment sur le balcon avec Alix... Maman a écrit une lettre, censurée par Pankratov. »

La vie continue, monotone. Ils se distraient en montant des spectacles d'amateurs. M. Gilliard, les filles et le tsar lui-même en sont les acteurs.

« Avons répété une pièce... Avons joué en chœur une petite pièce... Avons beaucoup ri. »

Nicolas tient le rôle principal dans *L'Ours* de Tchekhov. Il joue un « propriétaire terrien pas encore tout à fait vieux », venu réclamer son dû à une jeune veuve à fossettes, dont il tombe amoureux.

« 18 février... Avons donné notre pièce *[L'Ours]* dans laquelle jouaient : Olga, de nouveau Marie et moi. Avions un trac fou au début de la représentation, mais apparemment c'était assez réussi.

Il est à genoux devant Olga, qui tient le rôle de la jeune veuve : « J'aime, comme jamais je n'ai aimé. J'ai quitté douze femmes, neuf m'ont laissé tomber, mais je n'en ai aimé aucune comme vous. »

On se figure aisément les rires des spectateurs. Même Alix s'égaye un peu. Cela lui arrive si rarement !

Je m'imagine leurs voix, derrière la porte de la chambre où vit la tsarine. Un feu brûle dans la cheminée, mais il fait froid. Un froid sibérien. Nicolas arpente la pièce, de son pas régulier d'officier de la Garde. Olga et Marie apprennent leurs rôles. Visage tragique, la tsarine, à son habitude, est assise, dolente, dans son fauteuil à bascule. Voix d'Olga :

– Aujourd'hui, Evgueni Sergueïevitch [le docteur Botkine] a raconté pendant la promenade que la propriété décrite par Tchekhov dans *Les Trois Sœurs* se trouve par ici.

– Dis plutôt : se trouvait, réplique Alix. Toutes les propriétés ont été incendiées depuis longtemps.

– Papa aime Tchekhov. Pourquoi ne jouerions-nous pas *Les Trois Sœurs* ?

– Ce n'est pas une bonne idée. Je me rappelle fort bien cette pièce : ces « trois sœurs » ne cessent de se lamenter sur leur sort, elles rêvent à je ne sais quel avenir... J'espère qu'à présent, elles sont satisfaites de ce qu'elles ont obtenu !

Olga rit ou peut-être est-ce Marie.

– M. Tchekhov a une autre pièce, dit Olga, on y vend un vieux domaine. Il y a une scène où la propriétaire demande : « Qui a acheté notre domaine ? » Alors, un paysan, fils de leur ancien laquais, lui crie fièrement : « Moi ! »

– C'est une pièce d'actualité. Pourquoi ne la joueriez-vous pas, en effet ?

– Mais qui fera le fils du laquais ?, intervient Marie.

– Pour cela, on n'a que l'embarras du choix. Quantité de fils de laquais récupèrent aujourd'hui les domaines qui ont échappé à l'incendie.

– Il y a aussi un éternel étudiant.

– Là, vous ne trouverez personne. À Petrograd, tous sont devenus commissaires.

– Mais nous en avons un, ici... Il porte une veste d'étudiant et il est sans arrêt à l'affût de Tatiana dans le couloir. Je l'ai bien vu. [C'est la voix ironique d'Anastasia.]

– À propos, Votre Majesté, il y a aussi un rôle pour moi dans cette pièce [Une voix aux accents de la Garde, habituée à donner des ordres.] Je me le rappelle fort bien : il y a là un homme auquel il arrive sans cesse des malheurs. Il rate tellement tout, que c'en est tordant ! Et tous l'appellent : « Trente-six malheurs »...

« La lecture des événements survenus... à Petrograd et Moscou donne la nausée ! »

Vient Octobre.

Tobolsk somnole sous son manteau de neige. Nul ne sait rien des événements de Petrograd : les journaux n'arrivent plus. À ce moment-là, le tsar lit *Quatre-vingt-treize* de Victor Hugo.

« 10 novembre. Le temps s'est réchauffé, le thermomètre n'est plus qu'à zéro. Dans la journée, ai scié du bois et terminé le 1er tome de *Quatre-vingt-treize...* »

Ce livre-là, il n'en fait pas la lecture à voix haute. Alix ne le supporte pas...

« 11 novembre. Il y a longtemps que nous n'avons plus de journaux de Petrograd, ni de télégrammes. Dans la situation actuelle, cela fait peur. »

Le 17 [*17 !*] novembre, il apprend que les bolcheviks se sont emparés du pouvoir.

« 17 novembre. La lecture des événements survenus, il y a quinze jours, à Petrograd et Moscou, donne la nausée ! C'est bien pire et plus indigne que ne le fut le Temps des Troubles. »

Le commissaire Pankratov note alors :

« Il était accablé, accablé surtout... par le pillage des caves du Palais d'Hiver.

– Se peut-il que M. Kerenski n'ait aucun moyen de mettre fin à cette anarchie ?

– Apparemment, non. La foule, Nicolas Alexandrovitch, reste toujours la foule.

– Comment cela ? demande soudain fielleusement le tsar. Alexandre Fiodorovitch [Kerenski] a été porté au pouvoir par le peuple. C'est le favori des soldats... Et, de toute façon, à quoi rime de ruiner le palais, à quoi rime de tolérer les pillages et le saccage des richesses ?

Le vieux révolutionnaire et l'ancien tsar ne se comprennent pas.

Gilliard rapporte qu'aux premiers jours de sa réclusion à Tsarskoïé Selo, le tsar semblait étrangement content... Le même Gilliard note à Tobolsk qu'ayant appris la défaite de Kornilov, puis la chute du Gouvernement Provisoire, Nicolas regrette de plus en plus d'avoir abdiqué.

Le Nouvel An. Le dernier qu'ils fêteront.

Il fait un froid terrible, le tsarévitch s'endort, emmitouflé dans toutes les couvertures de la maison. La chambre des grandes-duchesses est une glacière. Ils restent à présent le plus tard possible dans la chambre d'Alix où la petite cheminée est allumée.

« Quel ennui ! Aujourd'hui comme hier, demain comme aujourd'hui. Viens-nous en aide, Seigneur ! Accorde-nous ta Miséricorde ! » note Alexis dans son Journal.

« 2 janvier. Journée grise mais pas trop froide... Un ennui à crever ! » écrit son père.

On a posé le sapin directement sur la table. Un vrai sapin de Sibérie, mais sans décorations. Le dernier de leur vie. Pour Noël, ils se sont préparé de menus cadeaux. Tatiana offre à sa mère un cahier qu'elle a fabriqué, pour son Journal : un pitoyable bloc-notes à carreaux qu'elle a recouvert d'un bout de tissu parme (pris à une écharpe de l'impératrice).

Au revers de la couverture, Tatiana a écrit en anglais : « À ma maman bien-aimée, avec tous mes vœux de bonne et heureuse année. Que la bénédiction du Seigneur soit avec toi et te protège à jamais ! Ta fille qui t'aime, Tatiana. »

Alix peut à présent commencer le dernier cahier de son Journal :

Dans la nuit du 31 décembre au 1er janvier, elle note : « Je rends grâces à Dieu que nous soyons sains et saufs et que, tout au long de cette année, il nous ait protégés, ainsi que ceux qui nous sont chers. »

À en croire les prédictions, l'année qui commence leur sera fatale.

Dans la maison de Tobolsk, le tsar lit l'ouvrage d'un certain Sergueï Nilus que la tsarine a apporté. Le livre s'intitule : *Au bord du fleuve de Dieu* et Nilus y évoque une légende qu'il tient d'une femme de chambre de l'impératrice.

Il y avait au palais de Gattchina un coffret, fermé à clé et scellé. Son contenu y avait été déposé par la veuve de l'empereur Paul Ier, Marie Fiodorovna. Son testament stipulait que ce coffret ne devrait être ouvert que cent ans après la mort de son époux, par celui qui régnerait alors sur la Russie. En 1901, donc, le tsar et la tsarine s'apprêtent à aller ouvrir le coffret. Ils sont jeunes et ne voient là qu'une amusante promenade. Or, selon le témoignage de la femme de chambre, ils reviennent « pensifs et tristes à l'extrême ». « Après cela », dit-elle encore, « j'entendis le Souverain parler de l'an 1918 comme d'une année fatidique pour la dynastie. »

Jeux de l'au-delà

Tout commence, en effet, la veille du Nouvel An.

Dans l'église de l'Intercession de la Vierge où, accompagnée de l'escorte, la Famille se rend pour Noël, la liturgie tire à sa fin. Soudain, dans l'église archi-pleine, résonnent les paroles familières, que l'on n'a pas encore eu le temps d'oublier. Le diacre proclame solennellement la litanie : « Leurs Majestés l'Empereur Souverain et l'Impératrice Souveraine... » Suivent les noms des enfants et tous leurs anciens titres, enfin la voix retentit, puissante : « Longue vie ! »

L'église vibre. À la fin de l'office, le chef de l'escorte et le commissaire Pankratov font venir le diacre. Il explique qu'il s'est contenté d'obéir aux instructions du père Alexeï, le curé de la paroisse. « Faut le virer ! » déclare un tirailleur, hors de lui.

Le lendemain, le Soviet de Tobolsk, aux mains des bolcheviks, nomme une commission d'enquête. On rend Pankratov responsable, on exige plus de dureté envers ceux dont il a la charge et, pour la première fois, on entend : « Les Romanov en prison ! » On s'en prend aussi au prêtre, mais l'évêque Hermogène veille. Il s'arrange pour le mettre à l'abri dans un monastère un peu éloigné de Tobolsk.

Comme tout semble toujours lié dans l'histoire des Romanov ! Le nom d'Hermogène se trouve au commencement de la dynastie. Durant le Temps des Troubles, le patriarche Hermogène appelle à bouter les Polonais hors de Russie, ce qui lui vaut l'emprisonnement et la couronne du martyre.

L'Église russe, alors, affiche son indépendance envers le pouvoir civil. Le ton en est donné par le patriarche Tikhone.

Au début de 1918, il lance l'anathème contre les bolcheviks. Au même moment, par l'intermédiaire d'Hermogène, il témoigne son soutien au tsar déchu. De nombreux pasteurs suivent l'exemple du patriarche.

La plupart périront, victimes de la « Terreur Rouge ». Mais à la fin de 1917, Tobolsk conserve encore le pouvoir instauré par la révolution de Février. Son évêque demeure puissant. Refusant d'admettre la moindre culpabilité du père Alexeï, il écrit au Soviet, provocant : « Conformément aux Saintes Écritures... et à la tradition historique, les anciens empereurs, rois et tsars conservent leur dignité, même lorsqu'ils ne règnent plus. » Il veut parler de la dignité conférée par Dieu et échappant par là même au pouvoir civil.

Hermogène, nous l'avons dit, pourrait encore aider la Famille. Mais Alix ne veut pas remettre son sort entre les mains d'un ennemi acharné du « Starets ».

« Hermogène célèbre chaque jour chez lui une action de grâces pour papa et maman », écrit-elle à l'Amie. « Papa et maman », c'est ainsi que les appelait Raspoutine...

Ainsi, depuis l'au-delà, Raspoutine ne leur permet-il pas de se lier avec le seul homme peut-être capable de les aider vraiment. À la place, le « Saint Diable » leur envoie un émissaire bien différent.

À l'automne 1917, nous l'avons vu, Boris Soloviev (« Boria », comme l'appelle la tsarine dans ses lettres à l'Amie) arrive à Tobolsk.

Le père de « Boria » est trésorier du Saint-Synode. Sa mère compte parmi les plus fidèles prosélytes du « Starets ».

Plus tard, Boris Soloviev retracera l'histoire de sa vie. Il fait d'abord des études à Berlin, puis séjourne en Inde. Il est alors théosophe, disciple de la fameuse Blavatskaïa*.

Pendant la guerre, Soloviev réussit à rester à Petrograd, au régiment de mitrailleurs de réserve. Il fréquente régulièrement l'appartement de Grigori Raspoutine, fait connaissance avec ses filles, Varvara et Matriona. Après la révolution de Février, on le retrouve... au palais de Tauride. Élève officier, il amène ses soldats faire allégeance à la Douma. Le voici officier supérieur à la Commission militaire de l'Assemblée. Le disciple de Raspoutine se change en révolutionnaire.

C'est alors que l'Amie lance une collecte pour la Famille. Les gens donnent volontiers : mieux vaut donner quelque argent, plutôt que de prendre part à un complot. Sans compter que cela peut servir : qui sait si la situation ne se renversera pas ?

Le comte Benckerdorf et Ania réunissent d'importantes sommes. C'est alors que Soloviev surgit du tourbillon de Petrograd.

Son passé parle en sa faveur. Certes, la Vyroubova doit l'écouter, ironique, raconter que ses soldats l'ont obligé à prêter serment à la Douma. Mais il n'a pas besoin de justification. Il a raison : c'est ainsi qu'il faut se comporter à présent, pour survivre. Et elle décide de miser sur lui.

Comment Ania saurait-elle se repérer parmi les hommes, elle qui a passé sa vie à tenter de se repérer dans la personnalité de l'impératrice ? Elle confie à Soloviev une lettre pour la tsarine et beaucoup d'argent.

Voici donc Soloviev à Tobolsk. Il ne tarde guère à entrer en contact avec la Famille, aidé en cela par le père Alexeï qui vient souvent dire l'office à la Maison de la Liberté. Par son intermédiaire, Soloviev fait parvenir à la tsarine les lettres qui lui sont destinées.

Il commet toutefois une erreur. La tsarine, certes, a du respect pour le père Alexeï. Mais elle sait qu'il est lié à Hermogène. Aussi toutes les propositions de Soloviev, transmises par le père Alexeï, sont-elles accueillies avec plus que de la prudence. Ses projets d'évasion ne suscitent aucun enthousiasme. En l'occurrence, c'est Nicolas qui répond pour Alix (elle l'en a priée) : il faut à tout prix éviter les dangers que courraient les enfants à la moindre tentative de fuite.

Quand Soloviev quitte Tobolsk, il sait quel jeu il va jouer. Et il y parvient avec l'aide, visiblement involontaire, du père Alexeï. Naïf, le prêtre confie à Soloviev que le *Longue Vie* de Noël sera son exploit (un exploit sans danger, au demeurant, puisque le père Alexeï jouit de la protection d'Hermogène).

Cet « exploit » aura pour résultat ce que Soloviev cherchait à obtenir : c'en est fini de la vie paisible de la Famille. Dès lors, le tsar et les siens seront poussés à s'évader, ils auront besoin de son aide. S'agit-il vraiment d'un jeu ? Et à combien de jeux semblables jouera-t-on avec l'ancien tsar ? Quoi qu'il en soit, tous se fondent, avec une lancinante monotonie, sur la provocation !

Soloviev, cependant, rentre à Petrograd. Il se plaint manifestement à Ania de la méfiance de la tsarine et de l'impossibilité dans laquelle il s'est trouvé d'organiser l'évasion. Ania, qui connaît bien son impériale amie, donne alors une brillante idée à Soloviev : il doit épouser une des filles du « Starets ». Ainsi gagnera-t-il le cœur d'Alix. Soloviev se marie aussitôt avec Matriona.

Par la suite, arrêtés à Tchita par des gardes blancs, Soloviev et sa femme se verront confisquer leurs Journaux.

Le jeune marié écrit :

« Pour que je continue à vivre avec elle, il faudrait qu'elle ait un beau corps, ce dont, hélas, mon épouse ne peut se targuer. Pour les relations sexuelles, elle ne peut donc pas me servir, il y a beaucoup mieux qu'elle et plus avantageux... »

Cela a le mérite d'être clair.

Il repart en Sibérie. Matriona l'accompagne. Ils se rendent d'abord à Pokrovskoïé où il entre soi-disant en contact avec le

« Starets ». Ensuite seulement, il retourne à la Maison de la Liberté où on lui réserve un tout autre accueil...

Comme toujours, le nom du « Starets » fait merveille. Tout change : le mari de *Sa* fille veut les sauver. Alix y voit un signe grandiose. Elle replonge instantanément dans son monde fantastique : depuis l'au-delà, Grigori conduit vers eux une Puissante Armée. De toute la force de son âme, elle croit en Soloviev. Et la parcimonieuse Alix le comble à présent de richesses, en vue de leur libération.

À Petrograd, Ania envoie un autre officier seconder Soloviev : Sergueï Markov, un « Crimée », c'est-à-dire un officier du Régiment de cavalerie de Crimée, dédié à l'impératrice. Ania le sait : la personnalité de Markov ne peut que mettre en confiance la romantique Alix ; un officier de son propre régiment veut tout faire pour la sauver !

Le 12 mars, Alix note joyeusement dans son Journal : « J'étais sur le balcon et j'ai vu passer mon ex-Crimée Markov, ainsi que Stein... »

Qui est ce Stein ? Le Journal de Nicolas nous l'apprend, puisque le tsar y consigne *tout*, y compris ce qu'il ne faudrait surtout pas écrire.

« 12 mars. Vlad[imir] Nik[olaïevitch] Stein est arrivé pour la seconde fois de Moscou, porteur d'une coquette somme d'argent de la part de nos bons amis, de livres et de thé. À Moghiliov, il était mon deuxième vice-gouverneur. Nous l'avons vu aujourd'hui passer dans la rue. »

Émissaire, lui aussi, de l'Amie et de Benckendorf, Stein apporte en effet une importante somme destinée à assurer le quotidien de la Famille et sa libération.

Ania a vu juste : Alix est aux anges. L'envoyé du « Starets » et celui des vaillants officiers russes fidèles à l'impératrice se rejoignent. C'est alors qu'après une nouvelle lettre de Soloviev, la tsarine se met à délirer sur les « trois cents officiers réunis quelque part du côté de Tioumen ». Elle en est certaine, à présent : la délivrance est proche.

À la différence de Soloviev, Sergueï Markov n'a rien d'un aventurier. Il est sincèrement dévoué à la « Famille impériale abandonnée » (pour reprendre le titre qu'il donnera à un ouvrage plein d'amertume).

Soloviev tient conseil avec Markov et un autre officier, envoyé là encore par la Vyroubova : Sedov. Il leur parle des « groupes d'officiers » qui se sont déjà constitués tout au long du chemin de Tobolsk à Tioumen et qui se relaieront pour accompagner la Famille impériale, au cours de son évasion. Il leur dit qu'il contrôle le téléphone du soviet. Pour achever de les convaincre, il leur présente le capitaine du navire qui emportera loin de Russie Nicolas et les siens...

On ignore jusqu'à ce jour qui joue, en l'occurrence, le rôle du capitaine. Quoi qu'il en soit, l'argent apporté par Stein et les richesses impériales continuent de quitter la Maison de la Liberté.

La foi d'Alix est contagieuse. Le raisonnable Gilliard lui-même décide de « se tenir prêt à toute éventualité ».

Lorsque, en mars 1918, des grelots se font entendre dans la rue de la Liberté et que passent des troïkas rapides comme le vent, transportant des hommes en armes, Alix, qui regarde par la fenêtre, murmure, extasiée : « Quels beaux visages russes ! ». Elle les voit : ils sont là ! La Puissante Armée, les trois cents officiers dont lui a tant parlé l'envoyé du « Starets ».

En réalité, ce sont de vaillants gardes rouges qui arrivent d'Omsk pour instaurer à Tobolsk le pouvoir bolchevique. C'en est aussitôt fini de leur paisible réclusion. Le monde de l'après-Octobre fait irruption avec fracas dans la petite ville.

Ainsi Raspoutine cause-t-il à nouveau, après sa mort, la perte de la Famille impériale.

« Il n'y eut jamais de groupes d'officiers pour libérer la Famille du tsar ! Ce n'étaient que paroles en l'air », confirmera dans ses *Souvenirs* Tatiana Botkina, la fille du très cher Evgueni Sergueïevitch, qui partage leur exil. Et de donner des exemples. Après que le tsar fut contraint de quitter Tobolsk, elle demande à un monarchiste local :

– Pourquoi votre organisation n'a-t-elle rien tenté ?

– Nous avions tout prévu pour sauver Alexis Nikolaïevitch.

Mais vient le moment, pour Alexis et les grandes-duchesses, de quitter Tobolsk. Et Tatiana Botkina repose sa question :

– Pardonnez-moi, mais si nous nous étions découverts, les gardes rouges nous eussent mis à tous le grappin dessus.

« Ils furent nombreux à raisonner ainsi », conclut tristement la fille de Botkine pour laquelle Soloviev n'est qu'un provocateur. Comme tant d'autres dans la Maison de la Liberté. Mais qui eût osé s'élever contre le gendre de Raspoutine ?

Soloviev fut-il un agent bolchevique ? Vraisemblablement non. Simplement, la Tchéka[6] et lui avaient mutuellement besoin l'un de l'autre. Deux jeux furent menés, avec la participation de la Famille qui ne soupçonnait rien. Le jeu du complot, spectacle monté par Boris Soloviev et qui la ruina purement et simplement. Et une autre représentation, qui entrait dans le projet de Soloviev et visait à démontrer la nécessité de transporter d'urgence la Famille hors de la paisible Tobolsk. Ce second jeu avait été conçu dans la rouge capitale de l'Oural révolutionnaire, à Ekaterinbourg.

6. La fameuse « Commission extraordinaire », la première police politique soviétique.

10

« Les camarades »

Le deuxième jeu.
Les personnages : le camarade Philippe

En avril 1917, des matelots de Cronstadt sont postés aux portes de l'hôtel particulier de la Kchessinskaïa. Dans le palais de la maîtresse de Nicolas, les bolcheviks tiennent conférence.

Récemment encore, ils moisissaient en relégation, erraient dans une émigration sans espoir, à travers les villes d'Europe. Et voici qu'ils parlent d'instaurer leur pouvoir sur un sixième des terres émergées du Globe.

« Un parti qui ne veut pas le pouvoir est indigne de porter le nom de parti. » (Trotski)

À la Conférence d'avril, deux vieux amis se retrouvent : Sverdlov et Golochtchekine... Le voici sur une photographie, Isaïe Golochtchekine, le visage bouffi par des nuits sans sommeil et une nourriture malsaine. Le menton, bien sûr, orné d'une barbiche. Ils en portent tous une : Lénine, Sverdlov, Trotski, Kamenev... Golochtchekine a plus de quarante ans... Un vieillard, selon les critères révolutionnaires.

Il voulait être dentiste, il est devenu révolutionnaire professionnel. Ses noms de clandestinité : « Camarade Philippe », « Georges ». À partir de 1912, le « camarade Philippe » est membre du Comité central bolchevique. En 1913, tandis que Nicolas fête le tricentenaire de la dynastie, son futur assassin est arrêté par la police et exilé dans la région de Touroukhansk pour cinq ans, sous contrôle judiciaire. En septembre 1914, il retrouve en exil un autre éminent bolchevik : Iakov Sverdlov. Les deux amis sont libérés en février 1917.

La Conférence décide que Sverdlov, leader des bolcheviks de l'Oural, restera à Petrograd en qualité de Secrétaire du Comité central. Sur décision du Comité, et sur la recommandation de Sverdlov, il sera remplacé dans l'Oural par son vieil ami, le « camarade Philippe ».

Golochtchekine est ainsi envoyé dans l'Oural prendre le pouvoir et organiser une nouvelle révolution.

À Ekaterinbourg, il déploie une activité inlassable : il forme des groupes armés d'ouvriers, crée un état-major de la Garde rouge, à la tête duquel il place un matelot de la Flotte de la Baltique, Pavel Khokhriakov.

La ville voisine de Perm est également préparée pour l'insurrection. Golochtchekine s'y appuie sur des bolcheviks, les frères Loukoïanov : Mikhaïl, leader des bolcheviks de Perm, et son frère Fiodor, qui dirige la Garde rouge ouvrière.

Au début d'octobre, Golochtchekine se rend à Petrograd, comme délégué de l'Oural au congrès des Soviets. Bientôt, un télégramme arrive à Ekaterinbourg : le 25 octobre, les bolcheviks ont renversé le Gouvernement Provisoire.

C'est alors que les bolcheviks d'Ekaterinbourg et leur Garde rouge entreprennent de s'emparer de la ville. Il en est de même dans la ville de Perm voisine.

Les personnages : le camarade Maratov

Dès que les Soviets l'emportent dans l'Oural, à Ekaterinbourg, tous les regards se tournent vers Tobolsk. Là – et ce n'est pas si loin ! – se trouve la Famille impériale. Les révolutionnaires rêvent de faire justice à « Nicolas le Sanglant » ! On raconte en outre que les Romanov ont emporté de fabuleux trésors de Petrograd. Or, telle est la loi prosaïque de la vie, formulée par un des leaders bolcheviques : « Derrière toutes les idées, il y a le bifteck. » À Ektaterinbourg, Golochtchekine élabore un plan.

Après la parution de mon premier article sur l'assassinat de la Famille impériale, je reçus par la poste une courte missive :

« Je suis en mesure de vous communiquer certains détails sur le sujet qui vous intéresse. » Signé : Alexandre Vassilievitch, sans nom de famille. Et un numéro de téléphone.

J'appelle.

Une voix de vieillard :

– Parlez plus fort, s'il vous plaît. Le téléphone marche mal.

– J'ai reçu votre lettre et je voudrais vous rencontrer.

– C'est possible, bien sûr... Je viendrai moi-même chez vous.

Tant de fois j'entendrai ces mots ! Les témoins de ces années-là sont passés par la rude école stalinienne de la peur. Ils ne veulent pas que j'aille les voir ni que je sache qui ils sont.

Il vient, en effet. Un vieillard chenu, la tête nimbée de cheveux blancs transparents. Des rubans à la boutonnière.

– Voilà, je ne voudrais pas que... tout ce que je vais vous dire... bref, que vous fassiez concrètement référence...

Je l'interromps. Je parle très fort, il entend mal :

– Ne vous inquiétez pas... Je ne peux rien dire de concret. Je ne connais même pas votre nom.

Il le sait, mais il veut me l'entendre dire encore une fois. Qui peut comprendre ce qu'il redoute aujourd'hui ? Mais pour tous ceux qui sont nés dans ce pays, c'est clair : il a peur. Et il en sera ainsi jusqu'à sa mort.

– Je ne vous apprendrai sans doute rien d'intéressant, parce que je ne sais quasiment rien... Simplement, cette histoire me tracasse. Ça pourrait vous être utile... À l'époque, les gens ne posaient pas trop de questions. Ça ne se faisait pas... Du coup, je ne connais pas trop de détails sur l'homme dont je veux vous parler... Ça remonte au tout début des années vingt. Je sais que l'homme en question venait de l'Oural. Mon frère aîné était un neurologiste connu et l'homme était venu le consulter. Je sais qu'il avait un parent au Comité central, une huile, quoi ! On avait téléphoné à mon frère de le recevoir chez lui. Il l'avait donc examiné, en quelque sorte à titre privé.

Le soir, mon frère rapporta la chose à mon père. Je m'en souviens... Eh bien cet homme, figurez-vous, avait travaillé à la Tchéka de l'Oural et quasiment dirigé l'assassinat du tsar. Depuis, il avait les nerfs malades. Il faisait une crise à chaque printemps... Mon frère l'appelait « l'espion ».

Il s'interrompt, attendant manifestement que je demande des précisions.

– C'est parce qu'on l'avait d'abord infiltré dans la fameuse maison. C'était avant Ekaterinbourg, à l'époque où le tsar était dans une autre ville.

– À Tobolsk...

– Peut-être bien. Vous le savez mieux que moi. Une grande maison, en tout cas. Il avait commencé à y travailler comme menuisier, tout en surveillant le tsar... C'est en tout cas ce qu'il avait dit à mon frère. Le tsar et la tsarine se parlaient en anglais, personne ne pouvait comprendre, or on avait besoin de savoir. C'est pour ça qu'on l'avait expédié là-bas... Et il y avait quelqu'un de la garde qui l'aidait...

Il se tait.

– Et ensuite ?

– Ensuite, rien. Mon frère a pris peur. Ou plutôt, mon père a dit : « Que ce type ne remette jamais les pieds chez nous... » Mon père n'aimait pas trop le nouveau pouvoir...

– À l'époque, vous avez consigné tout cela ?

– Vous n'y pensez pas ! Qui consignerait des choses pareilles ? Toute ma vie, j'ai eu peur d'en parler... Il avait raconté l'assassinat à mon frère, qui n'avait jamais voulu nous le rapporter. Il s'était contenté de dire que « le sang coulait à flots. Tout en était inondé. »

Peu après cette rencontre, en me penchant sur les compagnons de Golochtchekine, je découvris une étonnante biographie.

« Loukoïanov, F. (né en 1894) : études secondaires au collège de Perm, en 1912 étudiant à la Faculté de Droit de l'université de Moscou. Père fonctionnaire, contrôleur chef à la Chambre du Trésor, meurt en laissant cinq enfants. À partir de 1913, membre du cercle des étudiants bolcheviques de l'université de Moscou. Son frère Mikhaïl, ses sœurs Nadejda et Vera sont tous bolcheviks...

De retour à Perm, entre dans le groupe bolchevique du journal *La Vie de Perm.* Après la victoire du pouvoir soviétique, commence à travailler à la Tchéka. D'abord président de la Tchéka de Perm, puis, à compter de juin 1918, de la Tchéka de l'Oural.

Grave maladie des nerfs, contractée en 1918, lors de son travail à la Tchéka ; ne cesse d'empirer par la suite. En 1932, muté au Commissariat du Peuple à l'Approvisionnement ; 1934-1937, employé à la rédaction des *Izvestia*, puis au Commissariat du Peuple aux Collectes. Décédé en 1947, enterré à Perm. »

Son visage, sur une photographie : maigre, nerveux, mais rien d'une brute.

Je me mets aussitôt en chasse et reçois bientôt une lettre d'une certaine K. Avdeïeva, de Sverdlovsk. Elle m'adresse un extrait de « l'autobiographie » de Fiodor Loukoïanov, conservée au musée du KGB de Sverdlovsk, qui m'est inaccessible. Elle a été rédigée en 1942.

« Durant toute l'année 1918 et le début de 1919, j'ai travaillé dans les organes de la Tchéka, d'abord comme président de celle de Perm, puis comme président de celle de l'Oural, ce qui m'a amené à participer à l'exécution de la famille Romanov... Au milieu de 1919, je suis tombé malade et, pour raisons de santé, j'ai été muté dans l'administration du Parti. Ma santé ne s'améliorant pas, le Comité central du Parti m'a envoyé, au début de 1922, dans une maison de repos de Moscou... »

Un espion ? Impossible de l'affirmer avec certitude, tout cela paraît trop fantastique. Cependant, on peut se livrer à des conjectures, d'autant que « l'autobiographie » pose problème : Loukoïanov ne devient président de la Tchéka de Perm que le 15 mars ; qu'a-t-il fait au début de l'année 1918 ?

Le nom de clandestinité de Loukoïanov est « Maratov » (hommage à Marat dont il devait suivre l'exemple au-delà de toute expression). Supposons donc que le camarade Maratov, « l'espion », soit envoyé d'Ekaterinbourg à la Maison de la Liberté à la fin de février. Commence alors à se concrétiser le plan élaboré par les bolcheviks d'Ekaterinbourg pour s'emparer de la Famille impériale.

Mais Petrograd veille...

Le Soviet des Commissaires du Peuple (Sovnarkom) bolchevique a en effet bien besoin de la Famille impériale. Elle peut être un atout important dans le jeu qu'il mène avec les puissants parents de celle-ci, en Angleterre et en Allemagne. En outre, les fabuleux trésors Romanov, dont on parle tant, se trouvent à Tobolsk où n'importe qui peut s'en emparer.

Dès le 2 novembre, le Comité militaro-révolutionnaire de Petrograd, tout juste vainqueur, tient séance sur la question de la Famille Romanov. Le Comité propose au Sovnarkom de la transférer à Cronstadt, rempart de la révolution, sous le contrôle des marins de la Baltique.

Extrait d'une lettre de V. Blokhine (Moscou) :

« L'assassinat sauvage de la Famille impériale semble aujourd'hui invraisemblable, atroce. Je suis un très vieil homme et j'ai connu ce temps... La sauvagerie, la bestialité, la fureur régnaient. L'assassinat de la Famille complète simplement le tableau. J'ai connu Vladimir Bontch-Brouïevitch*; c'était un civil, un homme charmant, portant lunettes, issu d'une bonne famille (son père était un général du tsar). Eh bien, le très charmant Bontch-Brouïevitch était l'organisateur de l'effroyable "Bureau 75", au Smolny, l'ancêtre de la Tchéka. Bontch-Brouïevitch adorait écrire et raconter les "horreurs de la révolution", les actes des marins révolutionnaires. J'en ai connu beaucoup qui, après la révolution et même des années plus tard, se délectaient à raconter comment ils faisaient passer les officiers blancs "par pertes et profits". C'est avec cette sauvagerie dans le cœur que toute une génération mourut plus tard de sa belle mort, ou moins tranquillement quand le camarade Staline entreprenait de s'occuper d'eux. Aussi étrange que cela paraisse, il convient de rappeler qu'à l'époque, l'assassinat de la

Famille impériale ne semblait pas si terrible, dans la mesure où pareilles horreurs étaient monnaie courante. Prenons un exemple, rapporté par le même Bontch-Brouïevitch. En ces jours de 1918, des matelots anarchistes du bâtiment *La République* ramassent dans la rue trois officiers. Le trio est commandé par Jelezniakov l'aîné. À moitié ivre, fixant des yeux fous dans le vague, il est assis sur une chaise, à bénir l'air en psalmodiant : "À mort... À mort... À mort !"

Avec ses complices, il embarque les trois officiers dans une voiture et leur propose la chose suivante : ou ils versent une rançon de plusieurs milliers de roubles ou on les colle au mur. On fait donc faire aux malheureux la tournée de leurs amis qu'ils supplient de les aider. Les amis donnent un peu d'argent, pas beaucoup : ils craignent que les braves petits matelots ne les croient riches... Mais la collecte est trop longue, et nos matelots s'ennuient. Ils vont donc se distraire... au bordel. Et pour que les officiers ne se languissent pas trop pendant qu'eux s'amusent avec les filles, ils défoncent la mâchoire de l'un d'eux avec la crosse d'un revolver Nagant. Ils ne peuvent le faire pour les autres, la tenancière ne le leur permet pas : elle a trop peur que le sang ne tache ses tapis. Les matelots se donnent du bon temps avec les filles, puis l'ennui les gagne à nouveau. Ils rembarquent les officiers dans la voiture et, dans un coin discret, leur ordonnent de descendre. Ils leur enjoignent d'ôter leurs capotes, sous la menace de leurs revolvers, en les accablant de jurons. L'un d'eux doit les porter dans la voiture. C'est dans l'automobile qu'il entend les coups de feu. Puis, les matelots reviennent : "Ah, fils de pute, on t'avait oublié !.. Bah, tant pis ! Tu peux encore servir. Demain, on recommence la quête." Ils le tassent sous le siège et, durant tout le trajet, le bourrent de coups de pieds. Pour s'amuser...

Précisons que Jelezniakov l'aîné est le frère du brave Jelezniakov, lui aussi matelot de *La République*, qui allait liquider l'Assemblée Constituante, premier et dernier Parlement libre de Russie. »

Quel que soit le désir du Sovnarkom de mettre le grappin sur la Famille et les joyaux, les nouvelles autorités bolcheviques commencent à se méfier des matelots, « fleuron et orgueil de la révolution ». Il déclare donc prématuré le transfert du tsar et des siens.

Tel est du moins l'avis des bolcheviks les plus pragmatiques. Il en est toutefois de romantiques, qui rêvent d'un *remake* de la Révolution française. Ceux-là exigent qu'on ramène sans délai la Famille à Moscou, afin d'organiser un procès exemplaire : le tribunal du Peuple doit juger le tyran déchu. Le premier orateur de la révolution, Léon Trotski, brûle d'impatience de jouer les accusateurs publics. Et Dieu sait qu'il est populaire, à l'époque !... Une crinière brune, des yeux bleus, un verbe furieux, « l'éternellement remonté Léon Davydovitch », disent méchamment ses adversaires. Son portrait, exécuté par le peintre Annenkov*, est alors dans toutes les maisons des vrais révolutionnaires :

« En place de l'icône,
Dans leurs chambres minables,
Leur grand général trône,
Toile certes admirable
Du peintre Iouri Annenkov. »

Lui réduirait à néant, aux yeux de l'humanité progressiste, ce misérable tsar bredouillant. Ce serait le triomphe de la révolution ! Et l'idée de juger le tsar commence à faire son chemin.

Ramener le tsar à Moscou ? Facile à dire ! Il faut d'abord aller le chercher à Tobolsk. Trois cent trente hommes armés, choisis parmi les anciens soldats impériaux, surveillent la maison où il est reclus. On confie le dossier au Comité Exécutif Central (VTsIK).

Les personnages : « états de service irréprochables »

Le VTsIK est alors dirigé par Iakov Sverdlov. En janvier 1918, ce dernier reçoit des délégués du détachement chargé de garder les Romanov. Le principal d'entre eux est le président du comité des soldats, Pavel Matveïev.

Matveïev est une figure typique des premières années de la révolution, un de ces « godillots » qui tâtent brusquement du pouvoir. Ancien sergent-major, élu président du comité des soldats, il a accroché à sa porte cette plaque impressionnante : « Appartements de Piotr Matveïevitch, camarade Matveïev », ce qui met en joie les habitants de la maison de Tobolsk.

Ils ne vont pas rire longtemps.

Extrait des Carnets de Matveïev :

« Les premiers échos de la défaite du Gouvernement Provisoire ne nous parvinrent que le 20 novembre. Toutefois, le commissaire Pankratov... fit en sorte de nous prouver que les bolcheviks avaient été depuis longtemps chassés de Petrograd... Je réussis à convaincre la garde, à lui démontrer... qu'il fallait envoyer sur-le-champ une délégation à Petrograd, afin d'obtenir du Centre des informations plus précises... »

Quand Matveïev revient de Petrograd, il est méconnaissable.

« Nous passâmes quelques jours à Piter et, le 11 janvier, reprîmes le chemin de Tobolsk, chargés d'une mission bien précise : écarter le commissaire du Gouvernement Provisoire après avoir soumis, à n'importe quel prix, le détachement au pouvoir des Soviets. Il nous fut prescrit de ne pas livrer Romanov à l'insu, ni sans commandement formel, du VTsIK et du Sovnarkom... Le 23 janvier, le détachement fut réuni en assemblée générale. Après mon rapport, il se divisa en deux camps : l'un favorable au pouvoir des Soviets, l'autre "de droite", pour Kerenski... »

Désormais, chaque soir, Matveïev quitte la maison. Il commence à fréquenter les bolcheviks de Tobolsk. Dans « ses appartements », trône un gigantesque globe : « Vive la Révolution mondiale ! »

Le bolchevik Koganitski rapporte dans ses *Souvenirs* qu'à une de ces réunions nocturnes, Matveïev, « qui représentait alors à peine douze ou treize soldats de la garde », aurait « fait le serment de mourir plutôt que de laisser les membres de la Famille s'en sortir vivants... » Pour parvenir à ses fins, il place à présent des hommes à lui dans chacune des équipes de garde.

Bientôt, le comité des soldats chasse le commissaire Pankratov, sans oser toutefois, pour l'instant, porter atteinte au colonel Kobylinski.

L'action de Piotr Matveïevitch lui vaudra par la suite cette attestation, sur papier à en-tête du Soviet de Tobolsk : « Nous certifions par la présente que le camarade citoyen Piotr Matveïev se trouvait dans le détachement spécial chargé de garder le ci-devant tsar et sa famille... Ses états de service sont irréprochables, il a rempli scrupuleusement ses obligations de soldat citoyen et de combattant de la Révolution, sans jamais renoncer, aux moments les plus difficiles et à toutes les étapes de la révolution russe. » Signé : Khokhriakov, 18 mai, Tobolsk.

Ce Matveïev aux états de service irréprochables serait-il l'homme qui introduisit « l'espion » dans la Maison de la Liberté ?

« L'espion » quitte donc Perm pour la capitale de l'Oural rouge. Là, à la tête de la Tchéka locale créée en février, se trouve Mikhaïl Efremov, bolchevik depuis 1905, condamné au bagne à vie par les tribunaux du tsar. Toutefois, le véritable chef de la Tchéka de l'Oural est de plus en plus un autre bolchevik de la première heure, le futur assassin du tsar, Iakov Iourovski.

Les personnages : le camarade Iakov

Il est issu d'une famille juive misérable. Son père est vitrier, sa mère couturière. En 1938, vingt ans exactement après l'assassinat des Romanov, il mourra à la clinique du Kremlin d'un douloureux ulcère. Dans une lettre testament à l'intention de ses enfants, il se raconte :

« Chers Jenia et Choura, le 3 juillet, selon le nouveau calendrier, j'aurai soixante ans. Les circonstances ont voulu que vous ne sachiez pratiquement rien de moi, notamment en ce qui concerne mes années d'enfance et de jeunesse...

Nous étions dix enfants et notre pauvreté, qui frisait la misère, grandissait avec nous. Il était impossible de s'en sortir, et pourtant les enfants étaient placés chez des maîtres dès l'âge de dix ans ; quant au père et à la mère, ils travaillaient jusqu'à l'épuisement... »

D'abord employé chez un tailleur, il entre comme apprenti chez un horloger.

« Mon patron s'était enrichi sur les souffrances de ses apprentis ; je travaillai chez lui jusqu'à l'âge de dix-neuf ans, sans savoir ce que voulait dire “manger à sa faim”. En revanche je fus copieusement “servi” après une grève : on me chassa comme principal fauteur de troubles, avec interdiction de séjour dans les villes réputées pour leurs travaux d’horlogerie et de bijouterie.

À compter de 1905, je ne cessai pas un seul jour d’œuvrer pour le Parti. »

En effet, durant toutes les années qui suivent, ses activités – l’horlogerie et la bijouterie, dans lesquelles il réussit fort bien ; un étrange voyage à l’étranger au cours duquel il se convertit au catholicisme – sont autant de couvertures. Horloger-bijoutier cossu, il finance la conspiration bolchevique. Il est arrêté en 1912, mais la police ne peut présenter contre lui que des preuves indirectes. Il est exilé à Ekaterinbourg, où il découvre la photographie. En 1915, il est appelé sous les drapeaux, mais il réussit à éviter le front : il est aide-chirurgien et parvient à se caser dans l’hôpital chirurgical local.

Vient Février 1917. L’hôpital l’élit au Soviet. Avec Golochtchekine, il prépare la prise de la ville par les bolcheviks. Puis, c’est Octobre : le Soviet contrôle l’Oural et il est commissaire adjoint à la Justice. Une carrière ordinaire de dirigeant bolchevique. Enfin, à compter du début de l’année 1918, il est à la Tchéka, président de la terrible commission d’enquête près le Tribunal Révolutionnaire.

La Tchéka occupe l’*Hôtel d’Amérique*. Iourovski s’installe dans une des plus belles chambres, la numéro 3 : miroirs, tapis, le luxe disparu des marchands de l’Oural. En bas se trouve un fameux restaurant où, récemment encore, les marchands faisaient bombance.

Mais, marchands et nourriture, tout disparaît en un clin d’œil, dès l’arrivée du nouveau pouvoir. Restent les parfums enivrants du restaurant, qui excitent les tchékistes.

C’est, de toute évidence, dans la chambre numéro 3 que Iourovski reçoit Fiodor Loukoïanov, alors jeune président adjoint du Comité Exécutif de Perm. Et de lui expliquer le plan prévu pour les Romanov, et la part qu’il prendra à sa réalisation.

La paix de Brest-Litovsk

Tandis que se décide le destin de la Famille impériale, à Tobolsk la vie poursuit son cours monotone dans la paisible maison enfouie dans la neige.

Nicolas reçoit des journaux russes et des magazines étrangers (notamment français, présentant des caricatures osées qui amusent follement la garde, d'où le retard avec lequel ces périodiques parviennent à l'ancien tsar). Les premiers, en revanche, arrivent régulièrement à présent, et Nicolas suit attentivement le cours des événements.

Il apprend ainsi la brève existence de l'Assemblée Constituante. Le gouvernement bolchevique, qui s'était défini d'emblée comme un « Gouvernement Provisoire ouvrier et paysan », ne devait exister que jusqu'à la convocation de la Constituante. Les bolcheviks l'avaient annoncé par décret aux jours du coup d'État d'Octobre.

Les premières séances de la Constituante sont fixées pour janvier 1918. Les bolcheviks, cependant, n'ont pas l'intention de se rendre. Ils se préparent à l'ouverture du Parlement comme à une bataille. Un état-major extraordinaire est créé, la ville est découpée en secteurs et des patrouilles de matelots et de soldats contrôlent les rues. Au palais de Tauride, où doit siéger la Constituante, le bolchevik Ouritski est nommé commandant. Et quand la séance est ouverte, des matelots du cuirassé *La République* entrent dans la salle, conduits par Jelezniakov cadet. À l'aube du premier jour des assises, il est allé trouver le président et c'est alors qu'il a prononcé ces paroles historiques : « La garde est fatiguée, nous ne pouvons plus assurer votre sécurité. Levez la séance. »

Ainsi le gouvernement de Lénine cesse-t-il d'être « temporaire ». La puissance bolchevique s'accompagne paradoxalement d'une parfaite impuissance. Lorsque Ouritski veut dissoudre la Constituante, il a la mine défaite et il tremble de froid : en chemin, le terrible commandant s'est fait voler son manteau. Et quand Lénine quitte la Constituante qu'il a lui-même liquidée, il découvre qu'on lui a fait les poches et que son Browning a disparu. Ce partage du pouvoir entre les bolcheviks et la pègre des rues ne s'achève pas, tant s'en faut, en 1917. En mars 1918, le gouvernement quitte Petrograd pour Moscou. À Moscou, tout continue. En décembre 1919, l'épouse de Lénine attend son mari à un arbre de Noël. Il arrive, confus, priant d'excuser son retard : son automobile a été attaquée par des pillards. Les gredins lui ont volé son arme et son portefeuille, ainsi qu'à son chauffeur et à ses gardes. Ils ont aussi subtilisé l'automobile. Et quand le guide du prolétariat mondial a déclaré à ses agresseurs : « Je suis Lénine, voici mes papiers », la réponse ne s'est pas fait attendre : « On se fiche pas mal de savoir qui tu es ! »

Toutes ces nouvelles parviennent donc à Nicolas à travers les journaux et le courrier (car, en dépit de la ruine et du chaos, la poste fonctionne). Mais si la dissolution du Parlement peut encore susciter un petit rire moqueur chez celui qui, tant d'années durant, a lutté contre la Douma, les actes du nouveau pouvoir, en février et mars 1918, plongent littéralement l'ancien Commandant suprême dans la stupeur.

En mars, la Russie signe la paix de Brest-Litovsk avec les Allemands. La Russie reconnaît sa défaite.

Vers cette époque, le Journal de Nicolas suit une double datation, selon l'ancien et le nouveau calendrier. Le 1er février, jour où le calendrier « nouveau style » entre en vigueur, il écrit, sarcastique :

« Avons appris qu'ordre était arrivé par courrier de nous aligner sur le calendrier étranger, à compter du 1er février... Cela va engendrer malentendus et confusions sans fin... »

Extrait du Journal :

« 12 (25) février, lundi. Des télégrammes sont arrivés aujourd'hui, informant que les bolcheviks – ou plutôt le Sovnarkom comme ils disent – doivent conclure la paix aux conditions humiliantes du gouvernement allemand, car les troupes ennemies progressent et l'on n'a rien pour les arrêter ! Un cauchemar ! »

C'est en effet un cauchemar, une hallucination !

Les pays baltes, la Pologne, une partie de la Biélorussie, une partie du Caucase, la Russie perd tout. L'empire que lui avait légué son père n'existe plus.

Nicolas entre rarement en fureur. Mais, cette fois, la coupe est pleine. Et l'impératrice fait chorus.

Extrait d'une lettre d'Alix à l'Amie :

« 3 mars 1918. Seigneur, sauve et aide la Russie... Tout n'est qu'horreur et infamie... Je ne puis m'y résigner, je ne puis l'évoquer sans que mon cœur n'en souffre abominablement. »

Le 3 mars, la paix est signée. Un an après l'abdication exactement, on renie tous les sacrifices consentis par la Russie. Des milliers et des milliers de vies humaines perdues en vain...

Cette paix, Lénine la prépare depuis longtemps. Elle seule peut lui permettre de disloquer l'ancienne armée, or c'est la condition pour conserver le pouvoir dont s'est si aisément emparé son parti. Lénine sait aussi que jamais la Constituante n'eût approuvé ce traité de paix.

Au sein même du Parti, beaucoup jugent cette paix honteuse ; le numéro 2, Trotski, y est d'ailleurs opposé. Mais Lénine brise toute résistance, en convoquant un congrès extraordinaire du Parti. Et, au terme de débats et de votes épuisants, il emporte le morceau.

L'ancien tsar dispose à présent de nombreuses heures de loisir pour réfléchir. Il est cependant avant tout un homme de foi. Il le croit : avec le temps, quand la révolution et toute la catastrophe survenue en Russie ne seront plus qu'un mauvais souvenir, le sens de l'Histoire apparaîtra et le dessein de Celui qui fait l'Histoire sera révélé. Aussi lit-il avec une attention particulière la quatrième partie de *Guerre et Paix*, qu'il n'avait jamais lue jusque-là.

Le tsar n'est qu'un esclave, esclave de l'Histoire entre les mains de Dieu.

Alix, elle, est à la fois désemparée et furieuse : et les Alliés ? Comment peuvent-ils tolérer cela ? Non, elle le sent : il va se passer quelque chose. Cette paix atroce changera peut-être leur destin.

Alix voit juste. C'est à cette époque, en effet, qu'à Moscou se décide leur sort.

De vieux amis délibèrent

En février, le leader des bolcheviks de l'Oural, Philippe Golochtchekine, se rend à Moscou, au VIIe congrès du Parti.

Avec Lénine, il vote la paix de Brest-Litovsk, contre Trotski et tous ceux qui ne veulent pas comprendre qu'il faut un répit. D'ailleurs, il sera toujours temps de faire machine arrière. Le grand principe est formulé : chaque fois qu'on passe un accord, on réfléchit d'emblée au moyen de ne pas le respecter. La politique n'est qu'un mensonge salvateur au nom de la révolution.

Golochtchekine s'entretient avec un autre partisan de la paix, son vieil ami le président du VTsIK, Sverdlov. Leur conversation porte sur le sujet qui tient le plus à cœur aux représentants de l'Oural : le transfert de la Famille impériale à Ekaterinbourg.

Golochtchekine peut prétendre à une récompense pour sa fidélité à la ligne léniniste. Il demande donc à son ami de le soutenir. Sverdlov, à n'en pas douter, lui explique la situation. Moscou a tout décidé : le tout-puissant Trotski fera juger Nicolas. Compte tenu de sa position, Sverdlov doit tout mettre en œuvre pour que la Famille soit transférée à Moscou. Cependant, la lutte pour le pouvoir entre les compagnons d'idées de naguère a déjà commencé.

Ils se sont compris, presque sans avoir eu besoin de parler. Donc, Sverdlov appliquera la ligne choisie par le Centre, mais... si l'Oural se montre assez énergique, le VTsIK pourra céder.

Ayant ainsi reçu des assurances de Sverdlov, Golochtchekine présente un rapport au præsidium du VTsIK sur l'absence de contrôle de la Famille impériale à Tobolsk et le danger d'un complot monarchiste. Il suggère de transférer les Romanov à Ekaterinbourg, sous la stricte surveillance de la capitale de l'Oural rouge.

Rentré à Ekaterinbourg, Golochtchekine déploie une activité effrénée. Et, manifestement, il entre en contact avec « l'espion ».

« L'espion »... J'imagine sa première rencontre avec Matveïev, à la Maison de la Liberté. Il y apprend que la Famille est à présent dans le besoin : le « complot » de Soloviev a coûté cher. L'argent vient à manquer. Le nouveau gouvernement, bien sûr, ne donne rien. Kobylinski, Tatichtchev, Dolgoroukov font la tournée des marchands de Tobolsk, pour emprunter. Au début, on leur cède volontiers : on est sûr que le nouveau pouvoir ne tiendra pas. Mais à présent, ils n'essuient que des refus.

La Maison a pris l'habitude de manger en abondance. Et la basse-cour, avec ses oies et ses canards, est devenue la promenade favorite de l'impératrice. Elle s'y entretient longuement avec le cuisinier Kharitonov. En exil, la nourriture est une distraction. Alors, ils mangent, et les fumées de la cuisine stagnent dans l'arrière-cour.

L'atmosphère ne tarde pourtant pas à se purifier. Il n'y a plus d'argent. Pour le plus grand bonheur de Matveïev, le gouvernement de Moscou impose à la Famille des rations de soldat. Nicolas Romanov reçoit des cartes de rationnement.

Les repas, des plus chiches maintenant, sont toujours servis par des domestiques en livrée. Mais ces derniers eux-mêmes commencent à regimber : on ne leur verse pas leurs gages.

Extrait du Journal :

« 14 (27) février. Il convient de réduire considérablement nos dépenses pour l'approvisionnement et les domestiques... Tous ces derniers jours, nous les avons passés à calculer le minimum nous permettant de joindre les deux bouts. »

« 15 (28) février. Pour cette raison, nous devons nous séparer de bon nombre de nos gens, car il ne nous est pas possible d'entretenir tous ceux qui se trouvent à Tobolsk. C'est fort pénible, bien sûr, mais c'est inévitable. »

C'est en ces jours que « l'espion » fait son apparition dans la maison.

La nuit, en compagnie de Matveïev, il inspecte pour la première fois le débarras. Matveïev tire un énorme trousseau de clés et ils se mettent à ouvrir d'innombrables malles et valises. On voit tout de suite que les bagages ont été faits à la hâte, sans méthode. Une valise est remplie de sticks pour les chevaux. Dans une malle, de minuscules bottes d'enfant : celles d'Alexis, sans doute, quand il était petit. Quantité de robes, de linge... Mais il est aussi une grande valise de cuir marron, à monogrammes d'or, bourrée de papiers. Elle contient entre autres des cahiers noirs, couverts d'une écriture bien nette. C'est le Journal du tsar. Et l'espion sent que cette valise jouera un rôle important par la suite.

Une fête est organisée pour ceux qui s'en vont. Les serviteurs, ivres, bambochent toute la nuit. La Famille s'est enfermée dans ses chambres.

« On a parfois le sentiment de n'avoir plus la force de le supporter... »

Extrait du Journal :

« 2 (15) mars. Je revois ces journées, l'an dernier à la même époque, Pskov, le train... Combien de temps encore notre infortunée Russie sera-t-elle ainsi déchirée, déchiquetée par les ennemis extérieurs et intérieurs ? On a parfois le sentiment de n'avoir plus la force de le supporter, on ne sait qu'espérer, que souhaiter. Et cependant, Dieu seul a... Que soit faite Sa Sainte Volonté ! »

« 9 (22) mars. Il y a un an exactement, j'arrivais à Tsarskoïé Selo et me retrouvais prisonnier, avec ma famille, au palais Alexandre. On repense malgré soi à toute cette pénible année, en se demandant ce qui nous attend tous. Tout est entre les mains de Dieu, en Lui notre espérance. »

La garde change à vue d'œil. Suite à la visite de Matveïev au VTsIK, nombre de « braves tirailleurs » ont été renvoyés.

« 30 janvier. Pendant notre promenade matinale, avons dit adieu à nos meilleurs tirailleurs, qui rentrent au pays [1]. C'est bien

1. C'est-à-dire en Russie centrale, la Sibérie étant perçue par de nombreux Russes presque comme l'étranger.

malgré eux qu'ils partent ainsi au cœur de l'hiver, ils fussent volontiers restés jusqu'à la réouverture de la navigation. »

Extrait des *Souvenirs* de Matveïev :

« On a refilé des recommandations exécrables à ces “dinosaures” de droite et on leur a suggéré d'aller voir ailleurs... »

Avec l'arrivée de « l'espion », tout s'accélère. Kobylinski a quelque peine à contenir les tirailleurs qui demeurent encore et il en vient à supplier le tsar de le laisser partir. « Je ne puis plus vous être d'aucune utilité. » Mais Nicolas l'implore de rester : « Nous le supportons, vous le supporterez aussi. »

Bientôt, « l'espion » peut informer la capitale de l'Oural rouge : « L'état d'esprit de la garde a changé. C'est le moment d'agir ! »

Les personnages : Lioukhanov et Avdeïev

La grande usine métallurgique Zlokazov (du nom de ses propriétaires, deux frères) emploie notamment un homme entre deux âges, au visage couvert de boutons, affreux à voir : Sergueï Lioukhanov. Un excellent ouvrier, sachant tout faire de ses mains, marié à une « instruite », une institutrice à l'exotique prénom d'Augusta. Juste avant la révolution, arrive à l'usine le propre frère d'Augusta, Alexandre Avdeïev. Lioukhanov devient son aide et fait tout le travail à sa place. Car Avdeïev n'est pas venu travailler, c'est un révolutionnaire professionnel et il s'occupe à l'usine d'agitation bolchevique, en quoi il excelle. Grand blond aux petites moustaches, Avdeïev devient bientôt le leader des ouvriers de chez Zlokazov. Aussitôt après Octobre, à son initiative, les ouvriers s'emparent de l'usine. Il embarque lui-même l'ancien patron, en disant qu'il l'envoie au bagne. Mais plus personne ne le revoit. Un gars sérieux, Avdeïev. Qui parle sans cesse de « zigouiller, liquider », le lexique de l'année 1918... À l'usine, Avdeïev a un détachement armé.

Et voici qu'à la fin de février, Avdeïev est convoqué à la Tchéka, à l'*Hôtel d'Amérique*. Il y est attendu par une des « huiles » de la Tchéka, Pavel Khokhriakov. Boucles blondes, teint rose, un beau gars que ce matelot de la Baltique. Doté d'une force terrible et plein de fureur révolutionnaire.

Ils examinent le plan conçu par Golochtchekine : avec un groupe d'ouvriers de chez Zlokazov, Khokhriakov et Avdeïev devront renverser l'ancien pouvoir à Tobolsk et en instaurer un nouveau, bolchevique. Après quoi, ils entreront en liaison avec la Maison de la Liberté, mettront à profit le nouvel état d'esprit de la garde et conduiront la Famille à Ekaterinbourg.

Ils pénètrent nuitamment dans la ville, par petits groupes. Comme le relatera ensuite Avdeïev, les « premiers à s'infiltrer sont les éclaireurs, Pavel Khokhriakov et la bolchevique Tania Naoumova... » Ils se font passer pour des amoureux. Un jeu qui, au demeurant, devait déboucher plus tard sur un mariage. Le couple connaîtra toutefois un bonheur de courte durée : le furieux Pavel Khokhriakov sera tué au cours de la guerre civile.

Puis le groupe d'Avdeïev entre à son tour dans la ville. Ils ne sont que seize hommes, mais ils ont habilement fait courir le bruit qu'un millier de bolcheviks cernaient la ville. Épouvantés, les habitants de Tobolsk se mettent de la partie et le « millier » se transforme vite en « milliers ».

Le groupe d'Avdeïev arrive en retard. Un autre prétendant au titre de geôlier de la Famille impériale est entré dans la danse : c'est la ville d'Omsk, capitale révolutionnaire de la Sibérie occidentale. Des gens d'Omsk viennent aussi à Tobolsk chercher la Famille et les trésors du tsar.

Extrait du Journal :

« 14 (27) mars. L'arrivée de cette Garde rouge (d'Omsk), comme on appelle à présent toute unité armée, a suscité ici la peur et les pires rumeurs... Le commandant et notre détachement sont inquiets eux aussi, la garde est renforcée et une mitrailleuse est installée depuis ce soir. On sent que, partout, la confiance règne aujourd'hui !... »

La nuit, ceux d'Omsk tentent d'entrer de force dans la maison, cernée. Mais Kobylinski et la garde sortent les mitrailleuses.

Golochtchekine envoie d'urgence un détachement supplémentaire, pour venir en aide à ceux d'Ekaterinbourg. Les gars d'Omsk sont néanmoins les plus forts.

Extrait du Journal :

« 22 mars [Nicolas a repris l'ancien calendrier, plus familier, et il le gardera jusqu'à la fin du Journal]... Ce matin, avons, depuis la cour, entendu les bandits bolcheviques quitter Tobolsk... Il y avait quinze troïkas à grelots, ça criait et sifflait dans tous les coins. C'est un détachement d'Omsk qui les a chassés. »

Ceux d'Omsk crient trop tôt victoire. Ekaterinbourg frappe une nouvelle fois. Un troisième détachement armé, celui de Zaslavski, entre dans la ville. À eux tous, les gars d'Ekaterinbourg prennent le pouvoir au Soviet. Désormais, Khokhliakov en est président, Avdeïev et Zaslavski en sont des membres influents. Le nouveau Soviet commence à gouverner la ville. Mais leurs espoirs sont déçus : ils ont beau tout contrôler, Matveïev a beau se démener, on ne les laisse pas plus accéder à la Maison de la Liberté.

Kobylinski déclare tout net au Soviet : nous avons été envoyés ici par le Centre, c'est à lui, et à lui seulement, que nous livrerons la Famille impériale.

Commence alors, autour de la maison, une guerre des télégrammes. Le Soviet d'Omsk télégraphie à Moscou, exigeant du Centre qu'il l'autorise à remplacer « la vieille garde » par un détachement d'Omsk. Le Soviet de Tobolsk fait de même de son côté.

Simultanément, Golotchtchekine transmet à Moscou des « informations dignes de foi », obtenues de « l'espion », concernant le complot du monarchiste Soloviev et l'évasion de la Famille, prévue « dès que les fleuves se libéreront des glaces ». On indique même que l'évasion doit se faire par le bateau *Marie*. Moscou, toutefois, garde un silence énigmatique.

Les détachements rouges attendent donc à Tobolsk, sans oser s'approcher de la maison. Ils redoutent les tirailleurs de la garde, magnifiquement armés et qui ont fait leurs classes sous l'ancien régime. Et ils ont peur les uns des autres.

Enfin, Moscou décide d'intervenir...

11

Mission secrète

L'affaire commence au début du mois d'avril 1918.

Les journaux annoncent à Moscou « le procès imminent de "Nicolas le Sanglant" ».

Le 1er avril, le VTsIK adopte une résolution secrète : « Former un détachement de deux cents hommes et l'envoyer à Tobolsk pour renforcer la garde. Et, si possible, transférer les prisonniers à Moscou. » La résolution ne doit pas être rendue publique, et cependant, dans l'Oural, on en est aussitôt informé. Sverdlov, bien sûr ! L'indignation éclate à Ekaterinbourg.

Sverdlov est alors « contraint de céder ». Le VTsIK prépare un « Additif à la précédente résolution : 1. La Famille impériale est transférée dans l'Oural. 2. À cette fin, des troupes supplémentaires seront envoyées à Tobolsk. » Le 9 avril, Sverdlov adresse à Ekaterinbourg une lettre officielle à ce sujet.

Comment expliquer que les puissants partisans d'un procès à Moscou acceptent pareil « additif » ? Sverdlov les tranquillise sans doute, en alléguant qu'il faut calmer les gars de l'Oural, un peu trop énergiques, et éviter qu'ils s'emparent d'eux-mêmes de la Famille impériale.

Et, en effet, les « troupes supplémentaires » envoyées à Tobolsk ont pour secrète mission de ramener à Moscou le tsar et les siens. Mais le rusé Sverdlov a omis de préciser que l'additif permet désormais à Ekaterinbourg de réclamer de bon droit la Famille impériale.

Le chef de la mission secrète est Vassili Iakovlev. Le commissaire Iakovlev...

Vassili Iakovlev est l'un de ses innombrables noms de clandestinité. Il s'appelle en réalité Konstantin Miatchine. Il est né en 1886, à Oufa. Il travaille tranquillement comme ajusteur aux ateliers des chemins de fer, jusqu'à ce que la première révolution russe l'entraîne dans son tourbillon. À dix-neuf ans, Miatchine se fait « combattant armé » ou, plus simplement, « terroriste ». Lénine définit parfaitement, alors, la tâche des groupes de « combattants armés » : « Créez, partout et en tous lieux, des compagnies de combattants armés, surtout parmi les étudiants et les ouvriers... Qu'ils s'arment dès à présent, vaille que vaille, qui d'un revolver, qui d'un couteau, qui d'un chiffon imbibé d'essence... Les détachements doivent dès maintenant se préparer militairement pour des opérations immédiates. Certains entreprendront aussitôt de tuer un flic, de faire sauter un commissariat de police, d'autres attaqueront une banque pour récupérer des fonds en vue de l'insurrection. Que chaque détachement s'entraîne, ne fût-ce qu'en rouant de coups des sergents de ville... »

Et ils s'entraînent. Un groupe romantique, funeste, impitoyable, formé sur le sang. « Dès ma première intervention », écrit fièrement Miatchine, « les balles et la corde s'attachèrent à mes pas ».

Bientôt, cependant, la situation des combattants armés au sein du Parti devient ambiguë. Au congrès de 1907, les bolcheviks condamnent la terreur et interdisent les « expropriations »[1]. Comme souvent dans l'histoire bolchevique, cela cache quelque chose. La première révolution russe se solde par un échec. Les bolcheviks se mettent fiévreusement en quête de moyens pour survivre en émigration et créer des réseaux clandestins en Russie. Tout en condamnant le terrorisme afin de rassurer l'opinion, ils l'encouragent en douce. C'est alors qu'à Tiflis, Joseph Staline organise une attaque de banque qui rapporte deux cent cinquante mille

1. Nom donné aux attaques de banques.

roubles-or. C'est alors également que Miatchine prend la tête des combattants armés d'Oufa. Bientôt, à la gare de Miass, les bolcheviks de Miatchine attaquent un wagon postal, récupérant ainsi deux pouds [2] d'or. On retrouve leur trace, on procède à des arrestations. Miatchine se cache à Samara.

Il passe ensuite clandestinement la frontière, muni d'un passeport au nom de Vassili Iakovlev. En Italie, à Bologne et Capri, il crée une école marxiste. Iakovlev et ses camarades ne reconnaissent pas le système parlementaire. Leur école apprend le travail clandestin, elle enseigne à se cacher et à tuer. Durant tout ce temps, il franchit maintes fois illégalement la frontière russe. En 1911, à Kiev, il se prépare à attaquer le Trésor. Mais la police retrouve sa trace... Iakovlev réussit à s'échapper. Il fuit Kiev, au moment de l'arrivée solennelle du tsar Nicolas II.

De nouveau, il franchit clandestinement la frontière et arrive en Belgique. Il devient un modeste ouvrier à la Compagnie générale d'Électricité de Bruxelles.

Il rentre en Russie aussitôt après la révolution de Février. En octobre 1917, il est à Petrograd et prépare le coup d'État bolchevique, livrant discrètement des armes dans la ville. Quand vient le grand jour, avec un détachement de matelots, il va, à cheval sur un canon, prendre le central téléphonique... Le Gouvernement Provisoire, réuni au Palais d'Hiver, se retrouve coupé du monde.

Après la victoire des bolcheviks, Iakovlev est commissaire au téléphone et au télégraphe de Petrograd. En 1918, au moment de la création de la Tchéka, il compte parmi les cinq chargés, par le gouvernement bolchevique, de former le « glaive vengeur de la Révolution ». Durant toute l'année 1918, le nom de Iakovlev apparaît mêlé à de nombreux événements politiques. La nuit où les bolcheviks interdisent la Constituante, Iakovlev répète son grand « truc » d'Octobre : il coupe tous les téléphones du palais de Tauride. À Piter affamé, il livre quarante wagons de blé. Il fait sortir vingt-cinq millions de roubles-or de Petrograd assiégé, qu'il

2. Ancienne mesure de poids (16,38 kg).

transporte à la banque d'Oufa. Tel est l'homme qui, en ce début de printemps 1918, est assis dans le cabinet de Sverdlov...

L'idée d'envoyer Iakovlev à Tobolsk vient de Sverdlov. Trotski approuve. Mais il est un détail de la biographie de Iakovlev que Sverdlov est seul à connaître, pour avoir longtemps travaillé dans l'Oural : entre le natif d'Oufa et les combattants armés d'Ekaterinbourg, le courant ne passe pas. Et quand Moscou, au tout début de 1918, veut nommer Iakovlev commissaire militaire pour toute la région de l'Oural, Ekaterinbourg refuse catégoriquement. On finit par choisir Philippe Golochtchekine.

Sverdlov délivre au commissaire Iakovlev un mandat, signé de Lénine et de lui, représentant plénipotentiaire du VTsIK. Tous ont donc l'obligation de faciliter sa tâche par tous les moyens, sauf à risquer d'être fusillés. Mais le mandat ne souffle mot de la nature de la mission.

Sverdlov l'a précisée à Iakovlev oralement : la Famille impériale doit être ramenée à Moscou.

Sverdlov demande à Iakovlev comment il compte s'y prendre et celui-ci lui expose un plan typique pour cette époque insensée. Sans rien expliquer à personne (invoquant le secret d'État), il fait sortir la Famille de Tobolsk. Il la conduit, à travers le fleuve Tobol gelé, jusqu'à Tioumen où passe le chemin de fer, la met dans un train en direction d'Ekaterinbourg, afin de ne pas risquer de réaction hostile des gars de l'Oural. Mais au premier embranchement après Tioumen, il vire vers l'est, en direction d'Omsk, actuellement en bisbille avec Ekaterinbourg. De là, il emmène la Famille à Moscou. Si les circonstances lui sont favorables, il passera par Oufa où il a des fidèles et d'où, le moment voulu, il sera assez facile de transférer le tsar et les siens dans la capitale.

Sverdlov suggère une autre solution de réserve : si rien de tout cela ne marche, Iakovlev conduira la Famille à Ekaterinbourg. Mais l'ancien combattant armé ne doute pas un seul instant de son succès. Il a réussi des missions plus périlleuses.

Deux télégraphistes sont mis à la disposition de Iakovlev, qui devra rester en liaison permanente avec Moscou et Sverdlov. Les télégrammes seront codés : le « chargement », le « bagage » désigneront la Famille impériale, « l'ancien itinéraire » le chemin de Moscou, le « nouvel itinéraire » celui d'Oufa, enfin, le « premier itinéraire », la direction d'Ekaterinbourg.

Iakovlev part aussitôt pour Oufa, où il compte réunir un détachement. La Tchéka locale lui sélectionne des gens sûrs. Il s'agit pour la plupart d'anciens combattants armés, ses complices dans l'attaque de Miass. « Les bandits de Miass », comme les appelle tendrement Iakovlev.

Iakovlev convoque à Oufa le leader bolchevique d'Ekaterinbourg, le commissaire militaire Philippe Golochtchekine.

Exhibant son mandat, il exige un ordre écrit de Golochtchekine, plaçant sous ses ordres tous ceux d'Ekaterinbourg se trouvant à Tobolsk : le président du Soviet Pavel Khokhriakov, Avdeïev et les autres. Golochtchekine n'a rien contre, mais à la condition que Iakovlev lui révèle le but de sa mission : après tout, le VTsIK a promis de transférer la Famille impériale à Ekaterinbourg. Iakovlev le rassure : la promesse sera tenue. Cependant, nul ne doit en être informé pour l'instant. Surtout à Tobolsk. Il est indispensable de garder le secret, sauf à risquer que le détachement d'Omsk ne se mette à faire du grabuge. En outre, il ne faut pas pousser les combattants de la vieille garde à l'émeute. Ils sont depuis longtemps hostiles aux bolcheviks du Soviet.

Golochtchekine remet à Iakovlev l'ordre écrit demandé.

Le jeu continue. Car il va de soi que, vieil ami de Sverdlov, Golochtchekine connaît parfaitement le véritable but de la mission de Iakovlev. Et qu'il s'y est soigneusement préparé.

Que fait « l'espion », pendant ce temps ? À la mi-mars, après l'entrée du détachement de Khokhriakov et d'Avdeïev à Tobolsk, il revient manifestement à Perm. En tout état de cause, le 15 mars, Fiodor Loukoïanov est nommé à la tête de la Tchéka de cette ville. Mais, à la fin d'avril, il s'évapore à nouveau, officiellement « pour écraser des révoltes de koulaks [3] ». En fait, il semble qu'il retourne à la Maison de la Liberté, car Golochtchekine annonce que le « moment crucial est pour bientôt... »

La vie suit cependant son cours dans la Maison de la Liberté.

Extrait du Journal :

« 7 avril, samedi. À neuf heures, office du soir. Il y avait une excellente basse. »

Dans la grande salle, la lumière électrique, blafarde, et, dans la pénombre, le scintillement de l'icône du Christ Sauveur.

Alix entre dans la salle vide, recouvre le lutrin d'une de ses broderies et ressort. À huit heures, entrent à leur tour le prêtre et quatre religieuses du monastère. On allume les cierges... Dolgoroukov, Tatichtchev, Botkine sont debout à gauche du lutrin, puis viennent les demoiselles d'honneur et les « gens ». Pour finir, une minuscule porte s'ouvre dans le mur et la Famille paraît. Le chœur et « l'excellente basse » entonnent le *Gloire à Dieu au plus haut des Cieux*. La Famille s'agenouille. Tous l'imitent.

On est à la veille du vingt-quatrième anniversaire de leurs fiançailles. Ce soir-là, ils évoquent, comme toujours, le frère d'Alix, Ernie, Guillaume, Georgie, Ella... Où sont-ils aujourd'hui ? La grand-mère de l'impératrice, la reine Victoria, repose depuis longtemps dans la tombe... Pourtant, tout cela a bien eu lieu. Comme il y a eu le baiser échangé au château de Cobourg. Et eux, à l'époque, jeunes et follement heureux.

C'est en ce beau jour du 8 avril que Nicolas apprend qu'il lui est interdit de porter les épaulettes. Au « Petit » également. Or, ces épaulettes symbolisent la continuité de la dynastie : celles de Nicolas arborent le monogramme de son père, celles d'Alexis portent son monogramme.

J'imagine « l'espion » se glissant furtivement dans la chambre de Nicolas, tandis que l'empereur est à la promenade. Il trouve son Journal et lit :

3. Officiellement, dans la terminologie bolchevique : « paysan riche ». Bientôt, cette notion s'élargira à tout paysan plus ou moins critique à l'égard des Soviets.

« 8 avril. Dimanche. vingt-quatrième anniversaire de nos fiançailles ! À onze heures et demie a eu lieu la cérémonie, puis Kobylinski m'a montré un télégramme de Moscou, confirmant la résolution du comité de détachement qui nous retire nos épaulettes à Alexis et à moi. Aussi ai-je décidé de ne plus les mettre pour mes promenades et de ne les porter qu'à la maison. Je ne leur pardonnerai jamais cette saloperie !... »

Arrivée du plénipotentiaire

En ce matin d'avril 1918, le bolchevik d'Ekaterinbourg Avdeïev, membre du Soviet de Tobolsk, retourne dans sa ville natale. Il est content : il emporte des documents depuis longtemps attendus, des informations sur le complot monarchiste organisé par le gendre de Raspoutine. Ces renseignements ont été glanés par « l'espion » (correspondance de la tsarine avec Soloviev, etc.) Il a aussi avec lui la décision du Soviet de Tobolsk : « Nicolas le Sanglant » risque de chercher à s'enfuir, Tobolsk demande au Soviet de l'Oural de transférer la Famille impériale à Ekaterinbourg.

Sur le quai où Avdeïev attend son train, il voit une unité militaire décharger ses impedimenta. L'aspect de ces inconnus en armes ne laisse pas d'inquiéter le bolchevik d'Ekaterinbourg. Il recense quinze cavaliers et vingt fantassins. Nous sommes au temps où l'animosité entre Omsk et l'Oural a atteint son point culminant, et il se demande s'il ne s'agirait pas d'un nouveau détachement d'Omsk. Il veut savoir qui sont ces soldats.

Il s'approche du wagon et demande à parler au chef. On le mène à un homme portant une pelisse sur sa vareuse de matelot et coiffé d'une papakha. Avdeïev lui montre son attestation du Soviet de Tobolsk. L'homme la lit, s'anime visiblement et dit : « Vous êtes exactement celui dont j'ai besoin. » Et d'exhiber un mandat signé de Lénine et Sverdlov, puis un ordre paraphé de Golochtchekine, ordonnant à tous les bolcheviks d'Ekaterinbourg, membres du Soviet de Tobolsk, d'obéir inconditionnellement aux ordres du plénipotentiaire du VTsIK, Iakovlev.

Avdeïev repart donc à Tobolsk avec le détachement.

Iakovlev et Avdeïev sont à cheval. Le premier se renseigne auprès du second sur la Maison de la Liberté. Avdeïev répond de mauvaise grâce : il ne connaît pas les détails, la garde lui refuse l'accès à la maison.

Après avoir parcouru une vingtaine de verstes, ils aperçoivent devant eux un cordon de soldats. Ils pensent d'abord qu'il s'agit de cosaques des armées blanches. Par bonheur, il n'y a pas d'échanges de tir : à la jumelle, ils distinguent un étendard rouge et des rubans de même couleur sur les papakhas des soldats.

Il apparaît que c'est un détachement envoyé d'Ekaterinbourg chercher la Famille impériale. Voilà donc la surprise préparée par le commissaire Philippe Golochtchekine. Iakovlev comprend, effaré, qu'il est entièrement sous le contrôle d'Ekaterinbourg.

Les deux détachements poursuivent ensemble leur route. Iakovlev galope, encadré par deux cavaliers de l'Oural, Avdeïev et le commandant du détachement, Boussiatski.

Boussiatski propose un plan : quand Iakovlev emmènera le tsar et sa famille hors de Tobolsk, son détachement tendra une embuscade du côté du bourg de Ievlevo, il feindra d'attaquer celui de Iakovlev, soi-disant pour libérer la Famille. Et pendant l'échange de tirs, on règlera leur compte à tous les Romanov. « Il faut liquider le bourreau. On s'est déjà assez démené pour lui », conclut le bolchevik d'Ekaterinbourg.

Pour toute réponse, Iakovlev tend à Boussiatski son mandat du VTsIK. Ce dernier ne fait qu'en rire. Mais ils n'échangent plus un mot de toute la route.

Les deux détachements entrent donc dans la ville de Tobolsk, le 22 avril 1918. Là, nouvelle surprise, ils trouvent un autre détachement d'Ekaterinbourg, conduit par le bolchevik Zaslavski. Iakovlev est cerné.

Iakovlev s'installe dans la maison de Kornilov, celle qu'occupait la Suite. La nuit même, il va présenter son mandat au Soviet de Tobolsk.

Le Soviet de Tobolsk écoute le bref exposé de Iakovlev. Ce dernier révèle le but de sa mission : faire quitter Tobolsk au tsar et à sa famille.

« Pour l'emmener où ? » À cette question bien naturelle, Iakovlev réplique qu'ils n'ont pas à s'en soucier, ainsi que le stipule le mandat. Alors, le commandant Zaslavski se déchaîne : « On s'est assez démené pour les Romanov ! Il faut en finir. »

Iakovlev l'interrompt brutalement.

Extrait des *Souvenirs* de Iakovlev :

« Je ne lui dis qu'une chose : tous vos détachements doivent se placer sous mes ordres et m'obéir ! J'espère que vous avez compris ? Et Zaslavski, entre ses dents, finit par lâcher un "oui". »

Pour conclure, Iakovlev fixe au lendemain la relève de la garde. À la Maison de la Liberté, tous les postes doivent être occupés par des gardes rouges locaux. Avdeïev deviendra quant à lui le nouveau commandant de la Maison.

Mais à peine Iakovlev a-t-il tourné les talons que les membres du Soviet décident de garder un œil sur le plénipotentiaire de Moscou.

Comprenant qu'il n'a que des ennemis au Soviet de Tobolsk, Iakovlev sait qu'il doit se montrer d'une prudence extrême avec la garde et Kobylinski. S'il n'y parvient pas, sa mission est fichue !

Au matin, il convoque Kobylinski. L'aimable attitude du commissaire de Moscou est si peu habituelle que le colonel s'y laisse prendre. Iakovlev lui explique qu'il est venu chercher le tsar et sa famille, mais qu'il ne peut malheureusement révéler pour l'instant l'itinéraire prévu. Cependant, le colonel peut être tranquille : il en sera informé, peut-être même très bientôt.

À la confiance Kobylinski répond par la confiance : il explique à Iakovlev toutes les difficultés qui l'attendent ; Alexis est très malade, intransportable.

Ces derniers temps, pourtant, l'enfant s'était porté mieux que jamais, imaginant dans la Maison des jeux sans fin. Il avait inventé, notamment, de descendre l'escalier menant du premier dans la cour, dans une barque de bois. Sa barque « voguait » dans un bruit de tonnerre et tous, dans la Maison, se bouchaient les oreilles. Il aimait aussi beaucoup se balancer sur la balançoire fabriquée à l'aide de rondins. « Je ne sais pendant lequel de ces jeux cela arriva, mais il se cogna et fut obligé, comme toujours, de garder la chambre », se rappelle la fille du docteur Botkine.

Le 10 (23) avril, Iakovlev fait son entrée dans la Maison de la Liberté, accompagné du commandant Avdeïev et du colonel Kobylinski. Ils y sont attendus depuis la veille.

Extrait du Journal :

« 9 avril. Avons appris la venue du plénipotentiaire de Moscou, Iakovlev. Il s'est installé dans la maison Kornilov. Les enfants s'imaginent qu'il vient perquisitionner et ils ont brûlé toutes les lettres, Marie et Anastasia ont même livré leurs Journaux aux flammes...

10 avril. À dix heures et demie, visite de Kobylinski, avec Iakovlev et sa suite.

Je l'ai reçu dans la salle, avec les petites. Nous l'attendions pour onze heures et Alix n'était pas prête. Il est entré, visage glabre, souriant et confus, m'a demandé si j'étais satisfait de la garde et de notre installation. Puis, presque au pas de course, il est passé voir Alexis, a inspecté les autres pièces sans s'arrêter et, s'excusant du dérangement, est redescendu au rez-de-chaussée où il a visité les pièces avec la même hâte.

Une demi-heure plus tard, il était revenu pour se présenter à Alix. Il est repassé en vitesse voir Alexis, puis est redescendu. Pour l'instant, l'inspection de la maison s'est limitée à cela... »

On sent une certaine sympathie dans le ton du tsar. L'ancien maître de l'Empire a déjà perdu l'habitude des sourires et des excuses.

À deux reprises, donc, le commissaire de Moscou va voir l'enfant malade. Il veut savoir dans quelle mesure il est possible de le transporter. Et il comprend que c'est inenvisageable. Sa mission s'en trouve compliquée d'autant.

Le nouveau commandant de la maison, Avdeïev, procède au remplacement de la garde. Des gardes rouges succèdent aux soldats venus de Tsarskoïé Selo. Alignés d'un côté, les beaux gaillards de la Garde impériale, en uniforme ; de l'autre, la gueusaille rouge, en courtes pelisses maculées, manteaux et capotes défraîchis. Au lieu de bottes de cuir, ils en ont en feutre, recousues, rapiécées. Leur armement est à l'avenant. L'un a un ruban de mitrailleuse à l'épaule, l'autre une pétoire, le troisième un Nagant... Leur alignement est tout aussi étrange : les gardes rouges ne se rangent pas par tailles, mais par affinités...

Les deux détachements se regardent, effarés. Les débris de l'Empire et l'armée révolutionnaire : la grandiose photographie d'une époque.

« Nous nous figurons qu'il s'agit de Moscou... »

Le lendemain, Iakovlev ne se montre pas.

Extrait du Journal :

« 11 avril. Belle journée, relativement chaude. Suis longuement resté sur le toit de l'orangerie, il y fait si bon au soleil. »

Tandis que le tsar se dore au soleil, Iakovlev se prépare à une rencontre des plus délicates avec la garde du tsar. Après s'être laissée docilement remplacer par les gardes rouges, dans la soirée elle a commencé à faire du grabuge.

Iakovlev réunit les tirailleurs et multiplie les compliments. Et surtout, il leur remet solennellement les six mois de solde que leur doit le pouvoir des Soviets. Il leur annonce ensuite une bonne nouvelle : leur service est terminé, ils peuvent aller rejoindre leurs familles. Dans la soirée, il réunit en conseil le comité des soldats de la garde et leur révèle le but de sa mission : faire quitter Tobolsk au tsar et à sa famille. La question revient, inévitable : « Pour l'emmener où ? » Et la même réponse : « Ce n'est pas notre affaire. » Aussitôt, c'est l'effervescence et Iakovlev capitule : il propose d'inclure huit tirailleurs de la précédente garde dans celle qui accompagnera Nicolas et sa famille. Ils pourront ainsi s'assurer que ceux-ci sont en sécurité.

On avait prévenu Iakovlev à Moscou qu'il pouvait se fier au président du comité, Matveïev.

Extrait des Carnets de Matveïev :

« Iakovlev... me convoque et me demande si l'on m'a déjà confié des missions militaires secrètes. Je lui réponds affirmativement et il m'informe qu'il a pour tâche de transférer l'ancien tsar à Moscou. Il me propose de désigner huit hommes de mon détachement pour accompagner Nicolas Romanov durant le voyage. »

Une énigme demeure : Matveïev a-t-il fait part de cette étonnante nouvelle à son ami « l'espion » ?

Dans la soirée, Iakovlev a son rendez-vous le plus important, avec Kobylinski. Au cours de leur entretien, Iakovlev joue un beau coup : il confie à Kobylinski qu'il doit mener le tsar à Moscou pour son procès ; en fait, il n'y aura pas de procès, le tsar et sa famille seront aussitôt expulsés en Scandinavie. Il fait promettre au colonel de ne pas divulguer ce secret, sachant pertinemment que l'autre s'empressera de le faire. Et il en a besoin, pour apaiser le tsar, la Famille et la Suite, et que tout marche comme sur des roulettes.

La même nuit, Kobylinski, sous le sceau du secret, rapporte la nouvelle à Botkine qui en fait part à sa fille.

Celle-ci écrit :

« Mon père m'annonça une importante nouvelle... Iakovlev était ici sur ordre de Lénine, afin de conduire Leurs Majestés à Moscou où elles seraient jugées, et toute la question était de savoir si leur détachement n'y mettrait pas obstacle. L'effroyable perspective d'un jugement a malgré tout été accueillie joyeusement, tous étant persuadés qu'il n'y aurait pas de procès, mais un départ pour l'étranger. Sans doute Iakovlev l'a-t-il lui-même évoqué, car Kobylinski était tout guilleret. Il a dit : "Quel procès ? Il n'y en aura pas, on les transportera directement de Moscou à Petrograd, puis direction la Finlande, la Suède ou la Norvège." »

Kobylinski, toutefois, n'a pas le temps de faire état de tout cela devant le tsar.

De bon matin, le 25 avril, Iakovlev est de retour à la Maison de la Liberté. Il annonce à Nicolas qu'il doit l'emmener hors de Tobolsk, mais qu'il n'a pas le droit de lui dire où.

Nicolas est sous le choc. Il ne s'y attendait pas, il était persuadé que Iakovlev venait simplement remplacer Pankratov. Nicolas refuse alors de partir : Alexis est trop malade, il est intransportable.

Iakovlev descend chez le commandant où se trouvent Avdeïev et Khokhriakov. Il a l'air désemparé (l'air, seulement). Il demande conseil aux deux gars de l'Oural, il ne sait qu'entreprendre. En réalité, il tente toujours de les rallier à sa mission.

Iakovlev retourne chez le tsar. Il lui déclare que toute résistance est inutile : si Nicolas n'accepte pas de lui-même, on l'y contraindra par la force. Tout cela, bien sûr, d'une voix affable, avec un nombre infini d'excuses. Il propose à Nicolas de partir seul. « Seul ! » Nicolas entrevoit aussitôt une issue. Sans lui, on libérera sans nul doute sa famille. Et Nicolas s'incline.

Iakovlev fait immédiatement ses bagages. Il faut partir sans délai, à l'aube. Il sait que la rumeur ne peut plus être contenue dans la Maison.

Nicolas rejoint les siens. Une surprise l'attend : Alix sait déjà par Kobylinski qu'on emmène le tsar à Moscou. Elle est épouvantée. Elle se remémore aussitôt la paix de Brest-Litovsk. Cette histoire de procès ne tient pas debout. Non, ce qu'ils veulent, c'est lui faire signer cet odieux traité ! Sans doute les Allemands l'exigent-ils, car le document n'a de valeur que paraphé par le tsar. Voilà pourquoi ils veulent l'emmener sans elle. Sans elle, on lui a toujours fait prendre d'effroyables décisions. Mais elle ne le tolérera pas.

Le tsar s'est absenté pour une courte promenade. À son retour, elle lui dit, résolue :

« Je pars avec toi. »

Puis elle va trouver son fils. Elle fait un effort surhumain pour se maîtriser et lui annonce, presque tranquillement :

« Le Souverain et moi devons partir. Mais, dès que tu seras rétabli, tu nous rejoindras avec tes sœurs. »

« Bien sûr, personne n'a dormi de la nuit »

Dans la soirée, l'enfant hurle de douleur, appelle sa mère. Elle ne retourne pas le voir. Elle a peur de ne plus avoir la force de lui dire à nouveau adieu. Elle sanglote, répétant : « Non, c'est impossible, il faut qu'il se passe quelque chose... Non, je suis sûre qu'il y aura du nouveau, au matin... Dieu nous enverra la débâcle et ce voyage n'aura pas lieu... »

Elle se calme peu à peu. Elle a définitivement arrêté son choix. L'enfant continue de pleurer et de l'appeler.

Elle a résolu de scinder la Famille. Elle ne peut partir seule avec son mari. Mais laquelle des filles prendre ? Tatiana est la plus sûre, elle saura veiller sur Alexis et la maison. Olga n'a pas une très bonne santé et il y a trois cents kilomètres à parcourir jusqu'à Tioumen, en chariot découvert. Anastasia est trop petite et le « Rayon de Soleil » l'aime tant...

– J'irai, déclare Marie.

Extrait du Journal du tsar :

« 12 avril. Jeudi. Après la collation, Iakovlev vient m'annoncer, en compagnie de Kobylinski, qu'il a reçu l'ordre de m'emmener, sans me dire où. Alix a décidé de m'accompagner et de prendre également Marie. Il est inutile de protester. Laisser les autres enfants, Alexis malade, est plus que douloureux, étant donné les circonstances. Avons décidé de ne prendre que le strict minimum. Iakovlev a déclaré qu'il reviendrait ensuite chercher O., T., An. et A. Avons passé une triste soirée et, bien sûr, personne n'a dormi de la nuit... »

Et de la tsarine :

« Je devais trancher : rester avec Baby ou l'accompagner (Nicolas). J'ai choisi de l'accompagner, car c'est lui qui a le plus besoin de moi. Et il est trop risqué (de le laisser partir) Dieu sait où (nous nous figurons qu'il s'agit de Moscou). Effroyables souffrances ! Après le thé du soir, avons renvoyé tous nos « gens », la Suite, et sommes restés toute la nuit avec les enfants. Baby s'est endormi et, à trois heures, nous sommes allés à son chevet et n'en avons plus bougé jusqu'au départ. Nous nous sommes mis en route à quatre heures et quart du matin. »

Iakovlev ne dort pas non plus de la nuit. Tandis qu'Avdeïev se démène dans la ville, en quête de chariots et de chevaux, il se prépare au départ, exactement comme au combat. Il convoque le commandant du deuxième détachement de l'Oural, Boussiatski.

Extrait des *Souvenirs* de Iakovlev :

«"Je vous confie la tâche d'assurer la sécurité de notre route. Sur vous repose la garantie que je pourrai faire le voyage. Vous et votre détachement en répondrez sur votre tête... S'il arrivait quelque chose, vous seriez le premier fusillé." Boussiatski se tenait devant moi, blanc comme un linge. »

Celui-là, au moins, allait, un temps, se tenir tranquille.

À l'un des « bandits de Miass » les plus redoutables, Iakovlev confie la tâche d'assurer la sécurité de leur sortie de Tobolsk. Il doit, avec ses hommes, occuper le passage du Tobol et faire en sorte d'empêcher, aussi longtemps que possible, la sortie de l'autre détachement de l'Oural, celui de Zaslavski, le plus dangereux.

L'aube. Les « équipages » sont prêts dans la cour. Ce sont des chariots sibériens, sorte de corbeilles tressées, posées sur de longues perches. Il n'y a pas de siège, les passagers sont assis ou couchés directement au fond.

Avdeïev n'est parvenu à dénicher qu'un chariot couvert. La tsarine doit y prendre place. On y loge aussi un matelot et on les recouvre d'un tas de foin.

Vers quatre heures du matin, on commence à charger.

Extrait des *Souvenirs* de Iakovlev :

« Dans toute la maison résonnaient des sanglots. Les filles des Romanov et toute leur maisonnée sortirent sur le perron. Nicolas allait de l'un à l'autre, il bénissait ses filles avec des gestes convulsifs. Sa hautaine femme retenait ses larmes. Le moindre de ses gestes semblait dire : il ne faut pas montrer sa faiblesse devant "l'ennemi rouge". »

Un pénible et long voyage les attend dans ces chariots, en cette dangereuse période de fonte des neiges. Ils ont trois cents kilomètres à parcourir jusqu'à Tioumen. Puis ils prendront le train vers l'inconnu, sous la conduite du commissaire Iakovlev.

Ils montent dans les chariots. Alix veut être avec Nicolas, mais Iakovlev ne cède pas : c'est lui, et lui seul, qui accompagnera l'ancien tsar. Sans un mot, elle monte avec Marie et « gardera un silence obstiné » pendant tout le voyage.

Trois serviteurs partent avec eux : le valet de chambre du tsar Tchemodourov, la camériste Demidova et le laquais Sednev. Partent aussi Dolgoroukov (pour la Suite) et le docteur Botkine. C'est tout ce que Iakovlev a pu autoriser.

La tsarine a imploré Gilliard de ne pas sortir dans la cour pour leur dire adieu, et le Suisse est demeuré dans l'obscurité, au chevet de l'enfant qui dort.

« Se peut-il, se demande-t-il, que nul ne tente rien pour sauver la Famille impériale ? Où sont donc, à la fin, les fidèles du Souverain ? »

Gilliard, lui, restera fidèle jusqu'au bout. Mais il comprend, à présent : il n'y a jamais eu la moindre conspiration.

Depuis la maison voisine (la « maison de la Suite »), un autre témoin observe la scène : la fille du docteur Botkine.

Ce jour-là, elle voit son père pour la dernière fois. Il la bénit et l'embrasse. Elle le regarde traverser la rue, en manteau, coiffé de son feutre... Naguère, il portait une capote de général. Mais depuis l'interdiction des épaulettes, il ne veut pas avoir à se séparer des monogrammes de Nicolas et a troqué sa capote contre un manteau de civil.

Durant la nuit, on est venu chercher ses valises et sa pelisse sibérienne. L'aube point et Tatiana Botkina voit des chariots dans la cour de la Maison de la Liberté. Son père porte la pelisse du prince Dolgoroukov (dans la sienne, énorme, sont emmitouflées l'impératrice et Marie. Elles n'ont plus de fourrures pour les grands froids matinaux, pour ce vent pénétrant ni pour le chariot qui file sur la glace).

Six heures du matin. Pour la dernière fois, Tatiana Botkina aperçoit le visage de son père, le joli minois de Marie et le profil tragique de l'impératrice. Le visage de Nicolas, aussi, paisible...

Les chariots s'ébranlent... Et dans les couloirs de la Maison de la Liberté, trois élèves de Gilliard sanglotent.

Le dernier voyage

(Journal de détention en Sibérie. Suite)

Avdeïev accompagne à cheval le chariot où ont pris place le tsar et le plénipotentiaire du VTsIK. Devant eux, également dans des chariots, des gardes rouges armés de trois mitrailleuses. Le cortège est fermé par les détachements de cavalerie. Loin devant, des éclaireurs à cheval.

Ainsi commence, en compagnie de fiers cavaliers, le dernier voyage du tsar.

Il se rend compte qu'il aspirait à cette liberté de l'immensité, que cet air glacé lui manquait. Il faut si peu de chose, en somme, pour être bien : respirer et se sentir libre. Le voyage, toutefois, est éprouvant. Il souffre pour Alix.

L'impératrice garde un silence morose. Les cahots lui mettent le cœur à l'envers. Les yachts luxueux, les équipages montés sur des ressorts moelleux, tout cela a disparu, cédant la place à ces misérables et crasseuses télègues. Ces mêmes télègues sur lesquelles, bientôt, très bientôt, on transportera leurs corps.

Nicolas et Iakovlev, l'ancien combattant armé et l'ancien empereur... Ils en ont des choses à se dire ! Leur cocher racontera par la suite qu'ils ne cessent de parler politique durant tout le voyage. Iakovlev est offensif, il met « le tsar sur le grill », mais le tsar ne se rend pas.

Cependant, tout en répondant à l'ancien autocrate et en plaisantant avec lui, le plénipotentiaire a bien autre chose en tête.

Sur tout le trajet de Tobolsk à Tioumen, des patrouilles ont été placées par Iakovlev, et des chevaux de rechange prévus. Les patrouilles, toutefois, ne sont guère nombreuses... Et comment Boussiatski, qui va plus avant, se comportera-t-il ? Lui a-t-il fait suffisamment peur ? Et les hommes postés au passage du fleuve, à Tobolsk, sauront-ils retenir le nombreux détachement de Zaslavski ? Iakovlev le sait : il est pris en tenailles entre les deux détachements de l'Oural. Il se demande simplement s'ils oseront attaquer.

Extrait du Journal de Nicolas :

« 13 avril. Vendredi. À quatre heures du matin, avons dit adieu à nos enfants bien-aimés et sommes montés dans les tarantass [4]. Je suis avec Iakovlev, Alix avec Marie, Valia avec Botkine. Parmi nos gens, nous avons pris : Niouta [5] Demidova, Tchemodourov et Sednev. Il y a huit tirailleurs et une escorte à cheval de l'Armée Rouge, de dix hommes. Il faisait froid, le voyage était pénible, nous cahotions atrocement dans les ornières gelées. Avons franchi l'Irtych où l'eau est assez haute, avons changé quatre fois de chevaux et sommes arrivés pour la nuit au bourg de Ievlevo. Nous nous sommes installés dans la maison la plus propre, avons dormi profondément sur nos couchettes. »

La tsarine note dans son Journal :

« Long voyage en équipage... Je suis mortellement lasse. J'ai la tête en miettes. »

À l'aube, le périple reprend. Près de Ievlevo, une eau froide recouvre à présent la glace. Le vent cingle les visages. Les chariots pénètrent dans l'eau. Alix se refuse à en supporter plus. Du bourg, on apporte des planches. L'impératrice et Marie, se tenant à la main du galant Valia (comme, naguère, aux bals du Palais d'Hiver), franchissent l'eau. Ce jour-là, ils atteignent le bourg de Pokrovskoïé.

Elle aperçoit la maison de l'Ami, elle est heureuse : c'est de bon augure. Elle note dans son Journal :

« 14 avril (27), samedi. Voyage en équipage... Vers midi, arrivée à Pokrovskoïé. Nous changeons de chevaux et restons longuement devant la maison de Notre Ami... Ses proches nous regardaient aux fenêtres. »

---

4. Voitures à quatre roues.
5. Un des diminutifs du prénom Anna.

Reste un dernier tronçon de route avant d'atteindre Tioumen. Si ceux de l'Oural veulent attaquer, c'est maintenant ou jamais. Le détachement de Iakovlev a augmenté, au fur et à mesure des patrouilles. Le plénipotentiaire est prêt au combat. Mais, à son grand étonnement, rien ne se passe.

Extrait du Journal de Nicolas :

« 14 avril. Avons effectué lentement ce dernier trajet, avec toutes les mesures de sécurité militaire. Sommes arrivés à Tioumen à neuf heures et quart, sous une belle lune, tout un escadron encadrant nos chariots à notre entrée dans la ville. Quel plaisir de se retrouver dans un train, même pas très propre ! Au demeurant, nous avions nous-mêmes, ainsi que nos bagages, l'air affreusement crasseux. Couchés à dix heures, sans nous déshabiller. Je suis au-dessus de la couchette d'Alix, Marie et Niouta sont dans la section voisine. »

À Tioumen, ils sont accueillis par un détachement de deux cent cinquante hommes. Pour la première fois, Iakovlev respire. Il ignore que les deux détachements de l'Oural ont une tout autre mission. Ils doivent simplement surveiller et l'amener jusqu'au train. Le pire est à venir, sur la voie ferrée.

Le convoi est prêt à partir.

La chasse au train

Iakovlev et Avdeïev ont pris place dans le compartiment central. Sur leur droite, se trouvent Nicolas et Alix, sur leur gauche, Marie et Niouta Demidova.

À peine la famille installée, Iakovlev et son télégraphiste vont envoyer un télégramme par le fil direct.

Aussitôt après eux, Avdeïev tente de quitter le wagon. Mais les tirailleurs de Iakovlev veillent.

Iakovlev obtient la liaison avec Moscou. Il adresse ce message à Sverdlov : « Gardons le vieil itinéraire ou bien l'as-tu changé ? Attends nouvelles immédiates à Tioumen... »

Peu après, un ruban arrive de Moscou : « Ancien itinéraire. As-tu le chargement ? Sverdlov. »

Et Iakovlev répond : « J'ai le chargement. »

Iakovlev regagne le train et le convoi s'ébranle. Au premier embranchement, Iakovlev ordonne de changer la locomotive et la direction. Avdeïev comprend tout : le train ne va pas à Ekaterinbourg. Tous feux éteints, il se dirige vers l'est, du côté d'Omsk.

– Où allons-nous ?

Iakovlev explique : il a appris qu'un détachement de l'Oural s'apprêtait à les attaquer « dans le but d'anéantir les Romanov ». C'est pourquoi il craint de conduire la Famille à Ekaterinbourg par l'itinéraire initial. Il a décidé de prendre un autre chemin, par Omsk.

Andreïev, bien sûr, n'en croit pas un mot. Il sait que la Famille ne va pas à Ekaterinbourg. Où, alors ?

La Famille se réveille.

Extrait du Journal :

« 15 avril. Dimanche. Tout le monde a fait un bon somme. À en juger par les gares que nous traversons, nous allons à Omsk. Mais après ? Nous jouons aux devinettes : Moscou ou Vladivostok ? Les commissaires, bien sûr, ne disent rien. Marie a fait de fréquentes visites aux tirailleurs, leur section est au bout du wagon... Dans les gares, on tire les rideaux, parce qu'il y a beaucoup de monde en raison des fêtes. Après un maigre repas froid et du thé, nous nous sommes couchés de bonne heure. »

Marie n'a rien appris des tirailleurs et Iakovlev ne donne aucune explication.

C'est la nuit, pendant qu'ils dorment, qu'ont lieu les principaux événements.

Iakovlev fonce vers Omsk. Mais il ignore l'essentiel : informé par Sverdlov du véritable but de la mission secrète, Golochtchekine a déjà fait la paix avec les bolcheviks d'Omsk. Comme toujours, l'hostilité à l'égard de la capitale a réconcilié la province. Et tandis que Iakovlev triomphe, des télégrammes partent d'Ekaterinbourg.

Pour Moscou : « 28 avril, Ekaterinbourg. Votre commissaire Iakovlev a amené Romanov à Tioumen. Il l'a mis dans un train pour Ekat[erinbourg]. Peu après, il a changé d'itinéraire et est revenu en arrière. À présent, le train transportant Nicolas se trouve du côté d'Omsk. Quel est le but visé, nous l'ignorons, mais nous voyons là une trahison. Conformément à votre lettre du 9 avril, Nicolas doit venir à Ekaterinbourg. Comment comprendre tout cela ? Après décision du Soviet de région et du Comité régional du Parti, ordre est donné d'arrêter Iakovlev... et son train, coûte que coûte, et de transférer Nicolas à Ekaterinbourg... »

D'autres télégrammes partent simultanément, notamment pour Omsk. Ils déclarent Iakovlev hors la loi :

« Après examen du comportement du commissaire Iakovlev, il a été décidé à l'unanimité de le tenir pour traître à la révolution. Sa volonté de faire quitter à l'ancien tsar, pour des motifs inconnus, les limites de l'Oural révolutionnaire, en dépit des instructions précises du président du VTsIK, est un acte qui exclut le commissaire Iakovlev des rangs de la révolution. Le Soviet de l'Oural appelle toutes les organisations révolutionnaires des Soviets, et plus particulièrement celle d'Omsk, à prendre toutes les mesures qui s'imposent pour arrêter le train, y compris le recours à la force armée... »

On apporte bientôt à Iakovlev un de ces télégrammes. Il y apprend que le train doit être stoppé à Omsk et qu'il sera lui-même arrêté.

Iakovlev est désemparé. Il fait irruption dans le compartiment d'Avdeïev qui exulte, et hurle : « Qu'est-ce qu'ils ont, chez vous ? Ils sont devenus fous ? » Mais il est trop tard. Le train n'est plus très loin d'Omsk où les attend un détachement de gardes rouges.

Alors, Iakovlev joue son va-tout. Aux environs d'Omsk, dans la petite gare de Lioublinskaïa, il arrête le train, détache la locomotive et, avec son télégraphiste, part se jeter dans la gueule du loup, à Omsk.

Extrait des *Souvenirs* de Iakovlev :

« Dès que le train s'arrêta [et que nous fûmes descendus sur le quai], nous fûmes entourés par une masse dense. »

Il se tient au milieu de cette foule en armes, électrisée par les rumeurs de trahison. Il sait qu'il flirte avec la mort, mais cela lui est arrivé tant de fois...

« Je déclarai, m'efforçant de couvrir le bruit de la foule : "Je suis le commissaire extraordinaire du VTsIK, Iakovlev ! Il me faut absolument voir le président du Soviet d'Omsk !" »

Et, pour la première fois depuis le départ de Tobolsk, la chance lui sourit :

« Le président du Soviet d'Omsk se révéla être mon ami Kossarev... Je reconnus le vieux camarade avec lequel j'étais allé en Italie, à l'école du Parti... Je lui exposai les événements à grands traits et le priai de m'accompagner au télégraphe : nous appellerions Sverdlov dont j'obtiendrais, premièrement, de nouvelles instructions et, deuxièmement, le moyen de faire comprendre à Kossarev que j'agissais selon les prescriptions du Centre... Tandis que nous foncions au télégraphe, je vis partout des détachements armés. »

Il réussit à convaincre son vieil ami. Au télégraphe, toutefois, Iakovlev apprend qu'il a risqué sa vie pour rien. Entre-temps, une longue conversation télégraphique a eu lieu entre Ekaterinbourg et Moscou. Au premier télégramme d'Ekaterinbourg, Moscou a répondu comme il se devait : Iakovlev se dirige vers l'est, conformément aux instructions de Sverdlov.

Mais Golochtchekine le sait : il faut se montrer énergique et insister jusqu'au bout.

Suit un télégramme de l'Oural : « Dans sa lettre du 9 avril, Sverdlov déclarait que Romanov serait transféré à Ekaterinbourg et livré à la surveillance du Soviet régional. Voyant que le train cherche aujourd'hui à s'échapper de l'Oural pour des raisons qui nous sont inconnues... nous en avons référé à Sverdlov. Sa réponse nous a étonnés. Il apparaît que Iakovlev pousse son train vers l'est conformément à ses instructions et que l'on est prié de ne pas lui faire obstacle... »

Ensuite, le ton devient clairement menaçant :

« La seule issue à cette situation est de donner à Omsk, à l'intention de Iakovlev, l'ordre de rediriger le train sur Ekaterinbourg ; dans le cas contraire, le conflit peut prendre des formes aiguës. Nous estimons en effet que Nicolas n'a pas à se promener ainsi à travers la Sibérie, qu'il doit se trouver sous stricte surveillance à Ekaterinbourg. »

Ils ont assez insisté. Sverdlov peut à présent tranquillement leur céder.

Moscou accepte donc, à la condition, bien sûr, que « tout soit fait pour assurer la sécurité des Romanov » et que des « garanties soient apportées » à cet égard.

Et quand Iakovlev installe son télégraphiste à l'appareil, un ordre arrive de Moscou, signé par Sverdlov : « Retour immédiat à Tioumen. Accord passé avec l'Oural. Mesures prises ; garanties données... »

Iakovlev est anéanti. Ainsi, il a fait tout cela pour rien. Il engage une longue conversation télégraphique avec Moscou. Il fournit des informations qui donnent toute possibilité à Sverdlov d'opposer un refus à Ekaterinbourg. « Je me soumettrai sans nul doute aux directives du Centre. Je transporterai le bagage où vous me le direz. Mais je tiens pour mon devoir d'avertir une fois encore le Sovnarkom que le danger est bien réel... Il est une autre considération : si vous envoyez le bagage dans l'arrondissement de Sim [dans la province d'Oufa, patrie de Iakovlev], vous pourrez ensuite tranquillement le déplacer à Moscou ou en tout autre lieu de votre choix. Si on en revient en revanche au premier itinéraire, je doute que vous puissiez jamais tirer le bagage de là... Je ne doute pas, en revanche, que le bagage soit toujours en danger. Nous vous prévenons donc pour la dernière fois et nous nous déchargeons de toute responsabilité morale quant aux conséquences possibles... »

Cependant, au grand étonnement de Iakovlev, Sverdlov se montre sourd à ses avertissements. La décision de Moscou est irrévocable : Iakovlev doit livrer la Famille à Ekaterinbourg.

Iakovlev reprend sa locomotive pour aller rejoindre son train qui entreprend de faire machine arrière.

Extrait du Journal de Nicolas :

« 16 avril. Avons remarqué, ce matin, que nous repartions en arrière. Il est apparu qu'Omsk ne voulait pas nous laisser passer ; du coup, nous avons été un peu plus libres, nous avons même pu nous promener par deux fois : la première le long du train, la seconde assez loin dans les champs, en compagnie de Iakovlev en personne. Tous étaient plutôt guillerets... »

Nicolas se sent « plutôt guilleret », parce qu'il ignore encore le vrai motif de ce retour en arrière.

Extrait des Carnets de Matveïev :

« On allégua un pont détérioré. »

Nicolas continue de croire qu'ils vont à Moscou. Le voyage « en liberté » se prolonge, ce qui signifie qu'il peut faire ces promenades qu'il affectionne. « Avec Iakovlev en personne », comme il écrit, non sans sarcasme, dans son Journal.

Mais en se réveillant le lendemain, Nicolas comprend tout. Il a saisi, en voyant défiler les gares : ils se rapprochent d'Ekaterinbourg...

Iakovlev a ordonné de tirer tous les rideaux aux fenêtres : il ne doute pas de l'accueil que leur réserve la capitale de l'Oural rouge. Le tsar le devine également. Déjà, à l'approche de la ville, une scène étonnante se déroule dans le train. Matveïev voit Nicolas se glisser dans son compartiment et en ressortir en mangeant du pain noir. L'apercevant à son tour, Nicolas prend un air confus.

Extrait des Carnets de Matveïev :

« "Pardonnez-moi, Piotr Matveïevitch, de vous avoir pris un morceau de pain noir sans vous demander la permission." Je proposai à Romanov du pain blanc que les gars avaient acheté à l'une des gares, car je savais que le quignon qui se trouvait sur la tablette était terriblement sec, je m'apprêtais à le jeter aux chiens au prochain arrêt... »

Matveïev poursuit :

« Je regardai Romanov et compris qu'il était fortement troublé et que c'était pour cela qu'il rongeait cette croûte dure. »

En effet, plus Ekaterinbourg se rapproche, plus Nicolas est nerveux... Il ne veut pourtant pas effrayer Alix et il y a fort à parier qu'il s'efforce de la rassurer... Mais à Matveïev, il dit la vérité :

« Nicolas me dit : "J'irais n'importe où, plutôt que dans l'Oural... À en juger par les journaux, l'Oural m'est radicalement hostile..." »

Il espère encore que les « braves tirailleurs » de l'ancienne garde tenteront quelque chose.

À huit heures quarante du matin, le wagon s'arrête au milieu de l'entrelacs de voies de la gare d'Ekaterinbourg-1. Le train est stationné à quelques voies du premier quai.

Derrière les rideaux tirés, le tsar voit que, malgré l'heure matinale, une foule tumultueuse a envahi le quai.

La maison Ipatiev les attend...

De bonne heure, ce 30 avril, ordre a été donné au chauffeur du Soviet de l'Oural, Fiodor Samokhvalov, de tenir à disposition une voiture devant la maison située au croisement de la Perspective de l'Ascension et de la ruelle du même nom. Cette maison appartenait naguère à l'ingénieur Ipatiev qui s'était vu récemment intimer l'ordre, par le Soviet de l'Oural, de la libérer. On avait ensuite entouré le bâtiment d'une haute palissade et on y avait posté des gardes. Bientôt, une étrange rumeur s'était répandue dans la ville : dans cette maison soigneusement gardée allait s'installer la Famille impériale.

Aux abords de la maison aussi, la foule est immense.

Quand arrive la voiture demandée, le commissaire de l'Oural, Golochtchekine, apparaît lui-même aux portes de la maison Ipatiev. Il ordonne au chauffeur de le conduire à la gare principale. Là, il lui enjoint de l'attendre, disparaît précipitamment et, à son retour, lui commande de se rentre à la gare de marchandises d'Ekaterinbourg-2. C'est là une manœuvre de Golochtchekine pour que la foule se disperse.

Extrait des *Souvenirs* de Jilinski, commissaire au Logement :

« Nous décidâmes de duper les gens, d'envoyer des voitures à "Ekaterinbourg-1" et, de là, de gagner "Ekaterinbourg-2" où l'on prendrait en charge les Romanov. Et il en fut ainsi. Toute la foule afflua derrière les voitures à "Ekaterinbourg-1" ».

La foule est frénétique.

Extrait des *Souvenirs* de Iakovlev :

« Il régnait un vacarme inimaginable, des cris menaçants retentissaient çà et là... La foule désordonnée se mit à marcher sur notre convoi... Sur le quai, la garde opposait à la pression populaire une résistance des plus faibles... »

– Faites sortir les Romanov du wagon, que je leur crache à la gueule.

– Préparez les mitrailleuses...

Cela produisit son effet, la foule recula. Des cris menaçants s'élevèrent à mon adresse. »

À cet instant, un train de marchandises s'avance en direction de la foule, envoyé par le chef de gare... La foule reflue et le long convoi sépare, comme d'un mur, la foule surexcitée et le wagon.

Extrait des *Souvenirs* de Iakovlev :

« On entendit des injures et des cris... et tandis que la foule s'infiltrait par les tampons du train de marchandises... nous quittâmes les lieux et nous perdîmes au milieu des voies innombrables de la gare d'Ekaterinbourg. Un quart d'heure plus tard, nous étions en sécurité à la gare d'Ekaterinbourg-2. »

Extrait du Journal de Nicolas :

« 17 avril. Mardi. Une journée si merveilleusement chaude. À huit heures quarante, arrivée à Ekaterinbourg. Nous demeurons quelque trois heures dans une gare. Forte effervescence entre les commissaires du lieu et les nôtres... »

Pas un mot sur la foule en colère !

Ils sont accueillis à la gare d'Ekaterinbourg-2 par quarante gardes rouges qui encerclent aussitôt le convoi. Sur le quai, trois dirigeants du Soviet de l'Oural.

Vingt-neuf ans, une papakha blanche sur la tête : Alexandre Bieloborodov. Ancien électricien, aujourd'hui président du Soviet ou, comme il aime à se nommer, chef du gouvernement révolutionnaire de l'Oural rouge.

Philippe (Isaïe) Golochtchekine, leader des bolcheviks de l'Oural.

Enfin, un autre membre très influent du Soviet : le bolchevik Boris Didkovski, fils d'un officier tsariste ; élevé à Saint-Pétersbourg, il a fait ses études au Corps des Cadets, est diplômé de l'université de Genève et est un brillant ingénieur des Mines.

Tous les trois sont extrêmement résolus.

À cet instant, les tirailleurs de l'ancienne garde commencent à s'agiter. Ils ont compris qu'on attendait les Romanov. Ils se postent aux portes du wagon et ne laissent passer personne. Alors, Iakovlev tente sa dernière chance. Il n'est pas du genre à se rendre.

Iakovlev demande à entrer en liaison avec Moscou.

Une heure et demie durant, on assiste à un grand marchandage. La troïka [6] de l'Oural commence à fatiguer. Ils en ont assez d'attendre. Et ils lancent un avertissement : si on ne les laisse pas immédiatement accéder au wagon, les gardes rouges mitrailleront le train. Alors, seulement, Iakovlev calme les tirailleurs. Tous les huit sont désarmés et, dans la soirée, se retrouvent à la prison d'Ekaterinbourg, d'où le même Iakovlev aura toutes les peines du monde à les tirer.

Bieloborodov entre dans le wagon. Après un échange assez sec avec le plénipotentiaire, il rédige, sans même quitter le train, un accusé de réception des « colis ». Iakovlev fait sortir la Famille.

Dix ans plus tard, le peintre V. Ptcheline exécutera, pour le musée local, un tableau qu'il intitulera : *Livraison des Romanov au Soviet de l'Oural.* Ce n'est pas pour rien qu'on a choisi les mots de « chargement », de « bagage ». On prend livraison de la Famille

6. Le mot ne désigne pas seulement un attelage de trois chevaux, mais aussi, comme c'est le cas ici, un groupe de trois personnes.

impériale comme d'un colis, dans une gare de marchandises, et on signe un reçu. Tel est l'humour des révolutionnaires.

Nicolas, sa femme et sa fille arrivent donc à Ekaterinbourg où ils seront mitraillés un peu plus de deux mois plus tard. Il est vrai que la troïka qui les accueille sera également exécutée, mais seulement vingt ans après.

On les répartit dans les voitures. Dans l'une, Nicolas, Avdeïev, nommé commandant de la maison Ipatiev ou, comme elle sera désignée dans tous les papiers officiels, de la Maison d'Affectation spéciale. Aux côtés de Nicolas, Bieloborodov. Dans l'autre, Didkovski, Golochtchekine, Marie et l'impératrice.

Derrière, dans un camion, des gardes rouges. On se croirait revenu au bon vieux temps ou presque. Nicolas est accueilli à la gare par les « huiles » locales et il est escorté jusqu'à la maison par des soldats.

Extrait du Journal de Nicolas :

« Le train gagna la gare de marchandises. Après une heure et demie d'attente, on nous fit descendre. Iakovlev nous remit au commissaire de rég[ion], avec lequel nous montâmes en voiture et nous partîmes à travers les rues désertes vers la maison Ipatiev, préparée à notre intention. »

Extrait du Journal de la tsarine :

« À trois heures, on nous proposa de descendre du train. Iakovlev devait nous remettre au Soviet de l'Oural. Leur chef nous invita à monter en voiture. Un camion chargé de soldats nous suivait. »

Iakovlev a terminé sa mission.

Mais, dans l'Oural, on ne plaisante pas et les bolcheviks d'Ekaterinbourg estiment avoir de bonnes raisons de lui en vouloir. Sverdlov doit intervenir. Un télégramme arrive aux noms de Bieloborodov et Golochtchekine : « Tout ce que fait Iakovlev n'est que la stricte exécution de mes ordres. Je lui accorde pleine confiance. Sverdlov. »

Golochtchekine comprend l'avertissement. Au soir du 30 avril, le Soviet de l'Oural écoute Iakovlev rapporter les événements et adopte une résolution « réhabilitant » le plénipotentiaire.

Qui est-il ?

Un tournant se produit ensuite dans la biographie de Iakovlev.

À la fin du mois de mai, dans la région de la Volga, le sud de l'Oural et en Sibérie, le Corps expéditionnaire tchèque se soulève contre les bolcheviks. Un front oriental est créé pour les combattre, que commande l'ancien officier tsariste et socialiste-révolutionnaire M. Mouraviev. Et Iakovlev prend la tête d'une des armées, du côté d'Oufa et d'Orenbourg.

Le 10 juin, toutefois, Mouraviev tente une insurrection contre les bolcheviks et est tué lors de son arrestation à Kazan. Iakovlev quitte alors le front et rentre secrètement dans sa bonne ville d'Oufa, tenue par les armées blanches. Là, il passe à l'ennemi.

Il adresse ensuite une proclamation aux soldats de l'Armée Rouge :

« C'est à vous, simples soldats, que je m'adresse, non à vos dirigeants irresponsables qui décident à leur gré du destin de notre pauvre patrie déchirée...

Le peuple regimbe, proteste, se tord dans de mortelles convulsions. Çà et là, éclatent des révoltes... Un effroyable massacre a lieu et il n'est plus, par toute la Terre russe, un seul citoyen sûr du lendemain... Et, comme aux derniers jours de l'autocratie... apparaissaient les spectres menaçants de la colère populaire, un soulèvement général risque aujourd'hui d'éclater contre le pouvoir soviétique qui s'effondrera, nous écrasant sous son poids... V. Iakovlev, ancien commandant du front bolchevique Oural-Orenbourg. »

On croit généralement que Iakovlev fut exécuté peu après par les Blancs qu'il avait pourtant ralliés.

Il n'est cependant pas le premier à « ressusciter ». Le major Lechkine, juge d'instruction chargé des affaires spéciales et ayant accès aux documents secrets (seulement à partir de la « perestroïka », cela va de soi), a publié des extraits du « dossier Iakovlev ».

Il apparaît ainsi que, dans les années vingt, Iakovlev prospère en Chine, sous le nom de Stoïanovitch. Il n'a pas été fusillé, il a simplement quitté la Russie par Harbin. En 1927, toutefois, il décide de rentrer en URSS. Il tombe naturellement aux mains de l'organisation compétente, qu'il a lui-même autrefois créée. Après une longue instruction, il est jugé. Ses mérites devant la révolution lui évitent la peine de mort. Il est envoyé au fameux camp des Solovki, puis à la construction du canal Baltique-mer Blanche.

Mais dans son article, Lechkine cite également le témoignage d'un vieux tchékiste qui, en 1929, alors qu'on jugeait Iakovlev, se trouvait à Moscou et avait eu l'occasion d'entendre le récit du chef du contre-espionnage soviétique, Arthur Artouzov :

« Au cours de la guerre civile, il y eut des gens qui entachèrent leur nom pour le bien de la cause... Ainsi Kostia Miatchine-Iakovlev rallia-t-il le camp de Koltchak, avec l'accord de la Tchéka. Il fit retraite en Chine où il œuvra beaucoup, sous le nom de Stoïanovitch. Il fut un résident modèle. Mais on commença à le percer à jour. Il lui fallut rentrer. On le juge actuellement, ainsi qu'il convient. Mais il sera bientôt réhabilité et récompensé. »

En effet, deux ans plus tard, Iakovlev est libéré avant terme, « pour travail exemplaire au chantier du canal... »

Ainsi il n'aurait pas trahi ? Il n'aurait été qu'un vrai bolchevik, un tchékiste loyal ? Pourtant, durant la terrible année 1937, au plus fort des répressions staliniennes, alors qu'on le chasse de partout, il écrit à Staline une lettre dans laquelle on lit : « Il n'est pas admissible que je sois à nouveau châtié pour le même crime ! »

On trouve dans les *Souvenirs* de sa femme, Olga, des informations sur la nature du crime en question.

Alors, bolchevik fidèle, tchékiste modèle ou...

... ou joueur invétéré, ayant passé sa vie en doubles jeux complexes, en quête des aventures les plus incroyables, et qui, après sa mission secrète, est définitivement déçu par les bolcheviks ?... Il a compris : les beaux idéaux sont d'ores et déjà balayés au profit d'une lutte sans vergogne pour le pouvoir...

Passé chez les Blancs, il s'aperçoit bientôt qu'ils ne le croient pas et le haïssent. C'est alors qu'il décide de s'enfuir en Chine. Là, il est conseiller de Sun Yat-sen et, manifestement, entre en contact avec le contre-espionnage soviétique. Il s'efforce ainsi d'acheter son droit de retour en Russie. Mais il n'a pas compris qu'il y fut, un temps, une figure trop visible et qu'il y a gardé de très nombreux ennemis.

On ne lui pardonne pas sa trahison. Une fois en camp, il adresse d'interminables requêtes au gouvernement, rappelle ses mérites devant la révolution. C'est alors qu'il rédige ses Mémoires, *Le Dernier Voyage des Romanov*. L'ouvrage n'est au fond qu'une tentative de plus pour évoquer ses mérites. À ce moment-là, toutefois, Trotski est déjà expulsé et le trotskisme vaincu. Iakovlev craint alors d'écrire que sa mission était de ramener la Famille impériale à Moscou pour un procès dont rêvait Trotski. Il reprend donc le mensonge grâce auquel il avait embrouillé les bolcheviks de l'Oural : d'emblée, il conduisait le tsar à Ekaterinbourg. Sverdlov est depuis longtemps dans la tombe, qui pourra réfuter son propos ? Il ignore que, dans l'Oural, Matveïev écrit aussi ses Mémoires et qu'il y rapporte les confidences de Iakovlev sur le but réel de sa mission.

Il manque aussi, dans les Mémoires de Iakovlev la réponse à cette question : quand a-t-il cessé de croire au bolchevisme ? Avant son voyage avec le tsar ou après ? Si c'est après, tout est clair ; mais dans le cas contraire, cela éclaire d'un autre jour tout son voyage, ses manières affables, ses conversations à cœur ouvert avec Nicolas. Enfin, il y a le mystérieux télégramme qu'il envoie, signé de son nom, aux grandes-duchesses demeurées à Tobolsk : « Voyageons sans encombre. Le Christ soit avec vous. Comment se porte le petit ? Iakovlev. » Étonnant registre pour un bolchevik !

Il est évident que c'est le tsar qui l'a rédigé. Mais qu'un commissaire bolchevique envoie, sous sa signature, un télégramme de « Nicolas le Sanglant » !...

La révolution est le temps des petits Napoléons. Allez savoir si Iakovlev ne jouait pas encore un autre jeu ! S'il n'avait pas l'intention, après Omsk, de conduire le train transportant le tsar ailleurs qu'à Moscou ? Une note assez remarquable s'est glissée dans le Journal de la tsarine :

« 16 (29) avril. Dans le train. Le Sov[iet] des dép[utés] d'Omsk ne nous autorise pas à traverser la ville, il craint qu'on ne veuille nous emmener au Japon. »

Mais une fin inéluctable attend ceux qui ont fait la révolution. Le 16 septembre 1938, l'énigmatique compagnon de voyage du tsar est arrêté et disparaît à jamais dans les camps staliniens, emportant avec lui son secret.

TROISIÈME PARTIE

LA NUIT IPATIEV

« En vérité, en vérité je vous le dis,
si le grain ne meurt
lorsqu'il tombe en terre
il ne donnera rien ;
mais s'il meurt, il produira
abondance de moissons. »

(JEAN, 12, 24)

12

La dernière demeure

Au-dessus de la ville, sur la plus haute colline, s'élève l'église de l'Ascension. Elle forme, avec quelques maisons voisines, la place du même nom.

L'une de ces maisons est située exactement face à l'église : trapue, blanche, des murs épais, des sculptures de pierre sur toute la façade. La maison est tournée vers la perspective et l'église, son gros flanc descend à l'abrupt, le long de la ruelle de l'Ascension. C'est là que les fenêtres du rez-de-chaussée en entresol semblent sortir péniblement de terre.

Une de ces fenêtres est encadrée par deux arbres. C'est celle de la fameuse pièce, la pièce du crime...

Comme ils approchent de la maison, ils ne voient rien de tout cela. Le bâtiment est masqué presque jusqu'au toit par une haute palissade. À peine la partie supérieure des fenêtres du premier dépasse-t-elle.

Des gardes sont postés autour de la maison.

L'ancien propriétaire, l'ingénieur Ipatiev, n'a pas eu de chance. L'un des plus influents membres du Soviet, Piotr Voïkov, fils d'un ingénieur des Mines, le connaît bien et il est venu maintes fois dans la maison aux murs épais, si commodément disposée (pour être gardée).

Aussi, à la fin d'avril, le malheureux ingénieur se voit-il convoquer au Soviet où on lui donne vingt-quatre heures pour libérer les lieux. On lui promet toutefois de lui rendre bientôt sa maison (l'ingénieur Ipatiev ne comprend pas, alors, ce que cela recouvre). Tous les meubles doivent rester en place, quant à ses affaires, il n'a qu'à les mettre dans le débarras.

Le débarras est une pièce cimentée, située juste à côté de la funeste pièce en entresol.

Les deux voitures longent la palissade et se dirigent vers le portail. Celui-ci s'ouvre, leur cédant le passage. Nicolas, Alix, et leur fille ne franchiront plus ces portes vivants.

On les mène à travers la cour pavée jusqu'à la maison. Dans l'entrée, un escalier de bois sculpté conduit au premier.

Debout au pied de l'escalier, Bieloborodov déclare : « Sur décision du VTsIK, le ci-devant tsar Nicolas Romanov et sa famille passent sous la juridiction du Soviet de l'Oural et resteront en détention préventive à Ekaterinbourg, jusqu'au procès. Le camarade Avdeïev est nommé commandant de la maison, toutes requêtes et plaintes sont à adresser au Comité Exécutif de l'Oural, via le commandant. »

À la suite de quoi, les deux leaders de l'Oural, Golochtchekine et Bieloborodov repartent dans leurs voitures. La Famille impériale, elle, est conviée à visiter sa nouvelle demeure, sous la conduite du commandant et de Didkovski.

Extrait du Journal de Nicolas :

« Peu à peu, nous vîmes arriver les nôtres ainsi que nos affaires, mais Valia ne put nous rejoindre... »

Les bagages arrivent en effet, avec le docteur Botkine et les « gens ». Pas Dolgoroukov. Le pauvre Valia a été arrêté directement à la gare.

Par la suite, le bruit se répandra que l'on avait trouvé sur lui pas moins de deux (!!) pistolets et des milliers de roubles. C'est en tout cas ce que rapporteront à Tobolsk les tirailleurs de « l'ancienne garde ». Quoi qu'il en soit, Nicolas ne reverra plus Valia. Le prince disparaît à jamais.

On retrouve cependant sa trace dans les déclarations faites par le prince Lvov au juge d'instruction Sokolov, à Paris.

Encore un méchant clin d'œil de l'histoire : le prince Lvov fut le Premier ministre du gouvernement qui renversa et arrêta le dernier tsar... Il est à son tour arrêté par les bolcheviks, après le coup d'État d'Octobre. Bien plus, en 1918, le prince Lvov est en prison à Ekaterinbourg, tout près de la maison où est enfermé l'ancien empereur. En détention, Lvov retrouve une de ses vieilles connaissances de Saint-Pétersbourg, le prince Dolgoroukov. Dans sa cellule, rapporte l'ancien Premier ministre, Valia se fait un sang d'encre pour l'argent du tsar que les « commissaires » lui ont pris. Au demeurant, ses tracas ne durent guère : il est bientôt, officiellement du moins, « transféré à Moscou ». En réalité...

Récit de M. Medvedev, fils d'un tchékiste ayant participé à l'assassinat de la Famille impériale :

« Dolgoroukov a été exécuté par un jeune tchékiste répondant au nom de Grigori Nikouline. C'est Nikouline lui-même qui me l'a dit. Je ne me rappelle plus les détails, je sais seulement qu'il a embarqué Dolgoroukov et ses valises quelque part dans un coin tranquille... Même qu'il l'a maudit, le Dolgoroukov, quand il a dû, au retour, se trimballer ses valises ! »

Ainsi disparaît ce vieux charmeur, galant cavalier des brillantes soirées données au Palais d'Hiver...

Extrait du Journal de Nicolas :

« La maison est convenable, propre. Nous disposons de quatre pièces : une chambre d'angle, un cabinet de toilette, à côté une salle à manger dont les fenêtres donnent sur un jardinet et sur la ville basse, enfin une vaste salle, avec des arches en lieu et place de portes.

Nous nous sommes installés comme suit : Alix, Marie et moi, tous les trois dans la chambre ; le cabinet de toilette est commun. Dans la salle à manger, Demidova ; dans la grande salle, Botkine, Tchemodourov et Sednev. Pour aller à la salle de bains et au water-closets, il faut passer devant la sentinelle. Une haute palissade de planches entoure la maison, à deux sajènes [1] des fenêtres. Là, se tient un cordon de sentinelles, de même que dans le jardinet. »

1. Ancienne mesure de longueur (2,13 m).

C'est ici que se jouera le dernier acte du drame. Le final de la dynastie.

Décor pour un final

Le tsar et la tsarine resteront dans la grande pièce d'angle, qui compte quatre fenêtres. Deux d'entre elles donnent sur la perspective de l'Ascension. Seule, la croix surmontant le clocher est visible depuis la maison. Les deux autres fenêtres donnent sur la ruelle de l'Ascension. La pièce est très claire, avec une tapisserie de couleur paille et une frise ondulée de fleurettes pâles.

Le sol est recouvert d'un tapis, la table d'un drap vert ; la lampe de bronze est surmontée d'un abat-jour artisanal ; une table de bridge ; entre les fenêtres, une étagère où il rangera ses livres. Deux lits (l'un sera celui d'Alexis, lorsqu'il viendra de Tobolsk) et un divan.

La table de toilette de l'impératrice comprend un miroir et deux lampes électriques de chaque côté. Sur la coiffeuse, un petit pot de cold-cream, portant l'inscription : « Pharmacie impériale de Sa Majesté. »

Le marbre du lavabo est fendillé. La penderie réussit sans peine à loger ce qui reste de la garde-robe du tsar et de la tsarine.

Les fenêtres d'une autre grande pièce à peu près vide, excepté une table, des chaises et un énorme trumeau, donnent aussi sur la ruelle de l'Ascension. C'est là qu'emménageront les quatre grandes-duchesses. Elles arriveront en mai. Et jusqu'à ce qu'on leur apporte leurs lits de camp, elles dormiront sur des matelas posés à même le sol.

Les deux pièces sont situées exactement au-dessus de la pièce en entresol.

À côté de la chambre des grandes-duchesses, dans la salle à manger avec vue sur le jardin, dort Anna Demidova. Dans la grande salle (le salon), Botkine, Tchemodourov et Sednev.

Une autre chambre, où sont encore apposés des scellés, est prévue pour Alexis.

À l'oblique de la chambre des grandes-duchesses, la pièce du commandant : tapisserie ornée de dattiers dans un cadre doré ; au mur, une tête de cerf. À côté, une pièce est réservée à la garde.

Les toilettes (les water-closets, comme les appelle l'empereur) complètent le décor. Sur les murs, d'impudiques dessins représentant la tsarine et Raspoutine, des inscriptions obscènes, des réflexions du genre : «Je sais pas pourquoi j'écris ça, t'as qu'à le lire, p't'êt' ça t'plaira ! » Un écriteau punaisé par les bons soins de l'ancien tsar et du docteur Botkine : « On est instamment prié de laisser le siège aussi propre qu'on l'a trouvé en entrant. »

En entrant dans sa chambre, Alix se dirige vers la fenêtre droite et, sur le cadre, trace au crayon son signe favori : le svastika [2], et la date de son arrivée : 17 (30).

Elle trace un autre svastika, comme en exorcisme, directement sur la tapisserie au-dessus du lit où dormira Baby.

Le dernier jeu

(JOURNAL DE DÉTENTION DANS L'OURAL)

Les bagages sont déchargés dans le couloir et la fouille commence, en présence d'Avdeïev et de Didkovski.

Les valises sont ouvertes et soigneusement retournées. De même pour le sac à main de voyage d'Alix. On lui confisque l'appareil photographique qu'elle a apporté de Tsarskoïé Selo, ainsi que – comme l'écrira le commandant Avdeïev dans ses Mémoires – un « plan détaillé de la ville d'Ekaterinbourg ». Comment a-t-il pu se trouver dans son sac de voyage, alors que le couple impérial pensait aller à Moscou ? Toujours est-il qu'il y est. Comme les « deux pistolets » du prince Dolgoroukov.

On ouvre même les fioles de médicaments : toute la pharmacie de campagne de l'impératrice est sens dessus dessous.

2. Symbole sacré de bon augure en forme de croix à branches coudées, le plus souvent vers la gauche : on le trouve largement utilisé dès la Haute Antiquité, de l'Extrême-Orient au Bassin méditerranéen. La croix gammée, emblème du Parti nazi, est un svastika dont les branches sont coudées vers la droite.

Extrait du Journal :

« 17 avril. On se serait cru à la douane : la fouille a été si stricte que le moindre flacon de la pharmacie d'Alix y est passé. Cela m'a mis hors de moi et j'ai dit sans ambages ma façon de penser au commissaire... »

Alix ne comprend pas les raisons de cette fouille. Elle est à bout de nerfs, s'indigne : « Fous fous moquez tu monte ! » Son accent met en joie les geôliers : qu'il est drôle, le courroux impuissant de l'ex-impératrice ! Elle continue pourtant son monologue, évoque même les manières de « M'sieur Kerenski », leur citant en exemple ce révolutionnaire qui n'en est pas moins gentleman. Le mot de « gentleman » amuse follement l'ancien ouvrier Avdeïev. Enfin, Nicolas n'y tient plus : « Jusqu'à présent, nous avons eu affaire à des gens convenables ! » C'est la suprême manifestation de colère d'un monarque d'une rare éducation.

La fouille vise d'abord à faire comprendre à la Famille ce que sont ses nouvelles conditions de détention. Mais pas seulement. On cherche des bijoux. Les fameux joyaux impériaux. « L'espion » n'a pas chômé, il a manifestement appris, à Tobolsk, qu'Alix employait le mot de « médicaments », lorsqu'elle parlait de bijoux (terme qu'elle reprendra dans ses lettres à ses filles). Voilà pourquoi ils examinent si soigneusement sa pharmacie. Sans rien trouver. Et ils comprennent : les joyaux sont restés à Tobolsk.

Il est aussi une troisième raison. Du jour où la Famille arrive à Ekaterinbourg, on entreprend de réunir les preuves d'un « complot monarchiste ». L'appareil photographique en est une, comme le plan d'Ekaterinbourg et les deux pistolets du malheureux Valia. Un dernier jeu a commencé avec le tsar et les siens : le « Jeu du complot » qui permettra de justifier leur exécution. Ce « juste châtiment » est décidé d'emblée...

Extrait du Journal :

« 21 avril. Passé la matinée à écrire des lettres aux petits, de la part d'Alix et Marie. Je leur ai aussi dessiné le plan de la maison. »

Il veut que ceux qui sont restés à Tobolsk puissent se représenter leur futur logement. Il les prépare à son exiguïté. Mais... »

« 24 avril. Avdeïev, le commandant, a confisqué le plan de la maison que j'avais fait pour les enfants avant-hier, dans une lettre, en disant qu'on ne pouvait pas envoyer cela. »

Dans ses *Souvenirs*, Avdeïev rapporte bien autrement cet incident :

« Un jour que je contrôlais les lettres, mon attention fut attirée par une d'elles, adressée à Nicolas Nikolaïevitch (!!!). En vérifiant la doublure de l'enveloppe, je découvris une mince feuille de papier sur laquelle était tracé le plan de la maison. »

Avdeïev raconte même comment il convoque Nicolas, qui ment, s'obstine et finit par demander pardon au commandant... Encore une « preuve irréfutable » qu'un complot monarchiste est en préparation.

On monte patiemment le dossier d'accusation et on attend que les enfants viennent de Tobolsk. Avec les joyaux.

« J'ai pris l'air par le vasistas »

Le 20 avril, la garde est transférée à l'entresol. Et les Souverains qui, récemment encore, possédaient de magnifiques palais, sont heureux de ce nouveau confort, de cet « espace » qui s'ouvre à eux. Leur pudeur n'est plus constamment mise à mal : « Plus besoin de passer devant les tirailleurs pour gagner les water-closets et la salle de bains ; plus de puanteur de gros gris dans la salle à manger. »

Le jour de leur arrivée dans la maison Ipatiev, sur décision du Soviet de l'Oural, leurs « titres mensongers sont abolis ». Avdeïev veille scrupuleusement à ce que les domestiques n'appellent plus Nicolas « Votre Majesté ». Il est désormais « Nicolas Alexandrovitch Romanov ».

« 18 avril. En raison du Premier Mai [selon le nouveau calendrier], avons entendu la musique d'un cortège. On ne nous a pas permis de sortir dans le jardinet. Je voulais profiter de l'excellente baignoire, mais l'eau ne fonctionnait pas. Il est ennuyeux de se sentir négligé. Il a fait un temps magnifique, un soleil éclatant ; j'ai pris l'air par le vasistas. »

Un an plus tôt seulement, à Tsarskoïé Selo, l'ancien empereur, déjà en état d'arrestation, écrivait ces mots pleins de fureur :

« 18 avril 1917. À l'étranger, on fête le Premier Mai, aussi nos abrutis ont-ils décidé de célébrer ce jour par des cortèges dans les rues, avec chœurs, musiques et drapeaux rouges... »

Il a appris maintenant à ne plus s'irriter, il le sait : prendre l'air par un vasistas, c'est déjà le bonheur, et « se laver dans une excellente baignoire » peut être un rêve impossible.

Les choses s'organisent peu à peu. On les laisse à présent sortir, deux heures entières, pour la promenade. Nicolas croit encore que Dolgoroukov reviendra et il ne cesse de s'inquiéter du sort de cet ami fidèle :

« 20 avril. À d'obscures allusions de ceux qui nous entourent, on comprend que le pauvre Valia n'est pas en liberté, qu'une action en justice sera intentée contre lui, après quoi il faudra bien qu'ils le relâchent ! Aucun moyen d'entrer en contact avec lui, malgré les efforts de Botkine. »

Leur quotidien est alors décrit par un dénommé Vorobiev, rédacteur de *L'Ouvrier de l'Oural*, qui garde, naturellement, un « point de vue de classe » :

« Outre le commandant, des membres du Comité Exécutif régional se succédèrent, dans un premier temps, pour administrer la maison. Je fus l'un d'eux... À mon arrivée, les détenus venaient de se lever et ils nous accueillirent, comme on dit, pas lavés. Nicolas me jeta un regard obtus et, sans mot dire, me salua de la tête... Marie Nikolaïevna, en revanche, me détailla avec curiosité, elle voulut un instant me demander quelque chose, mais, confuse sans doute de sa toilette à cette heure de la matinée, elle se détourna vers la fenêtre.

Revêche, souffrant continuellement de migraines et de problèmes digestifs, Alexandra Fiodorovna ne daigna pas me gratifier d'un regard. Elle était à demi couchée sur le divan, la tête entourée de compresses.

Je passai la journée dans la pièce du commandant, je devais contrôler la garde. Pendant la promenade, Nicolas arpenta le sentier d'un pas martial.

Alexandra Fiodorovna refusa de se promener... »

À la fin du service, l'ancien tsar prie Vorobiev de l'abonner à *L'Ouvrier de l'Oural* : « Cela faisait plus d'une semaine qu'il n'avait pas les journaux et il en souffrait beaucoup. »

Vorobiev promet et demande au tsar d'envoyer de l'argent.

La première annonce de sa mort paraîtra justement dans *L'Ouvrier de l'Oural.*

« 1er mai. Mardi. Avons été très heureux de recevoir des lettres de Tobolsk. J'en ai eu, quant à moi, de Tatiana. Nous nous les sommes lues à voix haute toute la matinée... On m'a fait savoir aujourd'hui, par l'intermédiaire de Botkine, qu'on ne m'autorise plus qu'une heure de promenade quotidienne. À ma question : "Pourquoi ?" il a été répondu : "Pour que cela ressemble plus à un règlement de prison." »

« 2 mai. L'application du "règlement de prison" se poursuit et s'est exprimée ce matin par le fait qu'un vieux peintre a badigeonné à la chaux les fenêtres de toutes les pièces. On se croirait en permanence dans le brouillard... »

« 5 mai. La lumière est floue dans les pièces. Et quel incroyable ennui... »

Ce sont ses mots, à la veille de son cinquantième anniversaire.

Les gardes

À l'intérieur de la maison, des gardes sont postés dans l'escalier, armés de bombes et de revolvers. Ce sont des « Lettons » de la Tchéka et de jeunes ouvriers sélectionnés par Avdeïev à l'usine Zlokazov. Les « Lettons » sont des prisonniers austro-hongrois qui ont rallié la révolution russe ou des tirailleurs de Lettonie. Ils sont taciturnes et, quand ils parlent entre eux, on ne les comprend pas.

Cette garde intérieure vit dans les pièces du rez-de-chaussée. Une partie occupe, en face, la « maison Popov » (du nom de son ancien propriétaire).

La surveillance extérieure – les gardes autour de la maison – est l'affaire de quelques ouvriers.

La maison dispose d'une automobile dont le chauffeur, désigné par Avdeïev, n'est autre que son propre beau-frère, Sergueï Lioukhanov. Le fils aîné de ce dernier est également de la partie. C'est une fonction enviable que de garder le tsar : on vous paie pour cela, on vous nourrit, et soi-même on ne risque rien. C'est autre chose que d'aller se faire tuer dans la guerre civile.

Avdeïev ne vit pas dans la maison, il rentre chez lui chaque soir. Dans la maison reste son adjoint, Mochkine, lui aussi ouvrier chez Zlokazov.

Mochkine est un joyeux buveur. Dès que le commandant a tourné les talons, il est aux anges. Dans la pièce des gardes résonne le piano qui y a été transporté, on chante en s'accompagnant à l'accordéon. Et les tirailleurs font la fête la moitié de la nuit.

Le lendemain, dès neuf heures du matin, Avdeïev est de retour. Il aime ses fonctions. Il faut dire que c'est son heure de gloire... Et quand on lui fait part de requêtes de la Famille, il répond systématiquement : « Bah, qu'ils aillent se faire voir ! » et jette un coup d'œil triomphant aux tirailleurs, espérant les impressionner. Chaque fois qu'il s'entretient avec la Famille, il ne manque pas, ensuite, d'énumérer soigneusement ce qui lui a été demandé et tout ce qu'il a refusé.

Le commandant Avdeïev, le garde Oukraïntsev, un dénommé « Œil de grenouille », autant de noms nouveaux dans le Journal de Nicolas. Ils succèdent au comte Witte, à Stolypine, aux monarques d'Europe...

« 22 avril. Ce soir, longue discussion avec Oukraïntsev et Botkine... »

« Pas de ressurection du Christ, ce printemps non plus »

Leur arrivée forcée à Ekaterinbourg coïncide avec la Semaine Sainte.

En ces jours de la Crucifixion, ils entrent dans la maison Ipatiev. Pour Nicolas, cela ne peut être indifférent.

Au même moment, Ella, la sœur de la tsarine, est expulsée de Moscou. Dans un premier temps, le nouveau pouvoir les a laissées tranquilles, elle et sa Communauté de Marthe-et-Marie. Elle écrit alors dans une de ses dernières lettres : « Manifestement, nous ne sommes pas encore dignes de la couronne du martyre... » Son grand credo est : « L'humiliation et la souffrance nous rapprochent de Dieu. »

Sa montée au Golgotha commence. Pour Pâques, elle est arrêtée et transférée à Ekaterinbourg. Elle vit au monastère de Novotikhvinsk, d'où l'on apportera bientôt la nourriture pour la Famille impériale. À la fin du mois de mai, toutefois, elle sera envoyée beaucoup plus loin, à cent quarante verstes, dans la petite bourgade d'Alapaïevsk. Là seront rassemblés les Romanov expulsés de Petrograd : le compagnon de jeux de Nicky, Serge Mikhaïlovitch, les trois fils du grand-duc Constantin, auxquels s'ajoutera le fils du grand-duc Paul, le prince Paley, poète de dix-sept ans.

Pour Pâques, la Famille reçoit des cadeaux d'Ella. Et une lettre, bien sûr. Elle y évoque son thème de prédilection : le martyre. Le père Jean de Cronstadt, si révéré par Nicolas II et Alexandre III, disait dans ses prêches : « Le chrétien qui endure les pires souffrances et malheurs ne peut douter de la grâce ni de la sagesse divines, il doit tenter de percer, autant que faire se peut, le dessein de Dieu qui s'y manifeste... Que tout homme apporte son Isaac en sacrifice à Dieu... »

« Percer, autant que faire se peut, le dessein de Dieu à travers la souffrance », voilà à quoi songe Nicolas, sans doute, en ces jours. D'autant plus que cela concorde avec un autre événement important de sa vie.

Extrait du Journal :

« 6 mai. J'aurai atteint l'âge de cinquante ans, cela paraît étrange, même à moi... »

Ils ne sont pas si nombreux, les Romanov qui ont vécu jusque-là. Les tsars meurent jeunes, dans cette dynastie. Pourquoi Dieu a-t-il voulu accorder ce don à celui d'entre eux qui a été rejeté par son propre pays ?

La terre brûle, les villes sont la proie des flammes, le frère va contre le frère. Le peuple qui lui a été confié par Dieu répand le mal, et lui-même est à l'origine de ce mal.

Le rachat ?... Y consacrer le reste de ses jours ? « Percer, autant que faire se peut, le dessein de Dieu ? »

Alix, elle, passe ses journées dans la chambre paille, dans le brouillard blanc des vitres badigeonnées à la chaux, à demi couchée dans son fauteuil à bascule, la tête entourée de compresses (la migraine). La tsarine ne sort que rarement pour la promenade. Elle rêve, lit les livres saints, brode ou peint. Et de semer ses petites aquarelles à travers la maison.

En quel mépris elle tient ces gens qui osent surveiller les Oints du Seigneur ! Les gardes, eux, la respectent et la craignent un peu. « Le tsar était trop simple... il ne ressemblait pas à un tsar. Alexandra Fiodorovna, elle, était une dame sévère, une vraie tsarine ! » (C'est ce qu'ils diront, par la suite.)

Elle continue d'attendre leur libération. Le « Starets » les protégera, ce n'est pas pour rien que le bourg où il est né s'est trouvé sur leur route.

En effet, les légions des libérateurs se rapprochent. Elle sait que toute la Russie est en feu. Aux quatre coins du pays, la guerre civile fait rage.

Alors, dans ses lettres aux petites demeurées à Tobolsk – lettres à demi codées –, elle écrit qu'il « faut absolument apporter les *médicaments* à Ekaterinbourg ». Et, bien que leurs amis de Tobolsk les supplient d'y laisser les joyaux en sécurité, de ne surtout pas les garder dans la terrible capitale de l'Oural rouge, elle se montre intraitable. Elle le croit : la libération est imminente ; leurs bijoux doivent donc être à leur disposition.

Et à Tobolsk, sous la direction de Tatiana, la nounou Sacha Teglieva, aidée de Liza Ersberg, commence à préparer le transport des trésors. On les coud dans la doublure des corsages, on cache diamants et perles dans des boutons, on les fixe sous la doublure de velours des chapeaux...

Il n'est pourtant pas possible de tout emporter. Une partie du « trésor des Romanov » reste à Tobolsk, chez des « amis dévoués ». Elle réapparaîtra, quinze ans après l'assassinat de la Famille impériale...

Extraits des archives de l'Oguépéou [3] de Sverdlovsk (qui me furent remises par un mystérieux homme que l'on retrouvera plus loin dans ces pages sous le nom de « l'Hôte ») :

« Documents relatifs à la recherche du trésor de la famille de l'anc[ien] tsar, Nicolas Romanov :

Top secret... Au terme de longues recherches, le 20 novembre 1933, dans la ville de Tobolsk ont été retrouvés et confisqués des trésors ayant appartenu à la famille impériale. Alors que la famille séjournait à Tobolsk, ces trésors avaient été confiés par le valet de chambre Tchemodourov à la garde de la mère supérieure du monastère de Tobolsk, Droujinina. »

Le monastère où ils rêvaient de vivre...

« Peu avant sa mort, Droujinina remit les trésors à son bras droit, Marfa Oujentsova, qui les dissimula dans le puits du monastère, le cimetière et une série d'autres endroits. »

Apparemment, après la fermeture du monastère, Marfa n'avait plus su où cacher les trésors. Et pour que le pouvoir qui avait assassiné la Famille ne puisse les récupérer, elle avait pris une délicate décision...

« Dans les années 1929-1935, Oujentsova s'apprêtait à jeter ces trésors dans le fleuve. Elle en fut dissuadée par un ancien directeur des pêcheries de Tobolsk, Kornilov, auquel elle en confia temporairement la garde. »

C'est dans la maison de ce même Kornilov qu'était installée la Suite du tsar.

Marfa, cependant, eut manifestement le tort de trop parler ou d'être trop confiante... Elle ne comprenait pas qu'un temps nouveau était venu et que l'on ne pouvait se fier à personne.

« Arrêtée le 15 octobre dernier, Oujentsova reconnut avoir eu en sa possession les trésors du tsar et indiqua où ils étaient cachés. On s'y rendit, mais on ne trouva rien. »

---

3. A succédé à la Tchéka (comme, plus loin, la Guépéou).

« Suite à l'enquête de nos agents, V. Kornilov fut arrêté à son tour. Conduit à Tobolsk, il montra l'exacte cachette. Suivant ses indications, on retira deux grands bocaux de verre, logés dans des cuveaux de bois et enterrés dans le sous-sol de la maison de Kornilov. »

Le dossier comporte une photo des tchékistes, posant devant leur « butin ». Et l'inventaire de ce dernier :

« Ont été retirés et confisqués 154 objets d'une valeur totale de 3 240 693 roubles (or) 50 kopecks, dont :

1. Des broches en diamants (100 carats).

2. Trois épingles en diamants de 44 et 36 carats.

3. Un croissant de lune en diamants de 70 carats. Renseignements pris, il s'agirait d'un cadeau offert à l'ancien tsar par le sultan turc.

4. Quatre diadèmes de la tsarine... »

Une belle opération, qui ouvre une véritable chasse aux diamants impériaux.

Dans les années 1932-1933, on perquisitionne chez tous ceux qui, d'une façon ou d'une autre, ont eu à voir avec la réclusion des Romanov à Tobolsk.

À Leningrad aussi on fouille à tout-va, comme l'indique la parente d'Elizaveta Ersberg :

« On retrouva et on interrogea la famille du cuisinier Kharitonov, qui avait été fusillé... On mit aussi le grappin sur la gouvernante de la comtesse Guendrikova, Viktoria Nikolaïeva... »

En vain.

Pour finir, dans le petit bourg d'Orekhovo-Zouïevo, on retrouve la trace de la veuve du colonel Kobylinski, également fusillé. La malheureuse femme avait tenté de se faire oublier et vivait tranquillement avec son fils de quatorze ans, Innokenti. Elle était employée dans une usine locale. C'est elle qui évoqua l'histoire du sabre de Nicolas et des joyaux que son mari rapportait pour les lui montrer et qui, à ce qu'on disait, avaient été dissimulés quelque part dans la taïga.

La Guépéou piste les Petchekos (le frère et la sœur) qui avaient hébergé les Kobylinski à Tobolsk, en 1918, et qui, à en croire la veuve, connaissaient la cachette. On arrête d'abord la sœur et, manifestement, l'interrogatoire est musclé. Elle comprend qu'elle ne tiendra pas.

« Le 8 juillet 1934, Anelia Petchekos se suicida en prison, en avalant toutes sortes d'objets métalliques. »

« Arrêté à son tour, son frère se jette par la fenêtre mais se rate. »

La Guépéou prend conscience que ces gens préféreront mourir plutôt que de parler. Elle décide alors de libérer Petchekos et de le faire surveiller vingt-quatre heures sur vingt-quatre. Une filature qui se poursuivra sur des dizaines d'années, ne s'arrêtant qu'avec la mort de Petchekos.

Les recherches se poursuivent néanmoins. On interroge tous ceux qui ont connu le valet de chambre Tchemodourov, dont on apprend qu'il s'est éteint dans la maison d'un certain Grigori Solodoukhine. Or, ce dernier a la réputation de « s'en être mis plein les poches ». Impossible, toutefois, de l'envoyer en prison : l'enquête révèle que, dès 1920, il a été fusillé par d'imprévoyants tchékistes.

On trouve une autre piste. Il apparaît que la tsarine avait prié le père Alexeï, à Tobolsk, « d'emporter et de cacher une valise pleine d'or et de diamants, pesant au moins un poud ». Là encore, échec : le père Alexeï a eu la chance de mourir en 1930.

Qu'à cela ne tienne : on interroge ses enfants [4]. Mais ils ne savent rien. Le prêtre a bien caché les trésors impériaux !

Il se peut donc qu'aujourd'hui encore, dans le sous-sol d'une vieille maison de Tobolsk, se trouve une valise de cuir marron, au monogramme du tsar, contenant pour un poud de joyaux impériaux. Et que le sabre du tsar et les diamants des Romanov gisent toujours dans la taïga sibérienne.

En quittant Tobolsk, Nicolas serre dans ses bras son vieil instructeur militaire, Alexandre Volkov, en disant : « Prends soin des enfants. » Difficile, pour le vieux serviteur fidèle, d'exécuter l'ordre de son tsar. Les membres de la Famille demeurés à Tobolsk sont à

4. Les prêtres orthodoxes peuvent se marier et avoir des enfants.

présent entièrement sous la coupe du Soviet et de son président, Pavel Khokhriakov. C'est lui qui doit organiser le départ des enfants impériaux, de ce qui reste de la Suite et des « gens ».

À l'intérieur de la Maison de la Liberté, c'est le commissaire Rodionov qui fait la loi, aidé en cela par un détachement de gardes rouges. Plus tard, Sacha Teglieva confiera au juge d'instruction « blanc » Sokolov : « De Khokhriakov je ne peux rien dire, mais Rodionov, c'était la pire des ordures... »

Ce Rodionov, la comtesse de Buxhoevden affirme l'avoir déjà vu, longtemps auparavant, à la gare frontière de Verjbolovo. Il avait contrôlé son passeport.

Kobylinski dit de lui : « On sentait aussitôt en lui le gendarme... Un limier de la Gendarmerie, cruel, assoiffé de sang. »

Tous deux se trompent.

Extrait d'une lettre de I. Veriguine (Tver) :

« Dans ma jeunesse, au cours des années cinquante, je vivais à Riga, dans l'appartement d'un professeur d'Université, un vieux bolchevik letton, Ian Svikke. Il avait une biographie étonnante. Il avait été révolutionnaire professionnel, avait réussi d'importantes missions et même su infiltrer la police secrète du tsar... En 1918, sous le nom de Rodionov, Ian Svikke fut envoyé à Tobolsk où, à la tête d'un détachement, il assura le transfert des enfants impériaux... Il mourut à Riga en 1976, à l'âge de quatre-vingt-onze ans, complètement seul et gâteux. Il se promenait dans la ville, en arborant toutes sortes d'insignes, les prenant pour autant de décorations... »

En 1918, le gendarme révolutionnaire est jeune et plein de zèle. À l'église de Tobolsk, pendant le service religieux, il poste un tirailleur letton près de l'autel, expliquant qu'il « surveille le prêtre ». Il le fouille souvent, de même que les nonnes, prenant un curieux plaisir à les faire se déshabiller. Il instaure une étrange coutume : les grandes-duchesses n'ont plus le droit de fermer à clé leurs chambres pour la nuit :

– Je dois pouvoir, à tout moment, entrer et voir ce qui se trafique.

Volkov tente de protester :

– Comment cela ? Ce sont des jeunes filles, bredouille-t-il pitoyablement.

Il les a vu grandir. Il ne rêve que de leur mariage, essayant de deviner quels rois elles épouseront... En attendant, les grandes-duchesses dormiront la porte ouverte :

– En cas de refus d'exécution, j'ai les pleins pouvoirs pour les abattre sur place, répond, l'air tout guilleret, le gendarme révolutionnaire.

Cependant, les fleuves sont à nouveau navigables et Alexis commence à se rétablir.

« Le Petit va mieux, bien qu'il garde encore la chambre. Dès qu'il sera guéri, nous irons rejoindre les nôtres... Il fait plus clair, à présent, mais il n'y a toujours pas de verdure. L'Irtych a brisé ses glaces pour la Semaine Sainte. Le temps est estival... » (C'est l'une des dernières lettres écrites de Tobolsk par Olga.)

Au même moment, le Soviet de Tobolsk apprend que l'évêque Hermogène a l'intention de profiter de la procession de Pâques pour entraîner ses paroissiens vers la maison du gouverneur et libérer Alexis.

S'agit-il d'un nouveau « Jeu » du Soviet, censé fournir un prétexte pour transférer au plus vite la Famille à Ekaterinbourg ? Ou le pasteur rêve-t-il de chasser les bolcheviks de la ville, comme, trois cents ans plus tôt, son grand prédécesseur avait bouté les Polonais hors de Russie ?

Quoi qu'il en soit, la Tchéka s'agite. Pendant la procession, des tchékistes se mêlent aux fidèles. Il fait alors très chaud à Tobolsk. Le soleil tape dur et les fidèles, âgés pour la plupart, quittent progressivement le cortège. Peu à peu, les tchékistes encerclent l'évêque. Et l'arrêtent.

Pavel Khokhriakov racontera le dénouement au tchékiste Mikhaïl Medvedev :

« Ensuite, je le transportai au milieu du fleuve et nous l'attachâmes à des grilles de fer. Je le poussai dans l'eau. Je le vis de mes yeux aller par le fond... »

Départ de Tobolsk

Et voici qu'on transporte les innombrables valises des Romanov sur le vapeur *Rus*, le même qui les a conduits à Tobolsk. Il doit faire à présent le voyage en sens inverse, vers Tioumen. Ensuite, ce sera le train. Une foule bigarrée monte à bord : la Suite, les « gens » et la garde. On répartit tout le monde dans les cabines.

Sur le *Rus*, les lubies de Rodionov se poursuivent : Alexis et le matelot Nagorny sont enfermés, chaque nuit, dans leur cabine. Les grandes-duchesses, elles, ont toujours défense absolue de fermer leurs portes à clé. Il place devant leurs cabines des sentinelles – de joyeux tirailleurs.

Extraits des déclarations de Sacha Teglieva au juge d'instruction Sokolov :

« Sur le vapeur, Rodionov interdit aux grandes-duchesses de s'enfermer pour la nuit, tandis qu'il cadenassait la cabine d'Alexis et de Nagorny. Nagorny fit même un scandale : "Quel culot ! Un enfant malade ! On ne pourra même pas aller aux cabinets." Dans l'ensemble, il se montrait courageux face à Rodionov, ce qui devait d'ailleurs sceller son destin. »

Le *Rus* vogue gaiement. Les gardes rouges tirent au fusil sur les oiseaux, s'amusent avec leurs mitrailleuses... On rigole, les gars, c'est la liberté !

Extrait d'une lettre d'A. Saltykova (Kiev) :

« Il y avait dans notre immeuble un vieil homme, ancien garde rouge, qu'on appelait Liocha Tchouvyrine ou simplement Tchouvyrine... Il est mort au plus tard en 1962... Il racontait que, dans sa jeunesse, il avait voyagé en bateau depuis Tobolsk, avec les enfants du tsar. Il les surveillait, le temps d'un transfert. Il prétendait que les grandes-duchesses devaient laisser ouvertes leurs cabines pour la nuit et, qu'une fois, les tirailleurs avaient voulu entrer. La fin de l'histoire, il la racontait toujours différemment : tantôt leur chef les en avait empêchés, tantôt ils étaient trop soûls pour passer à l'action. »

Ekaterinbourg

Un train spécial les attend à Tioumen. On les installe dans un wagon de seconde classe : les petites, Alexis, le matelot Nagorny, l'ancien général aide de camp Tatichtchev, l'ex-lectrice de l'impératrice, la vieille Mme Schneider, la comtesse Guendrikova.

Les autres, Gilliard, le valet de chambre Gibbs, Troupp le laquais du tsar, la baronne Buxhoeveden, Sacha Teglieva, le cuisinier Kharitonov, le marmiton Sednev, ami d'Alexis... ont droit à un wagon de quatrième classe. Le train arrive à Ekaterinbourg le 9 mai, dans la nuit, pour la Saint-Nicolas de Printemps.

Il est aussitôt dirigé sur une voie de garage. Il bruine, les lanternes éclairent à peine.

Extrait du Journal :

« 9 mai. Nous ne savons pas encore où se trouvent les enfants ni quand tout le monde arrivera. Fastidieuse ignorance.

10 mai. Ce matin, en une heure, on nous a tour à tour annoncé que les enfants étaient à quelques heures de la ville, puis qu'ils étaient à la gare, enfin qu'ils étaient aux portes de la maison, alors que leur train était là depuis deux heures du matin... »

Au matin, on fait venir des calèches. Les passagers de quatrième classe ont interdiction de descendre. Par la fenêtre du wagon, Gilliard et Volkov voient les grandes-duchesses traîner leurs valises sous la pluie, en s'enfonçant dans la boue. Tatiana ferme le cortège. Elle veille à ce que nul ne reste à la traîne.

Puis le matelot Nagorny porte rapidement l'héritier dans une calèche. Il veut ensuite revenir aider les grandes-duchesses à porter leurs bagages. On le rembarre : elles doivent le faire seules ! Nagorny ne peut s'empêcher de répliquer. Il a tort. Le nouveau pouvoir est nerveux et pétri d'amour-propre. Et il ne connaît qu'un prix : la vie. Nagorny sera bientôt embarqué par la Tchéka. Dans les années trente, près d'un feu de camp, le camarade Ermakov, ancien commissaire, racontera à de jeunes pionniers comment il a fusillé un « larbin du tsar, un matelot chargé de s'occuper de l'héritier ».

Extrait du Journal de Nicolas :

10 mai (suite). « L'immense joie de les revoir et de les serrer dans nos bras, après quatre semaines de séparation, sans être sûrs de rien. Ce furent des questions et des explications sans fin. Que de souffrances morales ils ont tous endurés, les pauvres, à Tobolsk et pendant ces trois jours de voyage. »

La fin de la Suite impériale

Tandis que Nicolas retrouve ses enfants, on fait descendre du train, puis monter dans les calèches, les « gens » et la Suite.

Volkov racontera plus tard :

« Rodionov s'approcha de notre wagon :

– Descendez. On part...

Je sortis, emportant avec moi un grand pot de confiture. Il m'enjoignit de le laisser. »

Les calèches s'ébranlent. Dans la première a pris place le leader de l'Oural rouge en personne, Alexandre Bieloborodov. Les voitures traversent la ville. Bientôt, Volkov découvre le haut clocher sur la colline. On s'arrête devant une maison, enfouie presque jusqu'au toit derrière une haute palissade. On fait descendre le cuisinier Kharitonov et le laquais Sednev. Les autres continuent.

Le cortège arrive enfin devant un bâtiment. Là, le camarade Bieloborodov descend de voiture et commande solennellement :

– Ouvrez les portes ! Faites entrer les prisonniers !

Tatichtchev et Volkov partagent la même cellule, jusqu'au jour où le comte est convoqué par l'administration. Il revient, tout heureux : on a décidé de le libérer et de l'expulser de la capitale de l'Oural. On se dit adieu, le fidèle serviteur du tsar étreint le fidèle général de l'Armée impériale. Tatichtchev revêt sa splendide pelisse, c'est tout ce qui lui reste « d'avant ». Il ne devrait pas porter pareille merveille, les temps ont changé, nul ne le fait plus... Depuis, on n'a jamais revu Ilia Tatichtchev.

Et Volkov ? Le vieux serviteur survit à ses maîtres. Il est bientôt transféré dans une autre prison. Quand les Blancs prennent Ekaterinbourg, il est déjà à Perm. On lui demande, un jour, de sortir avec ses affaires. Il retrouve alors de vieilles connaissances de Tsarskoïé Selo : la jeune comtesse Guendrikova et la vieille Mme Schneider. Au total, c'est un groupe de onze personnes, tous « suppôts de l'ancien régime », que l'on mène hors de la prison. On leur annonce qu'ils vont dans une prison de transit, avant d'être envoyés à Moscou.

Ils marchent longtemps et Mme Schneider, déjà, ne peut plus faire un pas. Elle porte un petit panier. Volkov le prend pour la soulager : il contient deux cuillers de bois et de tous petits bouts de pain – tout l'avoir de la vieille préceptrice.

Ils ont quitté la ville, ils sont sur la grand-route. Là, ceux qui les escortent deviennent soudain très courtois : ils leur proposent à tous de les aider à porter leurs maigres bagages. La nuit est tombée, sans doute ne veulent-ils pas partager le butin dans le noir. Volkov comprend tout. À la faveur de l'obscurité, il fait un écart et se met à courir. Des tirs paresseux retentissent derrière lui, mais il ne s'arrête pas. Et il réussit à s'enfuir.

Ses vieilles connaissances de Tsarskoïé Selo, elles, ont moins de chance. Leurs corps seront retrouvés par les Blancs. La charmante Nastia a le crâne éclaté. On l'a tuée à coups de crosse : pourquoi gaspiller une balle ?

10 mai (suite du Journal de Nicolas) : « De tous ceux arrivés par le train, seuls le cuisinier Kharitonov et le neveu de Sednev [le marmiton] ont pu nous rejoindre. Jusqu'à la nuit, nous avons attendu qu'on apporte les lits et les objets les plus indispensables. Les filles ont dû dormir par terre. Alexis a pris la couchette de Marie. Dans la soirée, comme par un fait exprès, il s'est cogné au genou et a affreusement souffert toute la nuit... »

Dès le jour de son arrivée à la maison Ipatiev, l'enfant s'alite. Il ne se relèvera pas jusqu'au dernier jour.

Cependant, Gilliard, le valet de chambre Gibbs, la baronne Buxheoveden et Liza Ersberg passent la nuit dans le wagon, toujours sur sa voie de garage. Pourquoi les a-t-on épargnés ? Les uns, sans doute, doivent leur salut à leurs noms allemands : après tout, la paix a été signée. D'autres, Gilliard et Gibbs, sont étrangers. Mais comment expliquer que Sacha Teglieva soit du lot ?

Elle entretient les rapports les plus tendres avec le Suisse. De toute évidence, celui qui a eu pitié d'elle le savait. Je ne peux m'empêcher de penser que c'est, là encore, « l'espion ». Parlant français, il s'est forcément lié, à Tobolsk, avec le loquace Gilliard. Mais ce ne sont que des hypothèses...

Les « restes de la Cour impériale » sont bientôt rejoints, dans leur wagon, par des milliers de sans-abri. C'est un véritable magma humain.

Fidèle au tsar russe, le Suisse Gilliard veut toujours obtenir l'autorisation de retrouver la Famille. On lui répète : « Elle n'a plus besoin de vos services. » Il va chercher de l'aide auprès du consul d'Angleterre, qui lui explique que, dans l'intérêt des prisonniers eux-mêmes, il vaut mieux ne rien entreprendre. Le prétexte favori de tous les étrangers, lorsqu'ils ont peur d'intervenir dans les affaires russes...

Une nuit, on accroche une locomotive à leur wagon et les « restes de la Cour » se voient renvoyés à Tioumen.

Extrait du Journal :

« 12 mai. Les enfants ont rangé quelques affaires, après une fouille invraisemblablement longue chez le commandant... »

La Famille est là. Les « médicaments » aussi.

Les Romanov, se disent les bolcheviks, avaient des cassettes pleines de joyaux. Leurs femmes les portaient aux doigts, au cou, aux oreilles. Des joyaux, « fruits du labeur, du sang et de la sueur... » Il faut à présent les récupérer et les remettre au peuple. À compter de cet instant, les événements commencent à s'accélérer.

« 13 mai. Avons magnifiquement dormi, sauf Alexis qui continuait à souffrir... Comme tous ces derniers jours, V. Derevenko est venu l'examiner. Aujourd'hui, il était accompagné d'un "monsieur tout noir", dans lequel nous avons identifié un médecin... »

« Le monsieur tout noir », le « médecin » n'est autre que le tchékiste Iakov Iourovski.

Eux

(« D'UNE MAIN DE FER,
NOUS POUSSERONS EN TROUPEAU
L'HUMANITÉ VERS LE BONHEUR »)

Ce slogan ornait le camp des Solovki.

Par la suite, dans une tentative pour expliquer la sauvagerie absolue des événements survenus dans l'entresol de la maison Ipatiev, d'aucuns qualifieront Iourovski et ses camarades assassins de sadiques. D'autres y verront une volonté des Juifs de se venger du tsar orthodoxe (vengeance de Golochtchekine et Iourovski, auxquels on rattachera Tchoutskaïev, Safarov et tant d'autres, qui n'avaient rien de Juifs). Ce serait l'explication la plus simple. La vengeance pour tous les monstrueux pogroms, les humiliations quotidiennes... S'il en était ainsi, c'est affreux à dire, il y aurait au moins un semblant de logique. Mais il en fut tout autrement...

« Notre famille souffrit moins de la faim constante que du fanatisme religieux de mon père... Fêtes ou non, les enfants devaient prier tous les jours. Il n'est donc pas étonnant que ma première protestation active fût dirigée contre toutes les traditions religieuses et nationalistes. Je me mis à haïr Dieu et les prières, comme je haïssais la misère et mes patrons », rapportera Iourovski, avant de mourir.

Tout jeunes, Iourovski et Golochtchekine renient leur part juive. Ils se mettent au service d'un peuple que l'on trouve également partout dans le monde : le « prolétariat mondial ». C'est le peuple des Iourovski, Nikouline, Golochtchekine, Bieloborodov, du Letton Berzine... Et le parti dont ils sont membres promet d'instaurer sur toute la planète la suprématie de ce peuple. Alors, l'humanité connaîtra le bonheur tant attendu.

Mais cela passe par une lutte sans pitié. Jadis, les révolutionnaires Netchaïev* et Tkatchev* avaient entrepris de calculer combien d'individus du « vieux monde » il faudrait anéantir pour édifier l'avenir radieux. Ils en étaient venus à la conclusion qu'il valait mieux se demander qui il convenait de « garder ».

« La méthode de mise au rebut... du tri des matériaux de l'ère capitaliste. » (Boukharine*)

Et ils se mettent à l'ouvrage : ils trient le matériau humain.

« Il faut en finir une bonne fois avec le baratin des curés et des quakers sur la valeur sacrée de la vie humaine. » (Trotski)

Et ils en finissent une bonne fois. C'est le déchaînement de la lutte des classes.

« Sous la fenêtre va et vient la sentinelle.
Mais ce n'est pas un homme qui garde son prochain,
C'est un Letton borné, un ennemi mortel
Qui sur le prisonnier crache son venin.
Pourquoi ? Pourquoi donc ? Et la raison s'affole... » écrit en prison le fils du grand-duc Paul, le poète Paley, âgé de dix-sept ans.

« Ne recherchez pas, au cours de l'instruction, des documents ou des preuves montrant que l'accusé a agi, par le verbe ou le geste, contre le Pouvoir soviétique. La première question qui se pose est celle de la classe à laquelle il appartient. C'est elle qui doit décider du sort de l'accusé. En elle résident la nature et le sens de la Terreur Rouge », déclare M. Latsis, membre du collège de la Vétchéka, à la revue *La Terreur Rouge*. »

L'assassinat des Romanov, symboles des classes déchues, doit en fait donner le signal de la Terreur Rouge, de la guerre mondiale des classes.

« Il faut décapiter au moins une centaine de Romanov pour faire passer à leurs descendants le goût du crime. » (Lénine)

Aussi, dès leur arrivée à la gare d'Ekaterinbourg, le tsar et la Famille sont-ils condamnés.

Iakov Iourovski en 1918... Un visage aux pommettes hautes, un cou trop court. Un discours lent et ampoulé. Une veste de cuir noire, une barbiche noire, des cheveux noirs, il est en effet un

« monsieur tout noir ». « L'espion » lui a manifestement dit que Nicolas datait son Journal selon l'ancien calendrier. C'est pourquoi il arrive dans la maison le 13, sachant que le tsar y verra un signe... Officiellement, c'est un médecin. Un rôle facile à tenir pour lui, il a de l'expérience. Même le docteur Derevenko s'y laisse prendre. Il racontera plus tard de quelle manière professionnelle il examine la jambe de l'héritier. Mais un curieux médecin qui soigne au revolver, se fondant sur les préceptes du grand Marx : « Il faut accélérer l'agonie des classes qui ont fait leur temps. » Au nom de l'avenir radieux, la Famille impériale doit périr.

Il faut préparer les Romanov.

14 mai. Extrait du Journal de Nicolas :

« Sous notre fenêtre, la sentinelle a tiré sur la maison, parce qu'il lui avait semblé percevoir un mouvement près de la vitre, après dix heures du soir. Pour moi, l'homme a simplement voulu s'amuser avec son fusil, comme le font toutes les sentinelles. »

Je feuillette aux Archives un grand cahier noir, le registre de garde :

« 5 juin. Au poste numéro 9, la sentinelle Dobrynine a involontairement tiré un coup de feu... La balle a traversé le plafond et y est restée logée, sans causer de dégâts... »

« 8 juin. Une imprudence d'un factionnaire a entraîné l'explosion d'une bombe. Pas de dégâts ni de victimes. »

Décontractés, les petits gars, quand ils manient leurs armes !

Mais les amusettes en question se transforment aussitôt en histoire des filles du tsar, adressant à quelqu'un des signaux aux fenêtres, et du vigilant tirailleur, réagissant sur-le-champ en tirant. C'est ainsi qu'Avdeïev décrit l'incident dans ses Mémoires.

Le dossier grossit contre la Famille...

On emmène le brave Nagorny et le laquais Sednev.

Extrait du Journal :

14 mai (suite) : « Après le thé, Sednev et Nagorny ont été convoqués au Soviet de région pour interrogatoire. »

Ce jour-là, traînant à proximité de la maison Ipatiev, Gilliard voit les gardes rouges embarquer dans des calèches Nagorny et Sednev. Tous trois échangent des regards muets, mais les deux hommes ne trahissent en rien la présence du Suisse. Ils ne reviendront pas...

« 16 mai. Avons dîné à huit heures, à la lumière du jour. Alix s'est couchée tôt, à cause de sa migraine. Pas la moindre nouvelle de Sednev et Nagorny... »

La Tchéka s'active. Elle ratisse la maison Ipatiev, réduisant de plus en plus l'entourage du tsar. Cela causera moins de tracas, lors de la nuit décisive. Or, cette nuit est proche.

Première tentative de meurtre

Ils continuent à mener leur vie et à écrire leurs Journaux.

Lui : « 20 mai. À onze heures, nous avons eu la messe. Alexis y assistait, couché dans son lit. Il a fait un temps magnifique, chaud... Il est insupportable de dormir ainsi, toutes fenêtres fermées, de ne pas pouvoir sortir dans le jardin quand l'envie vous en prend, ni passer une bonne soirée à l'air. Le règlement de la prison ! »

Elle : « 23 mai (5 juin), mercredi. Levés à six heures et demie mais il est actuellement huit heures et demie à l'horloge [ce jour-là, on passe à un nouvel horaire]. Temps magnifique. Baby n'a pas dormi, il a mal à sa jambe, sans doute parce que Vladimir Nikolaïevitch [le docteur Derevenko] l'a touchée en l'examinant. Evgueni Sergueïevitch [Botkine] l'a promené auparavant pendant une heure dans mon fauteuil à bascule. Suis restée au soleil avec lui. Quand il s'est remis au lit, les douleurs ont repris avec plus de force, à cause des cahots et parce qu'il a fallu le déshabiller. Le lunch n'est arrivé qu'à trois heures. On continue en ce moment à rehausser la palissade sous nos fenêtres, de sorte qu'on voit à peine la cime des arbres... »

Nicolas est contraint de s'aliter. C'est le fait de rester toujours enfermé. Il fait une crise d'hémorroïdes.

Lui : « 24 mai. Souffert toute la journée de mes hém[orroïdes]. Je me suis donc couché afin qu'il soit plus commode d'appliquer des compresses. Alix et Alexis ont passé une demi-heure à l'air pur, et nous une heure, ensuite. Il a fait un temps magnifique. »

Elle : « 25 mai (4 juin), vendredi. Temps magnifique. N. [Nicolas] a passé la journée au lit, tant ses douleurs l'ont empêché de dormir. Ses f... vont mieux quand il est tranquillement couché... Vladimir Nikolaïevitch n'est pas venu non plus aujourd'hui... »

On ne laisse plus le docteur Derevenko voir Alexis.

Lui : « 27 mai. Enfin, j'ai pu me lever et quitter la chambre. Une journée estivale, nous nous sommes promenés en deux groupes successifs. Beaucoup de verdure, des odeurs agréables... »

Mais il a l'impression que quelque chose va se passer.

« 28 mai. L'attitude de nos geôliers a changé, ces derniers temps... Ils font en sorte de ne pas nous parler, comme s'ils se sentaient mal à l'aise, et on les dirait alarmés, à croire qu'ils redoutent quelque chose ! C'est à n'y rien comprendre ! »

Passé les limites de la maison Ipatiev, tout est clair, en revanche. À la mi-mai, les anciens prisonniers de guerre du tsar, le Corps expéditionnaire tchèque, brandissent l'étendard de la révolte contre les bolcheviks. Des unités cosaques les rallient. Tcheliabinsk tombe. Et les Tchécoslovaques marchent à présent sur la capitale de l'Oural rouge.

La ville n'attend qu'eux. Le 28 mai (10 juin) de graves troubles éclatent. La veille, le 9, un élève officier, Ardatov, est passé chez les Blancs, avec son détachement. Le principal soutien du Soviet de l'Oural est à présent un détachement d'ouvriers, conduits par le commissaire Piotr Ermakov. Une gigantesque foule scande à présent des slogans antibolcheviques. Elle est massée sur la place de l'Ascension. Ermakov et son détachement, Iourovski et les tchékistes, le commissaire Golochtchekine, ont bien du mal à la disperser. Ils manquent de soldats loyaux. Quand on pense à tous les gardes rouges occupés à garder le « tyran » et sa Famille...

Lui : « 31 mai. Dieu sait pourquoi, on ne nous a pas autorisés à sortir dans le jardin. Avdeïev est venu et s'est longuement entretenu avec E. S. [Botkine]. À l'en croire, lui et le Soviet régional redoutent des manifestations d'anarchistes, c'est pourquoi un départ précipité peut être envisagé pour nous, sans doute pour Moscou. Il m'a demandé de m'y préparer. Nous avons commencé nos bagages, mais discrètement, afin de ne pas attirer l'attention de la garde, ceci à la demande expresse d'Avdeïev. Il est revenu vers onze heures du soir et a dit que nous resterions encore quelques jours. Aussi avons-nous décidé de passer également le 1er juin à bivouaquer, sans rien défaire. Enfin, après le dîner, Avdeïev, plus guilleret, a annoncé à Botkine que les anarchistes étaient pris, que le danger était passé et notre départ annulé. Après tous ces préparatifs, c'est presque ennuyeux... »

La tsarine note laconiquement, ce jour-là :

« 31 mai (13 juin). Prière du matin. Matinée ensoleillée.

2 h 45 : pas de promenade. Avdeïev a commandé de faire les bagages, car à tout moment...

À la nuit tombée, Avdeïev de nouveau. Il a dit : pas avant quelques jours. »

Étrange histoire. Récemment encore, le Soviet de l'Oural luttait contre Moscou, arguant qu'il était dangereux de transporter les Romanov par le chemin de fer. Or voici que, redoutant les anarchistes, les Ouraliens veulent brusquement envoyer le tsar et la Famille à Moscou. Au moment où les Tchécoslovaques arrivent ! Alors que la ville est en proie au désordre et que ses abords sont en feu ! Parce qu'ils ont le souci du « tyran sanguinaire » ?

On a du mal à croire à cette soudaine sollicitude.

Le dernier « voyage » de Micha

Si Nicolas savait, en écoutant la proposition des prévenants Ouraliens, ce qui est arrivé la nuit précédente ! Quel « voyage » s'est déjà accompli ! Mais, jusqu'à sa mort, il n'en saura rien...

Dans la nuit du 12 au 13 juin, trois inconnus se présentent à l'ancien hôtel du marchand Koroliev, à Perm, et exhibent un « mandat d'amener de la Tchéka, au nom du grand-duc Michel et de son secrétaire Johnson. »

Depuis que Michel a été chassé de Gattchina, il vit à Perm où, à la demande renouvelée des autorités moscovites auprès du Soviet local, il « jouit de tous ses droits de citoyen de la République ». Son secrétaire, l'Anglais Bryan Johnson, est avec lui, de même que son valet de chambre et son chauffeur (le grand-duc est un fou d'automobiles). Les inconnus armés arrivent à l'appartement de Michel. Ils en reviennent avec lui et son secrétaire, et tous montent dans deux calèches.

Tout ce qui se passe dans la chambre d'hôtel sera rapporté à Volkov par un de ses compagnons de cellule à la prison de Perm, le valet de pied du grand-duc, Tchelychev.

Les trois hommes réveillent Michel, qui ne veut pas les suivre et demande à voir un bolchevik influent :

– Je le connais, alors que je ne vous ai jamais vus.

Le chef de la bande le saisit alors par l'épaule :

– Vous, les Romanov, vous commencez tous à nous casser les pieds !

Michel s'habille sans un mot. Le valet de chambre lui rappelle :

– N'oubliez pas votre remède, Votre Altesse.

Mais les inconnus s'énervent et ne lui permettent pas de prendre son médicament.

Au matin, la Tchéka déclare qu'elle n'a délivré aucun mandat et que Michel a purement et simplement été enlevé. Un télégramme est envoyé à Moscou : « La nuit dernière, des inconnus en uniformes de soldat ont enlevé Michel Romanov et Johnson, son secrétaire. Les recherches n'ont rien donné pour l'instant. Les mesures les plus énergiques sont prises. »

Il apparaît bientôt qu'il y a des gens fort connus parmi ces « inconnus » : notamment, le président du Soviet de Motovilikha, Miasnikov, et le chef de la milice, Ivantchenko. Ils ont emmené les deux hommes et les ont tués, revendiquant leur crime comme un acte de vengeance prolétaire.

La Tchéka de Perm et Moscou y voient un cas de « justice sommaire anarchiste » et s'en démarquent catégoriquement.

Mais passons la parole au témoin.

En 1965, à Moscou, meurt, à un âge respectable, Andreï Markov, décoré de l'Ordre du Drapeau Rouge du Travail.

Un an auparavant, il rencontre la directrice des Archives du Parti de Perm, qui rassemble des documents sur les bolcheviks locaux. Elle admire la montre en argent, d'une forme très particulière, que porte le vieillard. Il explique qu'elle marche depuis un demi-siècle, sans presque jamais avoir eu besoin de réparation.

Et il raconte que le principal organisateur de l'assassinat de Michel, Miasnikov, les avait conviés, Ivantchenko et lui, à lui prêter main forte. Craignant que trois hommes armés n'y suffisent pas, il en avait appelé deux de plus, Joujgov et Kolpachtchikov. « Vers sept heures du soir », se souvient Markov, « nous avons pris la direction de Perm dans deux voitures couvertes. Nous avons ensuite laissé nos chevaux dans la cour de la Tchéka, et mis dans la confidence le président de celle-ci, P. Malkov. Là, nous avons achevé d'élaborer notre plan... Malkov est resté à la Tchéka, Miasnikov est parti à pied vers l'hôtel. Ivantchenko et Joujgov ont pris le premier cheval, Kolpachtchikov et moi le second. Vers onze heures du soir, nous étions à pied d'œuvre. Joujgov et Kolpachtchikov sont entrés dans l'hôtel, Ivantchenko et moi sommes restés dehors, "en réserve". »

Ensuite, tout se déroule ainsi que l'a rapporté à Volkov le valet de chambre du grand-duc : Michel refuse de les suivre, il exige qu'on téléphone au président de la Tchéka, Malkov (le « bolchevik influent »), tente de faire valoir ses droits...

Cependant, dans la rue, les deux autres complices sont las d'attendre.

« Armé d'une bombe et d'un Nagant, je suis entré dans la chambre. J'avais auparavant arraché le fil du téléphone dans le couloir. Michel Romanov continuait à s'obstiner, disant qu'il était malade, réclamant un docteur et Malkov. Alors j'ai exigé qu'on l'embarque tel quel. Il a finalement accepté de se préparer, demandant s'il devait emporter quelque chose. Je lui ai répondu que d'autres s'en chargeraient pour lui. Il a voulu emmener son secrétaire personnel, Bryan Johnson, et comme cela cadrait avec nos plans, nous avons accepté. Michel Romanov a mis un manteau. Joujgov l'a pris par le collet et l'a obligé à sortir. Ce qu'il a fait... Johnson a suivi de son plein gré. On a fait monter Michel en voiture. Joujgov a pris la place du cocher, Ivantchenko s'est assis à côté de Michel Romanov. »

« Nous sommes allés jusqu'aux dépôts d'essence, à cinq verstes du hameau ouvrier de Motovilikha. Nous avons continué sur environ une verste et avons pris à droite dans la forêt. Nous n'avons vu personne en route (c'était la nuit). Nous avons encore roulé sur cent ou cent vingt sajènes, puis Joujgov a crié : "Tout le monde descend !" J'ai sauté de la voiture et exigé que mon voisin, Johnson, fasse de même. À peine pointait-il le nez que je lui faisais sauter la cervelle. Il a vacillé et s'est effondré. Kolpachtchikov voulait aussi lui tirer dessus, mais la cartouche s'est coincée dans son Browning. Joujgov, pendant ce temps, faisait de même, mais il n'a réussi qu'à blesser Michel Romanov. Bras écartés, Romanov se mit à courir dans ma direction, me demandant de le laisser dire adieu à son secrétaire. Le tambour du Nagant de Joujgov s'est enrayé (il fabriquait lui-même ses balles). Il m'a fallu, à une assez courte distance (une sajène environ), faire feu une deuxième fois, en visant Michel Romanov à la tête. Il s'est aussitôt effondré...

Nous ne pouvions pas enterrer les corps, le jour se levait rapidement et nous n'étions pas loin de la route. Nous nous sommes contentés de les traîner à l'écart, les avons recouverts de branchages et sommes rentrés à Motovilikha. Joujgov est revenu les enterrer la nuit suivante, avec un milicien de confiance. »

Après les meurtres, Markov récupère la montre de Johnson. « En souvenir », explique-t-il à la directrice des Archives. Elle note un fait significatif, à la fin de leur conversation :

« Andreï Markov m'expliqua qu'après l'assassinat de Michel Romanov, il était allé à Moscou. Avec l'aide de Sverdlov, il avait été reçu par Lénine auquel il avait raconté la chose... » On chercherait en vain trace de cette rencontre dans les papiers de Lénine.

Ainsi, dans la nuit de 12 au 13 juin, s'accomplit le dernier « voyage » de Michel. La nuit suivante, un autre « voyage » est prévu et il concerne, cette fois, la Famille impériale. Il ne s'agit donc pas d'un acte de « justice sommaire », mais bien d'une « action de groupe ». Mais il y a un raté et, au bout du compte, le « voyage » se fait individuellement pour Michel.

Un mois plus tard, conformément au scénario, un autre « voyage de groupe » s'effectue. Ella, la sœur de la tsarine, le grand-duc Serge Mikhaïlovitch, les fils du grand-duc Constantin, Johann, Igor et Constantin, le jeune prince Paley et leurs domestiques sont détenus dans une école aux abords d'Alapaïevsk. Le 18 juillet, la cuisinière du lieu les voit monter *le plus tranquillement du monde* dans des charrettes, en compagnie de gardes rouges. On a dû leur dire qu'on les emmenait en « voyage », en lieu sûr.

Les voitures s'arrêtent près d'une mine, aux environs d'Alapaïevsk. On entreprend de frapper les Romanov à coups de crosses. On frappe aussi la vieille grande-duchesse. Serge Mikhaïlovitch résiste, ce qui vaut à ce vieux dandy de recevoir une balle. Il est le seul à être jeté dans la mine déjà mort. Les autres y sont précipités vivants. On balance ensuite des grenades, on recouvre avec des branchages et on met le feu. Les habitants du coin (s'agit-il d'une belle légende ?) diront avoir entendu, longtemps encore, des chants et des prières monter des entrailles de la terre.

Quand les Blancs prennent Alapaïevsk, ils trouvent les corps. L'enquête donne le fin mot de l'histoire.

Les tchékistes arrêtés par les gardes blancs indiquent que l'opération a été effectuée sur un ordre télégraphié depuis Ekaterinbourg, signé de Bieloborodov et Safarov. Un télégramme identique avait sans doute été adressé pour Michel.

Comme dans le cas de Michel, la Tchéka met en scène une « tentative de fuite » des prisonniers.

Télégramme du 19 juillet 1918. Moscou. Sovnarkom. En provenance d'Alapaïevsk :

« Je rapporte avoir été informé que les locaux où étaient gardés les anciens grands-ducs Romanov ont été la cible d'un raid et que les prisonniers ont été emmenés. Une rapide enquête et un examen des lieux ont montré que les assaillants ont fait irruption dans le bâtiment, libéré tous les Romanov, leurs domestiques, et les ont emmenés. Un détachement a été envoyé pour renforcer la garde, mais les bandits ont réussi à prendre la fuite... L'examen des lieux a révélé que les affaires des Romanov avaient été empaquetées... J'en déduis donc que l'attaque et l'évasion étaient préparées à l'avance. Kobelianko, délégué politique. »

Au beau milieu des préparatifs du « voyage » de la Famille impériale, Avdeïev, nous l'avons dit, fait son apparition et annule tout.

On peut penser que le « voyage » était une décision des « jacobins » locaux. L'anéantissement des Romanov semblait « leur » affaire exclusive. Moscou était loin. Ils se donnaient le nom de « gouvernement de l'Oural ». La décision, bien sûr, venait de leur chef, Bieloborodov. Mais il était aussi un homme sans lequel Bieloborodov ne pouvait agir : le chef des bolcheviks et commissaire militaire de l'Oural, Golochtchekine.

Bieloborodov est jeune, bouillant, furieux. Golochtchekine est beaucoup plus vieux. Et plus prudent. Il est en liaison directe avec le front. Lorsque naît l'idée de la « vengeance prolétaire », la situation n'est pas encore catastrophique. À présent, le commissaire Golochtchekine le sait : Ekaterinbourg va tomber et ils seront obligés de prendre la fuite. Ils ne peuvent aller qu'à Moscou. Si, hier encore, ils considéraient la capitale avec un dédain amusé, elle apparaît aujourd'hui comme leur unique planche de salut. Sans Moscou, sans l'autorisation de Lénine et du vieil ami Sverdlov, rien de sérieux ne peut être entrepris. Anéantir la Famille impériale est une responsabilité trop lourde à assumer...

Au dernier moment, donc, Golochtchekine annule... Il veut d'abord s'assurer l'accord de Moscou. Et, en attendant, il lance un ballon d'essai : il verra comment Moscou réagit à la mort de Michel.

Miasnikov, l'organisateur du meurtre de Michel, semble l'avoir compris et il n'a pas envie de jouer les cobayes. Aussi s'évanouit-il dans la nature, dès que Michel quitte l'hôtel. À en croire le récit de Markov, il n'est pas présent au moment de l'assassinat. Miasnikov est un petit malin. Après avoir pris part à l'opposition ouvrière, dans les premières années qui suivent la révolution, et combattu Lénine lui-même, au début de la « Grande Terreur » il s'arrange pour s'enfuir à l'étranger. Il coule ensuite des jours heureux à Paris, oubliant la révolution. À tort. Car, de même qu'il a enlevé Michel, il sera enlevé dans la capitale française par les vaillants tchékistes de Staline et ramené au pays où il sera, à son tour, abattu comme un chien, sans jugement. Sa femme en sera officiellement informée en 1946, dans les locaux de la prison des Boutyrki.

Autre version possible : et si tout cette affaire avait été conçue à Moscou, afin d'anéantir les deux prétendants potentiels au trône russe ? Ensuite, les jours du pouvoir bolchevique semblant comptés, Moscou aurait reculé et décidé de se limiter à Michel et de voir comment réagirait le monde ?

Quoi qu'il en soit, l'assassinat de la Famille impériale est repoussé.

Et les jours, à nouveau, s'étirent...

« 3 juin. Passé la semaine à lire *L'Histoire de l'empereur Paul Ier* de Schiller que j'ai achevée aujourd'hui. Très intéressant... »

« 5 juin. Notre chère Anastasia a dix-sept ans aujourd'hui. Il a fait très chaud dehors et dans la maison... Les petites apprennent à cuisiner avec Kharitonov, chaque soir elles pétrissent la pâte et, chaque matin, elles cuisent du pain. Pas mal ! »

13

« La fuite »

La fin du dernier jeu

Ils viennent de se lever. Se lever tôt pour elle est une torture. Mais elle n'a pas le choix : chaque matin, le commandant Avdeïev fait la tournée des chambres, pour « s'assurer de la présence des détenus ».

Nicolas est debout près de la fenêtre, il examine une minuscule feuille de papier.

Avec la permission du commandant, on leur livre depuis quelque temps leur nourriture du monastère de Novotikhvinsk. Grâce aux largesses de la Mère supérieure, ils ont de la crème, des œufs et des bouteilles de lait. Et c'est dans une ces bouteilles qu'il découvre la lettre.

Un jour blafard filtre par la fenêtre badigeonnée à la chaux. Il ne fait pas encore trop chaud. Plus tard, ce sera la fournaise. Mais on ne les laisse pas ouvrir les fenêtres. Jadis, il se battait contre des empires : Japon, Allemagne, Autriche-Hongrie. À présent, il se bat contre le commandant Avdeïev, pour le droit d'ouvrir les fenêtres de sa chambre.

« 9 juin, samedi. Aujourd'hui, pendant le thé, six hommes sont entrés, manifestement envoyés par le Soviet régional regarder quelles fenêtres ouvrir. Cela fait près de deux semaines que cette question est en suspens ! Nous avons vu souvent venir des individus de tout poil, qui, sans un mot, ont entrepris d'examiner les fenêtres devant nous... Le parfum des jardins de la ville est étonnant. »

À la lumière spectrale de la fenêtre, observons le dernier tsar.

Il a gardé un corps puissant, musclé. Mais son inaction forcée lui a fait prendre un peu de poids. Il n'est pas très grand (sa taille déçoit beaucoup ses geôliers. Dans leur représentation naïve, un tsar doit être grand pour être un « grand tsar »). Sa silhouette n'est pas très bien proportionnée : un torse musclé, presque massif, des jambes fortes un peu courtes. Et son cou paraît d'une puissance démesurée pour sa petite tête délicate.

Un visage agréable, un nez pas trop long, des moustaches rousses, une barbiche couleur tabac. Ces derniers temps, il a laissé pousser sa barbe. Pour les cheveux, heureusement, Alix est là :

Extrait du Journal d'Alix :

« 7 (20) juin... Coupé les cheveux à N. »

À la lumière du jour, on décèle dans ses moustaches et dans sa barbe de rares fils blancs. Taillée par la main ferme de l'impératrice, sa chevelure, elle, grisonne régulièrement.

Il a des yeux changeants, tantôt gris-bleu, tantôt bleus, parfois d'un vert métallique. « Charmeur », « des yeux de gazelle », dira de lui le fameux avocat Koni. L'énigme de son regard : sa naïveté.

De nombreuses années plus tard, à Paris, Mathilde Kchessinskaïa, déjà fort vieille, rencontrera une mystérieuse femme se prétendant la fille du tsar, « Anastasia, miraculeusement rescapée ». Répondant aux questions d'un journaliste, l'ancienne ballerine dira :

– Cette femme a son regard... Celui qui voyait ses yeux ne pouvait plus les oublier...

– Et ces yeux, vous les connaissiez bien ?

– Oh ! Très bien... Très, très bien, répondra, avec une tendresse presque effrayante, cette femme de quatre-vingt-dix ans.

Son teint est plus hâlé qu'avant. Le soleil l'a buriné. Son cou est rouge. Sous ses yeux clairs, des poches.

Il arpente la pièce de son pas martial. Réfléchit. Enfin, sans un mot, il tend la lettre à Alix. Elle n'a pas le temps de la lire.

Entre le commandant Avdeïev. Nicolas se porte à sa rencontre, comme il le faisait quand il recevait des solliciteurs.

Tous les matins, Avdeïev est sombre, parce qu'il « a bu un coup de trop » la veille. Odeur d'alcool dans la pièce aux fenêtres closes...

Nicolas ne supporte pas les ivrognes. Si des légendes ont couru sur ses beuveries, en réalité il ne boit guère qu'un petit verre de vodka au déjeuner, traditionnel pour les hommes de la Famille Romanov. Parfois, le soir, un verre de vin français.

D'une voix douce, unie (aucun de ses ministres ne l'a jamais entendu hausser le ton), il salue le commandant.

Avdeïev sort enfin.

« Guettez un coup de sifflet vers minuit, ce sera le signal »

Alix lit le mystérieux billet. Il est rédigé en français, avec des fautes suspectes. Mais elle y croit aussitôt. Les fautes ? Simplement, il n'a pas été écrit par des aristocrates. D'ailleurs, où sont-ils, les aristocrates ? Ils ont trahi. Non, ceux-là sont des gens du peuple, de « braves Russes ». Elle dévore fiévreusement le texte : « Nous sommes un groupe d'officiers de l'armée russe... »

Ainsi leur parvient cette lettre qui leur propose de s'enfuir. Elle est signée : « Un officier de l'armée russe, prêt à mourir pour vous. » Alix est ravie. Sa migraine passe, comme par enchantement. Elle redevient la *Spitzbube*. Enfin ! Ils ne sont pas abandonnés ! De braves Russes, prêts à libérer leur tsar. L'Ami leur envoie la « légion des anges ».

Elle supplie Nicky de répondre. Gardant son calme, comme toujours, il accepte. Ainsi s'engage une étrange correspondance.

« Vos amis veillent, leur dit-on dans un autre message parvenu dans une bouteille du monastère. L'heure tant attendue est venue. Avec l'aide de Dieu et si vous montrez du sang-froid, nous espérons atteindre au but sans trop de risque. »

Puis, une autre lettre :

« Il faut absolument desceller une de vos fenêtres, afin de pouvoir l'ouvrir. Je vous prie de m'indiquer précisément laquelle. Pour le cas où le petit tsarévitch ne pourrait pas partir, cela compliquerait fortement les choses... Ne pourrait-on, pour une heure ou deux, l'endormir à l'aide d'un puissant narcotique ? Au docteur d'en décider. Soyez tranquilles, nous n'entreprendrons rien sans être certains du succès... »

Une évasion à la Dumas. Ou à la Mary Stuart...

Mais comment ouvrir la fenêtre ? Or, voici que, comme sur un ordre du « Starets », elle s'ouvre.

« 10 juin. La Fête de la Trinité... a été marquée par différents événements : ce matin, on nous a ouvert une fenêtre... L'air de la pièce s'est purifié, il est même devenu un peu frais vers le soir. »

L'ancien Commandant suprême envoie dans la bouteille de lait un nouveau message, qui évoque la mise en place des troupes avant la bataille :

« La deuxième fenêtre en partant de l'angle donnant sur la place reste ouverte depuis deux jours, y compris la nuit. Les fenêtres 7 et 8, près de l'entrée principale, sont également ouvertes en permanence. La pièce est occupée par le commandant et ses hommes qui constituent actuellement la garde intérieure. Ils sont au nombre de treize, armés de fusils, de bombes et de revolvers... Le commandant et son adjoint entrent chez nous quand bon leur semble. La nuit, l'homme de garde fait le tour de la maison deux fois par heure... Sur le balcon se trouve une mitrailleuse, et une autre au-dessous, en cas d'alerte. Juste en face de nos fenêtres, de l'autre côté de la rue, la garde occupe une petite maison. Elle compte cinquante hommes. Chaque poste de garde est relié au commandant par une sonnette, et des fils rejoignent le local de la garde et d'autres points... »

Ces sonnettes... retentiront, la fameuse nuit.

« Dites-nous, conclut Nicolas, si nous pouvons prendre nos gens. »

Comme toujours, dans son Journal, il consigne absolument tout, révélant le secret de la conspiration :

« 14 juin. Notre chère Marie a dix-neuf ans. Il a fait un temps tropical. 26 °C à l'ombre, 24 °C dans les chambres. Pénible, même. Avons passé la nuit en alerte, tout habillés, sans fermer l'œil. Tout cela parce que nous avions reçu ces jours-ci deux lettres, coup sur coup, dans lesquelles on nous informait que des gens dévoués et fidèles s'apprêtaient à nous enlever ! Mais les jours passent et rien n'arrive, l'attente et l'incertitude sont une torture. »

Le Journal atteste maintenant, aux yeux du monde, de l'existence d'un complot monarchiste, visant à faire évader la Famille.

Alix est plus prudente : dans sa note du 14 juin, elle n'en souffle mot. Mais elle attend la nuit suivante. Dans le silence, elle tend l'oreille.

Comme par dérision, elle perçoit bien autre chose, par la fenêtre ouverte, que le pas furtif des conjurés :

« 15 (28) juin, vendredi. Avons entendu, cette nuit, quelqu'un ordonner fermement à la sentinelle de suivre le moindre mouvement à notre fenêtre... »

Soixante-dix ans plus tard, aux Archives. Le dossier de Nicolas II.

Il contient les fameuses lettres envoyées à la maison Ipatiev dans des bouteilles de lait. Elles deviendront un des meilleurs prétextes pour assassiner la Famille Romanov.

Voici la dernière, signée : « Un officier. » L'écriture en est soignée, une écriture d'écolier. Le texte est rédigé en français : « Nous, groupe d'officiers de l'armée russe, qui n'avons perdu ni notre conscience ni notre sens du devoir envers le tsar et la Patrie...

Nous ne vous donnons pas plus de détails pour une raison que vous comprendrez, mais sachez que vos amis D. et T. [Dolgoroukov et Tatichtchev], qui se trouvent en lieu sûr, nous connaissent.

L'heure de la libération est proche et les jours des usurpateurs sont comptés. En tout état de cause, les armées slovaques seront bientôt à Ekaterinbourg. Elles ne se trouvent qu'à quelques verstes de la ville... N'oubliez pas qu'au moment ultime, les bolcheviks seront prêts aux pires des crimes. L'heure a sonné, il faut agir. Guettez un coup de sifflet vers minuit, ce sera le signal. Un officier. »

Curieux, comme ce fidèle ment. Curieux aussi, qu'il sache que les Romanov sont dans l'ignorance du sort de « D. et de T. » !

Récit de Vladimir Potressov, quatre-vingt-deux ans, dix-neuf ans de camp.

« Avant la révolution, mon père était membre du Parti cadet et collaborait à son journal *La Parole russe.* C'était un critique de théâtre connu, qui signait du pseudonyme de Sergueï Iablonovski... »

« Durant l'année 1918, où la Russie criait famine, mon père entreprit une tournée de conférences à travers la Sibérie, au profit de ceux qui avaient faim. Sa tournée s'achevait à Ekaterinbourg...

En son absence, des tchékistes vinrent perquisitionner chez nous. Ils annoncèrent à ma mère que la Tchéka d'Ekaterinbourg avait condamné mon père à mort par contumace, pour avoir pris part à un complot en vue de libérer Nicolas II.

Quand mon père rentra et apprit la nouvelle, il fut au comble de l'indignation : "Est-ce qu'ils seraient devenus fous ? Étant donné mes convictions, je ne saurais participer à un complot monarchiste ! Je vais aller trouver Krylenko" [alors président de la Cour suprême].

Mon père avait tout de l'intellectuel idéaliste à la Tchekhov. Ma mère sut heureusement le convaincre que les bolcheviks n'avaient que faire des explications : ils se contentaient de fusiller. Mon père accepta alors de quitter Moscou et passa chez les Blancs. Puis ce fut l'émigration, Paris, la misère...

On vint m'arrêter en 1937 parce que mon père avait pris part à un complot dont il ignorait tout. Je ne fus libéré qu'en 1956. »

Le secret du complot (« mission spéciale »)

En 1964, deux vieillards arrivèrent à la radio de Moscou. Ils étaient les deux derniers survivants de tous ceux qui avaient été liés à l'assassinat de la Famille impériale.

L'un d'eux était Grigori Nikouline, l'autre un certain I. Rodzinski.

Rodzinski n'avait pas participé au massacre mais, en 1918, il était membre de la Tchéka de l'Oural.

Les deux hommes avaient été invités par l'historien Mikhaïl Medvedev qui avait eu les plus grandes peines à les persuader d'enregistrer leurs souvenirs pour l'Histoire. Il lui avait été au moins aussi difficile de convaincre les autorités : il avait fallu l'intervention de Khrouchtchev.

Témoignage du tchékiste I. Rodzinski :

« Les lettres signées “Un officier” auxquelles crut Nicolas Romanov avaient été fabriquées de toutes pièces à la Tchéka. Leur auteur n’était autre que Piotr Voïkov, membre du Comité Exécutif du Soviet. »

Piotr Lazarevitch Voïkov (1888-1927), nom de Parti : « l’Intellectuel ». Exclu pour activités révolutionnaires, d’abord du lycée, puis de l’Institut des Mines de Saint-Pétersbourg. Participe à des actions terroristes. Émigre, vit en Suisse ; diplômé de l’université de Genève. Rentre en Russie en août 1917 et rallie les bolcheviks. En 1918, commissaire à l’Approvisionnement dans le gouvernement de l’Oural rouge. À compter de 1924, ambassadeur d’URSS en Pologne. Il y est tué en 1927 par un monarchiste, pour sa responsabilité dans le massacre de la Famille Romanov.

C’est donc Voïkov, « l’Intellectuel », qui rédige les lettres. Pourtant, son écriture est différente. Soucieux de ne pas se dévoiler, il prie sans doute Rodzinski de les recopier.

Voici, mot pour mot, le récit de Rodzinski :

« Nous décidâmes d’inventer une correspondance... À l’époque, c’était nécessaire... Il fallait prouver qu’un enlèvement se préparait. À dire vrai, il n’y avait rien de tel. Nous nous réunissions, Bieloborodov, Voïkov et moi. Nous inventions aussitôt le texte. Ensuite, Voïkov le dictait en français et j’écrivais. De sorte qu’il s’agit bien de mon écriture. »

Que tout est magnifiquement combiné ! À commencer par la nourriture du monastère, que les prévenants Ouraliens autorisent à livrer aux Romanov. Puis le même monastère devient le canal par lequel arrivent des « informations sur un vaste complot monarchiste ».

Tout est fait très habilement. Au début de juin, un certain Ivan Sidorov (évidemment un pseudonyme) arrive à Ekaterinbourg, envoyé par les Tolstoï, amis fidèles de la Famille impériale. Il est chargé de leur remettre une grosse somme d’argent. Par le biais du docteur Derevenko, Sidorov entre en contact avec le monastère de

Novotikhvinsk. Toujours par l'intermédiaire du médecin, il réussit parallèlement à rencontrer le commandant Avdeïev. C'est alors que le commandant, soudain devenu accessible à la pitié, autorise les livraisons du monastère.

Et l'histoire de la fenêtre ! Constamment fermée ! On étouffe ! C'est à devenir fou ! Elle ne peut que pousser la Famille à la fuite, ne peut que précipiter son accord.

Par la suite, le brave Avdeïev fait montre d'une incroyable vigilance : il contrôle soigneusement tous les produits en provenance du monastère. Et « découvre » le pot aux roses. C'est le final attendu : la mention d'un projet d'évasion dans le Journal du tsar. L'existence d'un « complot monarchiste » est attestée.

Celui qui a tout combiné connaît les habitudes de Nicolas. Ce ne peut être Iourovski : trop raide et pas assez fin. Il y faut un individu plus raffiné, qui a étudié l'ancien tsar. Il y a gros à parier qu'une fois de plus, c'est notre « espion ».

Lorsqu'il quitte Tobolsk, il s'installe à Perm où il dirige la Tchéka. Mais à la fin de juin, il est à Ekaterinbourg où il occupe de hautes fonctions.

Extraits de la lettre de A. Sorokina :

« Mon père étudiait des documents concernant Fiodor Loukoïanov. J'ai retrouvé dans ses papiers une note du Musée du KGB de Sverdlovsk : "Loukoïanov, F. Depuis le 15 mai 1918, président de la Tchéka de Perm. À dater du 21 juin 1918, président de la Tchéka de l'Oural. Dirige une mission spéciale du VTsIK concernant la Famille impériale." »

Une mission dont il s'acquitte magnifiquement.

Nicolas y a cru. Naïvement. Presque sottement. Au point de laisser cette mention dans son Journal.

Encore que...

Qui joue ?

À cette époque, les Tchécoslovaques sont aux portes d'Ekaterinbourg. On dira souvent par la suite que les Blancs se hâtaient de prendre la ville, afin de libérer la Famille impériale.

Cependant, leur « hâte » est étrange. Tioumen tombe, ainsi que la plupart des grandes villes des environs, mais Ekaterinbourg tient toujours.

Les Blancs contournent la ville par le sud. Ils prennent Kychtym, Miass, Zlatooust, Chadrinsk. Aucune « hâte furieuse » chez eux, ils veulent lentement encercler, lentement étrangler Ekaterinbourg. On dirait que rien ne les presse.

Pendant ce temps, dans la ville, les bolcheviks ne disposent que de quelques centaines de gardes rouges armés. La cité compte de nombreux officiers du tsar, et l'Académie de l'État-major Général y a été évacuée de Petrograd. Et pourtant : pas la moindre tentative pour libérer les prisonniers de la maison Ipatiev !

Certes, la Famille impériale est impopulaire. Et, en voulant renverser les bolcheviks, les Tchèques et l'Armée de Sibérie n'ont nullement l'intention de restaurer le tsarisme. Ils visent l'Assemblée Constituante... Le « Comité de l'Assemblée Constituante », tel est le nom que se donne le gouvernement de Samara.

Raspoutine et sa clique, une femme honnie du peuple, une guerre sanglante, des rumeurs de trahison... Rien qui fasse aimer le Souverain déchu. Et il n'est pas douteux qu'en cas de libération de la Famille, les libérateurs auraient eu des problèmes.

Au cours de cette année terrible, l'ancien autocrate a compris bien des choses, et en particulier ceci : nul n'a besoin de lui vivant.

Et mort ?

« Il n'est pas de sacrifice que je ne serais prêt à faire », avait-il dit, juste avant d'abdiquer.

Sans compter que, lui mort, la Famille serait aussitôt relâchée.

Donc sa mort serait un bien ?

Nicolas comprend forcément qui est cet « officier » au français balbutiant.

On s'est joué de Nicolas, on l'a manipulé toute sa vie : le Département de la police, sa mère, la Kchessinskaïa, Alix, la Douma, la Vyroubova, Raspoutine. Cette fois, c'est lui qui va jouer. En envoyant des lettres à « l'officier », en faisant mention de l'affaire dans son Journal, il sait qu'il se condamne. Ils lui ont lancé un appât, mais ce sont eux qui mordent à son hameçon.

Moscou, juillet 1918

À la fin du mois de juin, le Soviet de l'Oural possède donc des preuves de l'existence d'un « complot monarchiste ».

Golochtchekine part pour Moscou. Retenant son souffle, la capitale attend des nouvelles de l'Oural : combien de temps Ekaterinbourg tiendra-t-elle ? Et que se passera-t-il ensuite ? « Envoyez un maximum d'ouvriers de Piter, sans cela nous sautons, car la situation avec les Tchécoslovaques ne peut pas être pire. » (Lénine)

Oui, ils vont sauter, il semble que ce ne soit plus qu'une question de jours. Les bolcheviks sont cernés. De l'océan Pacifique, à travers toute la Sibérie et l'Oural, leur pouvoir s'effondre.

En Ukraine, les Allemands sont comme chez eux, ils forment contre les bolcheviks l'Armée des Volontaires. Au nord, à Mourmansk, débarquent les Anglais... Et la famine règne.

À Moscou, Golochtchekine se retrouve au cœur du tourbillon.

Le 4 juillet, s'ouvre le Ve Congrès des Soviets. Celui où l'on se proposait, un temps, de régler la question du procès du tsar. Mais c'est bien le moment ! Alors que les partis révolutionnaires sont en pleine empoignade ! Les SR de gauche, qui ont quitté le gouvernement après la « trahison de la paix de Brest-Litovsk », affrontent Lénine. La « Madone de la Révolution russe », la célèbre terroriste Maria Spiridonova*, prononce un discours véhément contre les bolcheviks.

Le 6 juillet, une explosion retentit dans l'immeuble de l'ambassade d'Allemagne. Deux hommes réussissent à en franchir l'enceinte et filent dans une automobile qui les attendait. C'est ainsi que l'ambassadeur allemand, le comte Mirbach, est tué par des SR de gauche.

« Les SR veulent torpiller la Paix de Brest-Litovsk », telle est la version du gouvernement. Mais il en est une autre : ce n'est qu'une provocation montée par les bolcheviks pour anéantir la plus dangereuse de leurs oppositions. Aussitôt après la mort de Mirbach, les bolcheviks arrêtent toute la fraction des SR de gauche. Les SR répliquent en s'emparant du télégraphe, du téléphone et du bâtiment de la Tchéka. Lénine envoie alors ses tirailleurs lettons, la principale force de frappe des bolcheviks. La rébellion est écrasée.

Dans le pays éclate une série de révoltes : les 7 et 8 juillet, des officiers se mutinent à Iaroslavl, Rybinsk et Mourom. Le 11, Mouraviev, le commandant suprême des troupes qui tentent de repousser l'offensive tchécoslovaque, se soulève à son tour.

Une atmosphère d'horreur et de sang. Le spectre de l'Apocalypse plane sur la capitale.

La Terreur Rouge n'est pas loin. Officiellement, elle ne commencera que quelques mois plus tard, après l'assassinat du bolchevik Ouritski*, chef de la Tchéka de Petrograd, et l'attentat perpétré contre Lénine par la SR Fanny Kaplan*. Mais en fait, en cet été torride, la Terreur est déjà là.

En novembre 1918, à la salle de police du Kremlin, Maria Spiridonova, chef des SR de gauche, fait tristement le bilan de la révolution, dans une lettre ouverte aux bolcheviks : « Quand le pouvoir des Soviets est devenu exclusivement bolchevique, il a fallu à Lénine une garde renforcée de Lettons, comme jadis le tsar avait ses cosaques ou le sultan ses janissaires... Il a aussi fallu instaurer une soi-disant Terreur Rouge... Pour une blessure faite à Lénine à l'avant-bras gauche, on a tué des milliers de personnes. On les a tués dans l'hystérie (ceux qui l'ont fait le reconnaissent eux-mêmes), sans instruction ni jugement, sans dossier, sans aucun sens de la justice, pour ne rien dire du sens moral... Certes, Lénine est sauvé... Mais en même temps, la révolution conduite par les bolcheviks a expiré son dernier souffle de vie... »

Ironie de l'histoire : en cet été 1918, on anéantit les SR, principale force à avoir combattu le tsar, au même moment que le tsar lui-même.

Quant à dire que la Terreur Rouge a tué « l'esprit vivant de la révolution », non : la Terreur Rouge a fait ses classes auprès de la révolution. En créant la Vétchéka, Lénine rêvait de jacobins, d'un nouveau Fouquier-Tinville qui saurait régler leur compte aux contre-révolutionnaires.

Mais les disciples russes des jacobins n'avaient oublié qu'une chose : la guillotine, qui avait décapité presque tous leurs maîtres français...

Qu'a obtenu Golochtchekine à Moscou ?

Après le massacre, les régicides de l'Oural seront unanimes : à Moscou, Golochtchekine ne parle que de la défense d'Ekaterinbourg, il ne souffle pas mot du sort de la Famille impériale. La décision de l'exécution sera l'initiative exclusive du Soviet de l'Oural.

Il va de soi qu'il ne saurait en être ainsi. Golochtchekine peut-il envisager la reddition de sa ville, sans se soucier de ce qu'il adviendra du tsar et de sa Famille ? Sans décider de ce qu'il en fera si la ville vient à tomber ?

De retour du front, Trotski décrit en détail dans son Journal une conversation qu'il a avec Sverdlov :

– Où est le tsar ?

– Fusillé, naturellement [froid triomphe de Sverdlov : il n'y aura pas de procès].

– Et la Famille ?

– La Famille avec lui.

– Entièrement ?

– Entièrement. Pourquoi ? [Discrète raillerie de Sverdlov : l'ardent révolutionnaire Trotski plaindrait-il le tsar et les siens ?]

– Qui en a décidé ? [Fureur : il veut savoir qui a osé sans même le consulter.]

– Nous en avons discuté ici. Ilitch [1] estimait qu'on ne pouvait laisser aux Blancs un vivant étendard, surtout dans les conditions actuelles.

Sa colère passée, l'ultra-révolutionnaire Trotski qui déclarait, aux jours terribles de la révolution : « Nous partirons mais en claquant si bien la porte que le monde en sera ébranlé », ne peut qu'approuver cette décision ultra-révolutionnaire :

« De fait, cette décision était inévitable. L'exécution de la Famille impériale était nécessaire, non seulement pour effrayer, terroriser et priver l'ennemi de tout espoir, mais encore pour secouer nos propres rangs, montrer que nous ne reculions pas. Devant, c'était la victoire complète ou la mort... Les masses ouvrières et les soldats

1. Lénine.

n'auraient ni compris ni pris une autre décision. Cela, Lénine l'avait bien perçu. »

Donc, selon Trotski, tout s'est décidé à Moscou. Mais il ne s'agit que d'un témoignage. Or, il existe un document.

Extraits d'une lettre de O. Kolotov (Leningrad) :

« Mon grand-père me répétait souvent que Zinoviev* avait pris part à la décision de fusiller le tsar et que le Souverain avait été exécuté par un télégramme adressé du Centre à Ekaterinbourg... »

Le télégramme

Il a été conservé, alors qu'il aurait dû être détruit. Imprimé sur un formulaire du télégraphe impérial, orné de l'aigle bicéphale, il annonce l'exécution imminente de la Famille.

Tout en haut, sur un bout de bande télégraphique, le destinataire et l'adresse : « Moscou. À l'attention de Lénine. » Au-dessous, une note au crayon : « Reçu le 16 juillet 1918, à 21 h 22, en provenance de Petrograd. » Le télégramme arrive donc à Moscou *avant* le massacre des Romanov.

Il a fait du chemin, ce télégramme. Il a été adressé d'Ekaterinbourg à Sverdlov, avec « copie à Lénine ». Mais on l'envoie par Zinoviev, le maître de la deuxième capitale, Petrograd, et le très proche compagnon d'armes de Lénine. C'est lui qui le fait ensuite parvenir à Lénine.

Les expéditeurs sont Golochtchekine et un certain Safarov, l'un des leaders du Soviet de l'Oural. Le texte en est le suivant :

« Moscou, le Kremlin, à l'attention de Sverdlov, avec copie à Lénine. Message transmis d'Ekaterinbourg par le fil direct : "Informez Moscou que pour des raisons d'ordre militaire, nous ne pouvons différer le jugement convenu avec Filippov. En cas d'avis contraire de votre part, télégraphiez immédiatement, par la ligne prioritaire. Golochtchekine, Safarov. Prenez vous-même contact à ce sujet avec Ekaterinbourg." Signé : Zinoviev. »

Sachant que « camarade Philippe » est le nom de code de Golochtchekine, il est aisé de décoder ce télégramme envoyé quelques heures à peine avant l'assassinat de la Famille. « Le jugement convenu avec Filippov », c'est l'exécution du tsar et des siens, entendue avec Golochtchekine. (Certes on s'apprêtait à juger Nicolas, mais la véritable justice révolutionnaire à l'égard d'un tyran, c'est son exécution). Les « raisons d'ordre militaire » font référence à la situation à Ekaterinbourg : la ville peut tomber d'un jour à l'autre.

Deux vieux amis

Le télégramme mentionne encore deux hommes qui jouent, manifestement, un rôle non négligeable dans le destin de la Famille impériale.

La photographie du Præsidium du Soviet de l'Oural : aux côtés de Golochtchekine et Bieloborodov, un intellectuel typique, dont les lunettes jurent avec sa crâne papakha. C'est Safarov, membre du Præsidium et vice-président du Soviet. La signature de cet intellectuel à lunettes figure sur les télégrammes les plus sanglants du Soviet de l'Oural.

Safarov, Gueorgui Ivanovitch. Né en 1891, fils d'ingénieur. Biographie classique du « marxiste instruit » : relégations, émigration en Suisse... C'est là qu'apparaît à ses côtés le très puissant Grigori Zinoviev, le numéro 3, après Lénine et Trotski, dans la hiérarchie bolchevique.

Ils sont devenus amis en Suisse. Zinoviev lui a fait rencontrer Lénine. Aussitôt après la révolution de Février, toujours grâce à Zinoviev, il rentre à Petrograd en même temps que Lénine, dans le fameux « wagon plombé ».

Puis c'est la victoire d'Octobre : à compter de septembre 1917, Safarov est vice-président du Soviet de l'Oural. Et son action à Ekaterinbourg rappelle à s'y méprendre celle de son idole, Zinoviev, à Petrograd.

Dans Petrograd cerné par les Blancs, Zinoviev instaure un système d'otages. En réponse à l'offensive des Blancs, il organise avec Staline, qui vient d'arriver, de véritables bacchanales : on fusille nuitamment des otages – officiers blancs, prêtres et autres « ci-devant ».

En 1919, Zinoviev répondra de même à l'assassinat, à Berlin, des communistes allemands Karl Liebknecht et Rosa Luxemburg, faisant exécuter quatre grands-ducs : Nicolas et Georges Mikhaïlovitch, Paul Alexandrovitch et Dimitri Konstantinovitch Romanov, à titre de représailles. Après un si bel acte de solidarité internationale, Lénine recommandera Zinoviev pour diriger le Komintern.

D'emblée, bien sûr, Zinoviev soutient le projet des Ouraliens de fusiller les Romanov. Dans sa logique, telle doit être la réponse à la marche des Blancs sur Ekaterinbourg. D'ailleurs, il ne veut pas de procès et il voue une haine féroce à Trotski. « Il y a longtemps que le Parti veut casser la gueule à Trotski », écrira ce marxiste instruit, à propos de son rival dans la lutte pour le pouvoir.

Les deux vieux amis seront liés toute leur vie. Lorsque, en 1919, Zinoviev prend la tête du Komintern, il choisit comme chef de section son ami G. Safarov. Après la mort de Lénine, le leader de Petrograd renforce ses arrières. Il nomme le fidèle Safarov à la tête du journal du Parti, la *Leningradskaïa Pravda*. Et quand Staline récompense Zinoviev en le « purgeant », Safarov paie sa part.

Extrait d'une lettre de S. Pojarski (Rostov-sur-le-Don) :

« J'ai vu dans le magazine *Ogoniok* les documents que vous publiez sur l'exécution de la Famille impériale. Sur la photo, il y a Safarov. Peut-être pourrez-vous me dire ce qu'il est devenu ensuite. Je m'explique : en 1941, à Saratov, je partageais une cellule avec un certain Safarov. Une figure très remarquable. À l'entendre, il avait été le secrétaire ou le documentaliste de Lénine en émigration, puis délégué de je ne sais quel Congrès du Parti et rédacteur d'un journal. Pour finir, des années durant, il avait été témoin de presque toutes les "affaires" de l'année 1937 et de celles qui suivirent. Pouvez-vous me dire en deux mots s'il s'agit du même ? »

« Le jugement convenu avec Moscou... »

Sverdlov et Zinoviev représentent donc à Moscou le puissant soutien des jacobins de l'Oural qui rêvent de faire justice aux

Romanov. Un soutien, aussi, pour Golochtchekine, lorsqu'il rencontre Lénine. Car cette rencontre a forcément eu lieu : Lénine pouvait-il ne pas recevoir un membre du Comité Central, leader de cet Oural où, selon ses propres paroles, se décidait le sort du pouvoir bolchevique ?

Golochtchekine doit résoudre deux problèmes au cours de cette entrevue. Tous deux concernent la Famille impériale. Il doit d'abord « convenir » de ce qu'il faut faire du tsar, si Ekaterinbourg tombe... En l'occurrence, estime-t-il, il n'y a pas à hésiter. Ensuite, « convenir » de ce que deviendra la Famille.

Extrait d'une lettre de L. Schmidt (Vladivostok) :

« Dans la revue *Trente jours* (numéro 1, 1934), Bontch-Brouïevitch cite les paroles du jeune Lénine qui s'extasiait d'une réponse du révolutionnaire Netchaïev. À la question : « Qui anéantir parmi les membres de la Maison impériale ? » il répliquait : « Toute la grande litanie. » « Oui, toute la Maison Romanov, c'est si simple que cela frise le génie », exultait Lénine.

Mort, le tsar projette l'ombre du martyre sur ses enfants. Alexis et ses sœurs peuvent en effet devenir à leur tour de « vivants étendards ». Ainsi, en se vouant à périr, Nicolas condamne la Famille.

On peut imaginer que, *dans la même fournée*, les deux hommes règlent le sort d'Ella et de tous les prisonniers d'Alapaïevsk. Et, naturellement, on « convient » de la manière d'annoncer l'exécution. Une question épineuse. La décision est prise : l'annonce officielle ne concernera que le tsar. Et c'est là qu'on invente une terrible formule, probablement due au fielleux Zinoviev : « La Famille a été évacuée en lieu sûr. »

Certes, l'exécution doit encore rester secrète, mais c'est un secret de polichinelle. Trotski a raison : Lénine sait que le risque encouru pour cet acte sanglant soudera les rangs des bolcheviks, en ces jours terribles pour la révolution.

Prévoyant en outre un possible effondrement, le gouvernement souhaite rester en dehors du massacre. L'idée doit venir des membres du Soviet d'Ekaterinbourg. Ce ne peut qu'être utile, car les Ouraliens qui auront tué le tsar n'auront plus qu'une alternative : la victoire sur les Blancs ou la mort.

Toutefois, à la différence des romantiques Trotski et Zinoviev, Lénine est pragmatique : l'exécution du tsar et de la Famille ne doit avoir lieu que si Ekaterinbourg tombe. Sinon, les Romanov doivent demeurer un atout dans le jeu à venir avec les grandes puissances.

C'est aussi à ce moment-là, sans doute, qu'on met au point le mécanisme : le signal de l'exécution ne doit pas venir des révolutionnaires furieux de l'Oural. Il doit être donné de l'extérieur.

Les discussions concernant le sort du tsar semblent susciter chez Lénine certaines associations. C'est en tout cas durant ces jours, alors que tout s'effondre alentour, qu'il se soucie soudain de l'application du « Décret relatif au retrait des monuments érigés en l'honneur des tsars et de leurs serviteurs. » (Le 9 juillet, il insiste pour que la question soit posée au Sovnarkom.)

Extraits des Mémoires du commandant du Kremlin P. Malkov :

«"Mais cette horreur, on ne l'a pas enlevée..." – Lénine indiqua le monument élevé sur le lieu de l'assassinat du grand-duc Serge Alexandrovitch... Il fit habilement un nœud coulant et le passa à la statue. Tout le monde s'y mit et celle-ci se retrouva ficelée de toutes parts. Lénine, Sverdlov, Avanessov et d'autres membres du VTsIK et du Sovnarkom s'attelèrent aux cordes, poussèrent, tirèrent et le monument s'effondra sur le pavé... » Un tableau fantastique !

La tradition se poursuivra après la mort de Lénine. Au moment de la destruction de la cathédrale de l'Ascension, au Kremlin, tous les sarcophages seront ouverts, les restes des tsarines moscovites seront tirés de leurs bandelettes et jetés sur une télègue. Un cheval les emportera à travers l'antique place du Kremlin. Sur un chariot, la mère et l'épouse d'Ivan le Terrible ; sur l'autre, les femmes des premiers Romanov et la mère de Pierre le Grand. Par un trou, on les fera glisser sur des planches dans les caves du palais de Justice (!).

Au demeurant, soixante-dix ans plus tard, on déboulonnera de la même façon les statues de Lénine.

14

Les préparatifs du crime

Les deux dernières semaines

À Ekaterinbourg, en attendant le retour de Golochtchekine, on commence à tout mettre en œuvre pour liquider les Romanov.

Le 4 juillet, le commandant Avdeïev est remplacé par le tchékiste Iakov Iourovski. Toute la garde intérieure change simultanément. La garde extérieure, elle, composée d'ouvriers de chez Zlokazov recrutés par Avdeïev, reste.

Demeurent aussi le beau-frère d'Avdeïev et le chauffeur, Sergueï Lioukhanov.

Dans la maison apparaissent de jeunes et blonds inconnus, taciturnes. Ce sont les nouveaux « Lettons » de la Tchéka. Ils occupent tout l'étage inférieur. Et la fameuse pièce.

Nicolas en a le pressentiment : le « monsieur tout noir » est venu, c'est donc pour bientôt...

Iourovski arrive à la maison Ipatiev en sauveur. D'abord, comme médecin, et maintenant pour lutter contre des « vols scandaleux ».

Il informe Nicolas des innombrables larcins commis par l'ancienne garde. On a trouvé, enterrées dans le jardin, des cuillers en argent ! Elles sont solennellement rendues à la Famille.

En même temps, on fait l'inventaire des biens. Uniquement, bien sûr, pour connaître l'ampleur du pillage. On commence par les bijoux.

« Les Romanov sont en état d'arrestation, ils n'ont donc pas le droit de porter des bijoux. Tel est le lot des détenus », explique Iourovski. « Pour le moment, du moins. » Ce « pour le moment », le madré tchékiste le glisse habilement dans la conversation. « Pour le moment », cela veut dire jusqu'au dénouement de l'affaire.

Le tsar traduit : tant que son sort n'est pas scellé. Et il y croit. Il ignore le slogan des grandes révolutions : « Pille ce qui a été pillé ! » Il lui semble qu'enfin, pour la première fois, une certaine compréhension s'instaure entre lui et ce pouvoir si difficile à cerner. La ville est en train de tomber et ils ont résolu de lui ôter la vie. Cependant, tout naturellement, ils ne pourront manquer de rendre à la Famille, en intégralité et en parfait état, ce qui lui appartient. Il ne sait pas vraiment où les siens pourront vivre, *après*. Ni de quoi. Il est père de famille, il doit se soucier de leur avenir. Il est heureux de cet accord tacite avec ce gentleman...

Extrait du Journal :

« 21 juin. Le commandant a été remplacé. Pendant le déjeuner, sont arrivés Bieloborodov et d'autres. Bieloborodov a annoncé que le remplaçant d'Avdeïev serait celui que nous avions pris pour un docteur, Iourovski. Dans l'après-midi, avant le thé, il a dressé l'inventaire des objets en or – les nôtres et ceux des enfants – avec l'aide de son adjoint. Ils en ont emporté la plupart avec eux (bagues, bracelets), en expliquant qu'une déplaisante histoire s'était produite dans notre maison... Je suis navré pour Avdeïev, mais il a eu tort de ne pas empêcher ses gens de piller les malles du débarras. »

Iourovski apprécie sa confiance. Et, pour la conforter, il renonce à perquisitionner. D'ailleurs, à quoi bon chercher maintenant ce qu'il pourra trouver *après* ?

Alix, elle, ne croit pas aux belles paroles du nouveau commandant. Elle est heureuse d'avoir prudemment caché ses biens les plus précieux.

« 21 juin (4 juillet), jeudi, note-t-elle. Avdeïev est remplacé, nous avons un nouveau commandant (il est déjà venu une fois examiner la jambe de Baby). Il est accompagné d'un jeune adjoint, beaucoup plus convenable que les précédents, déplaisants et vulgaires... Toute la garde va être changée... Ensuite, il nous a enjoints de montrer tous les bijoux que nous avions sur nous. Le jeune (l'adjoint) en a dressé soigneusement la liste et ils les ont emportés (où ? pourquoi ? pour combien de temps ? je l'ignore). Ils n'ont laissé que deux bracelets que je ne pouvais pas retirer. »

Le « jeune adjoint » du commandant, qu'Alix trouve « plus convenable », est effectivement le plus charmant des jeunes gens. Il a des yeux limpides, est vêtu d'une chemise brodée à la russe et doté d'un prénom qui enchante l'impératrice : Grigori. C'est le même Nikouline qui, quelques jours plus tard, tirera sur son fils.

Extrait de l'autobiographie de Nikouline (conservée au Musée de la Révolution) :

« Je suis d'extraction petite-bourgeoise. Père maçon, chauffagiste, mère au foyer. Études primaires, deux ans seulement d'école.

À partir de 1909, je travaille comme maçon, puis dans une usine de dynamite (pendant la guerre, pour éviter de servir dans l'armée). À la fermeture de l'usine, en mars 1918, je suis employé à la Tchéka régionale de l'Oural. »

Iourovski l'a remarqué d'emblée : Nikouline ne boit pas, fait rarissime parmi les anciens ouvriers reconvertis dans le travail à la Tchéka. Et surtout, il inspire tout de suite confiance. Iourovski sait l'apprécier, il l'appelle « fiston ». Lorsqu'il devient commandant, il le prend tout naturellement comme adjoint.

Extrait du Journal d'Alix :

« 22 juin (5 juillet). Le commandant est soudain arrivé, avec tous nos bijoux. Il les a laissés sur la table et viendra désormais quotidiennement vérifier que nous n'ouvrons pas la cassette. »

Lui, continue de faire confiance au nouveau commandant :

« 23 juin. Samedi. Hier, le commandant Iou[rovski] a apporté la petite caisse avec tous les bijoux qui nous avaient été pris, il nous a priés d'en vérifier le contenu et, en notre présence, y a apposé les scellés, laissant la boîte à notre garde... Iou[rovski] commence à comprendre quelle sorte de gens nous entouraient et nous gardaient précédemment, lesquels, par-dessus le marché, nous dépouillaient... »

« 25 juin. Lundi. Notre vie n'a pas du tout changé avec Iou[rovski]. Il vient dans la chambre contrôler que les scellés sont intacts et jette des coups d'œil par la fenêtre ouverte... À l'intérieur de la maison, les sentinelles sont à présent de nouveaux Lettons, mais à l'extérieur on trouve toujours les mêmes, moitié soldats, moitié ouvriers. Selon la rumeur, certains hommes d'Avdeïev ont déjà été arrêtés. On a mis aussi les scellés sur le débarras où sont nos bagages. Si seulement cela avait été fait un mois plus tôt ! Dans la nuit, il y a eu un orage et la fraîcheur a encore augmenté. »

C'est un été orageux. Il le note souvent dans son Journal. Des éclairs dans le ciel et de l'eau sur la terre. Beaucoup d'eau. Les routes de forêts sont difficilement praticables, c'est pourquoi il sera si compliqué de conduire le camion transportant leurs corps...

La maison, cependant, se prépare pour l'événement ultime. Il n'y prête pas attention, mais Alix note :

« 25 juin (8 juillet). Nous n'avons eu le lunch qu'à une heure trente, parce qu'ils réparaient l'électricité dans nos chambres. »

Donc, l'inventaire des bijoux est prêt, l'électricité réparée.

Le lendemain, 26 juin (9 juillet) 1918, le docteur Botkine commence à écrire sa lettre. Une inexplicable terreur, le caractère inéluctable de ce qui se prépare, les hallucinations et la mélancolie d'hommes enterrés vivants imprègnent l'atmosphère de cette terrible maison.

« Je suis mort, mais pas encore enterré »

(Dernière lettre)

Après la mort du docteur Botkine, Iourovski confisquera les papiers du dernier médecin de la Cour.

Je les feuillette : le « Calendrier des médecins de l'année 1913 » ; l'annonce par l'État-major général de la mort de son fils Dimitri, tombé au champ d'honneur en décembre 1914.

Et voici sa lettre (adressée à un condisciple de la lointaine promotion 1889). Il commence à l'écrire le 3 juillet et, manifestement, continue tous les jours suivants. Puis il la recopie d'une petite écriture perlée. Il la recopie jusqu'au dernier instant, interrompu à demi-mot...

« Mon cher, mon ami Sacha, je fais une ultime tentative pour écrire une vraie lettre. Ultime tentative d'ici, du moins, bien que cette restriction me semble superflue : je ne crois pas qu'il me soit donné d'écrire encore quoi que ce soit ni d'où que ce soit. Ma réclusion volontaire est aussi illimitée dans le temps que mon existence terrestre est limitée. De fait, je suis déjà mort, mort pour mes enfants, mon travail... Je suis mort, mais pas encore enterré ou enterré vivant, comme tu voudras : cela revient à peu près au même... Mes enfants gardent peut-être l'espoir que nous nous reverrons un jour dans cette vie ; pour ma part, je ne me berce pas d'illusions et regarde droit dans les yeux la réalité sans fard... Je te rapporterai de menus épisodes illustrant mon état. Avant-hier, tandis que lisais tranquillement Saltykov-Chtchedrine*, dont je me délecte, j'eus soudain la vision du visage, comme en réduction, de mon fils Iouri, mais mort, étendu les yeux fermés. Hier encore, occupé à la même lecture, j'entendis soudain un mot qui résonna pour moi comme : "Papinou !" Et je sanglotai presque. Encore une fois, cela n'a rien d'une hallucination, car le mot fut prononcé, la voix était très semblable et je ne doutai pas un seul instant qu'il s'agît de ma fille, laquelle doit se trouver à Tobolsk... Je n'entendrai sans doute plus jamais cette voix qui m'est chère, ni ces mots tendres dont les petits m'ont abreuvé...

Si "la foi sans les actes est morte", les actes sans la foi, eux, peuvent exister. Et si pour l'un de nous la foi est venue rejoindre les actes, c'est par faveur spéciale du Très-Haut. J'eus cette chance, au travers d'une rude épreuve, la perte de mon premier-né, Serioja, à l'âge de six mois. Depuis, mon code de vie s'est considérablement élargi et redéfini, et dans chacun de mes actes je me suis également soucié des “affaires du Seigneur”. Cela justifie notamment ma dernière décision qui me poussa à laisser mes enfants complètement orphelins, pour accomplir jusqu'au bout mon devoir de médecin, comme Abraham n'hésita pas, à la demande de Dieu, à offrir en sacrifice son fils unique... »

Extrait du Journal de Nicolas :

« 28 juin. Jeudi. Ce matin, vers dix heures et demie, deux ouvriers se sont approchés de la fenêtre ouverte, ils ont hissé une lourde grille qu'ils ont fixée sur le cadre, à l'extérieur, sans aucun avertissement de la part de Iou[rovski]. Le bonhomme me plaît de moins en moins. J'ai entamé le huitième tome de Saltykov. »

La grille, c'est déjà le final. Il y a quelque chose d'affreux, quand on entre dans la pièce, dans le spectacle de cette grille sombre.

Il souffre pour Alix et pour l'enfant. Mais elle... vit le rude quotidien de la réclusion.

Extrait du Journal de l'impératrice :

« 28 juin (11 juillet). Jeudi. Le commissaire a insisté pour nous voir tous à dix heures. Il nous a gardés vingt minutes et, pour le petit déjeuner, il ne nous permet plus d'avoir ni fromage ni crème.

Un ouvrier a été commandé pour installer, de l'extérieur, une grille métallique devant l'unique fenêtre ouverte. Visiblement, ils redoutent vraiment que nous nous évadions ou entrions en contact avec la sentinelle. Mes violentes douleurs continuent. Je suis restée au lit toute la journée. »

Le « monsieur tout noir » leur assène deux coups, ce jour-là. Car enfin, cette crème, ce fromage, ces œufs, apportés du monastère, créent une diversion dans la morne existence d'Alexis.

Et cette grille, à présent !

Iourovski, toutefois, ne fait que son travail.

Leurs jours sont comptés et il a entrepris de les isoler du monde. Il redoute le monastère. Certes, c'est la Tchéka qui avait imaginé de leur faire passer les lettres signées : « Un officier ». Mais si quelqu'un d'autre... Il doit y songer. La ville est livrée à l'anarchie, et lui ne dispose que d'un petit détachement.

La résolution relative à l'exécution des Romanov disparaît

Cela se produit le 12 juin, au lendemain de l'épisode de la grille. Retour de Moscou, Golochtchekine réunit en séance le Comité Exécutif du Soviet de l'Oural.

Loyal, il ne souffle mot de son accord avec Moscou, seul un cercle des plus étroits en est informé : le Præsidium du Soviet de l'Oural. Les membres de base du Soviet y croient dur comme fer : il leur faut aujourd'hui prendre eux-mêmes une décision concernant le sort des Romanov. Les Blancs arrivent. Chacun comprend l'importance que peut avoir cette décision dans sa vie.

Néanmoins, ils adoptent à l'unanimité la « Résolution du Soviet de l'Oural relative à l'exécution »...

L'application de la Résolution est confiée à Iakov Iourovski.

Où lire, aujourd'hui, le texte de la Résolution ? Inutile de le chercher, il a disparu. Comment cela, disparu ?

Pour le comprendre, essayons de le reconstituer.

La parole est à Iourovski. Dans sa « Note », il écrira :

« Le commandant dit aux Romanov que, "dans la mesure où leurs parents poursuivent leur offensive en Russie soviétique, le Comité Exécutif de l'Oural a décidé de les fusiller..." »

Cela n'est guère dans la rhétorique des premières années de la révolution.

Voyons à présent le télégramme officiel du Soviet de l'Oural concernant les Romanov :

« Avons pris considération avancée ennemi Ekaterinbourg et découverte Tchéka complot gardes blancs visant enlever ci-devant tsar et famille POINT Détenons preuves POINT Par décision Præsidium Soviet régional nuit *15-16* [? ?] juillet Nicolas Romanov fusillé POINT Famille évacuée lieu sûr POINT Avons honneur annoncer : compte tenu avancée bandes contre-révolutionnaires capitale rouge Oural et possibilité bourreau couronné éviter verdict populaire PARENTHÈSE complot gardes blancs révélé visant enlever lui et famille VIRGULE documents compromettants découverts seront publiés PARENTHÈSE Præsidium Soviet régional VIRGULE exécutant volonté révolution VIRGULE décidé fusiller ci-devant tsar Nicolas Romanov VIRGULE coupable innombrables violences sanglantes contre peuple russe... »

Cela ressemble déjà plus.

Extrait d'une lettre de lecteur, A. Krouglov :

« Mon père conserve le texte, recopié par ses soins, de la Résolution relative à l'exécution du tsar, qui avait été affichée dans toute la ville :

« Proclamation du Comité Exécutif de l'Oural du Soviet des députés ouvriers, paysans et soldats de l'Armée Rouge. Informé de la menace que font peser les bandits tchécoslovaques sur la rouge capitale de l'Oural et prenant en considération le fait que le bourreau couronné, en se dissimulant, pourrait échapper à la sentence du peuple, le Comité Exécutif, exécutant la volonté du peuple, a décidé de fusiller le ci-devant tsar Nicolas Romanov, coupable d'innombrables crimes sanglants. »

Elle correspond presque mot pour mot au télégramme.

Ainsi le papier lu par Iourovski la nuit de l'assassinat n'a-t-il rien à voir avec la Résolution officielle du Soviet de l'Oural. Ni sur le fond ni sur la forme. Le papier que lit Iourovski parle de l'exécution *des* Romanov, tandis que la Résolution ne parle que *de* Romanov.

Les dix personnes qui se trouveront bientôt dans l'entresol, aux côtés de Nicolas, seront tuées illégalement. C'est pour cela que le texte de la Résolution a disparu.

« Nous sommes sans nouvelles de l'extérieur »

Extrait du Journal de Nicolas :

« 30 juin. Samedi. Alexis a pris son premier bain depuis Tobolsk. Son genou se rétablit, mais il ne peut absolument pas le déplier. Il fait un temps agréable. Nous sommes sans nouvelles de l'extérieur. »

C'est par cette phrase sans espoir que Nicolas achève son Journal. Suivent des pages blanches, soigneusement numérotées de sa main jusqu'à la fin.

Durant tous ces jours, Alix attend. Elle attend de nouvelles informations de « l'Officier de l'armée russe », soudain devenu muet. Et, sans relâche, elle prête l'oreille aux bruits de l'autre côté de la fenêtre.

Extrait du Journal d'Alix :

« 29 juin (12 juillet). Nous entendons sans cesse, depuis deux semaines, l'artillerie, les fantassins qui défilent et, à deux reprises, la cavalerie. Des unités aussi, musique en tête : ce sont des prisonniers de guerre autrichiens qui se battent contre les Tchèques (eux aussi nos prisonniers de guerre), lesquels, avec leurs unités, traversent la Sibérie. Et cela ne se passe pas très loin d'ici. Des blessés arrivent quotidiennement dans la ville.

30 juin (13 juillet). À six heures et demie, Baby a pris son premier bain depuis Tobolsk. Il est parvenu tout seul à entrer dans la baignoire et à en sortir, il arrive également à grimper et à descendre de son lit. Mais il ne tient encore debout que sur une jambe... Il a plu toute la nuit. J'ai entendu trois coups de revolver. »

Les trois derniers jours

Trois jours avant de disparaître, Nicolas interrompt son Journal. Alix continue le sien. Elle racontera leur histoire jusqu'au bout.

« 1er juillet (14), dimanche. Une belle matinée d'été. De la peine à me réveiller, à cause de mon dos et de mes jambes... À dix heures et demie, un grand bonheur : nous avons eu la messe. C'est un jeune prêtre que nous voyons pour la deuxième fois... »

C'est dimanche et, tandis que le nouveau leader du pays, Oulianov-Lénine, se repose à la datcha de Kountsevo, l'ancien dirigeant du même pays, le détenu Romanov, obtient le droit d'assister à la liturgie.

La messe commandée par la Famille est dite par le père Storojev. Il a déjà officié une fois à la maison Ipatiev et Iourovski a accepté qu'il revienne.

La pièce du commandant est en désordre, sale, sur le piano traînent des bombes et des grenades. Dans le lit, Grigori Nikouline dort ; après son service, il s'est couché sans prendre la peine de se déshabiller. Iourovski boit lentement son thé, en mangeant du pain beurré. Tandis que le prêtre et son diacre revêtent les habits sacerdotaux, une conversation s'engage :

– Qu'avez-vous ? demande Iourovski, remarquant que le père Storojev ne cesse de se frotter les mains, essayant de se réchauffer.

– Une pleurésie.

– Moi aussi, à une époque, j'ai eu quelque chose à un poumon.

Et Iourovski de lui donner des conseils.

Quand le père Storojev entre dans la grande salle, la Famille est déjà réunie. Alexis a pris place dans le fauteuil à bascule. Il a beaucoup grandi mais son visage est pâle, après sa longue maladie et les journées passées dans des pièces étouffantes. Alexandra Fiodorovna porte encore la robe lilas dans laquelle le père l'a vue, la première fois. Elle est dans un fauteuil, à côté de l'héritier. Nicolas est debout, vêtu d'une vareuse et d'un treillis, et chaussé de bottes. Les filles ont des chemisiers blancs et des jupes sombres. Leurs cheveux ont repoussé et leur arrivent aux épaules. Derrière, passé l'arche, se tiennent le docteur Botkine, les domestiques et un enfant, le marmiton Sednev.

Le rituel veut que l'on dise la prière *Laisse-moi reposer parmi les saints.* Mais, Dieu sait pourquoi, le diacre se met à la chanter.

Et le prêtre entend derrière son dos la Famille se mettre en silence à genoux. Nicolas est, bien sûr, le premier à le faire. Lui, le tsar, a toujours su que son sort était « entre les mains de Dieu ».

Il sait aussi que c'est pour bientôt. Très bientôt.

Sur le chemin du retour, le diacre dit au père Storojev :

– Il leur est arrivé quelque chose... Ce ne sont plus *les mêmes.*

Un commandant prévenant

En ces jours, Iourovski s'absente souvent de la maison. En compagnie du commissaire Ermakov, il se rend au village de Koptiaki, à dix-huit verstes d'Ekaterinbourg. Là, non loin du hameau, dans une forêt touffue, se trouvent des mines abandonnées.

Iourovski sait que l'assassinat des Romanov n'est qu'un début. Ensuite, viendra le plus difficile : les enterrer de manière à ce qu'on ne puisse les retrouver.

Elle : « 2 juillet (15), lundi. Un matin gris, puis un peu de soleil. Lunch sur la couchette dans la grande pièce, tandis que des femmes venues de l'extérieur lavaient les planchers. Je me suis ensuite recouchée et j'ai lu avec Marie. Ils sont partis deux fois (se promener), comme d'habitude. Toute la matinée, Tatiana m'a lu des textes saints. Je sens que Vladimir Nikolaïevitch ne va pas venir, une fois de plus. À six heures trente, Baby a pris un second bain. Bésigue. À dix heures et quart, je suis allée me coucher... Entendu le grondement de l'artillerie dans la nuit ainsi que quelques coups de revolver. »

Vladimir Nikolaïevitch, c'est le docteur Derevenko. Le commandant ne peut l'autoriser à venir les derniers jours. Ou plus exactement, l'avant-dernier jour.

Les femmes qui lavent les planchers raconteront par la suite qu'on leur avait enjoint de passer partout : dans les chambres de la Famille et en bas, au rez-de-chaussée, où vivait la garde. Elles ont aussi nettoyé le plancher de la fameuse pièce...

Après l'électricité et la grille, les planchers... Décidément, Iourovski pense à tout.

En ces jours, on trouve dans le registre de la garde :

« 10 juillet. Demande de Nicolas Romanov concernant l'ouverture des fenêtres pour aérer les lieux. Rejetée.

11 juillet. Promenade habituelle de la Famille : Tatiana et Marie demandent un appareil photographique, qui leur est bien sûr refusé par le commandant. »

L'appareil confisqué à la tsarine à son entrée dans la maison Ipatiev est toujours là, dans la pièce du commandant Iourovski, ancien photographe.

Récit du tchékiste Mikhaïl Medvedev :

« Mon père racontait qu'un conseil s'était tenu en ces jours à l'*Hôtel d'Amérique*, à l'initiative de Iakov Iourovski. La participation à l'exécution se décida sur la base du volontariat. Les volontaires se réunirent dans sa chambre d'hôtel... On se mit d'accord pour viser le cœur, afin qu'ils ne souffrent pas. Puis on fit la distribution : qui se chargerait de qui ? Piotr Ermakov se réserva le tsar. Il avait des gens qui devaient aider à enterrer secrètement les corps. Et, surtout, il était le seul d'entre eux à avoir été au bagne, le grand titre de gloire des révolutionnaires !

Iourovski prit la tsarine, Nikouline Alexis, Marie échut à mon père : c'était la plus grandette. »

(Mikhaïl Medvedev pourrait prendre la mouche. Le deuxième titre de gloire d'un révolutionnaire est celui de « prisonnier politique ». Or Mikhaïl Medvedev l'a été. Ancien matelot, son vrai nom est Koudrine, Medvedev celui qui figurait sur un de ses innombrables passeports quand il travaillait à Bakou pour le Parti. À partir de 1918, il est à la Tchéka, ce qui n'est pas si fréquent parmi les « vieux » révolutionnaires. D'ordinaire, ils refusent d'en être, ne se voyant pas arrêter les SR, leurs anciens compagnons de lutte contre le tsar.)

Les autres grandes-duchesses et les domestiques sont pour un homonyme de Medvedev, Pavel, chef de la garde à la maison Ipatiev, pour un autre tchékiste, Alexeï Kabanov, et pour six Lettons de la Tchéka.

Iourovski a tout prévu : à minuit pile, un camion doit entrer dans la cour. Piotr Ermakov arrivera avec. Le camion sera pris au garage du Soviet, en changeant le chauffeur. C'est Sergueï Lioukhanov qui sera au volant. Et c'est dans ce camion qu'on emportera les corps.

La ville est agitée. Par prudence, Iourovski fixe des mots de passe. Le jour de l'exécution, le mot de passe sera « ramoneur ». Le grand nettoyage, en somme !

Reste à déterminer où aura lieu le châtiment. Le commandant a trouvé : la pièce à côté du débarras. Il l'a remarquée tout de suite. Elle donne sur la ruelle de l'Ascension, une impasse, la fenêtre a des barreaux et elle vient buter sur la colline. C'est donc une demi-cave et, même si on allume l'électricité, on ne verra strictement rien de la rue, à cause de la palissade...

On crie famine, en ce moment, dans la ville. Ils vont en outre, demain, devoir travailler toute la nuit. Iourovski autorise donc le monastère à livrer du lait et un panier d'œufs... en principe pour Alexis. Il recommande de bien emballer les œufs, afin qu'ils ne se cassent pas. Il a l'œil pour tout.

Le dernier jour

Ce dernier jour, 16 juillet, ils se lèvent à neuf heures. Comme toujours, ils se réunissent dans la chambre des parents pour la prière commune.

Naguère, ils chantaient souvent en chœur *L'Hymne des Chérubins* et d'autres cantiques. Mais, ces derniers jours, les tirailleurs l'ont noté, ils ne chantent plus.

À neuf heures du matin, comme toujours, le commandant Iourovski fait son apparition. À dix heures, ils boivent leur thé, tandis que le commandant entame sa tournée d'inspection, « s'assurant de la présence des prisonniers ».

C'est alors qu'on apporte le lait et les œufs. Iourovski en informe Alix. Il est content de son idée : au moins, ils seront de bonne humeur ! Et eux seront contents de trouver des œufs, après...

Ce jour-là, il leur accorde une heure de promenade, comme d'habitude. Et, comme d'habitude, ils font une demi-heure le matin et une avant le dîner.

Le garde Iakimov les voit, ce jour-là. Du moins le tsar et les grandes-duchesses. Car Alexis et la tsarine ne se montrent pas.

L'impératrice passe toute la journée dans sa chambre.

Extraits des Carnets de Iourovski :

« Le 16 juillet, un télégramme arriva de Perm, contenant, en langage codé, l'ordre d'exterminer les Romanov. À six heures du soir, Philippe Golochtchekine prescrivit d'exécuter l'ordre. »

D'où vient ce télégramme ? Et qui peut se permettre de donner des ordres au commissaire militaire de toute la région de l'Oural, Golochtchekine ?

Le mécanisme de l'exécution

Bien avant, à la fin de juin, alors que le bruit se répandait à Moscou que Nicolas II avait été fusillé, une demande d'information était envoyée dans l'Oural, au nom du Sovnarkom. La réponse vint, signée R. Berzine, Commandant suprême du Front Nord Ouralo-sibérien : « Toutes les informations sur le meurtre de Nicolas Romanov relèvent de la provocation. »

Après la trahison de Mouraviev, le pouvoir se concentre, dans l'Oural, entre les mains d'un révolutionnaire letton commandant le front contre l'offensive tchèque : Reinhold Berzine. C'est à lui, manifestement, que Moscou a confié le soin de lancer le mécanisme d'exécution de la Famille. La démarche est logique : il peut garantir que le Soviet de l'Oural ne le fera pas avant que le sort d'Ekaterinbourg ne soit scellé. Lui seul est en mesure de déterminer cet instant fatidique. Lui seul, Commandant suprême, peut donner des ordres au commissaire militaire. Et, le 16 juillet, comprenant que la situation de la ville est désespérée, Berzine, visiblement, lance son ordre, condamnant ainsi à mort onze personnes, dont un enfant mineur.

En 1938, Reinhold Berzine mourra dans les camps staliniens.

Avant l'Apocalypse

Il est sept heures du soir.

La famille Romanov prend le thé. Déjà, on est venu au matin emmener le marmiton Sednev. Alix, très inquiète, a envoyé Botkine demander ce qui se passait. Explication : le marmiton a été appelé auprès de son oncle, il reviendra très vite.

Ayant reçu l'ordre de Berzine, le prudent Philippe Golochtchekine décide, à tout hasard, de télégraphier à Moscou. Il envoie alors le télégramme indiquant que l'exécution de la Famille, « convenue » avec Moscou, ne souffre plus de délai, en raison de l'imminente reddition de la ville.

« En cas d'avis contraire de votre part, télégraphiez immédiatement par la ligne prioritaire. »

Il veut se garantir par un ordre direct de Moscou.

À vingt et une heures vingt-deux, on le sait, le télégramme est à Moscou.

Une réponse parvient-elle à Ekaterinbourg ? Ou bien, comme cela arrive souvent, Moscou garde-t-elle le silence, ce qui équivaut à donner un consentement ?

Y eut-il une réponse de Lénine ?

Le 11 août 1957, le *Journal du Constructeur* publie une sorte d'essai, intitulé : « Sur le conseil de Lénine. » On imagine bien qu'un titre pareil n'attire pas les foules. À tort, car l'essai est tout ce qu'il y a de plus curieux.

Le héros en est un certain Alexseï Akimov, doyen de l'Institut d'Architecture de Moscou. Akimov a un passé révolutionnaire sans tache. D'avril 1918 à juillet 1919, il sert dans la garde du Kremlin : il protège d'abord Sverdlov, puis Lénine.

Or, le journal rapporte une histoire survenue à Akimov durant l'été 1918.

« Le plus souvent, il était en faction aux portes de la réception de Lénine ou dans l'escalier menant à son cabinet. Mais on lui confiait parfois d'autres missions : foncer, par exemple, à la radio ou au télégraphe et transmettre les messages particulièrement importants de Lénine. Dans ces cas-là, il rapportait, non seulement l'original du télégramme, mais également la bande télégraphique. Or voici qu'au cours d'une de ces missions, le télégraphiste dit à Akimov qu'il ne donnera pas le ruban, qu'il le gardera. "Je dus tirer mon pistolet et insister", se souvient Akimov. Mais quand, une demi-heure plus tard, Akimov est de retour au Kremlin, le secrétaire de Lénine lui jette un regard significatif : "Venez, Vladimir Ilitch veut vous voir." »

Akimov entre dans le cabinet d'un pas martial. Lénine le stoppe net : « Vous en avez fait de belles, camarade ! Pourquoi avez-vous menacé le télégraphiste ? Filez au télégraphe et présentez-lui des excuses publiques. »

Il est à noter que l'essai ne donnait aucune précision sur le contenu du télégramme que, sous la menace de son revolver, Alexeï Akimov avait voulu arracher au télégraphiste.

Extrait d'une lettre de N. Lapik, directeur du Musée de l'usine *Progress* (Kouïbychev) :

« Nous avons au musée un enregistrement écrit d'une conversation entre A. Akimov et un de nos vétérans, A. Smychliaïev, qui recherchait des documents sur son histoire. Dans le protocole de cet entretien, qui eut lieu le 19 novembre 1968, on lit, d'après les propos d'Akimov :

« Quand le Comité régional de Toula [erreur : il s'agit de l'Oural] décida d'exécuter la famille de Nicolas, le Sovnarkom et le VTsIK rédigèrent un télégramme approuvant cette décision. Sverdlov m'envoya le porter au télégraphe situé à l'époque rue Miasnitskaïa, en me disant d'en prendre grand soin. Cela signifiait que je devais rapporter, non seulement la copie du télégramme, mais également la bande.

Le télégraphiste refusa de me la remettre. Je tirai mon revolver et me mis à le menacer. Ayant obtenu ce que je voulais, je regagnai le Kremlin. Le temps que j'arrive, Lénine était déjà au courant. Son secrétaire m'attendait : "Ilitch veut te voir ; tu vas te faire savonner la tête..." »

On reçoit donc, à Ekaterinbourg, un télégramme approbateur. Minuit n'est pas loin. Tous attendent la réponse. Quand elle arrive, bien après minuit, Golochtchekine envoie le camion. Mais ils ont pris du retard et le véhicule transportant Ermakov n'arrive qu'à une heure et demie du matin. Iourovski évoquera avec dépit ce contretemps dans sa "Note".

Tandis qu'on attend le télégramme, la Famille s'apprête à dormir. Cette nuit-là, Alexis est dans leur chambre. Avant de se coucher, Alix décrit en détail toute cette journée, la dernière :

« 3 (16) juillet, mardi. Matinée grise, puis un agréable soleil a pointé le nez. Baby souffre d'un léger refroidissement. Tous sont allés à la demi-heure du matin. Olga et moi avons pris des médicaments. Tatiana lisait un livre saint. Quand tous sont partis, elle est restée avec moi et nous avons lu les prophètes Abdias et Amos. »

Extrait du Livre d'Amos :

« Et leur roi s'en ira en exil, lui, et ses princes avec lui, dit Yahvé. » (1, 15)

« Le Seigneur Yahvé le jure par sa sainteté : Oui, des jours vont fondre sur vous où l'on vous enlèvera avec des crocs et vos suivantes avec des harpons. » (4, 2)

« C'est pourquoi l'homme prudent se tait en ce temps-ci, car c'est un temps de malheur. » (5, 13)

« Voici venir des jours, dit le Seigneur Yahvé, où j'enverrai la faim dans le pays, non pas une faim de pain, ni une soif d'eau, mais d'entendre la parole de Yahvé. D'une mer à l'autre on ira titubant, on errera du nord au levant pour chercher la parole de Yahvé, et on ne la trouvera pas ! » (8, 11-12)

Extrait du Livre d'Abdias :

« "Tu aurais beau t'élever dans les nues comme un aigle et bâtir ton nid au milieu des étoiles, je te renverserais", dit le Seigneur. »

Et en écoutant ces saintes paroles menaçantes, Tatiana se tait soudain, plongée dans ses pensées.

« Ce matin, comme toujours, le commissaire est venu dans nos chambres. Enfin, après une semaine d'interruption, on a de nouveau apporté des œufs pour Baby ! Dîné à huit heures.

Liochka Sednev a brusquement été emmené voir son oncle et il a disparu. Je serais fort étonnée que tout cela soit vrai et que nous revoyions le garçon. »

Comme toujours, elle ne les croit pas. Elle se rappelle que tous ceux qu'ils ont emmenés – Sednev, Nagorny... – ne sont jamais revenus.

« Avons joué au bésigue avec N[icolas]. Dix heures et demie – au lit... »

À ce moment, deux gardes éméchés, les tirailleurs Proskouriakov et Stolov, arrivent à la maison Popov, en face de la maison Ipatiev.

La veille, ils ont touché leur solde (c'est là un point à retenir) et ils ont fait la fête chez un milicien de leurs amis. Ils entrent gaiement dans la maison Popov où ils tombent nez à nez avec le chef de la garde, Pavel Medvedev. Ce dernier, allez savoir pourquoi, est particulièrement hargneux et, avec des jurons bien sentis, il les expédie tous les deux pour la nuit à l'étuve dans la cour de la maison. La nuit est douce. Ils se couchent et s'endorment aussitôt.

Cependant, le garde Iakimov dispose les sentinelles. Le tirailleur Deriabine est au poste numéro 7, à côté de la maison. Au poste numéro 8, dans le jardin, près de la fenêtre de l'entrée, se trouve le mitrailleur Klechtchev... Son travail achevé, Iakimov va se coucher.

Alix achève son Journal. Elle note la température de l'air : « 15 °C ». Ce sont ses derniers mots.

Le tsar et la tsarine disent leurs prières. Les petites dorment déjà.

À onze heures, la lumière s'éteint dans leur chambre...

Dans la maison Popov, le premier étage est occupé par les gardes, mais au rez-de-chaussée vivent des gens ordinaires. Deux de ces locataires ordinaires se réveillent soudain, tard dans la nuit. Des tirs sourds... nombreux, à l'extérieur, là-bas, derrière la palissade de la terrible maison.

Et ils se chuchotent :

– T'as entendu ?

– Oui.

– T'as compris ?

– Oui.

La vie est pleine de dangers en ces années, et les gens sont craintifs et prudents. Ils ont vite assimilé la règle d'or de la survie : crainte et prudence. Aussi n'ajoutent-ils rien, se contentant de se faire tout petits dans leur chambre jusqu'au matin.

Ils parleront plus tard de leur dialogue nocturne, en cette douce nuit du 16 au 17 juillet, pleine des « parfums des jardins », au juge d'instruction de la Garde blanche.

17 juillet. Matin à la maison Ipatiev

Le jour se lève, maussade. Mais, tout comme la veille, le temps finit par s'arranger et les jardins sont en fleurs. Le « parfum des jardins », comme il disait dans son Journal.

Comme la veille, des hommes montent la garde autour de la maison Ipatiev. Ce matin-là, une novice vient du monastère apporter des œufs, de la crème. Mais aujourd'hui, on ne la laisse pas entrer. Sur le perron se tient le jeune adjoint du commandant, Nikouline. Il ne prend pas ce qu'elle lui tend, se contente de dire : « Allez-vous-en et n'apportez plus rien. »

Le caporal de pose Iakimov arrive de bon matin à la maison Ipatiev. Les Lettons n'y sont plus. La garde ne se trouve que dans la cour. On lui dit que les Lettons sont rentrés chez eux, à la Tchéka. Il n'en reste que deux, ici. Mais ils n'ont pas voulu dormir en bas, après ce qui s'est passé hier ; ils ont couché au premier, dans la pièce du commandant. Iakimov s'y rend et voit les Lettons étendus sur les lits de campagne des grandes-duchesses. Iourovski n'est pas là, en revanche Nikouline et Pavel Medvedev sont attablés. Sur la table, quantité de bijoux : ils se trouvaient dans les cassettes. Les coffrets ont été ouverts et les joyaux gisent en tas sur la table. Medvedev et Nikouline ont l'air las et même un peu abattu. Ils ne parlent pas, se contentent de remettre muettement les joyaux dans les coffrets. Les portes donnant sur les chambres de la Famille impériale sont fermées.

Près des portes, Joy, l'épagneul, attend. Mais pas un son ne parvient des chambres de la Famille, d'où résonnent d'ordinaire des bruits de pas, de voix.

C'est ce que racontera plus tard le caporal de pose Iakimov au juge d'instruction blanc.

Le 17 juillet, pour les non-initiés du Comité Exécutif du Soviet, Bieloborodov joue une saynète des plus amusantes, qui pourrait s'intituler : « Annonce de l'exécution à Moscou qui ne sait rien. »

L'un de ces non-initiés est le rédacteur du journal *L'Ouvrier de l'Oural*, V. Vorobiev. Il décrira consciencieusement la scène dans ses Mémoires : « Au matin, le Præsidium du Soviet régional me remit pour le journal le texte de l'annonce officielle de l'exécution des Romanov. "Ne le montre à personne pour l'instant", me dit-on. "Il faut l'accord du Centre avant publication." Les bras me tombèrent de découragement. Toute personne ayant un jour travaillé dans la presse comprendra que je voulais, là, tout de suite, balancer à la une de mon journal une nouvelle aussi sensationnelle. On ne voit pas tous les jours un événement aussi épatant que l'exécution d'un tsar !

Je n'arrêtais pas de téléphoner, pour savoir si l'accord de Moscou était enfin arrivé. Ma patience était mise à très rude épreuve. Or ce n'est que le lendemain, 18 juillet, que je réussis à obtenir Sverdlov par la ligne directe. Bieloborodov et un autre membre du Præsidium étaient allés au télégraphe pour s'entendre avec lui, et, n'y tenant plus, je les avais accompagnés. Le commissaire du télégraphe était lui-même à pied d'œuvre. Bieloborodov se mit à lui dicter ce qu'il fallait transmettre à Moscou. »

Il fallait dire à Moscou qu'en raison de l'offensive des Blancs et de la découverte d'un complot monarchiste, Nicolas Romanov avait été exécuté sur décision du Soviet de l'Oural, tandis que sa Famille était évacuée « en lieu sûr ».

Ce qui fut fait.

« Nous attendîmes ensuite la réponse de Moscou. Retenant nos souffles, nous nous tendîmes tous vers le ruban qui commençait à se dérouler et nous apportait un message de Sverdlov :

“Fais immédiatement part de votre décision au Præsidium du VTsIK. Nul doute qu’elle sera approuvée. L’annonce de l’exécution doit venir du pouvoir central. Abstenez-vous de toute publication jusque-là.”

Nous respirâmes. Il semblait que le risque d’être accusé d’arbitraire fût passé. »

La veille, 17 juillet, à neuf heures du soir, les initiés du Soviet avaient adressé aux initiés du Præsidium du VTsIK le télégramme chiffré suivant :

« Moscou, le Kremlin, à l’attention du Secrétaire du Sovnarkom Gorbounov, avec accusé de réception. Informez Sverdlov que toute la famille a subi le sort de son chef. Officiellement, la famille trouvera la mort durant son évacuation. »

Ce télégramme sera ensuite récupéré par les gardes blancs au bureau du télégraphe d’Ekaterinbourg, et déchiffré par le juge d’instruction blanc Sokolov.

Mais avant encore, le matin, ils ont rendu compte au chef du Parti.

En 1989, après la parution de mon premier article dans *Ogoniok*, je reçus une lettre des plus curieuses. Son auteur, anonyme, m’écrivait :

« Travaillant un temps au fonds Lénine des Archives centrales du Parti, j’ai trouvé un jour une étrange enveloppe vide, portant le tampon de l’Administration du Sovnarkom. Y figurait cette mention :

“Secret. Ekaterinbourg. À l’attention du cam[arade] Lénine. 17 juillet 12 h.”

Il était aisé de deviner que cette enveloppe avait autrefois contenu un télégramme secret, envoyé d’Ekaterinbourg, de bon matin le 17 juillet, soit aussitôt après le massacre. Sur l’enveloppe figurait aussi le paraphe de Lénine : “Bien reçu. Lénine”. Mais le télégramme n’y était plus. L’enveloppe était vide... »

À l’époque, je ne pus vérifier cette information. On me refusait catégoriquement l’accès aux Archives du Parti...

Depuis, les temps ont changé. Et me voici dans le bâtiment des anciennes Archives centrales du Parti communiste.

Devant moi gît la fameuse enveloppe vide. Et, bien que le télégramme qu'elle contenait en ait été prudemment retiré, il est facile d'imaginer ce qu'il disait...

Les jours suivants (chronique)

18 juillet. Moscou. Dans la soirée, Sverdlov se rend à la séance du Soviet des Commissaires du Peuple. Elle est présidée par Lénine. Le commissaire du peuple à la Santé publique rapporte. Sverdlov s'assied derrière Lénine et lui murmure quelque chose à l'oreille. Lénine déclare : « Le camarade Sverdlov a une communication à faire, nécessitant d'interrompre l'ordre du jour. »

Sverdlov rapporte alors au Sovnarkom ce qu'on lui a officiellement transmis d'Ekaterinbourg : le tsar s'apprêtait à s'enfuir, il a été fusillé, sa famille a été évacuée en lieu sûr.

Extrait du protocole numéro 1 de la séance du VTsIK :

« Audition de l'information relative à l'exécution de Nicolas Romanov (télégramme d'Ekaterinbourg).

Après examen, la résolution suivante est adoptée : au nom du VTsIK, le Præsidium confirme la justesse de la décision du Soviet régional. Il est demandé aux cam[arades] Sverdlov, Sosnovski, Avanessov, de rédiger les annonces correspondantes pour la presse. De rendre publique la liste des documents en la possession du VTsIK (journaux intimes, correspondance). Le cam[arade] Sverdlov est chargé de former une commission spéciale pour examen. »

Tout le temps des débats, Lénine est muet. Puis on reprend l'ordre du jour. D'aucuns verront dans ce silence de Lénine une condamnation de ce qui s'est passé. Mais s'il est un reproche que l'on ne peut faire au « Guide d'Octobre », c'est bien de ne pas savoir dire quand il n'est pas d'accord.

Le massacre approuvé, on en revient aux problèmes de santé publique.

Le 18 juillet, les sentinelles continuent leurs rondes autour de la maison Ipatiev. Ce jour-là, dans la ville, le commandant Iourovski et le commissaire Golochtchekine ne cessent d'apparaître et de disparaître.

19 juillet. Ekaterinbourg. Au matin, Iourovski est enfin de retour. On s'attend à ce que la ville tombe d'une heure à l'autre. Iourovski n'a pas de temps à perdre.

Le 19 juillet, un fiacre arrive à la maison Ipatiev. Iourovski sort du bâtiment et entreprend de charger ses affaires. Le cocher lui prête main forte. Il rapportera au juge d'instruction blanc que les bagages de Iourovski étaient au nombre de sept, plus une très grande et lourde valise, sous scellés : les archives des Romanov.

Le 19 juillet, Iourovski part pour Moscou. Il est si pressé qu'il en oublie son portefeuille avec tout son argent sur la table de la maison Ipatiev. (En route, il envoie un télégramme à ce sujet. Les Blancs le retrouveront au bureau du télégraphe.)

Mais si ce n'était que l'argent... Il n'a pas le temps d'organiser le départ de sa mère, Esther. Elle est arrêtée par les Blancs qui, par bonheur, souffrent d'un défaut de « conscience de classe » : ils se refusent à fusiller la vieille femme qui attendra tranquillement le retour triomphal de son fils à Ekaterinbourg.

Ce même 19 juillet, Moscou annonce officiellement la nouvelle de l'exécution de Nicolas Romanov.

20 juillet. Ekaterinbourg. Un autre acteur important des événements, l'adjoint du commandant, Grigori Nikouline, quitte également la ville.

Le Musée de la Révolution conserve un impressionnant ordre de mission, rédigé sur papier à en-tête du Gouvernement de l'Oural et remis ce même jour à Nikouline : « Par la présente attestation, le camarade Nikouline G. P. est chargé, par le Soviet de l'Oural, de surveiller un important chargement contenu dans deux wagons en partance pour la ville de Perm. Toutes les organisations des chemins de fer, les autorités municipales et militaires ont le devoir d'apporter leur entier concours au camarade Nikouline.

Le lieu et le mode de déchargement sont connus du camarade Nikouline qui a reçu à ce sujet des instructions précises. Le président du Soviet de l'Oural, A. Bieloborodov. »

Ces deux wagons transportent les biens de la maison Ipatiev.

Nikouline transporte en outre quelque chose qu'il garde avec lui, dans un sac de toile crasseux.

Les routes ne sont pas sûres. De joyeuses bandes sillonnent le pays, pillant impitoyablement les trains et dépouillant les voyageurs. Aussi Nikouline gagne-t-il Perm, sous l'apparence d'un paysan besacier [1].

Le contenu de son sac crasseux est dangereux : il peut lui coûter la vie.

Bien des années plus tard, en 1964, Nikouline confiera qu'il transportait dans ce sac (un camouflage) les joyaux des Romanov...

20 juillet. La maison de l'ingénieur Ipatiev est vide. Les rondes de garde ont été supprimées et ceux qui les effectuaient envoyés directement au front. Il leur faudra se battre jusqu'à leur dernière goutte de sang, car ils ne peuvent pas être faits prisonniers. Après la maison Ipatiev, tomber aux mains des Blancs leur serait fatal.

Au dernier meeting qui se tient au Théâtre municipal, le commissaire Golochtchekine annonce solennellement l'exécution de Nicolas Romanov. On placarde à travers la ville, sur les colonnes d'affichage, l'avis officiel de l'exécution du tsar et de l'évacuation de la Famille « en lieu sûr ».

Il faut attendre le 23 juillet pour que le rédacteur Vorobiev soit autorisé à publier l'annonce tant attendue dans *L'Ouvrier de l'Oural*, en même temps qu'un article de G. Safarov.

« Qu'importe si, en l'occurrence, nombre d'aspects formels de la Justice bourgeoise n'ont pas été respectés, de même que n'a pas été observé le traditionnel cérémonial de l'exécution des têtes couronnées. Quoi qu'il en soit, le pouvoir ouvrier et paysan a montré un sens suraigu de la démocratie. Il n'a pas fait d'exception pour le meurtrier de Toutes les Russies et l'a fusillé au même titre que le dernier des larrons », écrit Safarov.

«"Nicolas le Sanglant" n'est plus... Les ouvriers et les paysans peuvent maintenant, de plein droit, dire à leurs ennemis : "Vous aviez misé sur la couronne impériale, et vous êtes battus. Vous n'y avez gagné qu'une tête couronnée nue !" (Cette image osée sera peut-être à l'origine de la légende selon laquelle Iourovski avait emporté à Moscou la « tête couronnée » tranchée.)

21 juillet. L'ingénieur Ipatiev est convoqué au Soviet où on lui rend les clés de sa demeure.

Que ressent-il en entrant dans sa maison souillée, sa terrible maison qui garde l'éternelle horreur de la nuit du 16 au 17 juillet ?

---

1. Les « besaciers » : néologisme désignant, au temps de la guerre civile, des gens – nombreux – qui sillonnent le pays, munis le plus souvent de sacs grossiers, dans l'espoir de trouver de quoi subsister. La famine règne alors en Russie.

15

L'enquête commence

Le 25 juillet, les bolcheviks quittent Ekaterinbourg, les unités de l'Armée de Sibérie et le Corps expéditionnaire tchécoslovaque pénètrent dans la ville. Des officiers blancs se précipitent aussitôt à la maison Ipatiev.

Ils y découvrent tous les signes d'un départ précipité. Les pièces sont en désordre et sales. Partout traînent épingles, brosses à dents, peignes, brosses à cheveux, fioles vides, cadres brisés de photographies. Dans la penderie, les cintres sont nus et tous les poêles de la maison sont pleins de cendres : visiblement, on a brûlé à tour de bras !

Dans la salle à manger, près de la cheminée, un fauteuil à bascule, abandonné : le vieux fauteuil usé, à trois roulettes, où la tsarine, souffrant des jambes, épuisée par de constantes migraines, passait presque toutes ses journées. Le dernier trône de l'impératrice Alexandra Fiodorovna.

La chambre des filles est vide. Une boîte de bonbons où ne reste qu'un berlingot, le bassin de l'enfant malade, voilà tout. Si, une couverture de laine est suspendue à la fenêtre. Les lits de campagne des grandes-duchesses sont retrouvés dans les pièces de la garde. Et pas le moindre bijou, pas le moindre vêtement dans toute la maison ! Grigori Nikouline et ses camarades ont bien travaillé.

Dans les pièces et dans le tas d'ordures près de la maison Popov, traînent les biens les plus précieux de la Famille : les icônes. Il y a aussi des livres. La Bible marron de l'impératrice, hérissée de signets, son livre de prières et, bien sûr, une *Vie de saint Séraphin de Sarov*... Tchekhov, Saltykov-Chtchedrine, Avertchenko*, des volumes de *Guerre et Paix*...

Dans la chambre du couple impérial, une planche soigneusement rabotée : c'est sur cette planche que mangeait et jouait l'enfant malade. Et puis quantité de fioles d'eau bénite et de médicaments. Dans l'entrée, une boîte. Elle contient des boucles de cheveux des grandes-duchesses, coupées aux jours de février, quand elles avaient la rougeole.

Dans la salle à manger, la housse de la tête de lit d'une des grandes-duchesses. Des mains sanglantes y ont été essuyées, elle en porte la trace.

Dans le tas d'ordures de la maison Popov, on découvre le ruban de l'Ordre de Saint-Georges que le tsar, jusqu'aux derniers jours, portait sur sa capote.

C'est vers ce moment qu'arrivent à la maison Ipatiev l'ancien laquais de Nicolas, Tchemodourov et le précepteur Gilliard.

Tchemodourov est le type même du vieux serviteur russe dévoué, qui, sa vie entière, suit son maître comme un enfant.

Le tsar est venu de Tobolsk avec Tchemodourov, puis, quand les enfants les ont rejoints à la maison Ipatiev, en compagnie d'un autre laquais, le jeune Troupp, il a décidé de laisser le vieil homme malade se reposer et se soigner. Mais, par les temps qui courent, les laquais du tsar ne vont pas se soigner : le vieux Tchemodourov a été expédié derrière les barreaux. Il est là, dans sa cellule, à se désoler, sans savoir que la prison lui sauvera la vie : il y attendra tranquillement l'arrivée des Blancs. On l'amène à la maison Ipatiev. Quand le vieux serviteur aperçoit, parmi les saintes icônes disséminées sur le sol, celle de la Vierge de Théodore, il blêmit. Il sait que, vivante, jamais sa maîtresse ne s'en fût séparée ! On trouve parmi les ordures une autre de ses saintes images favorites : saint Séraphin de Sarov. Contemplant le terrible spectacle de ce saccage, le fidèle laquais continue à chercher des « choses que portait le maître ». Combien de fois refait-il au juge d'instruction l'inventaire de ce qu'il avait apporté de Tsarskoïé Selo : « Un manteau d'officier en drap, un autre de simple soldat. Une courte pelisse en peau de mouton, quatre chemises kaki, trois vareuses, cinq culottes de cheval, sept paires de bottes en box-calf et six casquettes d'uniforme. » Le vieux serviteur a tout retenu Mais il ne voit ni chemises, ni vareuses, ni pelisse courte...

Des livres et des icônes dans « l'abomination de la désolation »... Quel meilleur tableau brosser de ce qui s'est passé ?

Mais c'est là, parmi les livres, que se trouve peut-être l'essentiel...

Les livres de la grande-duchesse Olga... *L'Aiglon* de Rostand en français. Elle avait apporté l'histoire du fils d'un empereur déchu, Napoléon. L'aînée d'un autre empereur déchu relisait l'histoire d'un enfant demeuré jusqu'au bout fidèle à un père rejeté de tous.

Comme cet autre enfant, elle adorait son père. Elle portait en sautoir une icône de saint Nicolas (que l'on retrouvera bientôt au fond d'une mine boueuse). À Ekaterinbourg, ils n'avaient pas manqué de temps pour parler ensemble. De plus, adulant son père, elle était le reflet de ses pensées d'alors. Ces pensées, on les trouve dans un poème recopié de la main d'Olga et glissé par elle dans un livre. Il y est demeuré, en guise de testament, leur testament à tous deux, à l'intention de ceux qui franchiront le seuil de la maison pillée.

« Prière.
À l'heure des ténèbres, à l'heure de l'orage,
Accorde-nous, Seigneur, Toi, bon infiniment,
D'endurer sans murmure du peuple la rage,
D'endurer sans un cri des bourreaux les tourments.
Seigneur, ô Toi si Juste, accorde-nous la force,
De pardonner le crime par nos frères commis,
D'attendre et d'accepter humblement le supplice,
Comme Tu l'acceptas lorsqu'en croix Tu fus mis.
Et quand, aux jours sanglants de trouble et de révolte,

Nos ennemis viendront saccager et piller,
À subir l'infamie, l'humiliation, la honte,
Aide-nous, Dieu Sauveur, aide-nous, par pitié !
Toi, Dieu de l'Univers, Toi, le Maître du Monde,
Ta bénédiction daigne nous adresser.
Puis, quand sonnera l'heure de la mort immonde,
Donne enfin le repos à notre âme éprouvée.
Mais à l'instant ultime, aux portes du tombeau,
Insuffle à Tes esclaves, ô Seigneur Notre Dieu,
La force grandiose de sourire aux bourreaux,
Et l'inhumaine force de prier pour eux. »

La prière, la croix, la couronne du martyre et... le pardon.

Au premier, dans les pièces de la garde, règne le même désordre.

Seule, une pièce... Pour y accéder du premier étage – depuis les appartements de la Famille – il convient d'emprunter l'escalier, de sortir dans la cour, puis de passer par le jardin, de franchir l'autre porte et, à travers l'enfilade des pièces du rez-de-chaussée, d'arriver à une petite entrée.

La fenêtre de cette petite entrée donne sur le jardin. On y voit des arbres, le tableau radieux d'une journée de juillet.

La porte de cette entrée ouvre sur *la* pièce. Celle-ci n'est pas très grande : trente ou trente-cinq mètres carrés. Les murs sont recouverts d'une tapisserie à carreaux, sombre. L'unique fenêtre vient buter sur la colline et l'ombre de la haute palissade tombe sur le sol. La fenêtre est munie d'une grille solide.

Dans cette pièce-là règne un ordre parfait : tout a été nettoyé, briqué.

La pièce jouxte un débarras dont elle est séparée par une cloison. Dans la cloison, une porte condamnée. Cette porte, comme d'ailleurs toute la cloison, est semée d'impacts de balles.

Pas de doute : c'est ici qu'on les a mitraillés !

Le long des plinthes, sur le sol, des taches de sang délavées. Sur les autres murs également, quantité d'impacts de balles, en éventail : visiblement, ceux que l'on mitraillait couraient en tous sens, affolés.

Sur le sol, des trous laissés par des baïonnettes – c'est ici qu'ils les ont achevés – et deux marques de balles : là, on a tiré sur un homme à terre...

La plupart des balles sont celles de Nagant, mais on en trouve aussi provenant de Colt et de Mauser.

Sur un mur, comme pour compléter le tableau, une phrase de Heine, hâtivement gravée en allemand : « Cette nuit-là, Balthazar fut tué par ses esclaves. »

Déjà, ils ont fouillé le jardin, inspecté la mare, rouvert les fosses communes du cimetière où un fossoyeur spécial jette les corps en provenance de la Tchéka ; mais ils n'ont trouvé aucune trace des habitants de la maison : disparus !

Les personnages : Sokolov

L'enquête commence. Mais au sein du nouveau Gouvernement de l'Oural, les sympathies sont fortes pour la révolution de Février. Et, en lançant cette enquête, les autorités s'inquiètent : cela ne risque-t-il pas de « susciter des tendances réactionnaires ?... N'y a-t-il pas là de quoi alimenter des complots monarchistes ? »

Les deux premiers juges d'instruction, Namietkine et Sergueïev, se montrent assez prudents. Toutefois, le Gouvernement de l'Oural ne tarde pas à être remplacé par Koltchak*. C'est alors qu'est nommé un troisième juge d'instruction : Nikolaï Sokolov, âgé de trente-six ans.

Avant la révolution, il était chargé des enquêtes spéciales. Après le coup d'État d'Octobre, il part à la campagne et tente de se fondre dans le paysage. Quand le pouvoir soviétique s'effondre en Sibérie, il gagne l'Oural, vêtu en paysan. Chargé par Koltchak de l'enquête sur la Famille impériale, il se met passionnément et fanatiquement à l'ouvrage. Koltchak fusillé et le pouvoir soviétique de retour dans l'Oural et en Sibérie, il n'en poursuit pas moins sa tâche. Dans l'émigration, à Paris, il cherche des témoins. Il meurt en France, d'une crise cardiaque, sans jamais avoir cessé ses investigations...

Extrait d'une lettre de P. Aminev (Kouïbychev) :

« En 1918, je vivais dans la ville d'Irbit. Elle fut occupée par les Blancs et la vie reprit son cours d'avant la révolution. Un journal paraissait, *Les Nouvelles du district d'Irbit*, dans lequel fut un jour publiée une information qui bouleversa la population. Je vous envoie cet article (1918, numéro 18) :

« À propos du sort de Nicolas II.

Le correspondant du *New York Times*, Ackerman, porte à la connaissance de ses lecteurs les renseignements suivants qu'il tient d'un propre serviteur du tsar déchu :

"Tard, dans la soirée du 16 juillet, le commissaire de la garde entra dans la chambre du tsar et déclara :

– Citoyen Nicolas Alexandrovitch Romanov, vous devez m'accompagner à la séance du Soviet des ouvriers, des cosaques et des députés de l'Armée Rouge de l'arrondissement de l'Oural...

Nicolas Alexandrovitch revint seulement près de deux heures et demie plus tard. Il était très pâle, son menton tremblait.

– Donne-moi de l'eau, mon vieux.

– Je lui en apportai et il en vida d'un trait un grand verre.

– Que se passe-t-il ? lui demandai-je.

– Ils m'ont annoncé que, dans trois heures, ils allaient me fusiller, me répondit le tsar.

Alexandra Fiodorovna le rejoignit ensuite, avec le tsarévitch. Tous deux pleuraient. La tsarine perdit connaissance et on appela le docteur. Quand elle revint à elle, elle tomba à genoux devant les soldats, les suppliant d'épargner le tsar, mais ils répondirent qu'ils n'en avaient pas le pouvoir.

– Pour l'amour du Christ, Alix, calme-toi, dit à plusieurs reprises le tsar, d'une voix douce.

Il bénit sa femme et son fils, m'appela et, après m'avoir embrassé, me recommanda :

– N'abandonne pas Alexandra Fiodorovna et Alexis, mon vieux.

On emmena le tsar. Nul ne sut jamais où. La même nuit, il fut fusillé par vingt gardes rouges." »

Ainsi se représentait-on ce qui s'était passé, à l'époque où l'on croyait encore que la Famille avait été « évacuée en lieu sûr ».

Les premiers témoignages

Bientôt, un certain lieutenant Cheremetievski se présente chez le commandant militaire.

Avant l'arrivée des Blancs, il se cachait au village de Koptiaki, à dix-huit verstes d'Ekaterinbourg, sur les bords du lac d'Isset.

Récit du lieutenant :

« Le 17 juillet, plusieurs paysans de ce village sont arrêtés, alors qu'ils se trouvent dans la forêt, par un cordon de gardes rouges armés, qui les forcent à rebrousser chemin. Cela se passe à proximité d'un massif forestier touffu, baptisé "Les Quatre Frères". On leur explique que la forêt est cernée, pour des manœuvres. Il y aura des tirs. En effet, en rentrant chez eux, ils entendent des explosions sourdes de grenades à main.

Après la chute d'Ekaterinbourg, quand les détachements bolcheviques reculent vers Perm, les paysans de Koptiaki se rendent aussitôt aux "Quatre Frères", voir ce qu'on a traficoté dans les parages.

Le nom des "Quatre Frères" vient de quatre grands pins, qui se dressaient autrefois dans cette forêt séculaire. Il y a beau temps qu'ils n'existent plus, ne restent que deux souches à moitié pourries, et le nom. Non loin de ces pitoyables souches, à quatre verstes du village, se trouvent d'anciennes mines recouvertes par la forêt mais qui ont, jadis, attiré les chercheurs d'or. Sans doute les filons sont-ils épuisés ; les mines ont été envahies par l'eau. Dans l'une d'elles, un petit étang s'est formé que l'on a baptisé : "Le Fossé de Gana." À une cinquantaine de sajènes, se trouve une autre mine qui, elle, n'a pas de nom. Pleine d'eau également. C'est là, au cœur de la forêt, près des mines abandonnées qu'arrivent les paysans.

À la surface de l'eau emplissant la mine sans nom, ils voient des branches fraîches et des bouts de bois calcinés. Les abords de la mine ont été labourés par des grenades. Les paysans se disent qu'on a voulu faire sauter quelque chose à l'intérieur. Toute la clairière alentour a été piétinée par des chevaux et l'empreinte profonde de télègues se dessine nettement sur le sol humide.

Ils découvrent les restes de deux grands foyers, l'un près de la mine sans nom, l'autre directement sur le sentier, à l'abri d'un bouleau. Ce sont d'étranges foyers. Dans l'un, les paysans croient déceler des ossements humains. Mais impossible de vérifier : à peine les touche-t-on qu'ils tombent en poussière. En fourrageant un peu, ils ramènent une croix d'émeraudes à moitié calcinée, un collier de topazes, une boucle d'uniforme (un uniforme d'enfant, vu la taille), un verre de lunettes, des boutons, des crochets... Ils trouvent également un gros diamant.

Les enquêteurs comparent avec la liste des objets disparus de la maison Ipatiev : ce sont les mêmes boutons, crochets, boucles d'escarpins. Il devient clair qu'on a fait brûler des vêtements. Cela signifie-t-il qu'on a précipité des corps dans la mine ?

On décide de vider l'eau de la mine sans nom et de l'autre, à côté, le "Fossé de Gana". On se met à pomper. Le "Fossé de Gana" ne donne rien. Il n'en est pas de même dans la mine sans nom... On en retourne le fond, on en cure la vase. Apparaît alors un doigt coupé, soigné, avec un ongle long, un dentier que l'on identifie comme ayant appartenu au docteur Botkine, l'agrafe de sa cravate et une boucle d'oreille en perles comme en portait l'impératrice. On découvre aussi un chien minuscule et le petit cadre dans lequel Nicolas gardait une photographie d'Alix dont il ne se séparait jamais. Les icônes, mutilées, que ses filles portaient en voyage et celle de saint Nicolas le Thaumaturge qui appartenait à Olga. On trouve encore un insigne militaire en argent, plaqué or : l'emblème du régiment dédié à l'impératrice. Un insigne qui lui a jadis été offert par le commandant de ce même régiment, son ami de cœur, le général aide de camp Orlov.

Mais il n'y a pas de corps dans la mine. On retourne littéralement tout le coin. En vain : les corps ne sont nulle part.

Un ingénieur des mines se manifeste alors qui rapporte qu'à la mi-juillet, il a rencontré dans cet endroit perdu le commandant de la maison Ipatiev. Iourovski lui a demandé si la route de Koptiaki pourrait supporter un très lourd camion. »

On réussit à obtenir des précisions sur le camion. Il apparaît qu'au soir du 16 juillet, l'un d'eux a été emprunté au garage du Soviet, sur ordre de la Tchéka. Il n'a pas été sorti du garage par le chauffeur habituel, mais par un homme de petite taille, entre deux âges, au nez crochu.

Un chauffeur a reconnu Sergueï Lioukhanov, employé à la maison Ipatiev. Le camion n'est rentré que le 19, couvert de boue et, dans la benne, des taches de sang étaient restées, bien qu'on eût visiblement tenté de les nettoyer.

L'enquête a maintenant établi l'origine de ce camion et la nature de ce qu'il a transporté à la mine. Les traces en sont encore visibles sur la route de Koptiaki.

On trouve aussi des témoins du passage du camion. La garde-barrière du poste 184, au croisement du chemin de fer et de la route, raconte qu'à l'aube du 17 juillet, elle fut réveillée par un bruit de camion qui se rapprochait. Puis elle l'entendit patiner dans les fondrières. Ensuite, on frappa à sa porte, elle ouvrit et aperçut, derrière le chauffeur, la silhouette sombre du camion se découpant sur le ciel de l'aube.

Le chauffeur dit que son moteur « chauffait » et demanda de l'eau. Elle réagit en grommelant, selon son habitude, ce qui eut le don de mettre le chauffeur en fureur : « Vous êtes tous à roupiller comme des seigneurs... pendant qu'on trime toute la nuit ! »

La garde-barrière voulut répliquer mais, apercevant les silhouettes de gardes rouges près du camion, elle ravala son compliment. « Pour une fois, ça passe. Mais ne vous avisez pas de recommencer », lui dit, lugubre, le chauffeur en guise d'adieu. Elle vit qu'ils posaient des traverses sur les fondrières – ils les avaient prises près de sa maisonnette –, avant de repartir dans leur camion.

Ce n'est pas le seul témoignage. À l'aube du 17 juillet, des paysans de Koptiaki partirent à la ville. Ils arrivèrent sur la route et découvrirent soudain un étrange cortège. En tête galopait un dénommé Vaganov, un matelot de Cronstadt qui travaillait à la Tchéka. Il portait un maillot rayé de la marine. Derrière lui venaient des télègues, recouvertes de bâches. Apercevant les paysans, le matelot leur crie furieusement : « Fichez-moi le camp ! Demi-tour ! Et sans vous retourner, encore ! » Puis, les abreuvant d'injures, il les force, effarés, terrifiés, à regagner en hâte leur village. Il les poursuit sur près d'une demi-verste.

Pendant ce temps, dans la ville, on procède à des perquisitions et des arrestations.

Pavel Medvedev, le chef de la garde de la maison Ipatiev, n'a pas pu partir avec les Rouges : on lui a commandé de faire sauter un pont. Mais le pont est toujours là, lui aussi. Et Pavel se retrouve bientôt interrogé par le juge d'instruction.

On embarque aussi un des gardes, un ouvrier du nom de Proskouriakov. Et le caporal de pose Iakimov. On met le grappin sur le garde Letemine. Lui, c'est son chien qui le trahit : un épagneul roux, Joy. Il a pris l'animal chez lui, « pour qu'il ne crève pas de faim », explique-t-il au juge d'instruction. Mais le chien se révèle un danger : toute la Russie a vu des photographies de l'héritier avec l'épagneul. Outre le chien, on trouve divers objets chez Letemine, dont le Journal du tsarévitch, commencé en mars 1917 à Tsarskoïé Selo, immédiatement après l'arrestation de la Famille. Letemine a aussi récupéré des coffrets de saintes reliques trouvées dans le lit d'Alexis et l'icône qu'il portait...

Nombre d'objets ayant appartenu à la Famille réapparaissent lors de perquisitions dans les appartements d'Ekaterinbourg : les gardes les avaient offerts à leurs femmes ou leurs maîtresses. Golochtchekine et Bieloborodov ont aussi fait des présents à leurs amis et à leurs proches – souvenirs extravagants d'un monde dont ils ont réussi à « faire table rase ». On trouve ainsi l'ombrelle noire en soie de l'impératrice, son ombrelle blanche en toile, sa robe lilas et jusqu'au crayon, à ses initiales, avec lequel elle écrivait son Journal ; on récupère les petites bagues en argent des grandes-duchesses. Tchemodourov court les appartements, tel un chien policier. Les affaires impériales se révèlent dangereuses : que de gens elles conduisent chez le juge d'instruction !

Les déclarations des prévenus

Le garde Philippe Proskouriakov.

C'est lui qui rentre éméché, dans la nuit du 16 au 17, et s'endort dans l'étuve, avec son copain Stolov.

Tous deux doivent prendre leur service à cinq heures du matin.

À trois heures, ils sont réveillés par Pavel Medvedev qui les conduit dans la fameuse pièce. Ce qu'ils y voient les dégrise instantanément.

De la fumée de poudre plane encore dans la pièce. Bien nets, sur les murs, des impacts de balles. Et du sang. Partout. En taches et en jets sur les murs, en petites flaques sur le sol. Les traces de sang sont également nombreuses dans les autres pièces. Il a dû couler tandis qu'on transportait les corps. Il y a aussi les empreintes sanglantes de ceux qui les transportaient : ils pataugeaient dans le sang.

Medvedev leur enjoint de nettoyer la pièce. Ils s'y emploient, avec de la sciure et de l'eau. Ils rincent ensuite les chiffons mouillés. Deux Lettons de la Tchéka leur prêtent main forte, ainsi que deux autres gardes et Medvedev lui-même.

Quand ils ont terminé, Medvedev et le garde Strekotine leur expliquent ce qui s'est passé. Strekotine était posté à côté de la mitrailleuse, dans les pièces du bas. Il a tout vu.

Extrait du témoignage de Proskouriakov :

« Tous deux (Medvedev et Strekotine) disaient la même chose...

À minuit, Iourovski était allé réveiller la Famille impériale. À en croire Medvedev, Iourovski aurait présenté les choses comme suit : la nuit serait chaude... il était dangereux de rester à l'étage, alors que des fusillades risquaient d'éclater dans les rues ; aussi exigeait-il que tous descendent. Ils avaient obtempéré. En bas, Iourovski avait entrepris de leur lire un papier. Le Souverain, qui n'avait pas bien entendu, avait demandé : "Quoi ?" Alors, selon Medvedev, Iourovski avait brandi son revolver et répondu au Souverain : "Voilà, quoi !"

Medvedev racontait qu'il avait lui-même tiré deux ou trois balles sur l'empereur et d'autres. Quand tous avaient été mitraillés, Andreï Strekotine, comme il le racontait lui-même, leur avait retiré leurs bijoux. Mais Iourovski les lui avait aussitôt repris et les avait portés à l'étage. Ensuite, on avait jeté en tas les morts dans le camion et on les avait emportés. C'est Lioukhanov qui conduisait. »

Le garde Letemine.

Lui non plus n'a pas assisté à la tuerie. Ses propos se fondent donc sur le récit du même Strekotine.

Le 17 juillet, il prend son service à huit heures du matin. Il passe à la caserne et voit le gamin qui est au service de la Famille impériale (le marmiton Sednev). Il lui demande ce qu'il fait là. Strekotine, qui assiste à la scène, lui indique d'un geste que cela n'a pas d'importance, puis, l'entraînant à l'écart, il l'informe que, la nuit précédente, le tsar et la tsarine ont été tués, ainsi que toute leur famille, le docteur, le cuisinier, le laquais et une femme qui était avec eux. Strekotine, selon ses dires, se trouvait, cette nuit-là, auprès de la mitrailleuse, à l'entresol.

« Tandis qu'il était de service (de minuit à quatre heures du matin), on fit descendre le tsar et la tsarine, tous les enfants et les domestiques... et on les mena dans la pièce à côté du débarras. Strekotine racontait qu'il avait vu de ses yeux le commandant Iourovski lire à haute voix un papier. Puis il leur avait dit : "C'est la fin."

Le tsar n'avait pas bien entendu et il l'avait prié de répéter, mais la tsarine et une des filles s'étaient signées. À cet instant, Iourovski avait tiré sur le tsar, le tuant sur place, puis les Lettons et les officiers de pose s'étaient mis à mitrailler... »

D'après Strekotine, tous, sans exception, avaient été tués.

Le même Strekotine lui confia qu'aussitôt après le tsar, on avait mitraillé son serviteur un peu noiraud. Il était debout dans un coin et, après le coup de feu, il s'était accroupi et était mort instantanément.

À la caserne, le 18 juillet, Letemine avait également aperçu le chauffeur Lioukhanov. Ce dernier lui avait rapporté qu'il avait transporté les morts dans un camion, ajoutant qu'il avait cru ne jamais s'en sortir : il faisait sombre et il y avait des souches partout. Mais Lioukhanov ne lui avait pas dit où il avait conduit les corps.

Le caporal de pose Iakimov.

La nuit du massacre, il s'endort tranquillement, nous l'avons vu, après avoir posté ses gardes.

À quatre heures du matin, il est réveillé par les gardes Klechtchev et Deriabine qui lui rapportent ce qui suit :

Medvedev et Dobrynine étaient venus les trouver à leurs postes et les avaient avertis que, cette nuit-là, ils allaient fusiller le tsar. Ayant appris la nouvelle, ils s'étaient tous deux approchés des fenêtres.

Klechtchev avait choisi celle de l'entrée du sous-sol, la plus proche de son poste. Elle donnait sur le jardin et permettait de voir la porte de la pièce où l'on mitraillait. La porte était ouverte et Klechtchev fut témoin de tout.

Le poste de Deriabine se trouvait à côté de l'autre fenêtre, la seule de la fameuse pièce, munie de barreaux. Lui aussi avait tout vu.

Ils les regardèrent donc entrer. En tête, Iourovski et Nikouline, puis le Souverain, la Souveraine, leurs filles, ainsi que le docteur Botkine, Demidova, le laquais Troupp, le cuisinier Kharitonov. Nicolas portait l'héritier. Medvedev et les Lettons recrutés par Iourovski à la Tchéka fermaient la marche. Ils se disposèrent comme suit : dans la pièce, à droite de l'entrée, Iourovski, à sa gauche Nikouline, les Lettons tout près, dans l'encadrement de la porte, derrière eux Medvedev. De sa fenêtre, Deriabine voyait en partie la silhouette de Iourovski et, surtout, son bras. Il voyait que Iourovski disait quelque chose, en agitant le bras, mais quant à répéter ses paroles, il en était incapable, il n'avait rien entendu. Klechtchev, lui, affirmait positivement qu'il avait bien saisi les propos de Iourovski : « Nicolas Alexandrovitch, vos parents ont tenté de vous sauver, mais ils n'y sont pas parvenus et nous sommes contraints de vous fusiller. » Ces mots furent immédiatement suivis de plusieurs coups de feu, eux-mêmes suivis d'un glapissement de femme et de cris. Fauchés, les gens tombaient les uns après les autres : le premier à s'effondrer fut le tsar, puis ce fut au tour de l'héritier... La Demidova se tapait contre les murs... Les deux gardes dirent à Iakimov qu'elle tentait de se protéger avec un coussin. À les en croire, ils l'embrochèrent avec leurs baïonnettes...

Quand tous furent étendus sur le sol, ils les passèrent en revue, en achevèrent certains à la baïonnette ou au revolver... Pour ce qui est des membres de la Famille eux-mêmes, il semblait que seule Anastasia respirât encore et ils l'avaient achevée à coups de baïonnettes. Lorsque plus aucun ne bougea, quelqu'un rapporta des draps, pris dans les appartements de la Famille. On en enveloppa les corps que l'on se mit à transporter dans le camion. On prit, dans le débarras, une toile que l'on plaça au fond, on chargea les corps par-dessus et l'on recouvrit le tout d'une seconde toile.

Là encore, ce n'est pas le récit d'un témoin oculaire. Ce sont des propos rapportés.

Enfin, l'enquêteur obtient le premier et unique témoignage d'un homme qui se trouvait lui-même dans la pièce : celui de Pavel Medvedev, le chef de la garde.

Au soir du 16 juillet, il prend son service. À un peu plus de sept heures du soir, le commandant Iourovski lui enjoint de récupérer tous les revolvers Nagant de la garde et de les lui apporter. Et de préciser : « Aujourd'hui, nous allons liquider la Famille au complet, ainsi que le docteur et les domestiques. Le détachement de garde a été averti, afin qu'il ne s'inquiète pas en entendant les coups de feu. »

Sur ordre de Iourovski, le petit marmiton a été transféré dans la maison Popov, à l'étage de la garde. Vers dix heures, Medvedev prévient le détachement de ne pas s'inquiéter si des tirs éclatent. Vers minuit (ancien horaire ; trois heures, nouvel horaire), Iourovski réveille la Famille impériale. Leur révèle-t-il pourquoi il les dérange et où ils doivent se rendre ? Medvedev l'ignore...

Environ une heure plus tard, la Famille, le docteur, les domestiques – une femme et deux hommes – sont debout, lavés et habillés. Avant que Iourovski n'aille les réveiller, deux hommes sont arrivés de la Tchéka. L'un est Piotr Ermakov, l'autre, Medvedev ne le connaît pas. Le tsar, la tsarine, leurs quatre filles, le docteur, le cuisinier et le laquais quittent leurs chambres. Le tsar porte l'héritier dans ses bras. Le Souverain et son fils ont revêtu des vareuses et coiffé leurs casquettes. La Souveraine et ses filles sont en robe, sans rien par-dessus. En tête marche l'empereur, portant l'héritier. Medvedev affirme qu'il n'y eut ni larmes, ni sanglots, ni cris, du moins en sa présence. Ils descendent l'escalier, passent dans la cour, puis, par la seconde porte, accèdent à l'entresol. On les mène dans une pièce d'angle, contiguë au débarras placé sous scellés. Iourovski ordonne d'apporter des chaises.

La Souveraine s'assied près du mur où se trouve la fenêtre. Ses filles sont debout derrière elle. Le Souverain prend place sur une chaise au centre, l'héritier à ses côtés, derrière lui se tient le docteur Botkine. La domestique, une femme de haute taille, se place du côté gauche de la porte menant au débarras. Une des filles vient la rejoindre. La domestique a un coussin dans les bras. Les filles du tsar ont pris avec elles de petits coussins, elles en déposent un sur le siège de l'héritier, un autre sur la chaise de la tsarine. Onze hommes entrent simultanément dans la pièce : Iourovski, son adjoint, deux tchékistes et sept Lettons. Selon Medvedev, Iourovski lui dit : « Fais un tour dehors, vérifie qu'il n'y a personne et qu'on n'entendra pas les coups de feu. »

Il sort dans la cour et des coups de feu éclatent. Le temps qu'il regagne la maison, deux ou trois minutes s'écoulent. En rentrant dans la pièce, il découvre tous les membres de la Famille gisant sur le sol, leurs corps portant de multiples blessures.

« Le sang coulait à flots... l'héritier vivait encore, il gémissait. Iourovski s'approcha de lui et tira deux ou trois fois sur lui, à bout portant. L'héritier se tut. Je me sentis pris de nausées...

À l'aide de brancards de fortune – faits de draps tendus sur des brancards de traîneaux pris dans la cour – on chargea les corps dans le camion. Le chauffeur était un ouvrier de chez Zlokazov, Piotr Lioukhanov. On lava à grande eau le sang dans la pièce et dans la cour. En trois nuits, tout était comme avant. »

Le juge d'instruction l'interroge sur Strekotine.

« Je me souviens qu'il était en effet posté près de la mitrailleuse. La porte de la pièce avec la mitrailleuse à la fenêtre était ouverte sur l'entrée. La porte de l'entrée donnant sur la pièce où l'on mitraillait l'était également. »

Des propos de Medvedev, l'enquête conclut que Strekotine et Klechtchev étaient effectivement en mesure de voir ce qui se passait.

Les témoins de l'Apocalypse.

Ainsi, Medvedev nie avoir lui-même tiré. Mais sa femme le démasque : « D'après Pavel, tous ces gens, réveillés, se levèrent, firent leur toilette et s'habillèrent, avant d'être conduits à l'entresol où ils furent réunis dans une même pièce. Là, on leur lut un papier qui disait : "La révolution meurt, vous mourrez aussi." Après cela, les coups de feu éclatèrent et tous furent tués jusqu'au dernier. Mon mari tira aussi. »

Proskouriakov, auquel il a imprudemment raconté comment il a tiré sur le tsar, lui « logeant deux ou trois balles dans le corps », témoigne aussi contre lui. Sans doute Medvedev se vante-t-il aussi devant sa femme d'avoir tiré *sur le tsar.* Mais elle se refuse à accuser son mari d'un crime aussi atroce.

Pour elle, c'est un crime, pour Pavel Medvedev un titre de gloire. Le chef de la garde de la maison Ipatiev ne peut être qu'un homme sûr, un fanatique, sinon Iourovski et Golochtchetkine ne l'auraient pas pris à ce poste. Et s'il accepte de parler de ce qui s'est passé, c'est parce qu'il le sait : de toutes façons, d'autres le feront. Il ne sert à rien de s'obstiner.

L'enquête se poursuit. Il apparaît que, le 18 juillet, deux camions supplémentaires sont allés dans la forêt de Koptiaki, apportant trois tonneaux. L'un d'eux contenait de l'essence.

On apprend ce que renfermaient les autres. On trouve un billet du commissaire à l'Approvisionnement, « l'Intellectuel » P. Voïkov, demandant à une pharmacie d'Ekaterinbourg de délivrer une grande quantité d'acide sulfurique.

Les déclarations des témoins se recoupant pour l'essentiel, l'enquête conclut : dans la nuit du 16 au 17 juillet, la Famille impériale, ses familiers et serviteurs, au total onze personnes, ont été mitraillés dans l'entresol de la maison Ipatiev.

Les enquêteurs émettent ensuite l'hypothèse que les corps ont été chargés dans un camion et emportés dans une mine sans nom, près du village de Koptiaki. Le 18 juillet, une importante quantité d'essence et d'acide sulfurique était apportée sur les lieux. Débités à la hache (une des haches fut retrouvée au cours de l'enquête), les corps furent aspergés d'essence et d'acide sulfurique, puis brûlés : des traces de foyers ont été retrouvés à proximité de la mine.

Mais...

(La Résurrection des morts)

Mais Sokolov ne retrouve pas les corps des membres de la Famille. Un doigt coupé, un dentier... c'est tout ce dont il dispose. Et les foyers près de la mine sans nom, dans lesquels il lui semble déceler la tombe et les cendres de la Famille impériale...

Certes, les déclarations des témoins concordent, mais... Mais Sokolov est monarchiste. Son travail se mêle de passion politique, ce qui jette la suspicion sur les témoignages recueillis. Les deux camps qui s'opposent dans la guerre civile s'initient mutuellement à la cruauté et les caves du contre-espionnage blanc n'ont rien à envier à celles de la Tchéka. Les interrogatoires menés par Sokolov ne sont pas des parties de plaisir pour ceux qu'il interroge. Peut-être cela explique-t-il que les déclarations concordent ? Les sceptiques s'interrogent : une enquête de parti pris, des conclusions contestables selon lesquelles onze corps auraient été réduits en cendres... et un fait indiscutable : pas de cadavres.

Un an et demi après le « massacre de la Famille à la maison Ipatiev » (selon les affirmations de Sokolov) ou de « la disparition de la Famille Romanov » (selon ses adversaires), apparaît « Anastasia », mystérieuse femme dont le destin va émouvoir le monde pendant plus de soixante-dix ans.

À Berlin, une jeune fille décide de mettre fin à ses jours et, nuitamment, se jette dans un canal. On la sauve, on l'envoie dans une clinique, elle est dépressive, presque mutique. À la clinique, elle voit par hasard une photographie de la Famille impériale, ce qui déclenche en elle une fantastique agitation. On ne peut plus lui arracher la photo. Peu après, la rumeur se répand : une fille du tsar, Tatiana, miraculeusement rescapée du massacre, se trouve ici, à Berlin... Tatiana : c'est le nom qu'elle se donne au début. Mais bientôt, elle déclare s'appeler Anastasia, ce qui ne prouve en rien que ses propos sont faux. Un grand choc a pu ébranler sa mémoire. Elle ne sait plus qui elle est. Elle tente de retrouver des souvenirs. Et voici qu'il lui semble y être parvenue : elle est Anastasia.

Elle raconte comment elle a été sauvée : un coup de feu, elle tombe, derrière elle sa sœur, qui, de son corps, la protège des balles... Ensuite, l'inconscience, le trou noir... des étoiles... elle est transportée dans une télègue. Le chemin de la Roumanie en compagnie d'un soldat, celui qui l'a sauvée. Elle a un enfant de lui... Elle s'enfuit... Et tout cela par bribes, un récit décousu...

Ajoutons à cela qu'elle ne parle pas russe. Là encore, cela ne plaide pas forcément contre elle : au cours du monstrueux massacre et pendant tout le temps où elle s'est retrouvée ensevelie sous les corps de toute sa famille, il se peut que le russe soit définitivement devenu tabou pour elle. Elle ne parvient pas à dire un mot dans cette langue, sans être aussitôt paralysée d'effroi... Une circonstance qui conforte beaucoup ceux qui la traitent d'usurpatrice.

Il y a pourtant son étonnante ressemblance avec les photographies de la fille du tsar. Il y a la marque d'une tache de naissance, précisément à l'endroit où l'on en avait opéré une sur le corps d'Anastasia petite. Le même dessin de l'oreille. Des points communs dans leur écriture à toutes les deux. Enfin, des détails sur la vie de la Famille, qu'elle évoque avec aisance.

Elle tente de défendre devant les tribunaux son droit à se dire la fille du tsar et est déboutée.

Mais quand la mystérieuse « Anastasia » mourra, elle sera enterrée dans le caveau de parents des Romanov, les princes de Liechtenberg.

Qui est-elle ?

De mon point de vue, une femme qui, suite à un effroyable choc, a perdu son identité et passé toute sa vie à tenter de la retrouver... Elle croyait en effet être la fille du tsar, sans pouvoir dire exactement laquelle des quatre... Elle finit par déclarer être

Anastasia, parce que c'est à elle qu'elle ressemblait le plus, mais, jusqu'à la fin de ses jours, elle fouilla douloureusement sa mémoire. C'est pourquoi, en dépit de son assurance, elle avait l'air si peu assuré...

« Anastasia » s'étant dite « rescapée du massacre », des livres paraissent tendant à prouver que jamais les filles du tsar n'ont été fusillées.

À les croire, l'exécution n'a concerné que le tsar et l'héritier. Les domestiques et le docteur Botkine n'ont été tués que pour donner l'impression d'un anéantissement de toute la Famille. En réalité, à la demande des Allemands et sur la base d'articles secrets du traité de Brest-Litovsk, la tsarine et ses filles furent conduites hors de Russie. Mais comment le deuxième personnage de l'État, Trotski, eût-il pu l'ignorer, lui qui avait participé aux pourparlers de Brest-Litovsk et qui, en exil, devait affirmer que toute la Famille impériale était anéantie ? Que n'eût-il donné, alors, pour qu'il en fût différemment !

Au demeurant, comment éviter la naissance de ces fantastiques légendes, quand, soixante-dix ans durant, aucun libre témoignage des participants au massacre ne fut rendu public ?

Au début de mon travail, je pris le parti de ne croire personne : ni Sokolov ni ses adversaires, et me fixai pour but de recueillir les libres récits de témoins de cette affreuse nuit. J'étais sûr qu'il en existait dans les archives secrètes. Eux seuls pourraient permettre de savoir ce qui s'était vraiment passé dans la maison Ipatiev. Des bruits couraient sur un document de ce genre : la légendaire « Note » de Iourovski. Mais si, parmi les historiens, nombreux étaient ceux qui en avaient entendu parler, nul ne l'avait jamais lue.

Des preuves tangibles : les armes de l'exécution

À la fin des années soixante-dix, je reçus un coup de téléphone d'une ancienne condisciple de l'Institut des Archives. Elle me remit un document :

« À l'attention du camarade Mitskievitch, directeur du Musée de la Révolution.

Songeant aux prochaines célébrations du dixième anniversaire de la révolution d'Octobre et à l'intérêt que pourraient présenter pour la jeune génération des preuves tangibles (les armes utilisées pour l'exécution du tsar Nicolas II et de sa Famille), j'estime nécessaire de remettre au Musée deux revolvers en ma possession depuis cette époque. Il s'agit d'un Colt, numéro 71905, avec un chargeur de sept cartouches, et d'un Mauser, numéro 167177, avec un étui en bois et un chargeur à dix coups. La présence de deux revolvers s'explique comme suit : avec le Colt, j'ai tué net Nicolas, les autres cartouches du chargeur et les balles du Mauser ayant servi à achever les filles de Nicolas, qui étaient blindées par leurs soutiens-gorge emplis d'une masse de diamants de belle taille, et à venir à bout de l'étonnante vitalité de l'héritier (qui s'explique peut-être, en réalité, par une mauvaise maîtrise de l'arme ou une nervosité bien naturelle, après tout le tracas causé par le blindage des filles).

L'ancien commandant de la Maison d'Affectation spéciale d'Ekaterinbourg, où l'ancien tsar Nicolas II fut détenu avec sa famille en 1918 (avant son exécution, le 16.07 de la même année), Iakov Iourovski, et son adjoint Grigori Nikouline, attestent de l'exactitude des informations apportées ci-dessus.

I. Iourovski, membre du Parti depuis 1905, carte numéro 1 500. Section de la Krasnaïa Presnia.

G. Nikouline, membre du Parti depuis 1917, carte numéro 128185. Section de la Krasnaïa Presnia. »

Aux dires de mon amie, ce n'était pas encore la fameuse « Note » de Iourovski. Juste une attestation. Elle m'apprit qu'avant la dernière guerre, le NKVD était venu chercher au Musée, contre reçu, les revolvers de Iourovski et tous ses papiers. Sa fille venait d'être « purgée ». Elle devait passer quelque vingt-cinq ans en camp. Et, de toutes façons, les documents ayant trait au massacre de la Famille impériale étaient « top secrets ».

Il n'empêche, me dis-je, que tout était vrai. Le massacre avait bien eu lieu. Et, dix ans après, il hantait toujours Iourovski, incapable de rédiger une attestation « normale ». La maison Ipatiev l'obsédait : « le blindage des filles », l'enfant qu'il faut « achever »... Je n'osais imaginer le ton de sa « Note »...

Un livre de I. Reznik, édité à faible tirage à Sverdlovsk et s'intitulant fièrement *Le Tchékiste*, était une véritable hagiographie de Iourovski. Il reproduisait le « testament » du commandant, rédigé à l'intention de son « fils spirituel », G. Nikouline.

« À l'attention de G. Nikouline.

Mon ami, j'arrive au terme de ma vie et je dois prendre mes dispositions concernant le peu qui me reste. On te remettra la liste de mes principaux documents et un inventaire de ce que je possède. Remets les documents au Musée de la Révolution...

Tu as été pour moi un fils, et je te serre dans mes bras comme un de mes enfants. Ton Iakov Iourovski. »

Ainsi, les documents avaient été remis au Musée de la Révolution. La boucle était bouclée. C'était sans espoir.

Je décidai alors de dresser la liste des institutions dans lesquelles avaient travaillé Iourovski et de retracer sa vie.

Après le massacre et son départ pour Moscou, il doit revenir dans l'Oural. On lui confie d'abord le soin de ramener de Perm dans la capitale « le train d'or » : les trésors des banques de la région.

Par une nuit d'août 1918, sa femme Moussia, sa fille Rimma, chef des Jeunesses communistes d'Ekaterinbourg, son fils Chourik, et son fils spirituel Nikouline, lui aussi rentré de Moscou, chargent interminablement dans des wagons d'innombrables sacs de toile emplis d'or, d'argent et de platine. Et Iourovski se retrouve commandant du train, de nouveau il a pour adjoint Grigori Nikouline.

À Moscou, Iourovski est employé à la Vétchéka. Après l'attentat manqué de Fanny Kaplan contre Lénine, Iourovski traque, avec d'autres, les SR soupçonnés d'avoir été en contact avec la terroriste. On ne fait pas juge d'instruction plus méticuleux que lui. Mais Fanny Kaplan n'en démord pas : elle a agi seule. Et elle est fusillée.

Quand les Blancs quittent Ekaterinbourg, Iourovski revient dans la ville où il travaille, entre autres, à la Tchéka locale.

En mai 1921, il est muté à Moscou, au « Conservatoire des Trésors de la RSFSR » (Gokhran), où sont réunis les biens « confisqués aux oppresseurs ». Et il les garde fidèlement... À la fin de sa vie, il dirige une usine, le Musée Polytechnique.

Je fais consciencieusement le tour des structures où il a travaillé. Partout, la réponse est la même : « Nous n'avons aucun papier de Iourovski. »

La « Note » de Iourovski

Alors que les archives commençaient à s'ouvrir, je découvris sur ma table, aux Archives centrales de la révolution d'Octobre (TsGAOR), un dossier curieusement intitulé :

« VTsIK. Dossier de la famille de l'ex-tsar Nicolas II. 1918-1919. »

1919 ? Quel « dossier de la famille », à cette date ?

Il contenait donc des documents concernant la Famille, postérieurs au massacre...

Le dossier s'ouvrait sur le télégramme privant l'ancien tsar de ses épaulettes... Puis venait le fameux télégramme adressé au VTsIK par le Soviet de l'Oural... les documents du « complot monarchiste »...

Et, tout à la fin, je découvris deux mauvaises copies d'un texte sans titre ni signature.

Je commençai à lire... et ce fut le choc. Toute la monstrueuse nuit du 16 au 17 juillet, le massacre, les deux jours passés à s'occuper des corps, y étaient décrits d'une manière froide et circonstanciée... L'Apocalypse racontée par un *témoin* ! L'une des copies avait été corrigée de la main de l'auteur. La même main avait ajouté au bas du document une terrible adresse : le lieu où, après le massacre, on avait enterré les corps du tsar et de sa Famille. J'avais alors eu mainte occasion de me familiariser avec l'écriture de Iourovski. Je n'avais plus aucun doute : j'avais sous les yeux la légendaire « Note » de Iakov Iourovski.

Le style en était surprenant. Le nouveau pouvoir avait permis aux ouvriers, soldats, matelots illettrés d'hier de « faire l'Histoire ».

Décrivant le massacre, Iourovski parle fièrement de lui à la troisième personne : il est le Commandant Terrible, l'instrument de la vengeance du prolétariat.

Après quelques difficultés, je réussis, en 1989, à publier ce document dans le magazine *Ogoniok.* Ironie de l'Histoire : grâce aux atermoiements de la censure, l'article parut le 19 mai (6 mai selon l'ancien calendrier), pour la fête de Job le Martyr !

Ce fut aussitôt un flot de lettres de lecteurs. Beaucoup, il est vrai, ignoraient tout, jusqu'alors, du bain de sang dans lequel s'était achevé la dynastie tricentenaire.

Peu après, le Musée de la Révolution retrouvait une autre copie de la « Note », signée cette fois :

« Copie du document transmis par mon père, Iakov Iourovski, à l'historien M. Pokrovski*, en 1920. »

La copie avait été adressée au musée par le fils de Iourovski, en 1964. Mais elle ne mentionnait plus le lieu de la tombe secrète.

Ainsi Iourovski, dès 1920, remettait sa « Note » à un historien. Au demeurant, cela n'avait rien de si étonnant : Pokrovski était aussi membre du Præsidium du VTsIK. Maître incontesté de la nouvelle « science historique », il incarnait la « ligne officielle » et appartenait au cercle des initiés.

Les lettres, cependant, continuaient d'affluer. J'appris bientôt que dans le fonds secret des archives d'une petite ville de l'Oural, on trouvait le témoignage d'Alexandre Strekotine. Je sus ensuite qu'il avait écrit des Mémoires.

Souvenirs personnels d'Alexandre Strekotine, ancien garde rouge du détachement chargé de la garde de la famille impériale Romanov et témoin oculaire de leur exécution.

L'intitulé des Mémoires donne le ton et semble indiquer que Strekotine, qui n'a rien d'un intellectuel, s'est contenté de raconter, cependant qu'un autre (un employé du musée ?) consignait son récit.

Les *Souvenirs* de Strekotine coïncident avec le dixième anniversaire du massacre (1928). Ils s'ouvrent sur un historique :

« À Syssert, on procéda au recrutement des volontaires pour garder l'ancien tsar Nicolas et sa famille, qui arrivaient alors à Ekaterinbourg. On prenait essentiellement des ouvriers qui s'étaient battus contre le général Doutov*. Les amateurs étaient nombreux, et nous en faisions partie, avec mon frère aîné Andreï. Notre détachement était logé dans la maison d'en face, la maison Popov...

Le chef de notre détachement était le camarade Pavel Medvedev, lui aussi de Syssert, ouvrier, sous-officier dans l'armée du tsar, un de ceux qui avaient liquidé Doutov et sa bande.

Vient ensuite une description de la Famille :

« Les princesses n'avaient rien de particulier. Je m'étais figuré qu'elles seraient forcément différentes. Mais non, rien de spécial. Même que si on avait mis leurs robes et toutes leurs toilettes aux pauvres gamines de chez nous, y'en a plein qu'auraient été drôlement plus mignonnes. Et le tsar, alors là, selon moi, il ne ressemblait pas à un tsar. Le ci-devant empereur avait toujours le même costume d'uniforme kaki. Il était un peu plus grand que la moyenne. Un blond râblé aux yeux gris. Vif et nerveux. Il n'arrêtait pas de tortiller ses moustaches rousses... »

Enfin, Strekotine aborde la description de la fameuse nuit...

Un autre témoin fait son apparition, avec les yeux duquel nous allons bientôt regarder cette nuit : Alexeï Kabanov. J'apprends son existence par le fils du tchékiste Medvedev-Koudrine. En 1964, à sa demande, Kabanov avait décrit en détail ce qui s'était passé alors...

Mentionnons encore les Mémoires du commissaire Piotr Ermakov, conservés dans un dossier secret des Archives du Parti de Sverdlovsk.

Je reçus également des extraits du « Sténogramme des Souvenirs des acteurs du massacre », établi à Sverdlovsk en 1924. Des fragments, aussi, d'une surprenante conférence, faite devant les cadres du Parti de la ville, rassemblés pour la circonstance dans la maison Ipatiev, par l'assassin lui-même, Iourovski.

À ces divers témoignages, j'ajoutai celui de l'autre Medvedev, Pavel, le chef de la garde, consigné par le juge d'instruction Sokolov.

Et ce fut le miracle : ce qui devait rester secret pour l'éternité, se révéla soudain dans les moindres détails.

« L'extermination des Romanov : chronique de la nuit Ipatiev »

Iourovski : « Aux environs de la mi-juillet, Philippe (Golochtchekine) me dit que pour le cas où le front se rapprocherait, il faut se préparer à la liquidation... »

Il semble que le 15 au soir ou au matin, il soit venu dire qu'il fallait commencer à régler cette affaire le jour même.

16.7. Un télégramme codé arrive de Perm, ordonnant d'exterminer les Romanov. À six heures du soir, Philippe commande d'exécuter l'ordre. À minuit, un véhicule doit venir emporter les corps.

Pavel Medvedev : « À un peu plus de sept heures du soir, Iourovski ordonne de récupérer tous les revolvers Nagant auprès de la garde et de les apporter. Je les rassemble et les porte dans le bureau du commandant. Alors, Iourovski dit : "Aujourd'hui, nous allons mitrailler toute la famille, le docteur et les serviteurs..." Je ne demande pas qui en a décidé ni comment. »

Iourovski : « On emmène le gamin marmiton... ce qui inquiète fort les R[omanov] et leurs gens. »

Iourovski : « Le docteur Botkine vient en demander la raison. On lui répond que l'oncle de l'enfant, qui avait été arrêté puis s'était évadé, est revenu et souhaite voir son neveu. Le lendemain, l'enfant sera renvoyé chez lui (dans la région de Toula, si je ne m'abuse). »

Pavel Medvedev : « Sur ordre de Iourovski... le marmiton est transféré dans la maison de Popov, dans les locaux de la garde. Vers dix heures, j'avertis le détachement de ne pas s'inquiéter si des coups de feu éclatent. »

Strekotine *(qui monte la garde à l'entresol)* : « Quelqu'un descend rapidement l'escalier, s'approche sans un mot de moi et, là encore sans un mot me tend un revolver. Je demande à ce quelqu'un (Medvedev) : "Pour quoi faire ? " "On va bientôt mitrailler", me répond-il et il s'éloigne rapidement. »

Strekotine : « Bientôt, Akoulov descend avec Medvedev ou je ne sais plus qui [Akoulov est le nom de tchékiste de Nikouline].

À cet instant, apparaît un groupe de cinq ou six personnes, des visages connus [les Lettons]. Akoulov les fait entrer dans la pièce... À présent, il est clair pour moi qu'on va mitrailler... »

Akimov : « Le Sovnarkom et le VTsIK rédigent un télégramme, approuvant la décision [des Ouraliens]. Sverdlov m'envoie le porter au télégraphe, alors situé rue Miasnitskaïa. »

Iourovski : « Le camion n'arrive pas à minuit, mais seulement à une heure du matin, ce qui retarde l'exécution de l'ordre. Pendant ce temps, on procède à tous les préparatifs, douze hommes (dont six Lettons) sont choisis, armés de Nagant pour exécuter la sentence. Au dernier moment, deux Lettons refuseront de tirer sur les filles et il me faudra les remplacer par d'autres... Quand le véhicule arrive, tous dorment. »

Pavel Medvedev : « Avant que Iourovski n'aille réveiller la Famille impériale, deux tchékistes arrivent à la maison Ipatiev. L'un est Piotr Ermakov, l'autre m'est inconnu. »

Le nom de l'inconnu nous est révélé par Ermakov lui-même : « Je reçus la résolution relative à l'exécution, le 16 juillet à huit heures du soir... Je me rendis moi-même sur place, avec deux de mes camarades, Medvedev [l'ancien matelot Medvedev-Koudrine] et un Letton dont j'ai maintenant oublié le nom. »

Le détachement

Le détachement est à présent au complet.

Six « Lettons de la Tchéka », dont deux qui finissent par refuser. La légende veut que, parmi ceux qui ne refusent pas, se trouve Imre Nagy, futur chef de la révolution hongroise de 1956. Vrai ou faux, la mort de Nagy (fusillé sans jugement par les troupes soviétiques entrées dans Budapest) s'inscrit parfaitement dans le cadre de notre histoire...

Aux Lettons, il faut ajouter Iourovski, Nikouline, Ermakov et les deux Medvedev. Et encore un, Alexeï Kabanov, ancien de la Garde impériale. Il a le temps, avant le massacre, de gagner le grenier, où il se poste à côté de la mitrailleuse.

Le tsar était doté d'une étonnante mémoire visuelle. Le garde Iakimov devait rapporter au juge d'instruction Sokolov : « Un jour, Kabanov est en faction sur le palier intérieur. Le tsar passe devant lui, le scrute, s'arrête : "N'avez-vous pas servi dans mon Régiment de cavalerie ?" "Si", répond Kabanov. »

Kabanov sert à présent à la Tchéka et il est chef du détachement des mitrailleurs à la maison Ipatiev. Le fait que le tsar l'ait reconnu est peut-être déterminant. Le frère de Kabanov a un poste important : il dirige la prison d'Ekaterinbourg. Alexeï décide de prouver sa loyauté au nouveau pouvoir, en participant au massacre...

Pavel Medvedev : « Vers minuit (ancien horaire)... Iourovski réveille la famille du tsar. J'ignore s'il leur explique pourquoi il les dérange et où ils doivent se rendre... »

Strekotine : « À cet instant retentissent des sonnettes électriques. On réveille la famille du tsar... »

Iourovski : « Je vais alors les réveiller. Le docteur Botkine sort : il dort le plus près de la porte de la chambre... Je lui donne l'explication suivante : "La ville n'étant pas sûre, il est indispensable de transporter la famille Romanov du premier étage à l'entresol..." Je propose que tous s'habillent sur-le-champ. Botkine réveille les autres. Ils mettent un temps fou à s'habiller, au moins quarante minutes... Lorsqu'ils sont prêts, je les conduis moi-même, par l'escalier intérieur, dans le local en sous-sol... »

Iourovski : « Nic[olas] porte Alexis dans ses bras, les autres tiennent de petits coussins et divers menus objets. En entrant dans la pièce vide [tous les meubles en ont été enlevés], A[lexandra] F[iodorovna] demande : "Comment cela ? Il n'y a pas même une chaise ? Est-il donc interdit de s'asseoir ?" Le commandant ordonne d'apporter deux chaises. Nic[olas] installe A[lexis] sur l'une, A[lexandra] F[iodorovna] prend l'autre. Le com[mandant] ordonne aux autres de rester debout, alignés. »

Strekotine : « On les mène tous dans la pièce... à côté de l'endroit où je suis posté. Akoulov (Nikouline) en ressort peu après et, passant devant moi, dit qu'il faut un fauteuil pour l'héritier... Voyez-vous ça, il veut mourir dans un fauteuil... Eh bien, on va lui en apporter un ! »

Strekotine : « Iourovski, d'un geste vif, indique à chacun où il doit se placer. Il le fait calmement, d'une voix douce : "S'il vous plaît, mettez-vous ici, et vous là... voilà, comme ça, en rang..." Les détenus forment alors deux rangs : dans le premier la famille impériale, dans l'autre leurs gens. L'héritier est sur une chaise... Au premier rang, le tsar ; juste derrière lui un de ses laquais... »

Mais pourquoi se disposent-ils donc si joliment ?

Mitraillage photographique

L'homme me téléphone peu après la publication de mon premier article. Il va droit au but : « Je veux vous raconter ce qu'on enseignait à la deuxième génération des espions soviétiques (les années 1927-1929)... Aux cours, on nous expliquait qu'il avait fallu disposer la Famille de la façon la plus commode pour mitrailler. La pièce était exiguë, ça risquait de bouchonner. Alors, Iourovski trouva la solution. Il leur dit qu'il fallait descendre à la cave, parce qu'il se pouvait que la maison soit mitraillée. Et, pendant qu'on y était, on en profiterait pour faire des photos : ça rassurerait Moscou, où le bruit courait qu'ils s'étaient évadés.

Alors, tous descendirent et s'alignèrent le long du mur, pour la photo... »

Et quand tous se sont placés bien comme il faut, attendant de voir l'appareil :

Iourovski : « ... alors on fait entrer le détachement. »

Strekotine : « Un groupe d'hommes se dirige vers la pièce où l'on vient d'amener les détenus. Je les suis, abandonnant mon poste. Nous nous arrêtons tous aux portes. »

Ermakov : « À ce moment, je sors et je dis au chauffeur : "Au boulot !" Il sait ce qu'il a à faire. Le moteur vrombit, pétarade. Tout cela est nécessaire pour étouffer le bruit des tirs, pour que rien ne filtre à l'extérieur. »

Iourovski : « Quand le détachement entre, le com[mandant] lit, à l'attention des R[omanov] : "Dans la mesure où leurs parents poursuivent leur offensive contre la Russie sov[iétique], le Comité

Exécutif de l'Oural a décidé qu'ils seraient fusillés." Nicolas se tourne, dos au détachement, vers sa famille. Puis, comme s'il reprenait ses esprits, il demande au com[mandant] : "Hein ? Quoi ?" »

Strekotine : « Iourovski se tient devant le tsar, la main droite dans la poche de son pantalon, tenant dans la gauche un petit bout de papier... Puis il lit la sentence. Il n'a pas le temps d'aller jusqu'au bout, que le tsar le fait répéter... Et Iourovski lit pour la deuxième fois. »

Iourovski : « Le Com[mandant] répète rapidement et ordonne au détachement de se préparer... Nicolas ne souffle plus mot. De nouveau, il se tourne vers sa famille. Les autres laissent échapper des exclamations suffoquées, tout cela ne dure que quelques secondes. »

Les dernières paroles du dernier tsar

Nicolas demande de répéter, puis ne souffle plus mot. C'est ce qu'affirment Iourovski et Strekotine.

Mais le tsar prononce encore quelques paroles... Iourovski et Strekotine ne les comprennent pas. Ou ils ne veulent pas les noter.

Ermakov les a retenues. Et il les répète parfois.

Extrait d'une lettre de A. Kareline (Magnitogorsk) :

« Je me souviens qu'on demanda à Ermakov : "Qu'a dit le tsar, avant de mourir ?" Il répondit : "Vous ne savez pas ce que vous faites." »

Ce n'est pas le genre de phrase qu'Ermakov, criminel et « sans-Dieu », aurait pu inventer. Il ignorait en outre que ces mêmes paroles avaient été gravées par Ella sur la tombe de l'oncle du tsar, Serge Alexandrovitch, assassiné : « Pardonne-leur... ils ne savent pas ce qu'ils font. »

Un autre Romanov devait les reprendre encore quelques mois plus tard : le grand-duc Dimitri Konstantinovitch, lorsqu'on l'emmènerait pour le fusiller, à la Forteresse Pierre-et-Paul...

Dès la lecture achevée, Iourovski sort son Colt :

« Chaque homme du détachement sait sur qui il doit tirer. Il a été prescrit de viser le cœur, afin d'éviter trop de sang et d'en finir au plus vite... »

Strekotine : « En achevant ces mots, il tire en un clin d'œil un revolver de sa poche et fait feu sur le tsar. La tsarine et sa fille Olga veulent faire le signe de la croix mais n'en ont pas le temps. »

Iourovski : « Nic[olas] est tué net par le commandant lui-même... Aussitôt après, meurt A[lexandra] F[iodorovna]... »

Iourovski écrit qu'il a tué le tsar. Strekotine aussi. Deux autres l'affirmeront également...

Le fils du tchékiste Medvedev :

« C'est mon père qui a tué le tsar... Comme je l'ai dit, ils s'étaient entendus à l'avance. Ermakov tuerait le tsar. Iourovski prendrait la tsarine, et mon père Marie. Mais quand ils sont arrivés à la porte, mon père s'est retrouvé juste devant le tsar. Pendant que Iourovski lisait son papier, mon père le fixait. Il ne l'avait jamais vu d'aussi près. Et dès que Iourovski a eu redit les derniers mots pour la seconde fois, mon père, qui n'attendait que cela, a fait feu... Il était le seul à avoir un Browning. Les Mauser, les Nagant, les Colt, ça fait perdre du temps, parce qu'il faut armer... »

Et Ermakov auquel, selon leur accord, « le tsar revenait » : « Je lui tirai dessus à bout portant, il s'effondra aussitôt... »

Il y a toutes les chances pour que les douze révolutionnaires qui se pressent aux portes de la terrible pièce soient venus tuer le tsar. Et que tous tirent sur lui.

Ensuite, ils s'attaquent aux autres. Et ça mitraille à tout-va...

Alexeï Kabanov : « Je me souviens très bien : quand nous tous, qui participions à l'exécution, nous sommes approchés de la porte grande ouverte du local, on s'est retrouvé avec trois rangs de revolvers, ceux du deuxième et du troisième visant par-dessus l'épaule de ceux qui étaient devant. Il y avait tant de bras tendus vers les cibles et ils étaient si près les uns des autres, que ceux de devant avaient le revers de la main brûlé par les tirs de la rangée de derrière. »

Le fils du tchékiste Medvedev : « Mon père écopa d'une brûlure au cou, et Iourovski à un doigt » (Eh oui ! Tous deux sont au premier rang !)

Iourovski : « A[lexis] et trois de ses sœurs, la demoiselle de compagnie et Botkine respirent encore. On est obligé de les achever. Cela étonne le com[mandant], car on a visé en plein cœur. Étonnant aussi, le fait que les balles des Nagant ricochent et retombent en grêle à travers la pièce... »

Le tsar gît, terrassé par les premiers tirs, terrassé par tous. La tsarine gît aussi, tuée sur sa chaise, de même que ce noiraud de Troupp qui s'est effondré derrière son maître. Et Botkine. Et le cuisinier Kharitonov. Mais les jeunes filles vivent encore.

Les balles rebondissent étrangement sur elles. Elles volent à travers la pièce. La Demidova court de tous côtés, en hurlant... Elle se protège de son coussin où les balles viennent s'enfoncer, encore et encore.

Comme pris de folie, le détachement mitraille sans fin. Dans la fumée de poudre, on voit à peine la lumière de la petite lampe... Des silhouettes gisent dans des mares de sang... Pointant au-dessus du sol, le bras tendu, protection dérisoire, d'un petit garçon étrangement vivace. Et Nikouline, saisi d'effroi, sans rien comprendre, le mitraille, le mitraille, encore et encore.

En deux coups de feu, Iourovski met fin à cette vitalité. L'enfant s'immobilise. C'est la fin du carnage.

Kabanov : « Les deux plus jeunes filles du tsar sont accroupies, tassées contre le mur, protégeant leur tête de leurs bras. Ils sont deux, à ce moment-là, à tirer sur ces têtes... Alexis gît sur le sol, lui aussi, on l'a mitraillé. La demoiselle de compagnie est par terre, mais elle bouge encore. Alors, je fonce à l'intérieur du local et je leur crie d'arrêter de tirer ; les vivants, faut les finir à la baïonnette... Un camarade enfonce dans la poitrine de la demoiselle de compagnie la baïonnette de sa Winchester. Une baïonnette, c'est comme un poignard, mais qui se serait émoussé. Il n'arrive pas à lui transpercer la poitrine. Elle s'accroche des deux mains à la baïonnette et se met à hurler... Ensuite, on la termine à coups de crosses. »

Le fils du tchékiste Medvedev : « Quand Pavel Medvedev revient, il s'approche du tsar étendu et décharge sur lui son revolver. Beaucoup font ensuite la même chose. »

Strekotine : « La fumée masque la lumière électrique. On arrête les tirs. On ouvre toutes grandes les portes de la pièce, pour que la fumée se dissipe. Et on commence à ramasser les cadavres... »

Il faut faire vite. Le camion doit partir, tant que la nuit de juillet enveloppe la ville. À la hâte, on retourne les corps, on cherche leur pouls...

Iourovski : « Toute la procédure, en comptant le contrôle du pouls, prend une vingtaine de minutes. »

Il faut porter les corps à travers toutes les pièces de l'entresol, jusqu'à l'entrée principale où attend le camion.

Sans doute Pavel Medvedev a-t-il l'idée de les enrouler dans des draps, pour que le sang ne dégouline pas dans les pièces. Il monte à l'étage, dans les appartements du tsar. En retirant les draps de la chambre des grandes-duchesses, il prend une housse de tête de lit et s'y essuie les mains, souillées du sang du tsar. Il la jette dans un coin. On la retrouvera, portant ses empreintes sanglantes.

Strekotine : « On sort d'abord le corps du tsar sur un brancard de fortune. On charge les cadavres dans le camion. »

Strekotine : « Quand on pose une des filles sur le brancard, elle se met à crier et cache son visage dans ses mains. On s'aperçoit que d'autres aussi sont vivantes. On ne peut plus tirer, les portes sont grandes ouvertes, les coups de feu risqueraient de s'entendre dans la rue. Aux dires des camarades du détachement, on les entendait à tous les postes de garde. »

Quand la grande-duchesse se dresse en criant dans son drap et que ses sœurs se mettent à bouger sur le sol, la terreur s'empare des hommes. Ils ignorent encore la raison de cette « étrange vitalité » et il leur semble que le Ciel est contre eux. De nouveau, les tchékistes flanchent. Ermakov montre l'exemple : lui ne craint pas le Ciel.

Strekotine : « Ermakov me prend mon fusil et, à la baïonnette, achève tout ce qui vit encore... »

Iourovski : « Quand on veut achever une des filles à la baïonnette, on ne réussit pas à percer son corsage... »

Strekotine : « En sortant les cadavres, certains camarades en retirent diverses choses : montres, bagues, bracelets, porte-cigarettes... Le cam[arade] Iourovski en est informé et il s'empresse de redescendre. À ce moment-là, on emporte le dernier cadavre. Le cam[arade] Iourovski nous arrête et nous suggère de rendre de notre plein gré ce qui a été pris. Il y en a qui rendent tout, d'autres une partie seulement, d'autres encore rien du tout... »

Iourovski : « Puis on entreprend de sortir les corps et de les entasser dans le véhicule tendu d'une toile (pour empêcher le sang de couler dans le camion). C'est alors que commencent les vols : force est de poster trois camarades sûrs pour garder les cadavres, pendant qu'on emporte les autres (ils sont sortis un à un). La menace d'être fusillé contraint les hommes à rendre tout ce qu'ils ont subtilisé (montres en or, porte-cigarettes orné de diamants, etc.). »

Le fils du tchékiste Medvedev : « Lorsque, à la maison Ipatiev, on entreprit de dépouiller les morts, les montres disparurent instantanément. Même celle du docteur Botkine. Alors Iourovski dit : "Nous allons sortir et revenir dans trois minutes. Il faut que la montre soit là." Il sortit de la pièce avec mon père. Trois minutes après, il était de retour. Et la montre était à sa place. Iourovski veillait soigneusement à ce qu'on ne prît rien. Lorsque le tsar était tombé, sa casquette avait roulé dans un coin. Un des gardes qui emportaient les corps s'en empara... Aussitôt Iourovski l'indiqua à mon père d'un signe de tête. Le lendemain, mon père alla récupérer la casquette. Il apparut qu'elle était des plus ordinaires, elle n'avait pas d'initiales... Mon père en retira la cocarde. Petit, je jouais avec... Ensuite, elle a dû se perdre dans les déménagements. »

Le portail s'ouvre et, dans l'aube qui point, un camion débouche sur la Perspective de l'Ascension.

Strekotine : « Quand tous les corps sont chargés et que le camion part, on vient enfin nous relever de nos postes. »

16

L'Hôte

C'est lui qui me téléphone et demande à me voir. En entendant sa voix chevrotante, je propose tout naturellement de venir chez lui. Il refuse, comme tous ceux de cette génération. Il rit : « Vous pensez que j'ai peur ? Non, les autres avaient peur de moi... Simplement, j'aime marcher. »

Et le voici chez moi.

Il se tape le genou et, avec un petit rire, désigne ses étranges culottes. Des culottes de cheval à galon, autrefois vertes.

– Ces culottes ont appartenu à Nicolas. Je les ai dénichées en 1945, en Tchécoslovaquie. Elles appartenaient à un ancien légionnaire qui les avait achetées en 1918, à Ekaterinbourg... Il prétendait avoir un tas de choses de la Famille impériale. (Nouveau petit rire...) Je ne crois pas, bien sûr, que ce soient les culottes du dernier empereur. Mais c'est la même époque... Pour en venir à l'affaire qui vous intéresse... J'ai longtemps travaillé dans une institution où on ne plaisantait pas. Je vivais alors à Sverdlovsk. Or, depuis des années, je me pose une question... En fait, j'ai passé ma vie à tenter d'y répondre.

Tout a commencé par une rencontre : j'ai assez bien connu Piotr Ermakov. Une personnalité complexe. Ou peut-être trop simple, au contraire. Ses mains le démangeaient : il fallait qu'il tue. On l'avait surnommé « camarade Mauser ». Sous le tsar, il avait liquidé un provocateur d'une façon très originale : il lui avait scié la tête. Quand, à Ekaterinbourg, il avait été décidé qu'on mutilerait *leurs* corps, il était allé à la pharmacie faire des provisions d'acide sulfurique. Les quantités commandées étaient telles que le pharmacien s'en était inquiété. Ermakov voulut s'expliquer. Il n'en eut pas le temps : ses réflexes jouèrent, il l'étendit raide... À propos, savez-vous qu'Ermakov affirmait à qui voulait l'entendre que c'était lui qui avait tué le tsar ? Et avez-vous une idée de la façon dont Iourovski réagissait à la chose ?

J'en avais une idée très précise.

À partir de 1921, Iourovski vécut à Moscou.

Le fils du tchékiste Medvedev :

« Ils se voyaient souvent chez nous, tous ces anciens régicides "montés" à Moscou. »

Après le massacre, en effet, ils ont droit à une promotion. Bieloborodov devient notamment l'adjoint de Dzerjinski* à la Vétchéka. Les maîtres d'Ekaterinbourg sont à présent des « boïars du Kremlin ». Seul le tchékiste Mikhaïl Medvedev reste modeste. Il ne demande pas la lune et finit simple colonel ; il enseigne dans une école de la milice. Au demeurant, c'est ce qui lui permet de survivre. Car tous les « boïars du Kremlin » y passeront.

Mais, dans les années vingt, tous sont jeunes et ont bon pied bon œil. Ils adorent festoyer chez Medvedev. On y trouve Golochtchekine, Nikouline et, bien sûr, Iourovski.

Le fils du tchékiste Medvedev :

« Mon père riait souvent de ses élucubrations : il avait tué Nicolas ! Mon père avait toute une collection d'armes : Mauser, Colt, Browning, et il me proposa un jour de tenter une expérience : à qui tirerait le plus vite. C'est le Browning qui gagna. Comme l'autre fois. Iourovski ne discutait jamais ce point avec mon père. Bien plus, il eut un jour cette remarque : « Dire que tu ne m'as même pas laissé lire la Résolution jusqu'au bout. Je voulais ajouter que c'était une vengeance pour tous les révolutionnaires exécutés... »

Iourovski, toutefois, a un autre concurrent, ô combien dangereux, dans la course pour le titre d'assassin du tsar, en la personne de Piotr Ermakov. Cela explique peut-être qu'il remette sa « Note » à l'historien Pokrovski. Le numéro 1 de l'Histoire soviétique doit fixer pour les siècles le nom de Iakov Iourovski, régicide.

Vient l'année 1927, et le dixième anniversaire de la révolution. Iourovski, lui, attend l'année suivante et le dixième anniversaire du massacre. C'est alors qu'il remet ses deux revolvers au Musée de la Révolution.

Piotr Ermakov répond aussitôt, en faisant don de son Mauser au Musée régional de la Révolution de Sverdlovsk.

La balle est dans le camp de Iourovski.

Le fils du tchékiste Medvedev :

« Durant la même année 1927, Iourovski lance au Comité Central du Parti l'idée de publier, pour le dixième anniversaire de l'exécution des Romanov, un recueil de documents et de souvenirs écrits par les exécutants. Mais, par le biais de F. Golochtchekine, membre du Collège de l'Oguépéou, il reçoit un ordre verbal de Staline : "Interdiction de rien publier, et mieux vaudrait la ramener un peu moins !" »

Pour Staline, qui commence à remodeler la mémoire de l'humanité, la mort de la Famille impériale ressuscite paradoxalement trop de noms qu'il conviendrait d'oublier définitivement ; celui, notamment, de l'homme qui aurait aimé jouer le rôle de grand accusateur, si Nicolas avait été jugé : Trotski.

Comme toujours chez nous, il y a, en parallèle, deux vérités toutes prêtes : l'une pour « nous », l'humanité progressiste, l'autre « pour eux », les capitalistes. Dans les années trente arrive à Sverdlovsk le journaliste Richard Holyburden. Piotr Ermakov lui relate en détail la fin des Romanov, affirmant que c'est lui qui a tué le tsar. Rappelons qu'à l'époque, un journaliste occidental n'a aucune chance de rencontrer un Ermakov, sans autorisation expresse des « autorités compétentes ». Le malheureux correspondant étranger est stupéfié par la sincérité d'Ermakov, que le rusé tchékiste explique par le fait qu'il souffre d'un cancer de la gorge : une ultime confession, en somme. En réalité, Ermakov se porte comme un charme.

Extrait d'une lettre d'A. Kareline (Magnitogorsk) :

« J'ai eu l'occasion de voir et d'entendre un des "héros" du massacre de la Famille impériale, P. Ermakov. C'était en 1934 ou 1935, dans un camp de pionniers près de Tcheliabinsk. J'avais douze ou treize ans. Il nous avait été présenté comme un véritable héros. Nous lui avions offert des fleurs. Moi, je le regardais avec envie ! Il avait terminé son intervention par ces mots solennels : "J'ai, de mes propres mains, tué le tsar et sa famille..." Puis il avait énuméré tous les membres de la Famille impériale, ainsi qu'un serviteur de la Cour. Ermakov affirmait que le déclencheur de toute l'affaire avait été un ordre personnel de Lénine... »

C'est ce soir-là, au camp de pionniers, qu'Ermakov évoque les dernières paroles du tsar.

Je racontai donc tout ce que je savais à mon Hôte. Il ne fit qu'en rire et reprit son récit :

– Iourovski a maintes fois l'occasion de démasquer son rival. Or, curieusement, on dirait que, d'emblée, quelque chose empêche le commandant d'agir. Il évite manifestement toute confrontation directe avec Ermakov. À la place, par un soir de janvier 1934, il organise sa conférence publique pour les cadres du Parti à la maison Ipatiev.

– Pour l'essentiel, Iourovski confirme ce qu'il dit dans sa « Note ». Mais en ce qui concerne les prétentions d'Ermakov, il se montre très modéré : « Il semble que certains camarades racontent à qui veut l'entendre qu'ils ont tué Nicolas. Il se peut, bien sûr, qu'ils aient aussi tiré... »

Bref, jusqu'à la mort de Iourovski, Ermakov affiche tranquillement ses délires. C'est comme s'il savait que jamais Iourovski n'osera s'en prendre à lui, comme s'il existait entre eux un accord tacite.

L'Hôte m'apporte en outre des extraits des Mémoires de Piotr Ermakov :

« Donc, le Comité Exécutif d'Ekaterinbourg décide de fusiller Nicolas, mais, Dieu sait pourquoi, il n'est pas question dans la Résolution de fusiller la Famille. On me convoque et on me dit : "L'honneur t'est échu de les fusiller et de les enterrer de telle sorte qu'on ne retrouve jamais leurs corps. C'est ta responsabilité personnelle et nous faisons confiance au vieux révolutionnaire que tu es."

J'accepte la mission et dis que tout sera fait dans les règles. Je prépare un endroit où les transporter et les dissimuler, prenant en considération la spécificité du moment politique.

Quand je rapporte à Bieloborodov, il me dit : "Débrouille-toi pour que tous y passent, nous en avons ainsi décidé."

Je reçois la Résolution le 16 juillet à huit heures du soir, j'arrive moi-même avec deux camarades, Medvedev et un Letton dont je ne me rappelle plus le nom mais qui servait dans la section punitive de mon détachement. J'arrive à dix heures du soir exactement dans la Maison d'Affectation spéciale. Mon véhicule se présente peu après : c'est un camion de taille moyenne. À onze heures, on propose aux détenus Romanov et à leur proches de descendre à l'entresol. Ils demandent pourquoi. Je leur dis qu'on va les conduire dans le centre, qu'on ne peut plus les garder ici, c'est trop risqué. Et nos affaires ? s'inquiètent-ils. Je réponds qu'on les rassemblera plus tard et qu'on les leur remettra. Ils acceptent. Ils descendent. Des chaises ont été installées pour eux le long du mur.

La scène est restée très précise dans ma mémoire : Nicolas s'assied d'abord, puis Alexis, Alexandra, leur fille Tatiana ; viennent ensuite le docteur Botkine, la demoiselle de compagnie ; enfin tous les autres. Quand le remue-ménage s'est calmé, je sors dire au chauffeur : "Au boulot !" Il sait ce qu'il a à faire. Le moteur vrombit, pétarade... Tous sont assis et attendent. Ils sont nerveux, échangent çà et là quelques mots. Dans une autre langue que le russe, pour Alexandra. Une fois tout en ordre, je vais remettre au commandant de la maison, Iourovski, la Résolution du Comité Exécutif régional. Il s'étonne : pourquoi tous ? Je réplique qu'il le faut et qu'il ne sert à rien de discuter, que le temps presse et qu'il faut passer à l'action. Je redescends en compagnie du commandant.

Il faut préciser que les rôles ont déjà été répartis : on sait qui doit tirer sur qui. Je me réserve Nicolas, Alexandra, une des filles et Alexis, parce que j'ai un Mauser et que ça fait du bon boulot. Les autres ont des Nagant. Une fois en bas, on attend un petit moment. Puis le commandant propose à tous de se lever, seul Alexis reste assis. On leur lit la sentence. Nicolas laisse échapper : "Alors, vous ne nous emmenez nulle part ?" Il n'y a plus à attendre. Je tire sur lui à bout portant. Il s'effondre aussitôt, mais les autres tirent aussi. *Eux,* se mettent tous à pleurer, se jettent au cou les uns des autres. Quelques coups de feu... c'est fini. Je fais l'inspection et, quand certains respirent encore, je leur tire dessus. Nicolas est tué dès la première balle, pour sa femme il en faut deux, et plusieurs également pour les autres. On leur tâte le pouls et lorsque tous sont bien morts, j'ordonne de les traîner jusqu'au camion par la porte d'en bas, de les entasser comme il a été dit et de recouvrir le tout d'une bâche. »

– Étranges *Souvenirs*, non ? reprend mon Hôte. Il n'y a quasiment pas un mot de vrai.

En effet, si la « Note » de Iourovski coïncide avec les déclarations des autres témoins, le récit d'Ermakov détonne grandement.

Pour commencer il s'assimile à Iourovski, en s'adjugeant les faits et gestes du commandant. Surtout, la trame de son récit est largement connue. Quant aux détails, ils sont plus faux les uns que les autres.

Or, il est peu probable qu'un acteur du massacre n'ait pas retenu un seul détail vraisemblable. On finirait par croire qu'il n'y était pas et qu'il se contente de reprendre les propos d'autrui. Ou que tout cela se situe pour lui dans une sorte de brouillard, en lui revenant par à-coups.

– Bien sûr qu'il y était ! dit l'Hôte. Simplement, il était ivre.

Comment n'y ai-je pas pensé ? Il voulait se donner du cœur au ventre ? Ou bien ses nerfs n'ont pas supporté l'attente ? Ou, plus vraisemblablement encore, c'était le jour de la paie... La fureur sauvage d'Ermakov, ses hurlements, lorsqu'il achevait les malheureuses grandes-duchesses à la baïonnette, tout cela venait uniquement du fait qu'il était soûl !!

Je résume à l'Hôte le contenu d'une autre lettre terrible :

Extrait de la lettre de M. Afanassiev (Moscou) :

« Dans les années vingt, mon père était inspecteur des pompiers dans la région de Riazan. Un prêtre du coin lui confia certains détails qu'il tenait d'un des meurtriers de la Famille Romanov. De qui s'agissait-il ? Le prêtre ne le dit point. L'homme était mourant et il avait reçu sa confession. Le moribond affirmait que le chef de l'opération leur avait proposé de violer les grandes-duchesses. Tous étaient ivres, ils venaient de toucher leur solde. Ils refusaient de tuer des femmes : "Les bonnes femmes, on tire pas dessus ! On veut que des bonshommes !" Le principal assassin était lui-même un soiffard invétéré. Et, ce jour-là, il était soûl. Les autres lui criaient : "C'est pas comme ça qu'on fait la révolution..." »

De nouveau, le rire catarrheux de l'Hôte :

– Ainsi, mon vieil ami Ermakov avait promis les filles ? Non, pas aux tueurs... Là, votre curé n'a pas compris. Juste aux gars de son équipe. Visiblement, votre mourant ne comptait pas parmi les régicides. Il faisait simplement partie du détachement d'Ermakov. Et le détachement n'était là que pour l'inhumation des corps. On a ensuite fait l'amalgame. C'est fréquent... Qu'Ermakov ait été ivre, je n'en ai jamais douté. C'est pour cela que Iourovski a dû aller « contrôler » lui-même l'inhumation. Sinon, jamais le commandant n'aurait osé vérifier le travail du commissaire Ermakov. C'est pour cela que Iourovski monte dans le camion. Ermakov aussi tient à y grimper, avec une obstination d'ivrogne. J'ai même cru comprendre, en bavardant avec lui, qu'il était monté dans la benne, mais qu'il n'avait pas pu en redescendre. Il a donc fait toute la route au milieu des cadavres.

L'attitude de Iourovski n'en est pas plus claire pour autant. Comment expliquer qu'il ne s'en soit jamais servi contre Ermakov ? Qu'il n'y ait pas même fait la moindre allusion ? Désir d'épargner un ancien prisonnier politique ? Ou cela cache-t-il autre chose ?

J'avais longtemps cherché à me représenter l'itinéraire suivi par le camion. Là encore, Ermakov changeait sans cesse de discours.

Le juge d'instruction Sokolov avait aussi tenté de le reconstituer, d'après l'empreinte des roues dans la boue et les déclarations des témoins. Par bonheur, la « Note » du commandant Iourovski se révéla fort précieuse pour moi. Enfin, deux « enthousiastes » de Sverdlovsk, qui étudiaient l'histoire du massacre, m'envoyèrent le plan de cet itinéraire.

Tout se mettait enfin en place...

Le camion chargé de cadavres

Les portes de la maison Ipatiev s'ouvrent et le chauffeur, Sergueï Lioukhanov, fait sortir son camion. Il est trois heures du matin. Le véhicule emprunte la Perspective de l'Ascension, puis tourne dans la Grand-Rue. Il quitte les limites de la ville au niveau de l'hippodrome et poursuit son chemin en direction du village de Koptiaki.

Il longe l'usine de Haut-Issetsk (le domaine privilégié du commissaire Ermakov), puis coupe la voie ferrée de Perm, avant d'entrer dans la forêt touffue qui mène jusqu'à Koptiaki. À quelque trois verstes au nord de la ligne de Perm, le camion coupe une autre voie ferrée, celle de l'usine des Mines, au niveau de l'embranchement numéro 120.

L'endroit est sauvage, pas de maisons, hormis des maisonnettes de garde-barrière... Là, la route se dédouble. Le camion tourne vers l'embranchement et la maison du garde-barrière numéro 184. L'endroit est marécageux et, à une centaine de mètres de la maisonnette, il s'enlise. Lioukhanov fait de son mieux, mais le moteur chauffe. Il faut de l'eau et des traverses pour passer.

Lioukhanov descend du camion.

Dans la maisonnette, la femme garde-barrière a été réveillée par le bruit du moteur. On frappe à la porte, elle ouvre, découvre Lioukhanov et, se découpant sur le ciel encore sombre, la silhouette du camion... On connaît la suite.

Pendant ce temps, du côté de Koptiaki, un cordon de gardes rouges renvoie tous les habitants au village. Un autre cordon est posté non loin de la maisonnette numéro 184, qui ne laisse personne atteindre la route.

Iourovski : « Quelque cinq verstes après l'usine de Haut-Issetsk, nous tombons sur une véritable horde : vingt-cinq hommes environ, à cheval ou en calèche. Ce sont les ouvriers (membres du Comité Exécutif du Soviet) recrutés par Ermakov. Ils commencent par crier : "Pourquoi que vous nous les avez pas amenés vivants ? " Ils étaient persuadés qu'ils seraient chargés de l'exécution. »

Ivre et sanglante, la horde attend les grandes-duchesses promises par Ermakov.

Iourovski : « Entre-temps... on commence à charger les corps dans les calèches, alors qu'il nous faudrait de solides télègues. Ce n'est pas pratique. Les hommes commencent à faire les poches des cadavres et il faut les menacer de les abattre sur place...

C'est alors que l'on s'aperçoit que Tatiana, Olga et Anastasia portent des "corsets" spéciaux. On décide de déshabiller complètement les corps, mais pas ici, à l'endroit où ils seront enterrés. »

Les calèches ne sont pas assez grandes. On manque de place pour tous les corps. C'est pourquoi le camion continue d'avancer vers la mine : il transporte encore une partie des morts.

Iourovski : « Il apparaît que personne ne sait où se trouve la mine choisie. Il commence à faire jour. Le com[mandant] envoie des cavaliers en éclaireurs, mais cela ne donne rien. Il apparaît aussi que rien n'est préparé : pas de pelles, etc. »

Il est peu vraisemblable que les hommes d'Ermakov se perdent dans le coin. Iourovski devine leur ruse : ils espèrent simplement qu'il va se lasser et partir. Ils veulent rester seuls avec les corps, ils rêvent de glisser un œil dans les « corsets ».

Mais Iourovski est patient. Force leur est de retrouver l'emplacement de la mine. Et le terrifiant convoi repart.

Un matelot de Cronstadt, Vaganov, un des chefs de la bande Ermakov, caracole en tête. C'est là, dans la forêt touffue, que le cortège croise des paysans que Vaganov envoie promener brutalement. Le jour est bien levé, quand ils quittent le chemin vers la mine sans nom. Et le camion s'enlise.

Iourovski : « Comme le camion est enlisé dans un fossé entre deux arbres, on l'abandonne au profit des seules calèches. Les corps sont recouverts d'une bâche. On est à environ seize verstes et demie d'Ekaterinbourg, et une et demie de Koptiaki. Il est six ou sept heures du matin. »

La mine est à deux cents pas de là. Tandis que certains gardes rouges tentent de récupérer le camion, d'autres entreprennent de fabriquer des brancards de fortune avec de jeunes pins et des bouts de bâche. (L'enquête des Blancs fait état de branches brisées tout au long de la route.)

Iourovski : « On trouve dans la forêt une mine d'or abandonnée, de trois archines [1] et demie de profondeur. Elle contient pour une archine d'eau. »

Près de la mine, on étend les corps sur le sol argileux, en cherchant pour ce faire un endroit bien plat.

Iourovski : « Le commandant ordonne de déshabiller les cadavres et d'allumer des feux pour tout brûler. Les cavaliers sont postés alentour, afin de repousser d'éventuels curieux. C'est en dévêtant une des jeunes filles que l'on voit le "corset", çà et là troué par les balles et laissant apparaître des diamants. Les hommes ont les yeux qui brillent... Le com[mandant] décide de renvoyer sur-le-champ le détachement ouvrier, ne gardant que quelques sentinelles et cinq hommes de l'équipe de la nuit précédente. Les autres se dispersent. »

Le soleil est levé quand les corps sont nus. Les « corsets » des grandes-duchesses et la ceinture de perles de l'impératrice ont été retirés.

Iourovski : « Le détachement procède au déshabillage et à l'incinération. On trouve sur A[lexandra] F[iodoravna] une ceinture de perles, faite de plusieurs colliers cousus dans la toile... Les diamants sont aussitôt répertoriés. Il y en a près d'un demi-poud... »

Les vêtements sont immédiatement brûlés. Des hommes et des femmes nus gisent sur la terre nue, près d'une mine.

---

1. Ancienne mesure de longueur (0,71 m).

Iourovski : « On trouva au cou de chacune des jeunes filles un portrait de Raspoutine et le texte d'une de ses prières, dans une amulette. »

Le « Saint Diable » demeure avec elles jusqu'après la mort.

Extrait d'un rapport au ministère de la Justice de Koltchak :

« Rapport du procureur du palais de Justice de Kazan, N. Mirolioubov...

Koukhtenkov déclare avoir occupé, une fois remplies ses obligations militaires, les fonctions d'économe dans un club ouvrier... Les 18-19 juin, vers quatre heures du matin, arrivent dans ce club le président du Comité Exécutif du Soviet de Haut-Issetsk, Sergueï Malychkine, le commissaire militaire Ermakov et des membres importants du Parti bolchevique : Alexandre Kostoussov, Vassili Levatnykh, Nikolaï Partine, Sergueï Krivtsov. »

Là, au club, les personnes susmentionnées tiennent conseil... Krivtsov interroge, et les réponses sont faites par Levatnykh et Partine. Levatnykh dit alors : « Quand nous sommes arrivés, elles étaient encore chaudes. J'ai moi-même tâté la tsarine, elle était chaude... Je peux bien mourir, maintenant que j'ai tripoté la tsarine... » [dans le document, cette dernière phrase est biffée à l'encre] Suivent d'autres questions : comment étaient habillés les morts, est-ce qu'ils étaient beaux ?... Pour les habits, Partine dit qu'ils étaient tous en civil, que des bijoux étaient cousus dans leurs vêtements, mais qu'il n'y en avait pas un de beau : « Les morts, c'est jamais beau ! »

On les recouvre enfin d'une bâche. Et on décide : on brûle les vêtements et on jette les cadavres tout au fond de la mine sans nom.

Iourovski : « Après avoir rangé tout ce qui est précieux dans des sacs, on brûle le reste ; quant aux corps, ils sont descendus dans la mine. Pendant l'opération, quelques objets précieux sont malencontreusement jetés. »

Il y a quantité de diamants et de perles. Ils ne vont pas se tracasser pour des bricoles. Ils en ont marre.

Iourovski : « Tout [les bijoux] sera enterré dans le sous-sol d'une maison de l'usine d'Alapaïevsk, puis exhumé en 1919 et transporté à Moscou. »

Les corps reposent sous l'eau.

Le commandant se restaure, assis sur une souche. Il mange des œufs, ceux qu'on avait apportés pour l'enfant. Sa faim un peu calmée, il a une idée : il faut balancer dans la mine quelques grenades...

Iourovski : « Lors de la tentative pour faire effondrer la mine à l'aide de grenades à main, des corps furent manifestement endommagés, des bouts en furent arrachés. C'est ainsi que le commandant explique la découverte en ce lieu, par les Blancs, d'un doigt coupé, etc. »

À la suite de quoi Ermakov et ses camarades se rendent à Haut-Issetsk, tandis que le commandant s'assure de l'envoi des bijoux à Alapaïevsk. Cette nuit-là, à Alapaïevsk, Ella et ses compagnons de détention doivent être « liquidés ».

Iourovski : « L'opération achevée, le commandant, laissant des gardes, va rapporter, vers dix-onze heures du matin, ce 17 juillet, au Comité Exécutif de l'Oural, où il trouve Safarov et Bieloborodov. Il leur raconte ce qui a été découvert et exprime le regret qu'on ne lui ait pas permis, en son temps, de fouiller les R[omanov]. »

En réalité, au Soviet, Iourovski reçoit un choc dont il ne souffle mot dans sa « Note ».

Le fils du tchékiste Medvedev : « Au matin, mon père se rendit au marché et il apprit de la bouche des marchandes du coin, dans les moindres détails, où et comment on avait caché les corps de la Famille impériale. Voilà pourquoi il fallut réenterrer les corps. »

La bande à Ermakov n'a pas su tenir sa langue. Il faut tout reprendre à zéro. Se remettre à réfléchir, chercher un endroit où cacher les cadavres. Et le temps presse : les Blancs sont aux portes.

Iourovski : « Le commandant apprend par Tchoutskaïev (le président du Comité Exécutif de la ville) qu'à la neuvième verste sur la grand-route de Moscou se trouvent des mines profondes, parfaites pour enterrer les Romanov. Il veut s'y rendre, mais sa voiture tombe en panne en cours de route. Il finit le chemin à pied. Il trouve effectivement trois mines fort profondes, toutes trois emplies d'eau, et il décide qu'on y noiera les cadavres, après leur avoir attaché une pierre au cou. Mais comme il y a des gardiens, on décide de faire venir, en même temps que le camion qui transportera les corps, une automobile de tchékistes qui, prétextant une perquisition, embarqueront tout ce beau monde... Le commandant revient en ville dans une charrette attelée de deux chevaux, qu'il réquisitionne à un paysan rencontré en chemin... Pour le cas où le plan ne marcherait pas, il a décidé d'incinérer les cadavres et de les enterrer dans des combes argileuses pleines d'eau, après les avoir complètement défigurés à l'acide sulfurique.

De retour en ville vers huit heures du soir (le 17 juillet), le commandant se met en quête de tout le nécessaire : essence, acide sulfurique. Des télègues attelées – sans cochers – sont empruntées à la prison...

On ne peut repartir qu'à minuit et demie, dans la nuit du 17 au 18. Pour isoler les mines, le temps de l'opération, on annonce à Koptiaki que des Tchèques se dissimulent dans la forêt que l'on s'apprête en conséquence à passer au peigne fin. Que nul ne sorte donc du village, sous aucun prétexte. Ordre est donné de tirer à vue, en cas d'intrusion dans la zone des opérations. »

La tombe secrète

Le fils du tchékiste Medvedev : « On s'éclaire à l'aide de torches. Le matelot Vaganov descend dans la mine. Il y reste debout dans l'obscurité. L'eau glacée lui arrive à la poitrine. On fait descendre des cordes. Il y attache les cadavres et donne le signal pour qu'on les remonte.

À la lueur des torches, le commandant revoit la Famille impériale.

Iourovski : « Le jour se lève, cependant. L'idée me vient d'ensevelir une partie des corps sur place, à côté de la mine. On se met à creuser une fosse, le travail est presque fini, quand un paysan de notre connaissance vient trouver Ermakov. Il apparaît qu'il a pu voir la fosse. Force est de renoncer et de transporter les cadavres vers les mines profondes. »

Et les corps repartent, d'abord en calèche, puis en camion. Iourovski avec eux. C'est le troisième jour qu'il passe au milieu des cadavres, le troisième qu'il se démène pour « évacuer la Famille en lieu sûr ».

Iourovski : « Les télègues ne sont pas assez solides ; le commandant repart chercher des voitures en ville : un camion et deux camionnettes pour les tchékistes. Ils ne se remettent en route qu'à neuf heures du soir, franchissent la voie ferrée à une demi-verste, chargent les cadavres dans le camion. Ils progressent difficilement, posant des traverses aux endroits les moins sûrs, ce qui ne les empêche pas de s'enliser plusieurs fois. Vers quatre heures et demie du matin, le 19, le camion s'enlise définitivement. Ne reste qu'à ensevelir ou brûler les cadavres, sans atteindre les mines. Pour l'incinération, un camarade a promis de s'en charger, le commandant a oublié son nom. Mais il part, sans tenir sa promesse.

On veut incinérer A[lexis] et A[lexandra] F[iodorovna]. Par erreur, ce sera la demoiselle de compagnie au lieu de l'impératrice. Puis on ensevelit les restes sous le foyer et on rallume un feu pour dissimuler que le sol a été creusé. Pendant ce temps, une fosse commune est préparée pour tous les autres. Vers sept heures du matin, elle est prête, un carré de deux archines et demie de profondeur sur trois et demie de côté. Les corps y sont entassés, aspergés d'acide sulfurique – notamment les visages –, à la fois pour les rendre méconnaissables et pour éviter les miasmes de la décomposition (la fosse n'est pas très profonde). On recouvre de terre et de branchages, on pose des traverses par-dessus, on tasse en passant plusieurs fois avec un véhicule et il ne reste plus trace de la fosse. Le secret, cette fois, sera bien gardé. Les Blancs ne trouveront rien. »

À la fin de sa « Note », Iourovski fait un ajout, indiquant le lieu exact de cette tombe secrète :

« Koptiaki, à 18 v[erstes] au nord-ouest d'Ekaterinbourg. À la neuvième verste, une ligne de c[hemin] de f[er] passe entre Koptiaki et l'usine de Haut-Issetsk. Ils sont enterrés à une centaine de saj[ènes] du ch[emin] de f[er], en allant vers Haut-Issetsk. »

Cette tombe a-t-elle existé ?

Petit rire de l'Hôte :

– Vous racontez l'histoire telle que Iourovski la décrit dans sa « Note ». Mais il est un autre témoin, non moins important : mon ami Ermakov... Lui aussi a relaté les circonstances de l'inhumation... De sorte qu'il en existe deux versions. Et même trois, si l'on compte celle parue en Occident dans les années cinquante...

– Vous voulez parler de la brochure de Johann Meyer ?

– Absolument. C'est un faux grossier, mettant en scène des personnages qui n'ont jamais existé. De sorte que le manuscrit de Piotr Ermakov est l'un des deux documents nés de la plume d'acteurs directs du drame. Et pas seulement d'acteurs. Tous deux ont dirigé cet abominable « enterrement », si l'on peut appeler ainsi l'horreur à laquelle ils se sont livrés.

Extrait des Souvenirs d'Ermakov (fin du manuscrit) :

« Quand cette opération fut terminée, vers deux heures du matin, dans la nuit du 16 au 17 juillet 1918, le camion chargé de cadavres prit la direction de la forêt, via Haut-Issetsk, en allant vers Koptiaki où j'avais repéré un endroit pour enterrer les corps.

J'avais cependant envisagé l'éventualité de ne pas les enterrer, car je n'étais pas seul, j'avais des camarades avec moi et je pouvais d'autant moins confier cette tâche à quelqu'un que je répondais de tout. Je décidai par avance de brûler les corps. J'avais préparé pour cela de l'acide sulfurique et de l'essence, j'avais tout prévu. Mais pour ne pas donner l'alerte, je dis : "Nous les descendrons dans la mine." Il en fut ainsi décidé. J'ordonnai alors de les déshabiller tous afin de brûler leurs vêtements, et ainsi fut fait. Quand on retira les robes des femmes, on trouva sur *elle* et sur ses filles des médaillons avec la tête de Raspoutine. Elles avaient des corsets spécialement adaptés, doubles, bourrés d'ouate et à l'intérieur desquels étaient cachées des pierres précieuses. Ces joyaux furent remis au membre du Soviet de l'Oural Iourovski. Je ne m'intéressai guère au contenu de ces trésors, je n'avais pas le temps. Je brûlai aussitôt les vêtements. Quant aux corps, on les transporta sur une cinquantaine de mètres et on les descendit dans une mine. Elle n'était pas profonde, quelque six sajènes : les mines du coin, je les connaissais toutes. J'avais choisi celle-là afin qu'il soit plus simple d'en retirer les corps pour la suite des opérations. Quand tout fut achevé, le jour se levait, il était dans les quatre heures du matin. L'endroit se trouvait à l'écart de la route, à environ trois verstes.

Quand tous furent partis, je demeurai dans la forêt, à l'insu de tous. Dans la nuit du 17 au 18, j'y retournai, muni d'une corde. On me descendit dans la mine, j'entrepris d'attacher les corps un à un, et deux de mes gars les tirèrent au-dehors. Quand tous furent sortis, j'ordonnai de les charger sur une charrette à deux roues, nous les transportâmes à l'écart de la mine, en fîmes trois tas, ajoutâmes du bois aspergé d'essence et déversâmes l'acide sulfurique sur les corps. Les cadavres furent entièrement calcinés et les cendres ensevelies. Tout cela eut lieu à minuit, dans la nuit du 17 au 18 juillet 1918. Après quoi, le 18, je fis mon rapport. Ermakov. 29 octobre 1947. »

– Si l'on fait abstraction, me dit l'Hôte, de l'habituelle vantardise d'Ermakov qui n'a pas son pareil pour s'attribuer les mérites des autres, un point retient l'attention : à l'en croire, il n'y eut jamais aucune inhumation, les corps furent incinérés non loin de Koptiaki. Il diverge ici complètement de Iourovski. Notez en outre que demeure une question essentielle : existe-t-il une tombe ? En l'occurrence, Ermakov reprend les conclusions de Sokolov : il n'y a pas de tombe, les corps de la Famille sont partis en fumée. Je m'étais dit, un temps, que Iourovski n'avait peut-être pas pris Ermakov avec lui, la deuxième fois, en raison de son ivrognerie. Mais, rapportant les événements du 18, il écrit noir sur blanc dans sa « Note » qu'un paysan s'approcha d'Ermakov. Donc, celui-ci était bien présent. Jusqu'à la mort d'Ermakov, je tentai de savoir le fin mot de l'histoire. En vain, il n'avait qu'une réponse : « Les corps ont été brûlés. »

C'est là que se produit ma rencontre avec le *troisième*.

« Charon »

Quand je vis le *troisième* pour la première fois en 1943, il vivait à Perm. La ville s'appelait alors Molotov... Je l'avais surnommé : le « camarade Charon ». Cela ne le faisait pas rire, même quand on lui expliquait qui était le Charon en question. Il ne riait jamais et n'évoquait jamais le thème qui nous intéresse. Je le revis en 1953, peu avant sa mort. C'était un petit vieillard sec, au nez fin de rapace, aux cheveux rares, coiffé d'un pitoyable bonnet à oreillettes et vêtu d'un manteau râpé. Il vivait dans une pièce minuscule, un vrai capharnaüm, séparée en deux par un rideau. De l'autre côté du rideau vivaient son plus jeune fils et la femme de ce dernier. Néanmoins, ce capharnaüm se trouvait rue du 25 Octobre[2]. C'est donc là que vécut et mourut ce vieux bolchevik qui avait conduit le camion transportant les corps du tsar et des siens...

Sergueï Lioukhanov est en effet le *troisième témoin* de cet affreux voyage. À la différence des autres régicides, il n'a plus jamais évoqué sa participation à la grande « mission prolétarienne » et n'a pas cherché à en tirer avantage. Bien plus, son fils me confia qu'il n'avait jamais dit se trouver à Ekaterinbourg en 1918. Ajoutons qu'aux cours de nos rencontres, il ne me raconta rien. Un jour que je l'avais invité au restaurant, il n'avait pas décroché un mot de toute la soirée. Puis il avait pris l'addition que je m'apprêtais à régler et avait lancé : « Dommage, j'aurais pu vivre un mois entier avec ça. » Et il était parti. Tout ce que j'ai appris de lui, je le tiens de son fils, Alexis (comme l'héritier).

Il apparut que, malgré son âge respectable (il mourut à quatre-vingts ans), Lioukhanov n'avait jamais eu de pension. Son fils disait qu'il ignorait y avoir droit. Étrange... Mais il est bien d'autres étrangetés dans sa vie. Ainsi, ses constantes errances, d'une ville à l'autre. Aussitôt après le massacre, il quitte Ekaterinbourg avec les bolcheviks. Quand le pouvoir soviétique revient, il ne rentre pas. Il part à Ossa, dont il ne tarde pas à revenir. Et la promenade continue. On

2. Une rue centrale de Moscou où, au temps de l'Union soviétique, vivaient essentiellement des « huiles ».

a le sentiment qu'il ne cesse de faire le tour de l'Oural : à peine s'habitue-t-il quelque part qu'il s'en va, renonçant parfois à un emploi avantageux. Aurait-il peur de quelque chose ?

Le plus curieux, pourtant, ce sont ses relations avec sa femme Augusta.

Augusta est institutrice, elle est la propre sœur de l'ancien commandant de la maison Ipatiev, Avdeïev. En 1918, elle entre au Parti... Notez qu'au cimetière sa tombe ne s'orne pas d'une croix mais d'une étoile rouge – la première de ce type à Ekaterinbourg. Or voici que cette communiste convaincue, doublée d'une athée militante, quitte Lioukhanov, aussitôt après le massacre. Elle rentre à Ekaterinbourg où elle meurt du typhus en 1921. Elle est alors chargée par le Parti de s'occuper des orphelinats. Avant de mourir, elle *pardonne* à son mari.

Ainsi, notre Charon a fait quelque chose qui a poussé sa femme à le quitter, en emmenant leurs quatre enfants...

Le secret des *deux*

Mais foin des sous-entendus ! s'esclaffe mon Hôte. Je vais vous dire ce qui selon moi – j'insiste, c'est ma version des choses – est arrivé.

Cela ne peut se produire qu'à un endroit, lorsque le camion arrive à la maison du garde-barrière numéro 184, et qu'il s'enlise. Non loin de là, on le sait par Iourovski, doit les attendre un cordon d'hommes choisis par Ermakov. Il y a fort à parier qu'à ce moment-là Ermakov dort d'un sommeil d'ivrogne. Iourovski le réveille et ils partent à la recherche du détachement attendu. Pendant ce temps, Lioukhanov se dirige vers la maison du garde-barrière.

Restent le camion enlisé et les gardes rouges qui l'accompagnent. Combien sont-ils ? Trois ou quatre, sans doute. La scène est plongée dans la pénombre de l'aube.

Représentez-vous la situation : les Blancs s'apprêtent à prendre la ville. Il semble que ce soit la fin du pouvoir soviétique. Beaucoup seront pendus pour venger la Famille. Et tandis qu'Ermakov dort d'un sommeil de plomb, ils entendent... des gémissements sous la bâche.

– Vous savez, je pense, qu'après le massacre on avait dû achever quelques-uns des Romanov. Il est néanmoins aisé d'imaginer qu'après cela, deux d'entre eux n'étaient que blessés et gisaient inconscients. Ils reprennent leurs esprits dans ce camion terrible. Que se passe-t-il ensuite ? Tout se décide, selon moi, après le départ d'Ermakov et de Iourovski, et la visite de Lioukhanov à la maison du garde-barrière.

Les gardes rouges restés près du camion se disent qu'une chance unique leur est offerte. Se mettent-ils tous d'accord, lorsqu'ils entendent les cris, ou n'ont-ils pas besoin de mots pour se comprendre ? Comment réussissent-ils à faire sortir les *deux* du camion ? Lioukhanov les voit-il de la maison ? Je ne peux faire ici que des suppositions. Pour la suite des événements également : les gardes rouges s'enfuient-ils aussitôt ? Vraisemblablement pas, ce serait trop suspect.

Les questions se multiplient. Les gardes rouges parviennent-ils à sauver les deux victimes ? Ou meurent-elles, encore dans la forêt ? Les étoiles entrevues par celle qui disait être Anastasia, étaient-elles dans le ciel de cette nuit terrible ? Et que dit Iourovski à Ermakov, lorsque, déchargeant les corps du camion dans les calèches, il découvre qu'il en manque deux ? On imagine la terreur d'Ermakov, qui en est aussitôt dégrisé. Mais ils n'ont pas le temps de lancer des recherches. Les Blancs sont là qui les talonnent. Il faut anéantir les cadavres qui restent.

Et Lioukhanov ? Il est dans sa cabine, en principe il n'a rien vu. Les gars d'Ermakov sont aussi soûls que lui. Ils n'ont sans doute rien remarqué. D'ailleurs, on les renvoie très vite. Ne restent donc que les plus loyaux, Iourovski et Ermakov. L'affaire sera leur secret commun. Ensemble, ils dissimulent l'absence de deux corps. Mais Iourovski ne peut faire les photos qui eussent été pour lui le couronnement de la « liquidation ».

– Mais pourquoi parlez-vous toujours de *deux* ?

– Lisez attentivement la « Note » de Iourovski. Il mentionne les « corsets » en diamants de trois filles. Où est la quatrième ? Et Alexis ? On tire sur lui à deux pas et on n'en vient pas à bout ! Comment ne pas penser qu'il a lui aussi une « protection de diamants », un « blindage » ? Or Iourovski n'en parle pas. Pourquoi ? Parce qu'on n'a pas déshabillé Alexis. Dans le cas contraire, on n'eût pas manqué de trouver l'amulette de Raspoutine. Or, là encore, Iourovski n'en souffle mot.

Cette hypothèse explique aussi pourquoi Iourovski, à la fin de sa « Note », écrit que *deux* ont été brûlés : Alexis et une femme. Pourquoi pas les autres ? Pourquoi pas Nicolas, ce qui eût été beaucoup plus symbolique ?

La réponse est toujours la même : parce qu'il en manque deux, l'enfant et une des filles.

Lorsqu'à Berlin paraît Anastasia, à Ekaterinbourg un ami d'Ermakov, Soukhoroukov, fait soudain des déclarations tout à fait surprenantes : il affirme lui aussi avoir vu qu'on brûlait deux corps, ceux d'Alexis et d'Anastasia. Pas Demidova, comme l'écrit Iourovski, mais bien Anastasia.

De son camion, Lioukhanov a tout vu. Et s'il se prend de bec avec la garde-barrière, c'est pour qu'on ait le temps de les emporter. Il n'y tiendra pas, toutefois, et finira par tout raconter à sa femme. Mais la sœur du commandant Avdeiev ne pouvait pas comprendre une telle trahison des « principes »...

Je tentai de vérifier les dires de l'Hôte. Je m'adressai au plus jeune fils de Lioukhanov : il ne m'apprit rien de nouveau.

Je n'ai plus jamais revu l'Hôte, mais je pense souvent à lui. Avec toujours le sentiment qu'il en savait beaucoup plus qu'il ne voulait le dire.

J'y repensai encore, le jour où je reçus une lettre d'une femme, le docteur Kaufman, médecin-psychiatre à Petrozavodsk :

« Je voudrais vous parler d'un homme qui a passé quelque temps dans notre hôpital psychiatrique. Notre contingent de malades comptait également des détenus, qui nous étaient envoyés pour un traitement ou une expertise.

Au cours de l'hiver 1947-1948, nous recevons donc un nouveau patient détenu. Il souffre de psychose aiguë, avec tendances hystériques. Il a des pertes de conscience, ses repères sont flous, il ne sait pas où il est... Souvent, il se met à agiter les bras, comme s'il voulait partir en courant... Dans ses propos décousus apparaît deux ou trois fois un nom, Bieloborodov, auquel, tout d'abord, nous ne prêtons pas attention, pour la bonne raison qu'il ne nous dit rien. Le dossier nous indique que le patient se trouve en camp depuis longtemps, que sa psychose s'est déclenchée brutalement, alors qu'il tentait de défendre une femme (une détenue) que frappait un gardien. On l'avait ceinturé et, naturellement, on avait essayé de lui faire passer l'envie de recommencer.

Ses papiers indiquent qu'il est né en 1904, mais je n'arrive plus à retrouver exactement son prénom et son nom. J'ai souvenir de plusieurs variantes, notamment : Semion Grigorievitch Filippov, ou Philippe Grigorievitch Semionov. Comme cela arrive souvent dans ce genre de cas, en quelques jours la crise passe. Le patient retrouve son calme, il recherche le contact et il en sera ainsi tout le temps de son séjour chez nous. Autant que je puisse être précise, il était d'assez grande taille, un peu fort, les épaules arrondies, voûté. Un visage allongé, pâle, des yeux bleu clair ou gris, un peu exorbités, un front haut qui se dégarnissait, des restes de cheveux châtain, grisonnants. »

Elle raconte ensuite les confidences que lui fait le malade :

« Nous apprenons ainsi qu'il est l'héritier de la couronne, que, pendant le massacre précipité d'Ekaterinbourg, son père l'avait entouré de ses bras et qu'il avait serré contre lui son visage, afin qu'il ne voie pas les fusils braqués sur lui. Il semble qu'il n'ait pas eu conscience de toute l'horreur de la situation, car, selon lui, les ordres de tirs avaient été soudains et il n'avait pas entendu la sentence. Il ne se rappelait qu'un nom : "Bieloborodov."

Les tirs éclatent, il est blessé à la cuisse, perd connaissance et est jeté sur un tas de cadavres. Quand il revient à lui, il apparaît qu'il a été sauvé, sorti de la cave, emporté et longuement soigné par quelqu'un... »

Suit le récit de sa vie, de l'absurdité qui l'a conduit en camp. Mais le plus intéressant est à la fin de la lettre :

« Peu à peu, nous avons commencé à le considérer avec des yeux neufs. L'hématurie dont il souffrait s'expliquait : l'héritier était hémophile. Il avait à la cuisse une cicatrice en forme de croix... Enfin, nous avons compris à qui il nous faisait penser : aux portraits bien connus de Nicolas, mais pas le Second, le Premier. Avec cette différence qu'il n'était pas en uniforme de hussard, mais en veste molletonnée et pyjama rayé par-dessus des bottes de feutre.

À l'époque, nous avions la visite d'un consultant de Leningrad, toutes les six ou huit semaines. Cette fois, il s'agissait de S. Guendelevitch, le meilleur praticien qui fût en matière de psychiatrie et que j'avais eu l'occasion de rencontrer. Nous lui avons présenté notre malade. En l'espace de deux ou trois heures, il le pressait de questions que, dans notre ignorance, nous n'avions pas su lui poser. Notre consultant connaissait notamment la disposition et la fonction des salles du Palais d'Hiver au début du siècle, ainsi que des résidences impériales aux environs de la capitale. Il savait les noms et les titres de tous les membres de la Famille impériale, les ramifications de la dynastie, les charges de la Cour... Il n'ignorait rien des cérémonies et rituels ayant cours au palais, des fêtes et des célébrations qui comptaient dans le cercle familial des Romanov.

À toutes ces questions, le patient répondait avec exactitude et sans la moindre hésitation.

Un jour, Guendelevitch lui fit subir un examen de santé plus poussé. Il en sortit, effaré : il avait découvert que le patient souffrait de cryptorchidie, ce qui était le cas du défunt Alexis. Nous l'ignorions.

Le consultant nous exposa la situation : ou nous posions un diagnostic de paranoïa, mais stabilisée, ce qui sous-entendait la possibilité de continuer d'employer le malade aux travaux qu'il effectuait en détention, ou nous déclarions que le cas nécessitait un séjour prolongé à l'hôpital. Mais alors, il nous faudrait motiver notre décision auprès des services du procureur, qui enverraient forcément de Moscou un juge d'instruction chargé des affaires spéciales. Ayant pesé le pour et le contre, nous décidâmes, dans l'intérêt du malade, d'opter pour un diagnostic de paranoïa dont nous n'étions pas assurés, et de le renvoyer en camp. Le malade approuva notre décision et nous nous quittâmes bons amis. »

La lettre du docteur Kaufman me parut trop belle pour être vraie. Je me demandai si je n'étais pas l'objet d'une mystification. Pour vérifier, je la publiai dans *Ogoniok*. J'eus bientôt une réponse d'un médecin du même hôpital. Il avait retrouvé dans les archives le dossier du fameux patient.

« Dossier de F. Semionov, né en 1904, hospitalisé le 14 janvier 1949 [la mention « détenu » était portée au crayon rouge]. Sorti de l'hôpital le 22 avril 1949.

Semionov arrive à l'hôpital dans un état de crise aiguë et physiquement très affaibli. Il ne cesse d'insulter un certain Bieloborodov. Dès l'instant de son hospitalisation, il se montre poli, communicatif, se comportant avec dignité et modestie. Le dossier indique qu'il ne fait pas mystère de ses origines. Ses manières, son ton, ses convictions, tout montre que la vie de la haute société avant 1917 lui était familière. Semionov raconte qu'il a été instruit par un précepteur, qu'il est le fils de l'ancien tsar, qu'il a été sauvé du massacre de la Famille et conduit à Leningrad où il a vécu pendant un certain temps. Il a servi dans l'Armée Rouge (cavalerie), a fait des études d'économie, à Bakou semble-t-il, a ensuite travaillé dans sa spécialité en Asie centrale, s'est marié (sa femme s'appelle Assia). Il affirme ensuite que le dénommé Bieloborodov connaît son secret et le fait chanter. »

La suite rapporte l'expertise de Guendelevitch et la décision de l'hôpital que je connais déjà.

À cet envoi est ajoutée une lettre de l'étrange malade à sa femme Assia. Quelque temps plus tard, je reçois un coup de téléphone d'un vieil homme, ancien prisonnier des camps. Il a eu comme compagnon de détention le mystérieux Semionov et affirme qu'au camp tous l'appelaient « le fils du tsar », que tous y croyaient.

À ma demande, les Archives centrales me fournirent une copie de quelques pages du Journal d'Alexis pour l'année 1916. Je me rendis à l'Institut de criminologie. La comparaison de la lettre que le patient adressait à sa femme, à l'écriture soignée, élégante, et du Journal de l'enfant de treize ans, avec ses pattes de mouche, ne pouvait, hélas, être probante...

Épilogue

Destin des acteurs du massacre

Loukoïanov

Il n'assiste ni à l'exécution ni à l'inhumation des corps. La veille de la « liquidation des Romanov », le président de la Tchéka de l'Oural, F. Loukoïanov, part brusquement pour Perm où il transporte les archives de son organisation.

Peu après, en 1919, F. Loukoïanov sombre dans une terrible dépression qui le tourmentera toute sa vie.

L'ancien président de la Tchéka de l'Oural meurt en 1947, à la veille du trentième anniversaire de la « Nuit Ipatiev ». Il est inhumé dans sa ville natale de Perm.

Iourovski

Dans les années 1930, les membres les plus éminents du Parti se retrouvent en camp ou ils sont exécutés. En 1935 vient le tour des proches de Iourovski. Sa fille Rimma est arrêtée. Iourovski demande l'aide de Golochtchekine qui ne peut rien pour lui. Il doit choisir entre le Parti et sa famille.

Le fils du tchékiste Medvedev : « Un jour, Iourovski arriva triomphant ; on lui avait apporté un livre publié en Occident où il était écrit noir sur blanc que c'était lui qui avait tué Nicolas. Il rayonnait... »

Bieloborodov

Bieloborodov était un partisan de Trotski. À la veille de son exil, ce dernier était hébergé chez lui. Bieloborodov fut exclu du Parti mais il fit son autocritique et finit par être réintégré. Il occupa par la suite d'importantes fonctions.

Extrait d'une lettre de N. Bialer :

« Dans les années 1930, notre famille vivait à l'ambassade d'Union soviétique à Paris. Mon père, Akim Bialer, était le secrétaire de l'attaché militaire.

En 1935, il amena chez nous un homme qu'il nous présenta comme étant Nikolaï Sokolov. Était-ce son vrai nom ? Je l'ignore. Il avait été envoyé à Paris à la demande personnelle de Vorochilov* pour consulter un spécialiste du cancer, le professeur Rocard. Rocard diagnostiqua un cancer de la gorge. Dans un premier temps, Sokolov refusa de se soigner. Mais Vorochilov ne lui laissa pas le choix. Je le vis donc beaucoup durant son traitement. Ma mère lui préparait une nourriture adaptée à son régime et il lui fit un certain nombre de confidences.

Il lui raconta notamment qu'il avait eu autorité sur le peloton qui avait fusillé la Famille impériale. Il considérait que cet acte était un poids sur sa conscience. Quand nous fûmes de retour à Moscou, mon père nous dit que Sokolov était mort à l'hôpital du Kremlin en 1938. Ma mère me fit part de son histoire à la fin des années 1960, après la mort de mon père, auquel elle avait promis de garder le secret. »

Pourquoi ce besoin de discrétion de l'attaché militaire Bialer ? Parce qu'il n'a pas dit la vérité sur la mort de Sokolov, ni sur sa véritable identité.

Pour être envoyé à Paris par Vorochilov en personne, nul doute que Sokolov est un homme important. En effet, l'ancien assassin de la Famille impériale est devenu commissaire du peuple à l'Intérieur pour la RSFSR.

En 1938, ce « boïar du Kremlin » est arrêté et envoyé à la Loubianka. Il y finira aussi lamentablement que celui qu'il massacrait vingt ans plus tôt.

Golochtchekine and C°

La liste est longue des titres du camarade Philippe : du XIIe au XVe congrès, il est candidat membre au Comité central, et à partir du XVe congrès, en devient membre à part entière. Il est le Grand Arbitre auprès du Sovnarkom. En 1940, comme pour les autres « boïars », il connaît le goulag et finit dans une fosse commune, après avoir été fusillé.

C'est aussi une fosse qui attend Didkovski et Safarov, ainsi que le commandant d'armée Berzine. Tolmatchev est le seul dirigeant du Soviet de l'Oural à mourir pendant la guerre civile.

Le détachement part

Dans la lettre que Iourovski écrit à ses enfants en cette terrible année 1938, vingtième anniversaire du massacre de la Famille impériale, on lit :

« Dans l'orage d'Octobre, le destin a tourné vers moi sa face radieuse... Tant de fois, j'ai vu Lénine, tant de fois il m'a reçu, a devisé avec moi et, comme nul autre, m'a soutenu dans mon travail au Gokhran. J'ai eu l'immense bonheur de bien connaître les plus fidèles disciples et compagnons de lutte d'Ilitch : Sverdlov, Dzerjinski, Ordjonikidze, de travailler sous leur direction, de fréquenter leurs familles...

Le sort s'est montré tendre envers moi : quand un homme traverse trois tempêtes avec Lénine et les léninistes, il peut s'estimer le plus heureux des mortels.

Bien que rendu mortellement las par mes maux, il me semble encore que je puis prendre part aux événements à venir. Je vous serre dans mes bras, j'embrasse Rimma, j'embrasse vos femmes et mes petits-enfants. Votre père. »

Iakov Iourovski est alors mourant. Et, en lisant cette dernière lettre, je songe à la dernière lettre du docteur Botkine, tué par Iourovski et ses camarades. Ces lettres sont les autoportraits de deux mondes.

Iourovski meurt, ayant atteint son but : au Musée de la Révolution se trouve sa « Note » où il raconte que c'est lui qui a tué le dernier tsar. De nombreuses éditions occidentales le confirment. Il peut donc se tenir pour « le plus heureux des mortels ».

En 1952, peu avant d'atteindre ses soixante-dix ans, meurt le retraité Piotr Ermakov. Une rue porte son nom à Sverdlovsk.

En 1964 s'éteint Mikhaïl Medvedev. Peu auparavant, il a fait don de son Browning au Musée de la Révolution. Le fameux Browning numéro 3891965.

Ce Browning a une histoire. Au tout début du siècle, à Bakou, on engage la lutte contre les provocateurs infiltrés dans les organisations clandestines du Parti social-démocrate. C'est à cette fin que Medvedev acquiert son Browning. Dans le même temps, à Bakou, le leader des révolutionnaires locaux, Chaoumian, soupçonne Koba (Staline) d'être un provocateur. Mais Staline est arrêté par l'Okhrana et disparaît de Bakou. Pourquoi ne pas imaginer que s'il était resté, la première balle du Browning eût été pour lui plutôt que pour le tsar ?

Vers 1964, seuls deux des anciens acteurs du terrible drame sont encore en vie. L'un d'eux est Nikouline. Le sort lui a été plutôt favorable.

Extrait de l'autobiographie de Nikouline, écrite en 1923 :

« En 1919, à mon arrivée à Moscou, je suis à la section administrative du Soviet de Moscou où l'on me charge de gérer les maisons d'arrêt de la ville. »

En 1921, l'ancien tueur devient directeur du Bureau d'assurances de l'État. Sans doute ses collègues seraient-ils étonnés d'apprendre le passé de leur supérieur. D'ailleurs, lui-même n'en parle pas. Même dans son autobiographie, il reste muet sur le sujet. Seule l'autorité de Iourovski pourra l'amener à signer sa déclaration de 1927, concernant la remise des armes du commandant au Musée de la Révolution.

Après la mort de Iourovski, il raye définitivement le passé de sa mémoire. Il se remarie, sa femme est jeune, jolie, autoritaire.

Le fils du tchékiste Medvedev : « À la fin de sa vie, Nikouline dirigeait tout l'approvisionnement en eau de Moscou. Sa femme se vantait de leur prospérité : ils vivaient dans un hôtel particulier où ils avaient même une pièce pour le chien. Vers cette époque, la fille de Iourovski, Rimma, venait de rentrer à Moscou après vingt ans de camp. Elle n'avait pas d'endroit où vivre et, entendant cette histoire, elle dit avec un petit rire : "Je pourrais toujours m'installer dans la pièce du chien." »

Et cependant, qui a tué le dernier tsar ?

(La fin d'un combat)

En 1964, le fils du tchékiste Medvedev, M. Medvedev, parvient à convaincre Nikouline d'enregistrer ses souvenirs à la radio. Ce n'était pas si simple, Nikouline ayant l'habitude de taire les choses, comme le lui avait enseigné Staline. La mort du père de M. Medvedev joua sans doute un rôle important : Nikouline sentit qu'il était le dernier à pouvoir témoigner pour l'Histoire.

Les questions étaient posées par M. Medvedev :

– Mon père disait qu'il avait été le premier à tirer sur Nicolas. Iourovski affirmait que c'était lui.

– Je ne saurais trop dire, répondit prudemment Nikouline. Il était impossible de s'y retrouver. Ce fut une salve.

Rodzinski vint aussi témoigner à l'enregistrement. Il n'avait pas été témoin du massacre ; en revanche, il avait participé au « second enterrement » de la Famille impériale. Et il le décrivait dans toute son horreur.

Le tchékiste se rappelait tout : comment ils étaient, à l'aube, arrivés à la mine, « comment l'un d'eux était descendu dans l'eau avec des cordes et avait sorti les cadavres... On avait d'abord extrait Nicolas... » Il se rappelle que « l'eau était si froide que les cadavres avaient les joues rouges comme s'ils étaient vivants... » Il revoit le corps dénudé du tsar et se souvient d'avoir été frappé par « son étonnant développement physique... ses muscles, son torse, son ventre, ses bras ». Il revoit Iourovski repartir à la ville chercher de l'acide sulfurique, tandis qu'eux « vont boire du lait au village... »

Il décrit en détail l'aménagement de cette tombe secrète : « le camion s'enlisa dans une fondrière dont nous eûmes toutes les peines du monde à le sortir. C'est alors que nous vint une idée que nous mîmes à exécution.

Il nous sembla qu'il ne pourrait y avoir meilleur emplacement. Nous dégageâmes cette fondrière, aspergeâmes les corps d'acide sulfurique, à les rendre méconnaissables. Non loin de là passait une voie ferrée... » Il se rappelle qu'ils avaient apporté des traverses pourries pour masquer la tombe.

Ils n'avaient enterré dans la fondrière qu'une partie des morts et « brûlé les autres ».

Curieusement, dès qu'il est question de l'incinération, la mémoire fait soudain défaut au tchékiste : « Combien nous en avons brûlés ? Je ne sais plus exactement... Et je ne me souviens plus de qui... » Il commence même à se tromper : « Nicolas, oui, on l'a brûlé... Et Botkine... Et, je crois bien, Alexis... »

Peu avant sa mort, au début des années 1960, le tchékiste Mikhaïl Medvedev-Koudrine écrit aussi son « rapport secret sur l'exécution ». Il se trouve aux Archives centrales du Parti.

« Iourovski lit l'ordre d'exécution... "Alors, on ne nous emmène nulle part ?" demande Botkine. Iourovski veut lui répondre. Mais j'arme déjà mon revolver et je loge la première balle dans le corps du tsar. Iourovski et Ermakov tirent aussi dans la poitrine de Nicolas, presque à bout portant. À mon cinquième coup de feu, Nicolas gît sur le dos... »

Mais il apparaît que Nikouline n'est pas encore l'unique acteur du drame à rester en vie. Toujours en 1964, M. Medvedev reçoit de Khabarovsk une lettre de l'ancien officier de la garde et régicide

Kabanov. Il a lu la nécrologie de Medvedev dans la *Pravda* et il écrit à son fils. À la question fatidique, le vieux tchékiste mitrailleur répond : « Que ce soit votre père qui ait tiré la balle dont est mort le tsar, cela, tous ceux qui étaient à la Tchéka de l'Oural le savaient à l'époque. »

Ainsi, se poursuit l'effarant combat pour le titre de « tueur du tsar ».

En 1964 encore, en Finlande, on enterre au cimetière orthodoxe une nonne de quatre-vingts ans. Mais elle ne se trouvait pas dans un monastère : elle avait prononcé ses vœux en secret, pour tenir une promesse qu'elle avait faite. Elle vivait entourée de quantité de photographies : Tsarskoïé Selo, le palais de Livadia... Tout un monde antédiluvien, englouti. Elle gardait encore des aquarelles exécutées par la dernière impératrice, des dessins du dernier tsarévitch, des lettres de la tsarine et de ses enfants.

C'est en effet Anna Vyroubova qu'on enterre ainsi en Finlande. Et avec elle disparaît toute une époque.

De nouveau des mystères ?

La nièce d'Elizaveta Ersberg écrit :

« Quand Koltchak prit Tobolsk, Elizaveta fut convoquée pour interrogatoire à la commission d'enquête du juge Sokolov. Puis, avec l'avant-garde blanche, elle gagna Ekaterinbourg et entreprit des recherches dans un étang et un marécage (elle avait des informations), mais elle ne trouva rien. Plus tard, avec une mission de la Croix-Rouge, à travers l'Extrême-Orient, le Japon, l'Amérique et la France, elle réussit à rejoindre le Danemark où elle rendit visite à la mère du tsar, l'impératrice Marie Fiodorovna. Cette dernière lui fournit quelques subsides et à, travers la Suisse et la Tchécoslovaquie, Elizaveta rentra en Russie en novembre 1928. Elle en avait eu l'autorisation grâce à une requête de mon père auprès de Molotov. À la frontière, Liza s'engagea par écrit à se présenter dans les vingt-quatre heures à la Tchéka. Là, elle signa l'engagement de ne pas divulguer d'informations sur la vie de la Famille impériale et les circonstances qui y étaient liées.

Quant à l'histoire de son amie Anna Demidova, apparemment exécutée à la maison Ipatiev, elle ne s'arrête pas au jour du massacre. Nous avions chez mon père de nombreuses photos de tante Elizaveta dans la société de Demidova et d'autres dames de compagnie de l'impératrice. Je savais donc parfaitement à quoi elle ressemblait : de taille moyenne, elle était replète, avait un visage rond un peu grossier, des cheveux lissés sur les tempes et remontés au sommet de la tête.

Avant le retour de ma tante en Russie, je fus invitée chez sa sœur. Pour m'amuser, on me donna à feuilleter l'album de photos qui ne contenait pas moins de dix portraits de la Demidova. Il y avait aussi dans l'album une femme grande et maigre, au visage grêlé. On ne put m'expliquer de qui il s'agissait : je n'aurais qu'à demander à tante Elizaveta. J'en eus l'occasion à Noël 1929, après son retour en Russie. Nous étions invités chez les tantes. Je redemandai l'album et m'aperçus que toutes les photos de la Demidova, y compris celles de groupes, avaient disparu ou étaient caviardées. À la question que je posai, mes tantes me firent comprendre de me taire et quand je demandai qui était l'inconnue au visage grêlé, Elizaveta me dit que c'était quelqu'un de très bien, mais qu'elle était morte. Et elle se mit à pleurer.

Mes tantes moururent de faim le même jour, le 12 mars. On s'apprêtait à les évacuer et l'administration avait pris leurs passeports, mais elles étaient finalement restées. Or, sans passeport, on ne délivrait pas de tickets de rationnement.

L'histoire de Demidova revint plus tard à la surface. Je travaillais dans une usine de Leningrad. En 1968, à l'atelier 17, arriva un technicien répondant au nom de Demidov. Quand je le rencontrai, je sursautai : où avais-je donc vu ce visage ? Et je compris : c'était le visage d'Anna Demidova. Je lui demandai s'ils n'étaient pas parents. Il me répondit qu'elle était la sœur aînée de son père. Il m'apprit que la Demidova était morte après la Seconde Guerre mondiale. Il me la décrivit de taille moyenne, replète, les cheveux lissés ; elle buvait, fumait, ne sortait pas de la maison. La nuit, elle délirait, criait... »

Tout semblait indiquer que la femme tuée à la maison Ipatiev sous le nom de Demidova était de grande taille. Mais qui était-elle ?

Et pourquoi cette substitution ? Un nouveau mythe ? Une nouvelle énigme ?

Une lettre me parvint, m'informant que Philippe Semionov, l'étrange patient qui se prenait pour le tsarévitch Alexis, était sorti de camp sous Khrouchtchev, qu'il avait vécu à Leningrad, s'était marié et n'était mort qu'en 1979.

En mourant, il avait fait promettre à sa femme de l'enterrer plus tard avec les autres membres de la Famille impériale.

Coup de téléphone. C'est l'Hôte :

– Hier, me dit-il, dans un hôpital de la ville de Sverdlovsk, aujourd'hui redevenue Ekaterinbourg, on a apporté à la morgue les restes de neuf personnes.

Quelques jours plus tard, l'annonce paraissait dans les journaux : on avait retrouvé la tombe supposée des Romanov.

Voyez, m'avait dit l'Hôte, peu de temps a passé depuis notre dernière rencontre mais que d'événements : Leningrad est redevenu Saint-Pétersbourg, le Parti communiste est interdit... En 1979 déjà, trois géologues de Sverdlovsk et un écrivain de Moscou avaient trouvé la tombe décrite par Iourovski. Ils en avaient retiré trois crânes, en avaient pris des moulages et les avaient remis dans la tombe. L'un d'eux, avec un bridge en or, était, supposaient-ils, celui de Nicolas. Mais naturellement, à l'époque, ils avaient gardé le silence.

Douze ans plus tard, on rouvre la tombe pour la deuxième fois. C'est que le bruit a couru à Ekaterinbourg que Moscou voulait récupérer les cendres de la Famille impériale. Et, de la même façon qu'Ekaterinbourg avait refusé de livrer les Romanov à Moscou de leur vivant, elle continue de refuser après leur mort.

Récit de l'Hôte :

« Pour ouvrir la tombe, ils ont procédé comme des barbares. Il n'y avait même pas un prêtre. Il était près de minuit lorsqu'ils sont venus buter contre les traverses. Ensuite, ils ont trouvé des ossements, des squelettes entiers, des crânes troués par des balles ou portant des traces de coups de baïonnettes, des éclats de bonbonne ayant contenu l'acide sulfurique et des lambeaux de la corde avec laquelle les corps avaient été remontés de la première mine. Tout cela a été filmé en détail. Puis, dans des boîtes à fusil, on s'est empressé d'emporter les restes. En place de la tombe ne reste qu'une fosse que l'eau a vite remplie... Une flaque sale. Les soldats l'ont ensuite recouverte de terre. Et la Famille impériale s'est retrouvée à la morgue. On a entrepris de débarrasser ossements et crânes de la terre qui les recouvrait, on les a mis à sécher et on a entrepris de les inventorier. Voilà nos martyrs transformés en trouvailles archéologiques... Et toujours placés sous bonne garde. »

À ma question de savoir s'il croit qu'il s'agit de la tombe des Romanov, il répond :

« Je pense que ceux qui ont imaginé ces effroyables funérailles ont tout fait pour qu'il soit difficile de répondre à cette question. Toutefois, s'il l'on devait prouver qu'il s'agit bien de la Famille, alors les premiers constats des experts ne manquent pas d'intérêt : sur les onze personnes massacrées, la tombe n'en contenait que neuf.

Les restes d'Alexis et un squelette de femme sont *manquants.* »

Quelque temps après, il me rappelle pour me dire que la mise en rapport informatique des crânes et des photos a établi à 90 % qu'on avait retrouvé le tsar et la tsarine. Pour s'en assurer, on a envoyé en Angleterre un fragment de squelette pour un test ADN. On comparera ensuite avec le code génétique de la Famille royale. Après tout, les souverains britanniques étaient les plus proches parents des Romanov. Les Anglais ont accepté de collaborer. Ils n'avaient pas voulu aider les Romanov de leur vivant, ils le feront après leur mort. Savez-vous, en outre, qu'on a retrouvé, aux anciennes Archives de la Révolution d'Octobre, aujourd'hui pudiquement appelées Archives d'État, des cheveux de Nicolas ?

Tout cela, je le savais.

– Il est une autre énigme, reprend l'Hôte. Une version...

Mais je ne veux pas l'entendre. J'ai eu mon lot d'énigmes et de résurrections !

Pourtant, de nouveau resurgit du néant le spectre de la maison Ipatiev, les grandes-duchesses, à genoux près des murs, les revolvers pointés et la casquette du Souverain roulant à terre. Lui, gît sur le sol...

Seigneur, ne mettrai-je donc jamais un point final à ce livre ?

Notices

Alexandre Ier (1777-1825), tsar en 1801, après l'assassinat de son père Paul Ier. Vainqueur de Napoléon en 1812. Sa disparition brutale donne lieu à de nombreuses légendes : on prétend notamment qu'il aurait secrètement renoncé au trône pour mener une « vie d'errant » à travers la Russie.

Alexandre II (1818-1881), surnommé le « tsar libérateur » en raison des réformes majeures initiées sous son règne (abolition du servage en 1861, réforme de la Justice, instauration des zemstvos...) ; assassiné en 1881 par des membres de la « Volonté du Peuple ».

Alexandre III (1845-1894), mène une guerre sans pitié contre les terroristes qui ont assassiné son père, Alexandre II. Père de l'Alliance franco-russe.

Alexeïev Mikhaïl (1857-1918), général d'infanterie ; à partir de septembre 1915, chef d'état-major du Commandant suprême. Lié avec les milieux d'opposition, il conseille au tsar d'abdiquer. Commandant suprême jusqu'en juin 1917. Après Octobre 1917, organise la première armée blanche sur le Don.

ALEXIS MIKHAÏLOVITCH (1629-1676), deuxième tsar de la dynastie Romanov ; surnommé le « Très Doux » ; père de Pierre le Grand.

ANNENKOV Iouri (1889-1974), peintre, illustrateur, graphiste ; après la révolution, organise de gigantesques « spectacles de masse » ; devient le portraitiste officiel des nouveaux dirigeants (Lénine, Trotski...). Il émigre à Paris en 1924 où il travaille pour le cinéma français sous le nom de Georges Annenkov. Auteur de Souvenirs et d'un roman publié sous le pseudonyme de B. Temiriazev.

AVERTCHENKO Arkadi (1881-1925), écrivain humoriste, dramaturge, critique de théâtre. Mourra en émigration, à Prague.

BAKOUNINE Mikhaïl (1814-1876), un des principaux fondateurs et théoriciens de l'anarchisme.

BLAVATSKAÏA Elizaveta (1831-1891), écrivain. Séjourne en Inde et au Tibet. Crée en 1875, à New York, une société de théosophie.

BLOK Alexandre (1880-1921), un des plus grands poètes du début du XXe siècle. Est notamment l'auteur des *Douze*, première grande œuvre russe de l'après-Octobre 1917.

BONTCH-BROUÏEVITCH Vladimir (1873-1955), sociologue, éditeur et publiciste, très lié à Lénine ; collaborateur de la *Pravda*, spécialiste des questions religieuses. Occupe de nombreuses fonctions officielles après Octobre 1917.

BOUKHARINE Nikolaï (1888-1938), bolchevik dès 1906, membre du Politburo du Comité central du Parti communiste et du Comité Exécutif du Komintern après Octobre 1917. Exclu du Parti en 1937 pour « déviationnisme de droite » et condamné à mort.

BOURTSEV Vladimir (1862-1942), publiciste, champion de la lutte contre les provocateurs de l'Okhrana ; émigre après Octobre 1917.

CATHERINE II LA GRANDE (1729-1796), née Sophie d'Anhalt-Zerbst ; vient en Russie pour épouser celui qui régnera sous le nom de Pierre III. Impératrice à partir de 1762, suite à l'assassinat (avec sa complicité) de son époux.

CHOULGUINE Vassili (1878-1976), recueille avec Alexandre Goutchkov l'abdication de Nicolas II. Émigre en Yougoslavie jusqu'en 1944, capturé par les Soviétiques, passe douze ans en camp. Meurt en Union soviétique, presque centenaire.

DAVYDOV Denis (1784-1839), officier de cavalerie, prend part aux guerres contre la France, la Suède et la Turquie. Organisateur et chef des « partisans » pendant la guerre contre Napoléon. Poète de grand talent.

DENIKINE Anton (1872-1947), un des principaux chefs des armées blanches. Il émigre en 1920.

DOUTOV Alexandre (1879-1921), un des chefs des armées blanches. En novembre 1917, prend la tête de la révolte anti-bolchevique dans le sud de l'Oural. Se réfugie ensuite en Chine où il est tué.

DZERJINSKI Félix (1877-1926), d'origine polonaise, social-démocrate ; trois fois déporté en Sibérie, trois fois évadé du bagne. Dirige la Tchéka dès sa création.

ELISABETH PETROVNA (1709-1762), fille de Pierre le Grand, impératrice en 1741 à la suite d'une révolution de palais.

FET Afanassi (1820-1892), l'un des poètes les plus fins de la littérature russe.

FIGNER Vera (1852-1952), figure légendaire du mouvement révolutionnaire ; arrêtée en 1883, elle passe vingt ans à la forteresse de Schlussebourg et émigre entre 1906 et 1915.

GOUTCHKOV Alexandre (1882-1936), fondateur du Parti octobriste, président de la Troisième Douma (mars 1910-mars 1911), président du Comité panrusse des Industries de guerre. Recueille avec Vassili Choulguine l'abdication de Nicolas II. Ministre de la Guerre et de la Marine du premier Gouvernement Provisoire ; émigre en 1918 ; meurt à Paris.

IOUROVSKI Iakov, commandant de la « maison Ipatiev », à Ekaterinbourg, où sont emprisonnés Nicolas II et sa famille. Il prendra la part la plus active au massacre de la Famille impériale.

KAPLAN (ROID-) Fanny (1893-1918), socialiste-révolutionnaire « de droite » ; le 30 août 1918, jour de l'assassinat d'Ouritski, elle blesse grièvement Lénine. Elle est exécutée le 3 septembre.

KERENSKI Alexandre (1881-1970), avocat, socialiste-revolutionnaire, puis chef du « groupe travailliste ». Ministre de la Justice du Gouvernement Provisoire, puis ministre de la Guerre, enfin ministre-président. Il émigre en 1918.

KHLEBNIKOV Velimir (1885-1922), poète expérimentaliste.

KOLTCHAK Alexandre (1873-1920), amiral, commandant de la Flotte de la mer Noire (1916-mars 1917) ; un des principaux chefs du mouvement « blanc » ; fait prisonnier par les Rouges et fusillé.

KORNILOV Lavr (1870-1918), général d'infanterie ; nommé en mars 1917 commandant de la Région militaire de Petrograd et Commandant suprême en juillet de la même année. Au début de septembre 1917, tente de prendre le pouvoir par un putsch qui échoue. Organise les armées blanches après la mort d'Alexeïev. Meurt au combat.

KOROLENKO Vladimir (1853-1921), écrivain de tendance populiste libérale ; publiciste.

KOUTOUZOV Mikhaïl (1745-1813), feld-maréchal, prend part à de nombreuses guerres, notamment contre les armées napoléoniennes.

KRYMOV Alexandre (1871-1917), général ; participe au putsch de Kornilov en 1917, puis se suicide.

LERMONTOV Mikhaïl (1814-1841), l'un des grands poètes russes du XIXe siècle. Auteur également du *Bal masqué* (évoqué dans le texte) et du roman *Un héros de notre temps*. Meurt en duel.

MAÏKOV Apollon (1821-1897), poète ; d'abord proche des milieux « libéraux », évolue vers une lutte ouverte contre les « nihilistes ».

MANDELSTAM Ossip (1891-1938), poète majeur du début du XXe siècle. Arrêté, il meurt dans un camp stalinien.

MECHTCHERSKI Vladimir (prince) (1839-1914), romancier, publiciste, propriétaire et directeur du journal *Le Citoyen* et de diverses publications.

MIKHAÏLOVITCH Alexis (1629-1676), deuxième tsar de la dynastie Romanov ; surnommé le « Très Doux » ; père de Pierre le Grand.

MILIOUKOV Pavel (1859-1943), homme politique et historien ; principal fondateur du Parti Cadet. Ministre des Affaires étrangères du premier Gouvernement Provisoire, il émigre en 1920.

NETCHAÏEV Sergueï (1847-1882), révolutionnaire. Après un retentissant procès (qui devait inspirer à Dostoïevski ses *Possédés*), passe en Suisse en 1869, où il se lie avec Bakounine. Livré à la Russie en 1872, il finit ses jours en prison.

OSTROVSKI Alexandre (1823-1886), auteur dramatique ; ses pièces, très « moscovites », brossent un tableau du milieu des marchands.

OURITSKI Moïsseï (1873-1918), socialiste, émigre en 1914, revient en 1917 et rallie les bolcheviks. Au printemps 1918, chef de la

Tchéka de Petrograd. Assassiné le 30 août de la même année par un étudiant social-populiste.

PAUL Ier (1754-1801), fils de Catherine II et de Pierre III ; célèbre pour ses excentricités despotiques, il meurt assassiné dans une conjuration de palais à laquelle son fils et successeur Alexandre Ier est peut-être mêlé.

PEROVSKAÏA Sofia (1853-1881), fille du gouverneur de Saint-Pétersbourg, révolutionnaire et terroriste ; exécutée pour sa participation à l'assassinat du tsar Alexandre II.

PIERRE III (1728-1762), né Pierre de Holstein-Gottorp, petit-fils de Pierre le Grand ; marié à Sophie d'Anhalt-Zerbst (la future Catherine II). Empereur en janvier 1762, assassiné en juillet de la même année.

PLEHWE Viatcheslav (1846-1904), ministre de l'Intérieur, assassiné par un socialiste-révolutionnaire.

POBEDONOSTSEV Konstantin (1827-1907), membre du Conseil d'Empire depuis 1872, Haut Procureur du Saint-Synode (1880-1905), précepteur de Nicolas II.

POKROVSKI Mikhaïl (1868-1932), historien marxiste, chargé après Octobre 1917 de réviser toute la conception de l'histoire russe. Ses théories domineront jusqu'à la période stalinienne, marquée par un retour à des notions plus « traditionnelles ».

POURICHKIEVITCH Vladimir (1870-1920), monarchiste, leader de l'extrême droite. Un des assassins de Raspoutine.

PROTOPOPOV Alexandre (1866-1918), vice-président de la Douma en 1914 ; accusé d'intelligence avec l'Allemagne (perpétrée en Suède pendant l'été 1916, à l'occasion d'un voyage en Angleterre d'une délégation de la Douma), dernier ministre de l'Intérieur de Nicolas II. Emprisonné par le Gouvernement Provisoire, il sera fusillé sans jugement par les bolcheviks.

RODZIANKO Mikhaïl (1859-1923), leader du Parti octobriste (parti dissident des Cadets fondé par Alexandre Goutchkov). Président de la Douma (1911-1917), il émigre en 1920.

SALTYKOV-CHTCHEDRINE Mikhaïl (1826-1889), romancier satirique, auteur notamment de *Histoire d'une ville*.

SPIRIDONOVA Maria (1884-1941), socialiste-révolutionnaire ; leader des SR de gauche, elle se dresse contre les bolcheviks à partir du printemps 1918. Arrêtée plusieurs fois, exilée, condamnée à vingt-cinq ans de réclusion, puis condamnée à mort en 1941 et exécutée.

SERGE RADONÈGE de (saint) (vers 1314-1392), fait du monastère de la Trinité (qui porte aujourd'hui son nom) un haut lieu de la vie spirituelle russe. Joue également un rôle de rassembleur qui permettra aux princes russes divisés de s'unir contre l'occupant tatar.

TKATCHEV Piotr (1884-1941), révolutionnaire et homme de lettres ; en 1869, dirige, en compagnie de Sergueï Netchaïev, le mouvement étudiant. Condamné à la détention, il émigre en 1879.

VOROCHILOV Kliment (1881-1969), président du Soviet de Lougansk en 1917 ; commandant du front de Tsaritsyne pendant la guerre civile ; commissaire du peuple à la Marine (1927-1934), puis à la Défense (1934-1940). Maréchal à partir de 1935. Président du Præsidium du Soviet suprême de 1953 à 1960.

VYROUBOVA Anna, « Ania », « L'Amie » (1884-1964), fille d'Alexandre Taneïev, haut fonctionnaire de la Cour, demoiselle d'honneur de l'impératrice. Grande admiratrice de Raspoutine. Victime d'un très grave accident de chemin de fer en 1915. Arrêtée en 1917, libérée, arrêtée de nouveau, elle réussit à s'enfuir en Finlande où elle vivra plus de quarante-cinq ans dans la plus profonde retraite.

WITTE Sergueï (1849-1915), ministre des Finances (1892-1903), président du Conseil des ministres (octobre 1905-avril 1906).

ZINOVIEV (RADOMYLSKI) Grigori (1883-1936), bolchevik à partir de 1903, proche compagnon de Lénine depuis 1908. Après Octobre 1917, président du Soviet de Petrograd, membre du Politburo jusqu'en 1926. Plusieurs fois exclu du Parti après 1926. Condamné à mort en 1936, à l'occasion du premier grand procès de Moscou, et exécuté.

Index*

* Les numéros de pages figurant en italiques se rapportent aux notes du traducteur.

Table

TROISIÈME PARTIE
La nuit Ipatiev

DANS LA COLLECTION « DOCUMENTS »
au cherche midi

CHRISTINE ABDELKRIM-DELANNE
Guerre du Golfe
La Sale Guerre propre

GEOFFROY D'AUMALE
JEAN-PIERRE FAURE
Guide de l'espionnage
et du contre-espionnage
Histoire et techniques

ANDRÉ BENDJEBBAR
Histoire secrète de la bombe
atomique française

JEAN BERNARD
La Médecine du futur

ISABELLE BRICARD
Dictionnaire de la mort
des grands hommes

MICHEL BÜHRER
Rwanda, mémoire d'un génocide
textes et photographies

VIRGINIE BUISSON
Lettres retenues
Correspondance confisquée des déportés de la Commune en
Nouvelle-Calédonie

ALEXANDRE DOROZYNSKI
Moi, Vladimir Oulianov, dit Lénine
Le roman du bolchevisme

JEAN-LUC EINAUDI
Un Algérien, Maurice Laban

Viet-nam
La guerre d'Indochine (1945-1954)

PR PHILIPPE EVEN
Les Scandales des hôpitaux de Paris
et de l'hôpital Pompidou

SYLVAIN GOUDEMARE
Marcel Schwob ou les Vies imaginaires

JOSEPH GOURAND
Les Cendres mêlées

JEAN-PIERRE GUICHARD
De Gaulle face aux crises

FRANÇOISE et CLAUDE HERVÉ
Le Tour du monde à vélo

ALAIN KALITA
Je suis né deux fois

ALAIN LAVILLE
Un crime politique en Corse,
Claude Érignac, le préfet assassiné

LOÏK LE FLOCH-PRIGENT
Affaire Elf, affaire d'État

LUIGI LUCHENI
Mémoires de l'assassin de Sissi
édition établie et présentée par Santo Cappon

PHILIPPE MAURICE
De la haine à la vie

FAWZI MELLAH
Clandestin en Méditerranée

PHILIPPE MÉLUL
Le Tour du monde en train

MARTIN MONESTIER
Peines de mort
Histoire et techniques des exécutions capitales,
des origines à nos jours

Suicides
Histoire, techniques et bizarreries de la mort
volontaire, des origines à nos jours

Les Animaux-soldats
Histoire militaire des animaux,
des origines à nos jours

Histoire et bizarreries sociales des excréments,
des origines à nos jours

Les Mouches : le pire ennemi de l'homme

Cannibales
Histoire et bizarreries de l'anthropophagie hier et aujourd'hui

Les Seins
Encyclopédie historique et bizarre des gorges, mamelles, poitrines, pis et autres tétons, des origines à nos jours

La Police de Vichy,
les forces de l'ordre françaises au service de la Gestapo, 1940-1944

L'Humour des Français sous l'Occupation,
en collaboration avec Ingrid Naour

La Police hors la loi
Des milliers de bavures sans ordonnances, depuis 1968

Les Français de la débâcle
Juin-septembre 1940, un si bel été

Mai 68. Sous les pavés, la répression
juin 1968 - mars 1974

La Censure militaire et policière, 1914-1918

De la victoire à la débâcle 1919-1944

THÉODORE MONOD
Le Chercheur d'absolu

KEIJI NAKAZAWA
J'avais six ans à Hiroshima, le 6 août 1945, 8 h 15

GILLES PLAZY
Gustave Courbet, un peintre en liberté

YVES POURCHER
Pierre Laval vu par sa fille
d'après ses carnets intimes

GISÈLE PRÉVOST
Voyage au pays du luxe

MAURICE RAJSFUS,
Drancy, un camp de concentration très ordinaire, 1941-1944

CATHERINE DE SILGUY
Histoire des hommes et de leurs ordures, du Moyen Âge à nos jours,
préface d'Éric Guillon

CHRISTEL TRINQUIER
Femmes en prison

VÉRONIQUE VASSEUR
Médecin-chef à la prison de la Santé

DANIEL ZIMMERMANN
Jules Vallès, l'Irrégulier

Composition et mise en pages par DV Arts Graphiques à Chartres
Imprimé en France par la Société Nouvelle Firmin-Didot
Dépôt légal : novembre 2002
N° d'édition : 42 – N° d'impression : 61625
ISBN 2-7491-00-429